Starke/Schroer · Grundfälle Internationales Steuerrecht

Grundfälle Internationales Steuerrecht

108 praktische Fälle

von Peter Starke,
Dipl.-Kfm., Dipl.-Finanzwirt, Steuerberater

und Achim Schroer,
Assessor, Dipl.-Finanzwirt

1. Auflage
1991

efv ERICH FLEISCHER VERLAG · ACHIM

Die Deutsche Bibliothek – CIP-Einheitsaufnahme

Starke, Peter:
Grundfälle Internationales Steuerrecht:
108 prakt. Fälle / von Peter Starke u.
Achim Schroer. – 1. Aufl. – Achim:
Fleischer, 1991.
(Grundfälle des Steuerrechts; Bd. 12)
ISBN 3-8168-3121-4
NE: Schroer, Achim:; GT

Gesamtherstellung: H. M. Hauschild GmbH, Bremen.

Vorwort

Die internationale Verflechtung der Wirtschaft schreitet mehr und mehr fort. Damit sind vermehrt grenzüberschreitende Sachverhalte steuerlich zu beurteilen.

Die vorliegende Fallsammlung soll ein Beitrag dazu sein, die bei der Bearbeitung dieser Sachverhalte auftretenden Problemfelder aufzuzeigen und konkrete Lösungswege anzubieten. Sie will dabei zwei Ziele verfolgen:

1. Zum einen soll eine Vorstellung davon vermittelt werden, in welchen steuerlichen Bereichen überhaupt mit grenzüberschreitenden Sachverhalten zu rechnen ist.
2. Zum anderen soll ein Grundwissen von den einzelnen Bereichen und ein Verständnis für deren Systematik vermittelt werden.

Dieser Konzeption folgend wird jeder Bereich geschlossen dargestellt. Daß dadurch einzelne Problemstellungen mehrfach, aber aus verschiedenen Blickwinkeln behandelt werden, ist durchaus beabsichtigt und erwünscht. Unseres Erachtens werden dadurch die Zusammenhänge und Parallelen klarer. Außerdem wird der Lernerfolg durch diese Art der Wiederholung gesteigert.

Im Rahmen dieser Fallsammlung wurde die Ergänzungsabgabe nach Artikel 1 des Solidaritätszuschlagsgesetzes (vgl. BR-Drucks. V 308/91) nicht berücksichtigt, da der Zuschlag auf die hier dargestellten Probleme und Lösungen keinen grundsätzlichen Einfluß haben wird und zudem ausweislich des vorliegenden Gesetzentwurfs auf die Jahre 1991 und 1992 beschränkt ist.

Für Anregungen und Kritik sind wir dankbar.

Düsseldorf und Monheim, im Juni 1991

Die Verfasser

Rechtsgrundlagen

AO	vom 16. März 1976, zuletzt geändert durch Gesetz vom 25. 9. 1990 (BStBl I S. 644)
EStG	vom 7. September 1990, zuletzt geändert durch Art. 1 Kultur- und Stiftungsförderungsgesetz vom 13. 12. 1990 (BStBl 1991 I S. 51)
EStR	in der Fassung vom 10. November 1990 (BStBl I Sondernummer 4/1990)
KStG	vom 10. Februar 1984, zuletzt geändert durch das Einigungsvertragsgesetz vom 23. 9. 1990 (BStBl I S. 654)
KStR	in der Fassung der Änderungsrichtlinien vom 17. 12. 1990 (BStBl I Sondernummer 5/1990)
GewStG	vom 14. Mai 1984, zuletzt geändert durch Art. 3 Kultur- und Stiftungsförderungsgesetz vom 13. 12. 1990 (BStBl 1991 I S. 51)
GewStR	in der Fassung der Bekanntmachung vom 21. 8. 1990 (BStBl I Sondernummer 2/1990)
BewG	vom 30. Mai 1985, zuletzt geändert durch das Einigungsvertragsgesetz vom 23. 9. 1990 (BStBl I S. 654)
VStG	vom 14. März 1985, zuletzt geändert durch das Einigungsvertragsgesetz vom 23. 9. 1990 (BStBl I S. 654)
VStR	in der Fassung der Bekanntmachung vom 9. 3. 1989 (BStBl I Sondernummer 1/1989)
UStG	vom 26. November 1979, zuletzt geändert durch das Einigungsvertragsgesetz vom 23. 9. 1990 (BStBl I S. 654)
UStDV	vom 21. Dezember 1979, zuletzt geändert durch das Einigungsvertragsgesetz vom 23. 9. 1990 (BStBl I S. 654)
UStR	in der Fassung der Bekanntmachung vom 30. 7. 1987 (BStBl I Sondernummer 2/1987)
ErbStG	vom 17. April 1974, zuletzt geändert durch das Einigungsvertragsgesetz vom 23. 9. 1990 (BStBl I S. 654)
GrEStG	vom 17. Dezember 1982, zuletzt geändert durch das Einigungsvertragsgesetz vom 23. 9. 1990 (BStBl I S. 654)
AStG	vom 8. September 1972, zuletzt geändert durch das Einigungsvertragsgesetz vom 23. 9. 1990 (BStBl I S. 654)
UmwStG	vom 6. September 1976, zuletzt geändert durch Art. 5 Steuerreformgesetz 1990 vom 25. 7. 1988 (BStBl I S. 224)

Inhaltsübersicht

Teil I: Einkommensteuer

Teil II: Körperschaftsteuer

Teil III: Gewerbesteuer

Teil IV: Umsatzsteuer

Teil V: Vermögensteuer

Teil VI: Erbschaft- und Schenkungsteuer

Teil VII: Grunderwerbsteuer

Teil VIII: Außensteuergesetz

Teil IX: Doppelbesteuerungsabkommen

Teil I: Einkommensteuer

Fall 1

Unbeschränkte Steuerpflicht – Wohnsitz

EStG § 1 Abs. 1; AO § 8

Sachverhalt

Die Witwe Margot Muster, die seit ihrer Jugend in Ghana (kein Doppelbesteuerungsabkommen) wohnt, beabsichtigt, nach dem Tode ihres Mannes wieder in ihre Heimatstadt Düsseldorf zu ziehen, um dort ihren Lebensabend zu verbringen. Sie ist seit Jahren Eigentümerin einer Eigentumswohnung in Düsseldorf. Als Ende des Jahres 01 der Mieter seinen Mietvertrag kündigte, nahm Margot dies zum Anlaß, nach Düsseldorf zu ziehen. Zu diesem Zweck vermietete sie ihre Wohnung in Ghana und begab sich im Dezember 01 auf die Schiffsreise nach Deutschland. Am 1. 1. 02 bezog sie ihre Eigentumswohnung in Düsseldorf.

Frage

1. Ab wann ist Margot Muster unbeschränkt einkommensteuerpflichtig?
2. Welche Folgen hat die unbeschränkte Einkommensteuerpflicht?

Antwort

1. Margot Muster unterliegt ab 1. 1. 02 der unbeschränkten Einkommensteuerpflicht.
2. Die unbeschränkte Steuerpflicht führt zu einer Besteuerung des gesamten Welteinkommens von Margot Muster, soweit keine Befreiungen nach Doppelbesteuerungsabkommen zu berücksichtigen sind.

Begründung

1. Margot Muster ist unbeschränkt einkommensteuerpflichtig, wenn sie im Inland einen Wohnsitz oder einen gewöhnlichen Aufenthalt hat (§ 1 Abs. 1 Satz 1 EStG).

Einen Wohnsitz hat jemand dort, wo er eine Wohnung unter Umständen innehat, die darauf schließen lassen, daß er diese beibehalten und benutzen wird (§ 8 AO). Innehaben bedeutet hierbei, daß der Wohnberechtigte über die Wohnung nach Belieben verfügen kann, wobei nicht die rechtlichen, sondern die tatsächlichen Verfügungsmöglichkeiten im Vordergrund stehen. Weiterhin müssen die objektiven Umstände darauf schließen lassen, daß die Wohnung auch beibehalten und benutzt werden soll. Allein die Absicht die Wohnsitznahme im Inland ist für die Begründung der unbeschränkten Steuerpflicht nicht ausreichend.

Margot Muster beabsichtigt zwar schon im Dezember 01 einen Wohnsitz in Düsseldorf zu begründen, die tatsächliche Wohnsitznahme erfolgte aber erst am 1. 1. 02.

2. Seit Begründung der unbeschränkten Steuerpflicht unterliegt Margot Muster mit ihrem gesamten Welteinkommen der unbeschränkten Einkommensteuerpflicht. Für die vermietete Wohnung in Ghana bedeutet dies, daß sie hieraus Einkünfte aus Vermietung und Verpachtung nach § 21 Abs. 1 EStG erzielt, die sie im Rahmen ihrer Einkommensteuererklärung anzugeben und zu versteuern hat. Da mit Ghana kein Doppelbesteuerungsabkommen existiert, ist es möglich, daß Margot Muster bei positiven Einkünften aus Vermietung und Verpachtung sowohl in der Bundesrepublik Deutschland als auch in Ghana Steuern zahlt. Die Möglichkeit der Anrechnung ausländischer Steuern zur Vermeidung der Doppelbesteuerung sei an dieser Stelle nur erwähnt (Hinweis auf Fälle 7–12).

Fall 2

Unbeschränkte Steuerpflicht – Gewöhnlicher Aufenthalt

EStG § 1 Abs. 1; AO § 9

Sachverhalt

1. Architekt Giovanni Berolucci, mit Wohnsitz in Mailand, hält sich zur Bauüberwachung an einem Hochhausprojekt in Frankfurt in der Zeit vom 15. 9. 01 – 31. 03. 02 in der Bundesrepublik auf. Lediglich in der Zeit vom 1. 11. 01 – 15. 11. 01 flog er nach Mailand zurück, um mit der Bauüberwachung zusammenhängende Unterlagen einzusehen. Er wohnte in der Bundesrepublik in Frühstückspensionen.

2. Der Chartered Accountant David Doors aus Liechtenstein bekommt von einer deutschen Bank den Auftrag, ein Gutachten zu erstellen. Zu diesem Zweck hält er sich in der Zeit vom 1. 8. 01 – 31. 12. 01 in der Bundesrepublik auf. Am 31. 12. 01 kehrt er nach Liechtenstein zurück. Kaum in seinem Büro eingetroffen, erhält er von seiner Sekretärin die Nachricht, er solle für eine andere Bank in der Bundesrepublik ebenfalls ein Gutachten erstellen. Hierzu fährt David Doors in die Bundesrepublik und hält sich dort vom 12. 1. 02 – 31. 5. 02 auf. Bei beiden Aufenthalten wohnte er in vom Auftraggeber reservierten Hotels. Am 1. 9. 03 fährt David Doors erneut in die Bundesrepublik, um einen Großauftrag zu erledigen. Bei der Auftragserteilung ging man übereinstimmend von einer Bearbeitungszeit von 9 Monaten aus, in denen sich David Doors in der Bundesrepublik aufhalten sollte. Am 3.10.03 meldet sein Auftraggeber Konkurs an, woraufhin David den Auftrag abbricht und nach Liechtenstein zurückfährt.

3. Der Lybier Abdul Abdullah verstößt bei einem privaten Deutschlandaufenthalt gegen die deutschen Strafrechtsvorschriften und wird zu einer 13monatigen Gefängnisstrafe ohne Bewährung verurteilt.

4. Oma Daisy aus New York besucht ihren Enkel in der Bundesrepublik, wo sie sich aus diesem Grunde für 11 Monate aufhält.

Frage

Sind die vier Personen unbeschränkt einkommensteuerpflichtig?

Antwort

Giovanni Berolucci ist in 01 und 02 unbeschränkt einkommensteuerpflichtig.

David Doors wird in 03 unbeschränkt einkommensteuerpflichtig.

Abdul Abdullah ist ebenfalls während seines Gefängnisaufenthaltes unbeschränkt einkommensteuerpflichtig.

Dagegen ist Oma Daisy nicht unbeschränkt einkommensteuerpflichtig.

Begründung

Neben dem Wohnsitz begründet auch der gewöhnliche Aufenthalt eine unbeschränkte Einkommensteuerpflicht. Nach § 9 AO hat jemand seinen gewöhnlichen Aufenthalt dort, wo er sich unter Umständen aufhält, die erkennen lassen, daß er an diesem Ort oder in diesem Gebiet nicht nur vorübergehend verweilt. Im Gegensatz zum Wohnsitz stellt der gewöhnliche Aufenthalt nicht auf eine Wohnung als festem Lebensmittelpunkt ab. Vielmehr ist für die Annahme eines gewöhnlichen Aufenthaltes nicht einmal ein gleichbleibender Aufenthaltsort notwendig. Entscheidend ist lediglich die tatsächliche Verweildauer im Inland, auch an unterschiedlichen Orten. Ein gewöhnlicher Aufenthalt ist stets und von Beginn an bei einem zeitlich zusammenhängenden Aufenthalt von mehr als 6 Monaten anzunehmen, wobei kurzfristige Unterbrechungen unberücksichtigt bleiben.

1. Giovanni Berolucci hat zwar keinen Wohnsitz in der Bundesrepublik, jedoch einen gewöhnlichen Aufenthalt. Er hält sich zur Bauüberwachung von Beginn an zeitlich zusammenhängend in der Zeit vom 15.9.01–31.3.02 im Inland auf. Da die für die Annahme eines gewöhnlichen Aufenthaltes notwendigen 6 Monate überschritten sind, ist er für die gesamte Zeit unbeschränkt einkommensteuerpflichtig. Die unbeschränkte Einkommensteuerpflicht endet mit Verlassen der Bundesrepublik am 31. 3. 02. Der kurzfristige Rückflug nach Italien unterbricht die 6 Monate nicht, da von vornherein die Absicht bestand, die Arbeiten im Inland fortzusetzen.

In der Zeit vom 15. 9. 01 – 31. 3. 02 unterliegt G. Berolucci unter Beachtung der Vorschriften des deutsch-italienischen Doppelbesteuerungsabkommens mit seinem gesamten Welteinkommen der unbeschränkten Einkommensteuerpflicht.

2. David Doors hat weder in 01 noch in 02 einen Wohnsitz in der Bundesrepublik. Zwar hält er sich, mit Ausnahme einer kurzen Unterbrechung von 12 Tagen in der Zeit vom 1. 8. 01 – 31. 5. 02 für mehr als 6 Monate in der Bundesrepublik auf, jedoch führt dies nicht zur Begründung eines gewöhnlichen Aufenthaltes. Die Unterbrechung von 12 Tagen kann zwar nach allgemeinem Sprachgebrauch als kurzfristig eingestuft werden, nicht aber im Sinne von § 9 AO. Eine Unterbrechung setzt voraus, daß von vornherein der erkennbare Wille zur Fortsetzung des unterbrochenen Aufenthaltes vorliegt, wovon hier nicht ausgegangen werden kann. Vielmehr kommt David Doors am 12. 1. 02 für einen neuen Auftrag in die Bundesrepublik, so daß ab 12. 1. 02 die Fristberechnung für die 6-Monatsfrist neu zu laufen beginnt. Da weder in 01 noch in 02 der Zeitraum von 6 Monaten überschritten wird, hat David Doors in beiden Jahren im Inland keinen gewöhnlichen Aufenthalt begründet.

Anders verhält es sich im Jahre 03. Zwar hat sich David Doors mit einem Monat augenscheinlich weniger als 6 Monate in der Bundesrepublik aufgehalten, jedoch hielt er sich unter Umständen im Inland auf, die darauf schließen ließen, daß er für 9 Monate im Inland verweilen wollte. In diesen Fällen ist die tatsächliche Aufenthaltsdauer unmaßgeblich. Es wird nach § 9 AO lediglich auf die erkennbaren Umstände abgestellt. Aus diesen konnte geschlossen werden, daß David beabsichtigte, zeitlich zusammenhängend für mehr als 6 Monate im Inland zu verweilen. Er unterliegt demnach für die Zeit vom 1. 9. 03 – 3. 10. 03 mit seinem gesamten Welteinkommen der unbeschränkten Einkommensteuerpflicht.

3. Abdul Abdullah hat im Gefängnis zwar keinen Wohnsitz begründet, jedoch ist bei ihm ein gewöhnlicher Aufenthalt anzunehmen, da er sich für insgesamt 13 Monate in der Bundesrepublik aufhalten wird. Daß sein Aufenthalt unfreiwillig ist, steht der Annahme eines gewöhnlichen Aufenthaltes nicht entgegen. Auch er unterliegt für den Zeitraum seines Gefängnisaufenthaltes mit seinem gesamten Welteinkommen der unbeschränkten Steuerpflicht.

4. Oma Daisy hält sich zwar für mehr als 6 Monate im Inland auf, was an sich zur Annahme eines gewöhnlichen Aufenthaltes führen würde. Jedoch bestimmt § 9 Satz 3 AO, daß ein Aufenthalt bis zu einem Jahr, der ausschließlich Besuchs-, Erholungs-, Kur- oder ähnlichen privaten Zwecken dient, nicht als gewöhnlicher Aufenthalt angesehen wird. Oma Daisy ist damit nicht unbeschränkt einkommensteuerpflichtig.

Fall 3

Erweiterte unbeschränkte Steuerpflicht

EStG § 1 Abs. 1, Abs. 2, Abs. 3, §§ 26, 32 Abs. 1; EStDV § 68 b

Sachverhalt

Dr. Kroll ist Diplomat der Bundesrepublik Deutschland und als solcher in einer ausländischen Botschaft tätig. Zusammen mit seiner Frau und seinem dreijährigen Sohn, die beide nicht die deutsche Staatsangehörigkeit besitzen, wohnt er im Ausland. Die Familie hat in der Bundesrepublik weder Wohnsitz noch gewöhnlichen Aufenthalt. Als Diplomat wird Dr. Kroll im Ausland lediglich in einem der beschränkten Steuerpflicht ähnlichen Umfang der Besteuerung unterworfen. Frau und Kind haben keine eigenen Einkünfte.

Dr. Huber ist von seiner Dienststelle (Land Bayern) für einige Zeit ins Ausland versetzt worden. Seinen Arbeitslohn erhält er nach wie vor aus einer inländischen öffentlichen Kasse. Dr. Huber lebt mit Frau und fünfjähriger Tochter, die beide nicht die deutsche Staatsangehörigkeit haben, im Ausland. Im Inland hat die Familie weder Wohnsitz noch gewöhnlichen Aufenthalt. Frau Huber hat keine Einkünfte, wohingegen die Tochter 10 000 DM an eigenen Einkünften hat.

Frage

Sind die Familien Kroll und Huber unbeschränkt einkommensteuerpflichtig?

Antwort

Familie Kroll unterliegt der erweiterten unbeschränkten Steuerpflicht nach § 1 Abs. 2 EStG. Die Eheleute Huber sind erweitert unbeschränkt einkommensteuerpflichtig nach § 1 Abs. 3 EStG. Ihr Kind ist nicht erweitert unbeschränkt einkommensteuerpflichtig.

Begründung

Die Familien Kroll und Huber haben im Inland weder ihren Wohnsitz noch ihren gewöhnlichen Aufenthalt. Sie sind daher nicht unbeschränkt einkommensteuerpflichtig nach § 1 Abs. 1 EStG. Hier greift allerdings der Ausnahmetatbestand der erweiterten unbeschränkten Steuerpflicht.

Dr. Kroll ist zusammen mit seinen zum Haushalt gehörenden Angehörigen nach § 1 Abs. 2 EStG unbeschränkt einkommensteuerpflichtig, da

- er die deutsche Staatsangehörigkeit besitzt,
- Frau und Kind zwar nicht die deutsche Staatsangehörigkeit besitzen, aber keine eigenen Einkünfte haben,
- Dr. Kroll zu einer inländischen juristischen Person des öffentichen Rechts in einem Dienstverhältnis steht und dafür Arbeitslohn aus einer inländischen öffentlichen Kasse bezieht,
- im Ausland als Diplomat nach völkerrechtlichen Bestimmungen lediglich in einem der beschränkten Einkommensteuerpflicht ähnlichem Umfang zu einer Steuer vom Einkommen herangezogen wird (§ 1 Abs. 2 Satz 2 EStG).

Für die Familie Kroll wird im Inland eine Veranlagung nach § 26 EStG durchgeführt. Das zum Haushalt gehörende Kind ist bei der Veranlagung nach § 32 Abs. 1 EStG zu berücksichtigen.

Im Gegensatz zur erweiterten unbeschränkten Einkommensteuerpflicht nach § 1 Abs. 2 EStG tritt die erweiterte unbeschränkte Einkommensteuerpflicht nach § 1 Abs. 3 EStG auch dann ein, wenn der Arbeitnehmer im Ausland der unbeschränkten Steuerpflicht unterliegt, allerdings mit der Maßgabe, daß die von ihm allein oder zusammen mit seinem Ehegatten im Wohnsitzstaat einkommensteuerpflichtigen Einnahmen 5000 DM im Kalenderjahr nicht überschreiten. Die Höhe der im Ausland einkommensteuerpflichtigen Einnahmen von zum Haushalt gehörenden Kindern sind für die Annahme der erweiterten unbeschränkten Steuerpflicht nach § 1 Abs. 3 EStG unbeachtlich.

Die Ehegatten Huber unterliegen weder nach völkerrechtlichen noch sonstigen ausländischen Bestimmungen im Ausland lediglich in einem der beschränkten Steuerpflicht vergleichbaren Umfang der Einkommensteuer. § 1 Abs. 2 Satz 2 EStG findet daher bei ihnen keine Anwendung. Sie müssen nach § 68 b EStDV durch eine Bescheinigung des ausländischen Wohnsitzfinanzamtes nachweisen, daß ihre im Ausland steuerpflichtigen Einnahmen 5000 DM nicht überschritten haben. Kinder, die zum Haushalt gehören, werden – unabhängig von ihrer Staatsangehörigkeit – bei der Veranlagung berücksichtigt, auch wenn sie nur beschränkt einkommensteuerpflichtig sind.

Das Kind der Eheleute Huber unterliegt selbst nicht der erweiterten unbeschränkten Einkommensteuerpflicht.

Da Dr. Huber mit Ausnahme von § 1 Abs. 2 Satz 2 EStG die Voraussetzungen des § 1 Abs. 2 EStG erfüllt, ist für ihn und seine Frau eine Ehegattenveranlagung nach § 26 EStG durchzuführen, wobei für das Kind ein Kinderfreibetrag berücksichtigt werden kann.

Fall 4

Beschränkte Steuerpflicht

EStG § 1 Abs. 4, §§ 21, 49 Abs. 1 Nr. 6

Sachverhalt

Luise Mangels ist am 1. 1. 01 nach Japan gezogen. Das bislang von ihr selbstgenutzte Einfamilienhaus hat sie vermietet.

Frage

Sind die Mieteinkünfte von Luise Mangels im Inland zu versteuern?

Antwort

Luise Mangels unterliegt der beschränkten Einkommensteuerpflicht, in deren Rahmen die Mieteinkünfte versteuert werden.

Begründung

Luise Mangels hat nach ihrem Wegzug nach Japan im Inland weder einen Wohnsitz noch einen gewöhnlichen Aufenthalt. Sie ist unter der Voraussetzung, daß sie inländische Einkünfte i. S. v. § 49 EStG erzielt, mit diesen im Inland beschränkt einkommensteuerpflichtig (§ 1 Abs. 4 EStG).

Mit der Vermietung des Einfamilienhauses erzielt Frau Mangels Einkünfte aus Vermietung und Verpachtung nach § 21 EStG, die ermittelt werden aus der Gegenüberstellung von Einnahmen und Werbungskosten. Diese Einkünfte unterliegen der beschränkten Steuerpflicht nach § 49 Abs. 1 Nr. 6 EStG.

Luise Mangels muß trotz ihres Wegzugs nach Japan in der Bundesrepublik eine Einkommensteuererklärung für beschränkt steuerpflichtige Personen abgeben.

Fall 5

Negative ausländische Einkünfte

EStG § 1 Abs. 1, §§ 2 a, 10 d; DBA-Spanien Art. 6, 7, 23

Sachverhalt

Der Bauunternehmer Wolfgang Rei aus Krefeld erzielt in den Jahren 01 und 02 neben Einkünften aus seinem inländischen Gewerbebetrieb von 100 000 DM p. a. folgende Einkünfte:

Einkünfte aus der Lieferung von Waren in Bolivien über eine dortige Betriebsstätte, Einkünfte aus Waffenlieferungen in Chile über eine dortige Betriebsstätte, Einkünfte aus der Vermietung eines Mehrfamilienhauses in Chile, Einkünfte aus der Vermietung eines Hauses in Madrid (Spanien), Einkünfte aus der Vermietung eines weiteren Hauses in Torremolinos (Spanien), Einkünfte aus einer spanischen Betriebsstätte seiner Bauunternehmung.

In den Jahren 01 und 02 werden dabei folgende Einkünfte erzielt:

	01 DM	**02** DM
Lieferung in Bolivien	10 000	⁒ 5 000
Waffenlieferungen in Chile	⁒ 2 000	8 000
Vermietung Mehrfamilienhaus in Chile	⁒ 1 000	500
Vermietung in Spanien		
– Madrid	⁒ 10 000	5 000
– Torremolinos	11 000	⁒ 6 000
spanische Betriebsstätte	⁒ 10 000	9 000

Frage

Wie hoch ist der Gesamtbetrag der Einkünfte für Wolfgang Rei in den Jahren 01 und 02? Mit Chile und Bolivien bestehen keine Doppelbesteuerungsabkommen. Die gegebenenfalls vorzunehmende Anrechnung ausländischer Steuern bleibt an dieser Stelle unberücksichtigt.

Antwort

Der Gesamtbetrag der Einkünfte 01 beläuft sich auf 101 000 DM.

Der Gesamtbetrag der Einkünfte 02 beträgt 110 000 DM.

Begründung

Wolfgang Rei hat seinen Wohnsitz in der Bundesrepublik Deutschland und ist damit unbeschränkt einkommensteuerpflichtig nach § 1 Abs. 1 EStG. Damit wäre er nach dem Grundsatz der Besteuerung des Welteinkommens mit allen im Inland und Ausland erzielten Einkünften steuerpflichtig, Regeln der Doppelbesteuerungsabkommen einmal außer Acht lassend. Nach diesem Grundsatz müßten an sich nicht nur im Ausland erzielte Gewinne, sondern ebenso im Ausland erzielte Verluste bei der Ermittlung des inländischen zu versteuernden Einkommens zu berücksichtigen sein.

An dieser Stelle ist die Vorschrift des § 2 a EStG zu nennen, die negative Einkünfte aus bestimmten ausländischen Quellen nicht zum Ausgleich mit inländischen positiven Einkünften zuläßt und auch den Verlustabzug nach § 10 d EStG untersagt.

Nach § 2 a Abs. 1 EStG handelt es sich dabei um folgende negative Einkünfte:

- negative Einkünfte aus einer land- und forstwirtschaftlichen Betriebsstätte,
- negative Einkünfte aus einer gewerblichen Betriebsstätte,
- negative Einkünfte aus der Beteiligung als stiller Gesellschafter oder partiarischem Darlehn,
- negative Einkünfte aus Vermietung und Verpachtung.

Sind negative ausländische Einkünfte i. S. d. § 2 a Abs. 1 EStG angefallen, so ist ein Ausgleich innerhalb desselben Veranlagungszeitraums nur möglich mit positiven ausländischen Einkünften der jeweils selben Art, die darüber hinaus auch noch aus demselben ausländischen Staat stammen müssen. Können dabei Verluste in einem Veranlagungszeitraum nicht ausgeglichen werden, so sieht § 2 a EStG einen eingeschränkten Verlustausgleich vor mit positiven Einkünften der jeweils selben Art aus demselben ausländischen Staat in den sieben auf die Entstehung der negativen Einkünfte folgenden Veranlagungszeiträumen, wobei die Veranlagungszeiträume des EStG (Kalenderjahr) und nicht etwa gegebenenfalls abweichende ausländische Veranlagungszeiträume maßgebend sind. Nach dem siebten Veranlagungszeitraum entfällt eine Ausgleichsmöglichkeit.

Eine Ausnahme von § 2 a Abs. 1 EStG ist in § 2 a Abs. 2 EStG geregelt. Hier werden die Voraussetzungen genannt, unter denen Verluste aus einer ausländischen gewerblichen Betriebsstätte weiter in voller Höhe mit positiven inländischen Einkünften verrechnet werden dürfen.

Lieferungen in Bolivien

Mit Bolivien besteht kein Doppelbesteuerungsabkommen, so daß Gewinne und Verluste aus der gewerblichen Betätigung grundsätzlich im Rahmen der inländischen Besteuerung nach dem Welteinkommensprinzip zu erfassen wären, es sei denn, die Regelung des § 2 a Abs. 1 EStG käme zur Anwendung. Zwar liegt eine ausländische gewerbliche Betriebsstätte nach § 2 a Abs. 1 Nr. 2 EStG vor, die den Verlustausgleich mit inländischen Einkünften ausschließen würde, jedoch ist der Ausnahmetatbestand des § 2 a Abs. 2 EStG zu beachten, nach dem bei der Lieferung „normaler" Waren § 2 a Abs. 1 Nr. 2 EStG nicht greift. Somit sind im Jahr 01 10 000 DM als positive Einkünfte und im Jahre 02 5000 DM als negative Einkünfte bei der inländischen Einkommensteuerveranlagung zu berücksichtigen.

Waffenlieferungen in Chile

Auch mit Chile besteht kein Doppelbesteuerungsabkommen. In diesem Fall greift allerdings § 2 a Abs. 1 Nr. 2 EStG, da die Lieferung von Waffen ausdrücklich aus den Ausnahmetatbeständen des § 2 a Abs. 2 EStG ausgenommen ist. Folglich können die negativen Einkünfte des Jahres 01 i. H. v. 2000 DM weder mit anderen positiven ausländischen Einkünften noch mit positiven inländischen Einkünften verrechnet werden. Allerdings kann der Verlust vorgetragen und im Jahre 02 mit den positiven Einkünften aus Waffenlieferungen saldiert werden. Damit sind in 01 keine und in 02 6000 DM als Einkünfte zu erfassen.

Vermietung in Chile

Der Verlust des Jahres 01 aus der Vermietung in Chile kann nach § 2a Abs. 1 Nr. 4 EStG weder mit positiven ausländischen Einkünften noch mit positiven inländischen Einkünften saldiert werden. Dieser Verlust muß vorgetragen und mit den positiven Einkünften des Jahres 02 i. H. v. 500 DM saldiert werden. Da nach der Saldierung noch keine vollständige Kompensation des Verlustes 01 eingetreten ist, kann der verbleibende Rest von 500 DM noch in den verbleibenden sechs Veranlagungszeiträumen mit positiven Einkünften derselben Art aus demselben Staat verrechnet werden. Eine Saldierung des Verlustes mit positiven Einkünften aus Vermietung und Verpachtung in Spanien scheitert daran, daß § 2a Abs. 1 EStG eine Verlustkompensation nur dann zuläßt, wenn die Einkünfte auch aus demselben Land stammen.

Vermietung in Spanien

Zwischen der Bundesrepublik Deutschland und Spanien gibt es ein Doppelbesteuerungsabkommen. Nach Art. 6 DBA-Spanien können die Einkünfte aus Vermietung und Verpachtung in Spanien besteuert werden. Die an sich eintretende Doppelbesteuerung wird nach Art. 23 Abs. 1 a DBA-Spanien dadurch vermieden, daß diese Einkünfte von der Bemessungsgrundlage der deutschen Einkommensteuer ausgenommen werden (Freistellungsmethode), falls nicht Art. 23 Abs. 1 b ee DBA-Spanien greift, wonach nicht das Freistellungs-, sondern das Anrechnungsverfahren anzuwenden ist. Dieses ist anzuwenden bei Einkünften aus unbeweglichem Vermögen, das nicht zu einer in Spanien belegenen Betriebsstätte gehört. Die beiden Häuser gehören nicht zur spanischen Betriebsstätte. Folglich sind die Einkünfte in der Bundesrepublik zu erfassen, eine Freistellung kommt nicht in Betracht. Die spanischen Steuern werden im Rahmen der Anrechnung berücksichtigt.

Auch hier ist § 2a Abs. 1 Nr. 4 EStG zu beachten. Allerdings kann der Verlust aus dem Haus in Madrid mit den positiven Einkünften aus dem Haus in Torremolinos saldiert werden, so daß für 01 1000 DM als Einkünfte aus Vermietung und Verpachtung zu erfassen sind. Im Jahr 02 ist ebenfalls eine Verlustkompensation vorzunehmen. Da aber in diesem Jahr der Verlust von 6000 DM aus dem Haus in Torremolinos die positiven Einkünfte aus dem

Haus in Madrid um 1000 DM übersteigt, kann dieser verbleibende Restbetrag nur im Wege des Verlustvortrages nach § 2a Abs. 1 EStG in den zukünftigen sieben Veranlagungszeiträumen Berücksichtigung finden.

Spanische Betriebsstätte

Nach Art. 7 Abs. 1 DBA-Spanien steht Spanien hinsichtlich der Einkünfte aus der Betriebsstätte das Besteuerungsrecht zu. In der Bundesrepublik werden die Einkünfte aus der Betriebsstätte nach Art. 23 Abs. 1a DBA-Spanien von der Besteuerung unter Progressionsvorbehalt freigestellt. Danach könnte ein Verlust der Betriebsstätte, da ja Spanien das Besteuerungsrecht zusteht, im Rahmen der Einkommensteuerveranlagung nicht erfaßt werden. Hier greift die Regelung des § 2a Abs. 3 EStG, in dem die Regelungen des § 2 AIG übernommen wurden. Danach können ausländische Verluste einer ausländischen gewerblichen Betriebsstätte, für die nach den Regeln eines DBA der ausländische Staat das Besteuerungsrecht hat und die im Inland von der Besteuerung freigestellt sind, auf Antrag bei der Ermittlung des Gesamtbetrags der Einkünfte abgezogen werden, soweit sie ausgeglichen oder abgezogen werden könnten, wenn die Einkünfte nicht von der Einkommensteuer zu befreien wären. Ergibt sich in einem der folgenden Veranlagungszeiträume bei den nach dem DBA zu befreienden Einkünften aus gewerblicher Tätigkeit aus in diesem Staat belegenen Betriebsstätten insgesamt ein positiver Betrag, so ist der zuvor als Verlust abgezogene Betrag insoweit wieder hinzuzurechnen.

Im konkreten Fall bedeutet dies, daß, falls im Jahre 01 der Antrag auf Verlustberücksichtigung gestellt wird, im Jahre 02 in Höhe der positiven Einkünfte von 9000 DM eine entsprechende Hinzurechnung beim Gesamtbetrag der Einkünfte vorzunehmen ist, obwohl die Einkünfte an sich nach DBA von der deutschen Besteuerung freigestellt sind. Insoweit wird eine Kompensation des Verlustes gewährleistet. Die noch verbliebenen 1000 DM aus dem Verlust 01 werden, sobald entsprechende positive Einkünfte in Zukunft vorliegen, hinzugerechnet.

Ermittlung des Gesamtbetrages der Einkünfte:

	01	**02**
	DM	DM
Inländischer Gewerbebetrieb	100 000	100 000
Lieferungen in Bolivien	10 000	./. 5 000
Waffenlieferungen in Chile	—	6 000
Vermietung in Chile	—	—
Vermietung in Spanien	1 000	—
spanische Betriebsstätte	./. 10 000	9 000
	101 000	110 000

Fall 6

Progressionsvorbehalt

EStG § 2 a Abs. 1, § 32 b; EStR Abschn. 185 Abs. 2; DBA-Frankreich Art. 3, 20

Sachverhalt

Der ledige Architekt Gründlich lebt in Düsseldorf. Neben seinen inländischen Einkünften hat er ein vermietetes Ferienhaus in St. Tropez. Im Jahre 1989 erzielt er damit einen nach deutschen Grundsätzen ermittelten Verlust von 10 000 DM, im Jahre 1990 beträgt der Überschuß der Einnahmen über die Werbungskosten 15 000 DM. Das zu versteuernde Einkommen ohne Berücksichtigung des Ferienhauses beträgt jeweils 1989 und 1990 105 000 DM.

Frage

Wie hoch ist die Einkommensteuer 1989 und 1990 für Gründlich?

Antwort

Die Einkommensteuer 1989 beträgt 39 662 DM.
Die Einkommensteuer 1990 beträgt 33 982 DM.

Begründung

Gründlich ist, da er seinen Wohnsitz in der Bundesrepublik hat, mit seinem gesamten Welteinkommen im Inland steuerpflichtig. Dazu zählen auch die Einkünfte aus dem Ferienhaus in Frankreich. Allerdings sind hier die Bestimmungen des DBA mit Frankreich zu beachten, wonach für die Einkünfte aus dem Ferienhaus nach Art. 3 DBA-Frankreich, Frankreich das Besteuerungsrecht zusteht. Die Doppelbesteuerung wird nach Art. 20 DBA Frankreich dadurch vermieden, daß die in Frankreich zu versteuernden Einkünfte von der Bemessungsgrundlage der deutschen Steuer ausgenommen werden. Allerdings wird dadurch das Recht der Bundesrepublik nicht eingeschränkt, die ausgenommenen Einkünfte bei der Festsetzung des Steuersatzes zu berücksichtigen. Diese Vorgehensweise wird als Progressionsvorbehalt bezeichnet und ist in § 32 b EStG geregelt. Der sich unter Einbeziehung der inländischen und der ausländischen Einkünfte ergebende Steuersatz wird dann auf das in der Bundesrepublik Deutschland zu versteuernde Einkommen angewendet. Allerdings muß auch im Rahmen des Progressionsvorbehalts der § 2 a EStG beachtet werden. Nach Abschn. 185 Abs. 2 EStR dürfen ausländische Verluste, die an sich zu einem negativen Progressionsvorbehalt führen würden, im Rahmen des Vorbehalts nicht erfaßt werden, wenn sie unter die Katalogeinkünfte des § 2 a EStG fallen. Die negativen Einkünfte aus Vermietung und Verpachtung des Jahres 1989 fallen unter § 2a Abs. 1 Nr. 4 EStG und können damit nicht nach § 32b EStG berücksichtigt werden. Allerdings gibt es beim Progressionsvorbehalt eine zu § 2a Abs. 1 Satz 2 EStG analoge Vortragsklausel. Danach mindern die negativen Einkünfte 1989 die im Rahmen des Progressionsvorbehalts im Jahre 1990 zu erfassenden positiven Einkünfte, die dann nur noch i. H. v. 5000 DM zu berücksichtigen sind.

Berechnung der Einkommensteuer:

Das zu versteuernde Einkommen 1989 bleibt bei 105 000 DM, da der ausländische Verlust im Rahmen des Progressionsvorbehalts nicht genutzt werden kann.

Die Einkommensteuer 1989 nach der Grundtabelle beträgt damit 39 662 DM.

Im Jahre 1990 werden 5000 DM im Rahmen des Progressionsvorbehalt erfaßt.

Inländisches zu versteuerndes Einkommen	105 000 DM
ausländische Einkünfte	5 000 DM
für die Berechnung des Steuersatzes maßgebendes zu versteuerndes Einkommen	110 000 DM
Abrundung auf den Eingangsbetrag der Tabellenstufe 109 998 DM	
Steuer nach Grundtabelle auf 109 998 DM	35 608 DM
durchschnittlicher Steuersatz bezogen auf 109 998 DM	32,371497 %
Anwendung des durchschnittlichen Steuersatzes auf das auf den Eingangsbetrag der Tabellenstufe abgerundete zu versteuernde Einkommen 104 976 DM × 32,371497 %	33 982 DM

Ohne die Einbeziehung der ausländischen Einkünfte ergäbe sich eine Steuer von 33 137 DM. Die Einbeziehung der ausländischen Einkünfte in den Steuersatz führt damit zu einer Mehrsteuer im Inland von 845 DM.

Fall 7

Anrechnung ausländischer Steuern – Grundfall

EStG § 1 Abs. 1, § 34 c Abs. 1, § 34 d; EStR Abschn. 212 a–d

Sachverhalt

Der ledige Hermann Meyer, wohnhaft in Düsseldorf, erzielt über eine in Chile belegene Betriebsstätte im Jahre 1990 Einkünfte aus der Herstellung und dem Vertrieb von Spielzeug. Die nach deutschem Einkommensteuerrecht ermittelten ausländischen Einkünfte belaufen sich auf 10 000 DM. Mit Chile besteht kein Doppelbesteuerungsabkommen. Der Gesamtbetrag der Einkünfte inklusive der ausländischen Einkünfte beläuft sich für Meyer auf 95 000 DM. In Chile hat er für den Betriebsstättengewinn umgerechnet 3000 DM (2500 DM) an impuesto a la renta gezahlt. Als Sonderausgaben sind bei ihm 6000 DM zu erfassen.

Frage

Kann die Zahlung der ausländischen Steuern bei der Veranlagung zur Einkommensteuer angerechnet werden?

Antwort

Es können 2714 DM (2500 DM) chilenische Steuern angerechnet werden.

Begründung

Meyer ist unbeschränkt steuerpflichtig nach § 1 Abs. 1 EStG, da er seinen Wohnsitz im Inland hat. Dementsprechend unterliegt er mit seinem gesamten Welteinkommen der deutschen Einkommensbesteuerung. Diese Besteuerung nach dem Universalitätsprinzip führt im vorliegenden Fall zu einer Doppelbesteuerung der Einkünfte, da Meyer auf den chilenischen Betriebsstättengewinn sowohl in Chile als auch im Inland Steuern zahlen muß.

Zur Vermeidung derartiger Doppelbelastungen werden sowohl uni- als auch bilaterale Maßnahmen eingesetzt, d. h., es wird versucht, entweder über den Abschluß eines Doppelbesteuerungsabkommens das Besteuerungsrecht den Staaten zuzuteilen, oder aber der jeweils betroffene Staat versucht durch Maßnahmen in seinen eigenen Steuergesetzen, eine Doppelbesteuerung zu verhindern oder abzuschwächen.

Eine derartige unilaterale Maßnahme ist in § 34 c EStG enthalten, der unter bestimmten Voraussetzungen den Abzug oder die Anrechnung ausländischer Steuern vorsieht.

Da mit Chile kein Doppelbesteuerungsabkommen besteht, ist zu fragen, in welcher Form die im Ausland gezahlten Steuern im Rahmen der inländischen Einkommensteuerveranlagung Berücksichtigung finden.

Nach § 34 c Abs. 1 EStG besteht für unbeschränkt Steuerpflichtige die Möglichkeit, sich die im Ausland gezahlte Steuer auf die inländische Steuer anrechnen zu lassen. Diese Anrechnung kann unter folgenden Voraussetzungen erfolgen:

- unbeschränkte Steuerpflicht des Anrechnungsberechtigten,
- die ausländischen Einkünfte müssen solche nach § 34 d EStG sein,

- die ausländischen Einkünfte müssen in dem Staat, aus dem sie stammen, zur Steuer herangezogen worden sein,
- die im Ausland gezahlte Steuer muß der deutschen Einkommensteuer entsprechen,
- die ausländische Steuer muß festgesetzt und tatsächlich gezahlt worden sein und darf keinem Ermäßigungsanspruch mehr unterliegen (Abschn. 212 c EStR).

Die ausländischen Einkünfte i. S. v. § 34 d EStG sind, obwohl im Ausland bezogen, nach deutschem und nicht nach ausländischem Recht zu ermitteln (Abschn. 212 d Abs. 1 Satz 4 EStR), was im Zweifel dazu führen kann, daß der Steuerpflichtige sowohl eine Gewinnermittlung nach dem Recht des Quellenstaats als auch eine solche nach deutschem Recht zu erstellen hat.

Die direkte Steueranrechnung nach § 34 c EStG setzt Identität zwischen ausländischem und inländischem Steuerpflichtigen voraus, d. h., der inländische Steuerpflichtige muß Schuldner der ausländischen Steuer sein. Weiterhin muß die anzurechnende Steuer in dem ausländischen Staat erhoben worden sein, aus dem die Einkünfte auch stammen.

Die Überprüfung, ob die ausländische Steuer auch der deutschen Einkommensteuer entspricht, erfolgt unter Zuhilfenahme des Abschn. 212 a EStR i. V. m. Anlage 10. Hier sind die der deutschen Steuer entsprechenden ausländischen Steuern aufgeführt, wobei nach herrschender Meinung diese Aufzählung nicht abschließend ist. Ist eine Steuer nicht erfaßt, entscheidet der BMF über deren Gleichartigkeit.

Die Festsetzung und Zahlung der ausländischen Steuern muß durch geeignete Unterlagen wie Steuerbescheide und Zahlungsbelege nachgewiesen werden. Als Umrechnungskurs für die in fremder Währung gezahlte ausländische Steuer gilt der am Tage der Zahlung im Bundesanzeiger amtlich festgelegte Devisenkurs (Abschn. 212 b EStR).

Sind die Voraussetzungen für die Anrechnung der ausländischen Steuer dem Grund nach erfüllt, so ist zu prüfen, ob auch eine Anrechnung der Höhe nach erfolgen kann. Nach § 34 c Abs. 1 EStG kann die ausländische Steuer nur bis zur Höhe der inländischen Steuer, die auf die ausländischen Einkünfte entfällt, angerechnet werden (per country limitation). Der Höchstanrechnungsbetrag i. S. v. § 34 c Abs. 1 EStG ist wie folgt zu ermitteln:

$$\text{inländische Einkommensteuer} \times \frac{\text{ausländische Einkünfte}}{\text{Gesamtbetrag der Einkünfte (inkl. ausländischer Einkünfte)}} = \text{maximal anzurechnende ausländische Steuer}$$

Für Meyer beläuft sich das zu versteuernde Einkommen 1990 inklusive der Einkünfte aus der chilenischen Betriebsstätte auf 89 000 DM. Die Einkommensteuer beträgt mithin 25 783 DM nach der Grundtabelle. Die anzurechnende chilenische Steuer, die nach Anl. 10 zu Abschn. 212 a EStR der deutschen Einkommensteuer entspricht, berechnet sich nach obiger Formel wie folgt:

$$25\,783\ \text{DM} \times \frac{10\,000\ \text{DM}}{95\,000\ \text{DM}} = 2\,714\ \text{DM}$$

Hat Meyer nun 3000 DM chilenische Steuer gezahlt, können maximal 2714 DM auf die deutsche Einkommensteuer angerechnet werden, so daß sich seine deutsche Gesamtzahllast auf 25 783 DM ./. 2714 DM = 23 069 DM beläuft.

In der Alternative hatte Meyer 2500 DM chilenische Steuer gezahlt. Hier könnten zwar maximal DM 2714 angerechnet werden, jedoch ist die Anrechnung auf die tatsächlich gezahlte Steuer begrenzt, so daß lediglich die gezahlten 2500 DM auf die deutsche Einkommensteuerzahllast angerechnet werden können.

Fall 8

Anrechnung ausländischer Steuern – Auseinanderklaffen von ausländischer und deutscher Gewinnermittlung

EStG §§ 2 a, 34 c Abs. 1

Sachverhalt

Fall wie Fall 7, jedoch belaufen sich die nach chilenischen Gewinnermittlungsvorschriften ermittelten Einkünfte aus der Betriebsstätte zwar auf 10 000 DM und es wird auch 2500 DM an impuesto a la renta festgesetzt und gezahlt. Allerdings ergibt sich nach deutschen Gewinnermittlungsvorschriften ein Verlust von 5000 DM.

Frage

Kann die chilenische Steuer auf die deutsche Steuer angerechnet werden?

Antwort

Die chilenische Steuer kann nicht auf die deutsche Einkommensteuer angerechnet werden.

Begründung

Die Anrechnung ausländischer Steuern richtet sich nach der auf die ausländischen Einkünfte entfallenden deutschen Einkommensteuer. Dabei müssen die ausländischen Einkünfte nach deutschen Gewinnermittlungsgrundsätzen errechnet worden sein. Sind die ausländischen Einkünfte 0 oder negativ, so kommt eine Anrechnung nicht in Betracht, da auf diese ausländischen Einkünfte keine deutsche Einkommensteuer entfällt.

Da die ausländischen Einkünfte nicht unter § 2 a Abs. 1 Nr. 2 EStG fallen, weil die Ausnahmevorschrift des § 2 a Abs. 2 EStG greift, können die Verluste nach dem Welteinkommensprinzip im Rahmen der inländischen Veranlagung in voller Höhe berücksichtigt werden.

Fall 9

Anrechnung ausländischer Steuern – Ausländische Einkünfte aus unterschiedlichen Staaten

EStG § 34 c Abs. 1; EStDV § 68 a

Sachverhalt

Meyer bezieht Einkünfte aus Betriebsstätten in zwei ausländischen Staaten, mit denen keine Doppelbesteuerungsabkommen bestehen. Die nach deutschen Gewinnermittlungsgrundsätzen berechneten ausländischen Einkünfte belaufen sich auf:

10 000 DM im 1. Staat
30 000 DM im 2. Staat

Der Gesamtbetrag der Einkünfte inklusive der ausländischen Einkünfte 1990 beträgt 95 000 DM. Die im 1. Staat festgesetzte und gezahlte und der deutschen Einkommensteuer entsprechende Steuer beträgt 2500 DM; im 2. Staat beläuft sie sich auf 8500 DM. Im Inland sind Sonderausgaben von 6000 DM zu berücksichtigen.

Frage

Wie vollzieht sich die Anrechnung der ausländischen Steuern?

Antwort

Die anrechenbare ausländische Steuer ist nach § 68 a EStDV für jeden Staat gesondert zu berechnen und mit 2500 DM bzw. 8142 DM auf die deutsche Einkommensteuer anzurechnen.

Begründung

Die ausländischen Steuern können nach § 34 c Abs. 1 EStG auf die deutsche Einkommensteuer angerechnet werden. Werden allerdings Einkünfte aus mehreren ausländischen Staaten erzielt, so ist die Berechnung für jeden Staat gesondert vorzunehmen, es erfolgt keine Zusammenrechnung der ausländischen Steuern und der ausländischen Einkünfte, d. h. für jeden einzelnen Staat wird gesondert geprüft, ob die Voraussetzungen für eine Anrechnung der Höhe nach vorliegen.

Meyers zu versteuerndes Einkommen beträgt nach Abzug der Sonderausgaben 89 000 DM, was zu einer Einkommensteuer von 25 783 DM führt.

Die Höchstanrechnungsbeträge ermitteln sich wie folgt:

Staat 1: $25\,783 \text{ DM} \times \frac{10\,000 \text{ DM}}{95\,000 \text{ DM}} = 2\,714 \text{ DM}$

Staat 2: $25\,783 \text{ DM} \times \frac{30\,000 \text{ DM}}{95\,000 \text{ DM}} = 8\,142 \text{ DM}$

Die Steuer im 1. Staat ist i. H. v. 2500 DM anrechenbar. Im 2. Staat können lediglich 8142 DM angerechnet werden. Da 8500 DM gezahlt worden sind bleiben 358 DM als Doppelbesteuerung.

Fall 10

Anrechnung ausländischer Steuern – Gesamtbetrag der Einkünfte niedriger als die anrechnungsberechtigten ausländischen Einkünfte

EStG § 34 c Abs. 1

Sachverhalt

Bedingt durch inländische Verluste beträgt im Jahre 1990 der Gesamtbetrag der Einkünfte von Hermann Meyer 9000 DM. Darin enthalten sind 10 000 DM aus einer Betriebsstätte in einem Staat, mit dem kein Doppelbesteuerungsabkommen besteht. An ausländischer, der deutschen Einkommensteuer entsprechender Steuer wurden 2500 DM festgesetzt und gezahlt. Meyer hat 2000 DM abzugsfähige Sonderausgaben.

Frage

Wieviel ausländische Steuer kann auf die deutsche Einkommensteuer angerechnet werden?

Antwort

Es können 256 DM der ausländischen Steuer auf die deutsche Einkommensteuer angerechnet werden.

Begründung

Meyers zu versteuerndes Einkommen 1990 beläuft sich auf 7000 DM. Die inländische Einkommensteuer beträgt 256 DM. Der Höchstanrechnungsbetrag nach § 34 c Abs. 1 EStG ermittelt sich demgemäß wie folgt:

$$256\text{ DM} \times \frac{10\,000\text{ DM}}{9\,000\text{ DM}} = 285\text{ DM}$$

Da Meyer 2500 DM an ausländischer Steuer gezahlt hat, könnte er hier 285 DM auf seine deutsche Einkommensteuer anrechnen lassen. Da im Inland aber nur eine Steuerschuld von 256 DM zu begleichen ist, ergäbe sich für Meyer noch ein Einkommensteuererstattungsanspruch von 29 DM. Dieses Ergebnis ist nicht gewollt. Die inländische Einkommensteuer nach Anrechnung sollte maximal 0 DM betragen, da die ausländische Steuer nur auf die anteilige inländische Einkommensteuerschuld anzurechnen ist, die für den Veranlagungszeitraum gezahlt werden muß, in dem auch die ausländischen Einkünfte im Inland zu versteuern sind. In diesem Fall sind die positiven ausländischen Einkünfte um 1000 DM höher als der Gesamtbetrag der Einkünfte. Daher sind die ausländischen Einkünfte für die formelmäßige Berechnung um 1000 DM zu kürzen, so daß sich dann bei Anwendung der Formel ein maximaler Anrechnungsbetrag von 256 DM ergibt.

Fall 11

Anrechnung ausländischer Steuern oder Abzug beim Gesamtbetrag der Einkünfte

EStG § 34 c Abs. 1, Abs. 2

Sachverhalt

Hermann Meyer erzielt in 1990 inländische Einkünfte aus Gewerbebetrieb i. H. v. 90 000 DM. Darüber hinaus hat er Einkünfte aus einer in einem Staat, mit dem kein Doppelbesteuerungsabkommen besteht, belegenen Betriebsstätte von 10 000 DM. Diese Einkünfte sind Einkünfte i. S. v. § 34 d EStG. Die im Ausland gezahlte und festgesetzte und der deutschen Einkommensteuer entsprechende Steuer beläuft sich auf 8000 DM. Es sind Sonderausgaben von 5000 DM zu berücksichtigen.

Frage

Empfiehlt es sich für Meyer, die ausländischen Steuern nach § 34 c Abs. 1 EStG anrechnen zu lassen?

Antwort

Eine Anrechnung ist im vorliegenden Fall nicht zu empfehlen. Vielmehr sollte Meyer den Antrag stellen, die ausländischen Steuern bei der Ermittlung des Gesamtbetrags der Einkünfte abzuziehen.

Begründung

Die Anrechnung ausländischer Steuern erfolgt bei Vorliegen aller tatbestandsmäßigen Voraussetzungen nach § 34 c Abs. 1 EStG von Amts wegen. Darüber hinaus besteht nach § 34 c Abs. 2 EStG die Wahlmöglichkeit, anstelle einer Anrechnung nach § 34 c Abs. 1 EStG den Abzug der ausländischen Steuern bei der Ermittlung des Gesamtbetrags der Einkünfte zu beantragen. Im Einzelfall ist damit ein Alternativenvergleich durchzuführen und das günstigste Ergebnis zu wählen.

Anrechnung nach § 34 c Abs. 1 EStG: Meyer hat im Jahre 1990 unter Berücksichtigung der abzugsfähigen Sonderausgaben von 5000 DM und der ausländischen Einkünfte von 10 000 DM ein zu versteuerndes Einkommen von 95 000 DM. Die Einkommensteuer nach der Grundtabelle beläuft sich auf 28 450 DM. Die anrechenbare ausländische Steuer berechnet sich wie folgt:

$$28\,450 \text{ DM} \times \frac{10\,000 \text{ DM}}{100\,000 \text{ DM}} = 2\,845 \text{ DM}$$

Von den im Ausland gezahlten Steuern von 8000 DM könnten damit im Inland lediglich 2845 DM angerechnet werden. Die Einkommensteuerbelastung beliefe sich dann auf 25 605 DM.

Abzug beim Gesamtbetrag der Einkünfte nach § 34 c Abs. 2 EStG: Die Summe der in- und ausländischen Einkünfte von Meyer beläuft sich auf 100 000 DM. Wird nun der Abzug der ausländischen Steuer bei der Ermittlung des Gesamtbetrags der Einkünfte gewählt, so beläuft sich der Gesamtbetrag der Einkünfte auf 92 000 DM. Unter Berücksichtigung der abzugsfähigen Sonderausgaben von 5000 DM ergibt sich ein zu versteuerndes Einkommen von 87 000 DM. Die Steuer nach der Grundtabelle beträgt 24 919 DM. Damit führt der Abzug zu einem um 686 DM günstigeren Ergebnis als die Anrechnung.

Fall 12

Anrechnung ausländischer Steuern oder Abzug beim Gesamtbetrag der Einkünfte – Einkünfte aus mehreren Staaten

EStG § 34 c Abs. 1, Abs. 2, § 34 d

Sachverhalt

Fall wie Fall 11, jedoch beträgt die ausländische Steuer 3000 DM. Darüber hinaus erzielt Meyer aus einer anderen ausländischen Betriebsstätte einen nach ausländischem Recht ermittelten Gewinn von 15 000 DM. Nach deutschen Vorschriften ergibt sich allerdings ein Gewinn von 0 DM. Die ausländische Steuer beträgt 3500 DM. Die Voraussetzungen der §§ 34 c und 34 d EStG gelten als gegeben. Mit beiden ausländischen Staaten sind keine Doppelbesteuerungsabkommen abgeschlossen worden.

Frage

Wie hoch ist die von Meyer zu zahlende Einkommensteuer?

Antwort

Die Einkommensteuer 1990 beläuft sich auf 24 091 DM.

Begründung

In diesem Fall ist es augenscheinlich, daß der Abzug der ausländischen Steuer aus dem 2. Staat beim Gesamtbetrag der Einkünfte zu einem günstigeren Ergebnis führt als die Anrechnung. Da die ausländischen Einkünfte nach deutschem Recht 0 DM betragen, wird der für die Errechnung der Anrechnung maßgebende Bruch insgesamt zu einem Ergebnis von 0 DM führen, was zur Folge hat, daß keine ausländische Steuer angerechnet werden kann. Dementsprechend wird hier der Abzug gewählt.

Im vorliegenden Fall sind aber noch die Einkünfte aus einem weiteren Staat zu beachten, für die die Anrechnung die günstigere Alternative darstellt. Da entsprechend der Systematik in Abschn. 3 EStR die ausländischen Steuern bei der Ermittlung des Gesamtbetrags der Einkünfte zu berücksichtigen sind, errechnet dieser sich wie folgt:

Inländische Einkünfte		90 000 DM
Ausländische Einkünfte Staat 1		10 000 DM
Ausländische Einkünfte Staat 2		0 DM
Summe der Einkünfte		100 000 DM
ausländische Steuer Staat 2	./.	3 500 DM
Gesamtbetrag der Einkünfte		96 500 DM
Sonderausgaben	./.	5 000 DM
zu versteuerndes Einkommen		91 500 DM
Einkommensteuer nach der Grundtabelle		26 875 DM

Maximaler Anrechnungsbetrag nach § 34 c Abs. 1 EStG:

$$26\,875 \text{ DM} \times \frac{10\,000 \text{ DM}}{96\,500 \text{ DM}} = 2\,784 \text{ DM}$$

Als Einkommensteuer ergibt sich unter Einbeziehung der Anrechnung ein Betrag von 24 091 DM.

Fall 13

Abzug ausländischer Steuern beim Gesamtbetrag der Einkünfte

EStG § 34 c Abs. 1, Abs. 2, Abs. 3, § 34 d

Sachverhalt

Hermann Meyer erzielt aus dem 1. ausländischen Staat Einkünfte, die der deutschen Besteuerung zu unterwerfen sind. Im Ausland wird auf diese Einkünfte eine Steuer festgesetzt und gezahlt. Die Steuer entspricht allerdings nicht der deutschen Einkommensteuer.

Des weiteren erzielt Meyer im Ausland steuerpflichtige Einkünfte, die nicht im Katalog des § 34 d EStG enthalten sind. Auch auf diese Einkünfte wird im Ausland eine Steuer festgesetzt und gezahlt. Mit beiden Staaten besteht kein Doppelbesteuerungsabkommen.

Frage

Gibt es eine Möglichkeit die ausländischen Steuern bei der inländischen Besteuerung zu berücksichtigen?

Antwort

Die im Ausland gezahlten Steuern sind nach § 34 c Abs. 3 EStG bei der Ermittlung des Gesamtbetrags der Einkünfte zu berücksichtigen.

Begründung

Die im Ausland erzielten Einkünfte unterliegen annahmegemäß der inländischen Besteuerung. Da im Ausland auf diese Einkünfte Steuern gezahlt wurden, ist eine Doppelbesteuerung eingetreten. Diese Doppelbesteuerung wird nicht durch ein Doppelbesteuerungsabkommen beseitigt. Auch ist eine Anrechnung der ausländischen Steuern nach § 34 c Abs. 1 EStG nicht möglich, da die im 1. Staat gezahlte Steuer der deutschen Einkommensteuer nicht entspricht und die im 2. Staat erzielten Einkünfte nicht solche ausländischen Einkünfte nach § 34 d EStG sind. Da die Voraussetzungen nach § 34 c Abs. 1 EStG nicht gegeben sind, kommt auch das Wahlrecht nach § 34 c Abs. 2 nicht in Betracht.

Allerdings hat hier der Gesetzgeber durch die Bestimmung des § 34 c Abs. 3 EStG einen Abzug beim Gesamtbetrag der Einkünfte zugelassen. Dieser Abzug ist von Amts wegen vorzunehmen.

Fall 14

Anrechnung und Abzug ausländischer Steuern im Zusammenhang mit den Regelungen der Doppelbesteuerungsabkommen

EStG § 34 c Abs. 6; EStR Abschn. 212 e

Sachverhalt

Meyer bezieht Einkünfte aus einem Staat, mit dem ein Doppelbesteuerungsabkommen besteht, in dem die Anrechnung ausländischer Steuern vorgesehen ist.

Weiterhin hat er Einkünfte aus einem Staat, mit dem zwar ein Doppelbesteuerungsabkommen besteht. Das Abkommen enthält allerdings keine Regelungen hinsichtlich der Steuern vom Einkommen in dem ausländischen Staat und führt mithin nicht zu einer Beseitigung der Doppelbesteuerung.

Frage

In welchem Verhältnis steht § 34 c EStG zu den Regelungen in Doppelbesteuerungsabkommen?

Antwort

Die §§ 34 c Abs. 1 bis Abs. 2 EStG sind entsprechend anzuwenden.

Begründung

Nach § 34 c Abs. 6 EStG sind die Vorschriften über die Anrechnung und den Abzug ausländischer Steuern nach §§ 34 c Abs. 1 bis Abs. 2 EStG grundsätzlich dann nicht anzuwenden, wenn mit dem ausländischen Staat ein Doppelbesteuerungsabkommen besteht. Trotz bestehendem Doppelbesteuerungsabkommen sind die Regelungen allerdings dann anzuwenden, wenn

- das Doppelbesteuerungsabkommen die Anrechnungsmethode vorsieht,
- im Doppelbesteuerungsabkommen keine Regelungen enthalten sind, die die Doppelbesteuerung vermeiden,
- das Doppelbesteuerungsabkommen nicht die Steuern vom Einkommen des ausländischen Staates betrifft.

Diese Voraussetzungen sind im vorliegenden Fall gegeben, so daß trotz Bestehens eines Doppelbesteuerungsabkommens Meyer die Vergünstigungen des § 34 c EStG in Anspruch nehmen kann. Auch wenn das Doppelbesteuerungsabkommen die Anrechnung ausländischer Steuern vorsieht, steht Meyer nach Abschn. 212 e EStR wahlweise die Möglichkeit offen, den Abzug der ausländischen Steuer beim Gesamtbetrag der Einkünfte zu beantragen.

Fall 15

Anrechnung fiktiver ausländischer Steuern

EStG § 34 c Abs. 1, Abs. 6; EStR Abschn. 212 e; DBA-Brasilien Art. 10, 24

Sachverhalt

Hermann Meyer hat im Jahre 1990 brasilianische Dividendeneinkünfte erzielt. Nach Abzug einer 15 %igen Quellensteuer wurde ihm der Nettobetrag auf seinem inländischen Bankkonto gutgeschrieben. Als er sich mit seinem Bekannten, Steuerberater Andreas Klempf, trifft, äußert er diesem gegenüber, daß er für die Anrechnung ausländischer Steuern angesichts seiner eigenen steuerlichen Erfahrungen der Hilfe eines Steuerberaters nicht bedarf. Er meint, im Rahmen von § 34 c Abs. 1 EStG die gezahlten 15 % Quellensteuer anrechnen lassen zu können. Klempf allerdings behauptet, daß, obwohl nur 15 % bezahlt worden seien, 20 % angerechnet werden könnten.

Frage

Kann Meyer 15 % oder 20 % ausländische Quellensteuer anrechnen lassen?

Antwort

Meyer kann 20 % Quellensteuer anrechnen lassen.

Begründung

Meyer erzielt Dividenden i. S. v. Art. 10 Abs. 5 DBA-Brasilien, die in der Bundesrepublik einschließlich der in Brasilien einbehaltenen Quellensteuer Kapitaleinkünfte nach § 20 Abs. 1 Nr. 1 EStG darstellen. Für diese Dividenden steht der Bundesrepublik Deutschland als dem Wohnsitzstaat das Besteuerungsrecht nach Art. 10 Abs. 1 DBA-Brasilien zu. Allerdings kann Brasilien als Quellenstaat nach Art. 10 Abs. 2 DBA-Brasilien eine Quellensteuer von 15 % erheben. Die dadurch eintretende Doppelbesteuerung wird dadurch gemildert, daß nach Art. 24 Abs. 2 DBA-Brasilien die brasilianische Steuer auf die deutsche Steuer angerechnet werden kann.

Dabei ist allerdings im DBA-Brasilien eine Besonderheit zu beachten, die man vielfach in Doppelbesteuerungsabkommen mit Entwicklungsländern antrifft. Für Zwecke der Anrechnung wird nämlich nach Art. 24 Abs. 3 DBA-Brasilien davon ausgegangen, daß die fiktiv zu zahlende brasilianische Quellensteuer 20 % beträgt, so daß auch diese 20 % im Rahmen der Anrechnung nach § 34 c Abs. 1 EStG erfaßt werden können, obwohl tatsächlich nur 15 % gezahlt wurden. Hintergrund dieser Regelung ist die Negativwirkung des Anrechnungsverfahrens. Geben nämlich Entwicklungsländer potentiellen Investoren Steueranreize mit niedrigen Steuersätzen, so werden diese durch das Anrechnungsverfahren wieder zunichte gemacht, da die ausländischen Einkünfte auf inländisches Steuerniveau hochgeschleust werden und nur die niedrige ausländische Steuer von der hohen deutschen Steuer im Wege der Anrechnung abgezogen wird. Um diesen Effekt abzumildern ist bei DBAs mit Entwicklungsländern die Anrechnung fixtiver ausländischer Steuern eingeführt worden, d. h. die Anrechnung von Steuern, die im Entwicklungsland normalerweise zu zahlen wären, aber als entwicklungspolitische Fördermaßnahme nachgelassen sind.

Fall 16

Auslandstätigkeitserlaß

EStG § 1 Abs. 1, §§ 3 c, 32 b; BStBl 1983 I S. 470

Sachverhalt

Ingo Müller ist von seinem inländischen Arbeitgeber zur Montage einer Maschine nach Chile geschickt worden. Seine Tätigkeit beginnt er am 1. 12. 01 mit dem Flug nach Chile. In der Zeit vom 24. 12. – 31. 12. 01 kehrt er nach Deutschland zurück, um den Weihnachtsurlaub bei Frau und Kindern in München in seinem Einfamilienhaus zu verbringen. Am 1. 1. 02 fliegt er nach Chile zurück. Unerwartet muß er am 1. 2. 02 in die Bundesrepublik zurückkehren, wo er nach 1 Tag Flug ankommt, um im Büro seines Arbeitgebers mit der Installation der Maschine zusammenhängende Berechnungen durchzuführen. Nach Abschluß dieser Tätigkeit kehrt er am 11. 2. 02 nach Chile zurück, wo er bis zu seiner Rückkehr in die Bundesrepublik am 10. 3. 02 bleibt.

Frage

Besteht eine Möglichkeit den Arbeitslohn des Ingo Müller von der Lohnversteuerung auszunehmen?

Antwort

Im Rahmen der Vorschriften des Auslandstätigkeitserlasses kann auf Antrag vom Lohnsteuerabzug, den ein Arbeitnehmer aufgrund eines gegenwärtigen Dienstverhältnisses für eine begünstigte Tätigkeit im Ausland erhält, abgesehen werden.

Begründung

Ingo Müller ist unbeschränkt steuerpflichtig nach § 1 Abs. 1 EStG, da er seinen Wohnsitz im Inland hat. Er unterliegt im Rahmen der unbeschränkten Steuerpflicht mit seinem gesamten Welteinkommen der Einkommensteuer. Mit Chile besteht kein Doppelbesteuerungsabkommen.

Nach den Vorschriften des Auslandstätigkeitserlasses kann bei Arbeitnehmern eines inländischen Arbeitgebers auf Antrag vom Lohnsteuerabzug für Arbeitslohn, den der Arbeitnehmer aufgrund eines gegenwärtigen Dienstverhältnisses für eine begünstigte Tätigkeit im Ausland erhält, abgesehen werden, wenn

– die begünstigte Tätigkeit **mindestens drei Monate ununterbrochen** in Staaten ausgeübt wird, mit denen kein Doppelbesteuerungsabkommen existiert,
– der begünstigte Arbeitslohn von einem privaten Arbeitgeber gezahlt wird,
– alle Verfahrensvorschriften eingehalten werden, wie gesonderter Ausweis des Arbeitslohns im Lohnkonto und auf der Lohnsteuerkarte und keine Durchführung des betrieblichen Lohnsteuerjahresausgleichs durch den Arbeitgeber.

Die Installationstätigkeit zählt zu den begünstigten Tätigkeiten des Auslandstätigkeitserlasses. Darüber hinaus wird Ingo Müller von einem privaten Arbeitgeber bezahlt und die begünstigte Tätigkeit wird in Chile, einem Staat, mit dem die Bundesrepublik kein Doppelbesteuerungsabkommen abgeschlossen hat, ausgeübt. Fraglich ist, ob die Auslandstätigkeit **ununterbrochen für mindestens drei Monate** ausgeübt wurde.

Meier ist sowohl im Jahre 01 als auch im Jahre 02 in Chile tätig. Daß sich die Tätigkeit über das Jahresende erstreckt, ist für die Anwendung des Auslandstätigkeitserlasses unmaßgeblich. Die Fristberechnung läuft über das Jahresende weiter. Darüber hinaus hat Müller seine Tätigkeit für 8 Tage zwecks eines privaten Urlaubs unterbrochen. Unterbrechungen für Urlaub und Krankheit sind für die Berechnung der Dreimonatsfrist unschädlich, allerdings sind diese Zeiten bei der Dreimonatsfrist nicht mitzurechnen, was bedeutet, daß sie die Gesamtaufenthaltsdauer zur Einhaltung der Dreimonatsfrist verlängern.

Weiterhin muß berücksichtigt werden, daß sich Müller in der Zeit vom 1. 2. – 11. 2. 02 aus betrieblichen Gründen im inländischen Büro seines Arbeitgebers aufgehalten hat. Derartige Unterbrechungen sind, wenn sie der weiteren Durchführung eines begünstigten Vorhabens dienen, bis zu 10 Tagen innerhalb der Dreimonatsfrist unschädlich. Diese Tage zählen zum Dreimonatszeitraum.

Ingo Müller hat sich zur Durchführung eines begünstigten Vorhabens im Inland aufgehalten. Allerdings überschritt die Unterbrechung die unschädlichen 10 Tage. Hierbei sind die reinen Reisetage allerdings nicht in die 10-Tagesfrist einzuberechnen. Da Müller für Hin- und Rückreise jeweils einen Tag benötigte, hat er sich insgesamt weniger als 10 Tage in der Bundesrepublik für die Berechnung der Unschädlichkeitsfrist aufgehalten.

Berechnung:

1. 12. 01 – 23. 12. 01	23 Tage	
24. 12. 01 – 31. 12. 01	–	(unschädliche Unterbrechung, Tage werden für Dreimonatsfrist nicht einberechnet)
1. 1. 02 – 31. 1. 02	31 Tage	
1. 2. 02 – 11. 2. 02	11 Tage	
12. 2. 02 – 10. 3. 02	27 Tage	
	92 Tage	(= mehr als 3 Monate)

Da die drei Monate ununterbrochener Tätigkeit im Ausland erfüllt sind, besteht die Möglichkeit, den auf die Auslandstätigkeit entfallenden Arbeitslohn von Ingo Müller von der Lohnversteuerung auszunehmen. Zum begünstigten Arbeitslohn zählt dabei nicht nur der während seiner Auslandstätigkeit gezahlte Arbeitslohn, sondern jeder Arbeitslohn soweit er für eine begünstigte Tätigkeit gezahlt wird, wie Weihnachtsgeld, Erfolgsprämien, Urlaubsgeld etc. Soweit diese Zuwendungen nicht gesondert für die begünstigte Tätigkeit gezahlt werden, sind sie unabhängig vom Zeitpunkt der Zahlung, also auch bei Zahlung nach Beendigung der Auslandstätigkeit, im Verhältnis der Kalendertage, in denen der Arbeitnehmer während des Kalenderjahres die begünstigte Tätigkeit ausgeübt hat zu den übrigen Tagen des Kalenderjahres aufzuteilen.

Die Einkünfte, für die kein Lohnsteuerabzug vorgenommen wurde, sind im Rahmen der Einkommensteuerveranlagung im Progressionsvorbehalt nach § 32 b EStG zu berücksichtigen. Werbungskosten sind, soweit sie mit den steuerfreien Löhnen zusammenhängen, nach § 3 c EStG nicht abzugsfähig.

Fall 17

Beschränkt steuerpflichtige Einkünfte (I)

EStG § 1 Abs. 4, § 15 Abs. 1 Nr. 2, § 17 Abs. 1, § 21 Abs. 1, § 49 Abs. 1 und Abs. 2; AO §§ 12, 13, 179 Abs. 1, § 180 Abs. 1

Sachverhalt

Helmut Merder ist schon vor 20 Jahren in ein Land ausgewandert, mit dem die Bundesrepublik noch kein Doppelbesteuerungsabkommen abgeschlossen hat. Er hat in der Bundesrepublik Deutschland weder einen Wohnsitz, noch begründen seine gelegentlichen Besuche einen gewöhnlichen Aufenthalt. Im Ausland betreibt er eine Bauunternehmung. In der Bundesrepublik erzielt er noch folgende Einkünfte:

1. In Düsseldorf unterhält er in von ihm angemieteten Räumen ein Baustofflager. Die dort lagernden Baustoffe werden von ihm selbst verkauft, wobei er die Geschäftsabschlüsse vom Ausland aus tätigt.

2. Zum Betriebsvermögen seines ausländischen Gewerbebetriebs gehört ein in München belegenes Lagerhaus, das an eine Brauerei vermietet ist.

3. Um ein neues Produkt auf dem deutschen Markt zu vertreiben, hat er einen Angestellten seines ausländischen Gewerbebetriebes in die Bundesrepublik Deutschland entsandt, der für ihn Geschäftsabschlüsse tätigt. Die Ware wird dann vom Ausland zum jeweiligen Abnehmer versandt.

4. Weiterhin ist Merder Gesellschafter der Merder Hoch und Tiefbau OHG in Essen. Diese hat von Merder einen Lagerplatz in Essen angemietet, auf dem Baukräne der OHG abgestellt werden. Die OHG erzielt neben ihrer Tätigkeit im Inland Einkünfte aus einer in einem Nicht-DBA-Staat liegenden Betriebsstätte.

5. Merder hat vor 10 Jahren eine Beteiligung i. H. v. 30 % an der Duisburger Bau GmbH erworben. Da der Wert der Beteiligung in letzter Zeit stark angestiegen ist, hat er 10 % der Beteiligung an einen ausländischen Geschäftsfreund veräußert. Außerdem veräußerte er 10 % seines ebenfalls seit Jahren gehaltenen Anteils an der Bochumer Stahlhandels GmbH. An dieser Gesellschaft ist er unmittelbar zu 10 % beteiligt. Weitere 30 % hält er über eine von ihm in seinem Wohnsitzstaat belegene und zu 100 % gehaltene Kapitalgesellschaft.

Frage

Ist Merder mit seinen Einkünften in der Bundesrepublik einkommensteuerpflichtig?

Antwort

In den Fällen 1–5 bezieht Merder beschränkt steuerpflichtige Einkünfte i. S. v. § 49 Abs. 1 EStG.

Begründung

Merder hat weder seinen Wohnsitz noch seinen gewöhnlichen Aufenthalt in der Bundesrepublik Deutschland und ist damit nicht nach § 1 Abs. 1 EStG unbeschränkt steuerpflichtig.

Eine beschränkte Steuerpflicht könnte sich nur dann ergeben, wenn er inländische Einkünfte nach § 49 EStG erzielt (§ 1 Abs. 4 EStG). Dabei ist der Katalog der in § 49 EStG aufgeführten Einkünfte als abschließend anzusehen. Einkünfte, die in § 49 EStG nicht genannt sind, können damit keine beschränkte Steuerpflicht in der Bundesrepublik begründen.

Für die Beurteilung der Frage, welche Einkunftsart vorliegt, gelten stets die Vorschriften des deutschen Einkommensteuerrechts. Die in Doppelbesteuerungsabkommen genannten Regelungen gehen zwar nationalem Recht vor, d. h. aufgrund einer Bestimmung in einem Doppelbesteuerungsabkommen können Einkünfte, die zwar grundsätzlich der beschränkten Steuerpflicht nach § 49 EStG unterliegen, freigestellt sein, es ist über ein Doppelbesteuerungsabkommen aber in keinem Fall möglich, den Kreis des § 49 EStG, nämlich die grundsätzlich in der Bundesrepublik beschränkt steuerpflichtigen Einkünfte, zu erweitern. Daher ist auch bei Vorliegen eines Doppelbesteuerungsabkommens immer zunächst die Frage zu prüfen, ob die vorliegenden Einkünfte unter die Katalogeinkünfte des § 49 EStG fallen. Ist dies nicht gegeben, ist eine weitere Prüfung entbehrlich, da die Einkünfte in keinem Fall in der Bundesrepublik steuerpflichtig sind.

Im vorliegenden Fall braucht die Frage der Doppelbesteuerungsabkommen nicht geprüft werden, da Merder annahmegemäß in einem Nicht-DBA-Staat lebt.

1. Helmut Merder ist mit den Einkünften aus dem Verkauf der Baustoffe beschränkt einkommensteuerpflichtig nach § 49 Abs. 1 Nr. 2 a EStG, da er im Inland eine Betriebsstätte in Form eines Warenlagers unterhält (§ 12 Nr. 5 AO). Daß er die Geschäftsabschlüsse im Ausland tätigt, ist für das Vorliegen der beschränkten Steuerpflicht unmaßgeblich.

2. Würde darauf abgestellt, daß das Lagerhaus zu einem Gewerbebetrieb gehört und mithin die mit dem Lagerhaus erzielten Einkünfte solche aus Gewerbebetrieb wären, unterlägen die Einkünfte nicht der beschränkten Steuerpflicht, da das Grundstück nicht als Betriebsstätte i. S. v. § 12 AO angesehen werden kann und auch kein ständiger Vertreter in der Bundesrepublik existiert, der über § 49 Abs. 1 Nr. 2 a EStG beschränkt steuerpflichtige Einkünfte begründen könnte.

Hier ist allerdings die Vorschrift des § 49 Abs. 2 EStG – auch isolierende Betrachtungsweise genannt – einschlägig. Danach bleiben im Ausland gegebene Besteuerungsmerkmale außer Betracht, soweit bei ihrer Berücksichtigung inländische Einkünfte i. S. v. § 49 Abs. 1 EStG nicht mehr angenommen werden könnten.

Da wie zuvor gezeigt, Einkünfte aus Gewerbebetrieb in diesem Fall keine inländischen beschränkt steuerpflichtigen Einkünfte begründen würden, sind nach § 49 Abs. 2 EStG die Verhältnisse im Ausland außer Betracht zu lassen und es ist nur auf den eigentlichen Gehalt der Einkünfte abzustellen. Danach handelt es sich um Einkünfte aus Vermietung und Verpachtung nach § 21 Abs. 1 Nr. 1 EStG, die nach § 49 Abs. 1 Nr. 6 EStG zu den beschränkt steuerpflichtigen Einkünften zu zählen sind, wenn das Grundstück im Inland belegen ist. Da das Lagerhaus in München liegt, unterliegt Merder mit den Einkünften aus dem Lagerhaus der beschränkten Einkommensteuerpflicht.

3. Merder unterhält zwar für den Vertrieb seines neuen Produktes keine Betriebsstätte in der Bundesrepublik, allerdings ist der von ihm entsandte Angestellte als ständiger Vertreter i. S. v. § 49 Abs. 1 Nr. 2 a EStG anzusehen.

Ein ständiger Vertreter ist nach der Definition in § 13 AO eine Person, die nachhaltig die Geschäfte eines Unternehmens besorgt und dabei dessen Sachweisungen unterliegt. Ein ständiger Vertreter ist dabei insbesondere eine Person, die für ein Unternehmen nachhaltig Verträge abschließt oder vermittelt, Aufträge einholt oder einen Bestand von Gütern und Waren unterhält und davon Auslieferungen vornimmt.

Der Angestellte von Merder unterhält zwar kein Warenlager, von dem aus er Auslieferungen vornimmt, da die Ware nach Vertragsabschluß direkt vom Ausland an den inländischen Abnehmer versandt wird, allerdings ist ein Angestellter immer als den Sachweisungen seines Prinzipals unterliegend anzusehen. Da er darüber hinaus Verträge abschließt, wird er als ständiger Vertreter angesehen. Merder unterliegt daher mit den Einkünften aus dem Vertrieb des neuen Produktes der beschränkten Einkommensteuerpflicht nach § 49 Abs. 1 Nr. 2 a EStG.

4. Als Gesellschafter der Merder Hoch- und Tiefbau OHG ist Merder Mitunternehmer nach § 15 Abs. 1 Nr. 2 EStG. Der Gewinn der OHG wird nach §§ 179 Abs. 1, 180 Abs. 1 Nr. 2 a AO im Wege der einheitlichen und gesonderten Gewinnfeststellung festgestellt und auf die Gesellschafter verteilt. Da die OHG über eine im Inland belegene Betriebsstätte tätig wird, ist Merder mit den über diese Betriebsstätte erzielten Einkünften beschränkt einkommensteuerpflichtig nach § 49 Abs. 1 Nr. 2 a EStG. Der von Merder an die OHG vermietete Lagerplatz, der von dieser ausschließlich zu betrieblichen Zwecken genutzt wird, ist dem sogenannten Sonderbetriebsvermögen des Merder zuzurechnen. Die von Merder für die Überlassung erzielten Einkünfte stellen bei ihm nach § 15 Abs. 1 Nr. 2, 2. Halbsatz EStG gewerbliche Einkünfte dar, die ihm im Rahmen der einheitlichen und gesonderten Gewinnfeststellung vorab zuzurechnen sind. Die beschränkt steuerpflichtigen Einkünfte setzen sich somit für Merder zusammen aus dem Gewinnanteil OHG inklusive der für die Überlassung des Lagerplatzes erzielten Einkünfte.

Nicht der beschränkten Steuerpflicht des Merder unterliegen allerdings die auf die ausländische Betriebsstätte der OHG entfallenden Einkünfte soweit sie auf ihn entfallen, da es insoweit am Tatbestandsmerkmal der inländischen Betriebsstätte mangelt.

5. Merder ist an der Bau GmbH wesentlich beteiligt i. S. v. § 17 Abs. 1 EStG, da er innerhalb der letzten 5 Jahre mehr als 25 % des Anteils an der Gesellschaft hält.

Nach § 49 Abs. 1 Nr. 2 e EStG zählen zu den gewerblichen Einkünften, die der beschränkten Steuerpflicht unterliegen, auch Einkünfte, die unter den Voraussetzungen des § 17 EStG aus der Veräußerung eines Anteils an einer Kapitalgesellschaft erzielt werden, die ihren Sitz oder ihre Geschäftsleitung im Inland hat. Dabei ist es für die Beurteilung der beschränkten Steuerpflicht unmaßgeblich, ob der wesentliche Anteil in einem ausländischen Betriebs- oder Privatvermögen gehalten wird.

Merder unterliegt mit dem bei der Veräußerung von 10 % erzielten Veräußerungsgewinn der beschränkten Steuerpflicht nach § 49 Abs. 1 Nr. 2 e EStG.

Merder hält zwar nur unmittelbar 10 % an der Bochumer Stahlhandels GmbH, allerdings müssen für die Beurteilung, ob eine wesentliche Beteiligung nach § 17 EStG vorliegt, die unmittelbaren und die mittelbaren Beteiligungsverhältnisse zusammengerechnet werden, was dazu führt, daß auch hier eine wesentliche Beteiligung von 40 % vorliegt. Der bei der Veräußerung der Anteile entstandene Veräußerungsgewinn unterliegt damit ebenfalls der beschränkten Steuerpflicht nach § 49 Abs. 1 Nr. 2 e EStG.

Fall 18

Beschränkt steuerpflichtige Einkünfte (II)

EStG §§ 1, 18, 49 Abs. 1; § 50 a Abs. 4

Sachverhalt

Thomas Merder, der Sohn von Helmut Merder, lebt seit 15 Jahren bei seinem Vater in einem Nicht-DBA-Staat. Zuvor hat er in der Bundesrepublik Deutschland gelebt. Thomas ist Berufstennisspieler, konnte aber verletzungsbedingt im Jahre 01 nur an einem Tennisturnier in der Bundesrepublik Deutschland teilnehmen. Zur Aufbesserung seines Honorars gab er unmittelbar nach dem Turnier, das er gewonnen hat, im VIP-Zelt des veranstaltenden Sponsors eine Autogrammstunde, für die er zusätzlich honoriert wurde. Das Tennisturnier war recht spektakulär verlaufen, so daß der Veranstalter das Endspiel aufzeichnen ließ und Videokassetten mit der Aufzeichnung im Inland vertreibt. Thomas Merder ist am Veräußerungserlös beteiligt.

In der Zeit, als er noch seinen Wohnsitz in der Bundesrepublik hatte, hatte er ein Buch geschrieben mit dem Titel „Wie lerne ich Tennis". Die Rechte an dem Buch werden in 01 von einem deutschen Verlag erworben, der das Buch im Inland verkauft.

Frage

Unterliegt Thomas Merder mit seinen Honorareinnahmen der beschränkten Einkommensteuerpflicht? Falls ja, wie wird die Besteuerung seiner Einkünfte aus den Buchverkäufen durchgeführt und wie hoch ist der Steuersatz?

Antwort

Thomas Merder unterliegt mit sämtlichen von ihm im Jahre 01 erzielten Honorareinnahmen der beschränkten Einkommensteuerpflicht.

Begründung

Thomas Merder hat weder einen Wohnsitz noch seinen gewöhnlichen Aufenthalt in der Bundesrepublik Deutschland. Er ist damit nicht unbeschränkt steuerpflichtig nach § 1 Abs. 1 EStG. Eine beschränkte Steuerpflicht könnte sich nach § 1 Abs. 4 EStG nur ergeben, wenn er inländische Einkünfte i. S. v. § 49 EStG erzielen würde.

Tennisturnier

Als Berufstennisspieler erzielt Thomas Merder nach der Beurteilung durch das deutsche Einkommensteuerrecht Einkünfte aus Gewerbebetrieb nach § 15 EStG. Da er im Inland weder eine Betriebsstätte noch einen ständigen Vertreter hat, sind die in der Bundesrepublik von ihm erzielten gewerblichen Einkünfte aus dem Tennisturnier nicht unter die beschränkt steuerpflichtigen Einkünfte nach § 49 Abs. 1 Nr. 2a EStG zu subsumieren. Mit Wirkung ab dem Veranlagungszeitraum 1986 wurde die Auffangvorschrift des § 49 Abs. 1 Nr. 2d EStG geschaffen, die besagt, daß Einkünfte, soweit sie nicht den selbständigen Einkünften nach § 49 Abs. 1 Nr. 3 EStG oder den nichtselbständigen Einkünften nach § 49 Abs. 1 Nr. 4 EStG zugerechnet werden können, und aus künstlerischen, sportlichen, artistischen oder ähnlichen Darbietungen im Inland oder durch deren Verwertung im Inland erzielt werden einschließlich der Einkünfte aus anderen mit diesen Leistungen zusammenhängenden Leistungen, zu den gewerblichen beschränkt steuerpflichtigen Einkünften zu rechnen sind.

Thomas Merder erzielt mit seinen sportlichen Darbietungen während des Tennisturniers derartige Einkünfte und unterliegt mit ihnen der beschränkten Steuerpflicht nach § 49 Abs. 1 Nr. 2d EStG.

Autogrammstunde nach dem Tennisturnier

Zwar stellt die Autogrammstunde nach dem Tennisturnier keine sportliche Darbietung dar, jedoch ist sie als Nebenleistung untrennbar mit der Hauptleistung, nämlich der sportlichen Darbietung verbunden, da Thomas Merder im unmittelbaren zeitlichen Zusammenhang mit dem Tennisturnier die Autogrammstunde gegeben hat. Die Honorareinnahmen hieraus unterliegen daher ebenfalls der beschränkten Steuerpflicht nach § 49 Abs. 1 Nr. 2d EStG.

Verkaufserlöse Videokassetten

Auch der Verkauf der Videokassetten ist nicht als sportliche oder ähnliche Darbietung anzusehen. Allerdings ist in § 49 Abs. 1 Nr. 2d EStG aufgeführt, daß auch Einkünfte aus der Verwertung sportlicher Darbietungen im Inland unter die beschränkte Steuerpflicht fallen. Der Verkauf der Videokassetten ist Ausfluß aus der sportlichen Betätigung des Thomas Merder. Er unterliegt daher mit seinen daraus resultierenden Einnahmen der beschränkten Steuerpflicht.

Buchhonorar

Die schriftstellerischen Einkünfte sind als Einkünfte aus selbständiger Tätigkeit nach § 18 EStG anzusehen. Sie unterliegen der beschränkten Steuerpflicht nur, wenn die selbständige Tätigkeit im Inland ausgeübt oder verwertet wird oder worden ist (§ 49 Abs. 1 Nr. 3 EStG). Thomas Merder hat das Buch im Inland vor Jahren geschrieben und hat damit die selbständige Tätigkeit im Inland ausgeübt. Durch den Verkauf des Buches im Inland wird es auch gleichzeitig im Inland verwertet, so daß der Tatbestand des § 49 Abs. 1 Nr. 3 EStG gleich doppelt erfüllt ist. Insoweit mag es, was die Einstufung der Einkünfte als beschränkt steuerpflichtig angeht, auf eine Unterscheidung der Kriterien „Ausübung" und „Verwertung" nicht ankommen. Von Belang ist das Rangverhältnis aber im Zusammenhang mit dem Steuerabzug nach § 50 a Abs. 4 EStG.

Einkünfte aus der Verwertung schriftstellerischer Tätigkeit unterliegen einem Steuerabzug von 25 %, wohingegen Einkünfte aus der Ausübung schriftstellerischer Tätigkeit nur einem Steuerabzug von 15 % unterliegen (zur Durchführung des Steuerabzugs vgl. Fälle 20 und 21). Nach der Rechtsprechung des BFH (BFH v. 12. 11. 1986 I R 268/83, BStBl 1987 II S. 372) geht das Tatbestandsmerkmal der Ausübung dem der Verwertung vor, d. h. es kommt bei der schriftstellerischen Tätigkeit darauf an, wo der Schriftsteller sich tatsächlich aufhielt, als er das Buch schrieb. Da Thomas Merder sich in der Bundesrepublik Deutschland aufgehalten hat, als er das Buch geschrieben hat, erzielt er Einkünfte aus selbständiger Arbeit, die in der Bundesrepublik ausgeübt worden ist. Er unterliegt der beschränkten Steuerpflicht nach § 49 Abs. 1 Nr. 3 EStG mit einem Steuerabzug von 15 %.

Fall 19

Beschränkt steuerpflichtige Einkünfte (III)

EStG § 20 Abs. 1, §§ 22, 23, 49 Abs. 1; EStR Abschn. 169 Abs. 2; AO § 108; BGB § 187

Sachverhalt

Egon Mauer, der seit vielen Jahren seinen Wohnsitz in einem Nicht-DBA-Staat hat, erzielt in 03 im Inland folgende Einkünfte:

- Dividenden der X-AG, die ihren Sitz in der Bundesrepublik hat,
- Zinsen aus einem Postsparkonto in der Bundesrepublik,
- Zinsen für ein Darlehn, das er einem in der Bundesrepublik Deutschland lebenden Freund zur Errichtung eines Einfamilienhauses gegeben hat. Dieses Darlehn ist mit einer brieflosen Grundschuld an dem Einfamilienhaus gesichert.
- Mit notariellem Kaufvertrag vom 1. 11. 01 hat Mauer ein unbebautes Grundstück in der Bundesrepublik Deutschland erworben. Nutzen und Lasten gingen ab 1. 1. 02 auf ihn über. In 02 errichtete er auf diesem

Grundstück ein Mehrfamilienhaus. Grundstück und Gebäude hat er mit notariellem Kaufvertrag vom 1. 11. 03 wieder weiterveräußert. Übergang von Nutzen und Lasten war der 1. 12. 03. Mauer erzielte sowohl mit der Veräußerung des Grund und Bodens als auch mit der Veräußerung des Gebäudes einen erheblichen Gewinn.

Frage

Unterliegt Mauer mit seinen Einkünften in 03 der beschränkten Steuerpflicht?

Antwort

Die Zinsen aus dem Postsparkonto und der auf die Veräußerung des Mehrfamilienhauses ohne Grund und Boden entfallende Gewinn unterliegen nicht der beschränkten Steuerpflicht. Ansonsten erzielt Mauer beschränkt steuerpflichtige Einkünfte.

Begründung

Mauer hat weder Wohnsitz noch gewöhnlichen Aufenthalt in der Bundesrepublik Deutschland. Er ist also nur beschränkt steuerpflichtig, soweit er inländische Einkünfte nach § 49 EStG erzielt.

Bei den Dividenden handelt es sich um Einkünfte nach § 20 Abs. 1 Nr. 1 EStG, die über § 49 Abs. 1 Nr. 5 a EStG zu den beschränkt steuerpflichtigen Einkünften zu rechnen sind.

Die Zinsen aus dem Postsparkonto sind Einnahmen nach § 20 Abs. 1 Nr. 7 EStG die nach § 49 Abs. 1 Nr. 5 c, aa EStG nur dann zu den beschränkt steuerpflichtigen Einkünften zu rechnen sind, wenn das Kapitalvermögen durch inländischen Grundbesitz, durch inländische Rechte, die den Vorschriften des bürgerlichen Rechts über Grundstücke unterliegen, oder durch Schiffe, die in ein inländisches Schiffsregister eingetragen sind, unmittelbar oder mittelbar gesichert ist. Eine derartige Absicherung ist nicht gegeben, so daß die Zinsen aus dem Postsparkonto nicht der beschränkten Steuerpflicht unterliegen.

Anders verhält es sich mit den Zinsen aus dem an den Freund gegebenen Darlehn. Hier liegen ebenfalls Einkünfte nach § 20 Abs. 1 Nr. 7 EStG vor. Da allerdings das Kapitalvermögen durch eine Grundschuld auf ein im Inland belegenes Gebäude abgesichert ist, liegen insoweit beschränkt steuerpflichtige Einkünfte des Mauer nach § 49 Abs. 1 Nr. 5 c, aa EStG vor.

Die Veräußerung von privatem Grundbesitz unterliegt in der Bundesrepublik nicht der Einkommensbesteuerung, es sei denn, es werden Einkünfte aus Spekulationsgeschäften i. S. v. § 22 Nr. 2 i.V. m. § 23 EStG erzielt.

Im Zusammenhang mit Grundbesitz wird ein Spekulationsgeschäft nur dann angenommen, wenn bei Veräußerungsgeschäften der Zeitraum zwischen Anschaffung und Veräußerung nicht mehr als zwei Jahre beträgt. Maßgebend für Anschaffung und Veräußerung sind die jeweiligen obligatorischen Geschäfte, d. h. im vorliegenden Fall der jeweilige Abschluß des notariellen Kaufvertrages (Abschn. 169 Abs. 1 EStR).

Für die Fristberechnung gelten über § 108 AO die Vorschriften der §§ 187 ff. BGB. Mauer hat sein Grundstück mit notariellem Vertrag vom 1. 11. 01 erworben, d. h. der Fristbeginn für die Berechnung der Zweijahresfrist ist der 2. 11. 01. Da bei Verkauf mit notariellem Vertrag vom 1. 11. 03 die zwei Jahre noch nicht überschritten waren, hat Mauer einen Spekulationsgewinn i. S. v. § 23 Abs. 1 Nr. 1 a EStG erzielt. Fraglich ist, ob sich der Spekulationsgewinn nur auf den Grund und Boden oder auch auf das Gebäude erstreckt. Abschn. 169 Abs. 2 Satz 10 EStR besagt in diesem Zusammenhang, daß bei Herstellung eines Gebäudes auf zuvor erworbenem Grund und Boden und Veräußerung von Gebäude und Grund und Boden innerhalb der Zweijahresfrist sich das Spekulationsgeschäft lediglich auf den Grund und Boden bezieht, da es in bezug auf das Gebäude an der notwendigen Anschaffung i. S. v. § 23 Abs. 1 Nr. 1 a EStG mangelt.

§ 49 Abs. 1 Nr. 8 EStG schließt sich der Regelung der Spekulationsgewinne i. S. v. § 23 EStG an. Damit liegt ein Spekulationsgeschäft mit Grundstücken vor, das zu beschränkt steuerpflichtigen Einkünften führt.

Fall 20

Veranlagung und Steuerabzug bei beschränkter Steuerpflicht (I)

EStG § 20 Abs. 1, § 33 a Abs. 1, § 36 Abs. 2, § 39 a Abs. 2, § 39 d, § 43 Abs. 1, §§ 49, 50; AO §§ 179, 180

Sachverhalt

Egon Manz lebt seit Jahren mit Frau und zwei Kindern unter 18 Jahren in einem Nicht-DBA-Staat. In der Bundesrepublik Deutschland ist er neben dem dort lebenden Herbert Schlüter zu 50 % an der Manz & Schlüter OHG in Essen beteiligt, zu deren Betriebsvermögen ein Aktienpaket an der X-AG gehört. An Dividenden wurden 1990 5000 DM dem betrieblichen Bankkonto der OHG gutgeschrieben. Der Gewinn der OHG beläuft sich ohne Einbeziehung der Dividenden auf 20 000 DM.

Manz ist weiterhin an der inländischen Manz GmbH, Essen, als Alleingesellschafter beteiligt. Die Geschäfte werden von einem angestellten Geschäftsführer erledigt. Manz hat der GmbH zu Beginn des Jahres 1990 ein nicht grundbuchlich gesichertes Darlehn zur Erweiterung des Maschinenparks i. H. v. 100 000 DM gegeben. Dieses Darlehn wird mit 12 % verzinst, unter fremden Dritten wären 8 % angemessen gewesen. Manz erhält am 31. 12. 1990 12 000 DM Zinsen gutgeschrieben.

Im Juni und Juli hat Manz als Angestellter der Manz GmbH projektbezogen in Essen gearbeitet. Er hat dabei weder seinen gewöhnlichen Aufenthalt noch einen Wohnsitz in der Bundesrepublik begründet. Für seine Tätigkeit ist ein als angemessen anzusehender Arbeitslohn von 10 000 DM (brutto) pro Monat vereinbart worden. Vertragsgemäß mußte Manz die Kosten für den Hin- und Rückflug von 3000 DM selbst tragen.

Frage

1. Erzielt Manz 1990 steuerpflichtige Einkünfte? Wie hoch ist die gegebenenfalls zu zahlende Einkommensteuer?
2. Was ist im Zusammenhang mit seiner Anstellung bei der Manz GmbH zu beachten?

Antwort

1. Die von Manz zu zahlende Einkommensteuer 1990 beläuft sich auf 1093,50 DM. Dabei ist zu berücksichtigen, daß 833,50 DM Kapitalertragsteuer und 1875 DM Körperschaftsteuer angerechnet wurden.
2. Für die Durchführung des Lohnsteuerabzugs von Manz muß eine Bescheinigung nach § 39 d EStG beantragt werden. Die Einkommensteuer für Einkünfte, die dem Steuerabzug vom Arbeitslohn unterliegen, gilt bei beschränkt Steuerpflichtigen als durch den Steuerabzug abgegolten.

Begründung

1. Egon Manz ist nicht unbeschränkt steuerpflichtig, da er weder Wohnsitz noch gewöhnlichen Aufenthalt in der Bundesrepublik Deutschland hat. Eine beschränkte Steuerpflicht könnte sich allenfalls durch Einkünfte nach § 49 EStG ergeben.

Der **Gewinnanteil an der OHG** stellt beschränkt steuerpflichtige Einkünfte aus Gewerbebetrieb nach § 49 Abs. 1 Nr. 2 a EStG dar, da die OHG im Inland eine Betriebsstätte unterhält. Der Gewinnanteil aus der Mitunternehmerschaft ist nach §§ 179, 180 AO im Wege der einheitlichen und gesonderten Gewinnfeststellung zu erfassen. Zu diesem Gewinnanteil sind ebenfalls die zum Betriebsvermögen der OHG gehörenden Dividendeneinkünfte zu rechnen. Dabei ist die nach § 43 Abs. 1 Nr. 1 EStG abgeführte und nach § 36 Abs. 2 Nr. 2 EStG anrechenbare Kapitalertragsteuer ebenso wie die anrechenbare Körperschaftsteuer nach § 20 Abs. 1 Nr. 3 i.V.m. § 36 Abs. 2 Nr. 3 EStG dem Gewinn der OHG hinzuzurechnen. Der einheitlich und gesondert festzustellende Gewinn der OHG beträgt damit:

Gewinn ohne Dividende	20 000 DM
Nettodividende	5 000 DM
anrechenbare Kapitalertragsteuer (33,33 % von 5000 DM)	1 667 DM
anrechenbare Körperschaftsteuer (9/16 von 6667 DM)	3 750 DM
Gesamtgewinn	30 417 DM
Der auf Manz entfallende Gewinnanteil beläuft sich damit auf	15 208 DM

Bei den **Zinseinkünften** handelt es sich um Einkünfte nach § 20 Abs. 1 Nr. 7 EStG. Da diese nicht grundbuchlich gesichert sind, zählen sie nicht zu den beschränkt steuerpflichtigen Einkünften (§ 49 Abs. 1 Nr. 5 c, aa EStG).

Allerdings gilt dies nur für den als angemessen anzusehenden Teil der Zinsen. Soweit die Zinsen unangemessen hoch sind, handelt es sich um eine Zuwendung der Gesellschaft an ihren Gesellschafter, die sich einzig und alleine aus dem Gesellschaftsverhältnis heraus begründet – es liegt also eine verdeckte Gewinnausschüttung vor. Für diese verdeckte Gewinnausschüttung muß die Gesellschaft Kapitalertragsteuer nach § 43 Abs. 1 Nr. 1 i.V.m. § 20 Abs. 1 Nr. 1 EStG einbehalten und zwar i.H.v. 25 %. Bei der verdeckten Gewinnausschüttung handelt es sich um beschränkt steuerpflichtige Einkünfte nach § 49 Abs. 1 Nr. 5 a i.V.m. § 20 Abs. 1 Nr. 1 EStG.

Diese Einkünfte sind allerdings nicht in die beschränkte Einkommensteuerveranlagung des Egon Manz einzubeziehen, da die Einkommensteuer für Einkünfte vom Kapitalertrag nach § 50 Abs. 5 EStG bei beschränkt Steuerpflichtigen als durch den Steuerabzug abgegolten gilt. Weder als Einnahme noch im Wege der Anrechnung zu erfassen ist auch die Körperschaftsteuer (§ 50 Abs. 5 i.V.m. § 36 Abs. 2 Nr. 3 EStG).

Durch seine Tätigkeit als Angestellter erzielt Manz Einkünfte aus nichtselbständiger Arbeit nach § 19 EStG.

Da auch die Einkommensteuer für Einkünfte, die dem Steuerabzug vom Arbeitslohn unterliegen, nach § 50 Abs. 5 EStG als mit dem Steuerabzug abgegolten gilt, sind die Einkünfte aus nichtselbständiger Arbeit, die nach § 49 Abs. 1 Nr. 4 EStG zu den beschränkt steuerpflichtigen gehören, da die Arbeit im Inland ausgeübt wird, nicht in die Einkommensteuerveranlagung einzubeziehen.

In die Einkommensteuerveranlagung ist demnach nur der Gewinnanteil an der OHG einzubeziehen. Abzüge wie Sonderausgabenpauschbeträge kommen nach § 50 Abs. 1 EStG nicht in Betracht. Die Einkommensteuer ist bei beschränkter Steuerpflicht nach der Grundtabelle zu ermitteln. Eine

Zusammenveranlagung nach § 26 EStG scheidet aus, da die Ehegatten Manz nicht unbeschränkt steuerpflichtig sind. Bei der Veranlagung ist ein Sonderfreibetrag von 864 DM nach § 50 Abs. 3 EStG vom Einkommen abzuziehen. Die Einkommensteuer beträgt mindestens 25 % des Einkommens vor Abzug des Sonderfreibetrages (§ 50 Abs. 3 EStG). Die Einkommensteuer errechnet sich wie folgt:

Gewinnanteil OHG = Einkommen	15 208 DM
Sonderfreibetrag nach § 50 Abs. 3 EStG	./. 864 DM
Einkommensteuerbemessungsgrundlage	14 344 DM
Einkommensteuer nach der Grundtabelle	1 710 DM
Mindeststeuer nach § 50 Abs. 3 EStG (25 % von 15 208 DM)	3 802 DM

Die festzusetzende Einkommensteuer beläuft sich damit auf 3802 DM.

Darauf können allerdings angerechnet werden:

Die auf Manz entfallende anrechenbare Kapitalertragsteuer i. H. v. 50 % von 1667 DM =	833,50 DM
Die auf Manz entfallende anrechenbare Körperschaftsteuer i. H. v. 50 % von 3750 DM =	1 875,— DM

Da die Dividendeneinkünfte der OHG Betriebseinnahmen eines inländischen Betriebes darstellen, ist in diesem speziellen Fall die Einkommensteuer für Einkünfte, die grundsätzlich dem Steuerabzug vom Kapitalertrag unterliegen, gem. § 50 Abs. 5 Nr. 1 EStG nicht mit dem Steuerabzug abgegolten. Die anrechenbaren Steuerbeträge sind in dem der beschränkten Steuerpflicht unterliegenden Gewinnanteil zu erfassen und auf die Steuerschuld anzurechnen. Die Einkommensteuerzahllast für Manz beträgt 1990 damit:

festzusetzende Einkommensteuer	3 802,— DM
anrechenbare Kapitalertragsteuer	./. 833,50 DM
anrechenbare Körperschaftsteuer	./. 1 875,— DM
Zahllast	1 093,50 DM

2. Die von Manz erzielten Einkünfte aus nichtselbständiger Arbeit zählen zu den beschränkt steuerpflichtigen Einkünften, da er die nichtselbständige Arbeit im Inland ausgeübt hat (§ 49 Abs. 1 Nr. 4 EStG). Nach § 50 Abs. 5 EStG ist die Einkommensteuer für Einkünfte, die dem Steuerabzug vom Arbeitslohn unterliegen, mit diesem Steuerabzug abgegolten. Die Steuererhebung erfolgt im Abzugverfahren nach § 39 d EStG. Danach muß Manz oder in seinem Namen sein Arbeitgeber beim Betriebsstättenfinanzamt der GmbH eine besondere Bescheinigung beantragen. Als beschränkt Steuerpflichtiger unterliegt Manz automatisch der Steuerklasse I (§ 39 d Abs. 1 EStG). Da bei beschränkt steuerpflichtigen Arbeitnehmern die Einkommensteuer mit dem Steuerabzug abgegolten ist, besteht für diese Personengruppe nicht die Möglichkeit Werbungskosten und andere Abzugsbeträge im Rahmen einer Einkommensteuerveranlagung geltend zu machen. Daher sieht § 39 d Abs. 2 EStG die Eintragung bestimmter Freibeträge auf der Bescheinigung vor, die gleichfalls vom Betriebsstättenfinanzamt vorgenommen wird. Die Eintragung derartiger Freibeträge kann bis zum Ende des Kalenderjahres beantragt werden, für das die Bescheinigung gilt. Dabei wird der Freibetrag durch das Finanzamt in Monatsbeträge aufgeteilt auf die voraussichtliche Dauer des Dienstverhältnisses im Kalenderjahr. Bei der Beantragung der Eintragung von Freibeträgen gilt die Antragsgrenze des § 39 a Abs. 2 Satz 4 EStG nicht. Der Arbeitnehmer muß seinem Arbeitgeber die Bescheinigung nach § 39 d EStG vor Antritt des Dienstverhältnisses vorlegen (§ 39 d Abs. 3 EStG). Der Lohnsteuerabzug ist vom Arbeitgeber im übrigen wie bei unbeschränkt steuerpflichtigen Arbeitnehmern durchzuführen. Dabei tritt die Bescheinigung nach § 39 d EStG an die Stelle der Lohnsteuerkarte.

Manz sollte, um einen zu hohen Lohnsteuerabzug zu vermeiden, folgende Freibeträge eintragen lassen:

Werbungskosten für Hin- und Rückflug (§ 39 d Abs. 2 Nr. 2 EStG)	3 000 DM
außergewöhnliche Belastungen für zwei Kinder i. H. v. (§ 39 d Abs. 2 Nr. 4 i.V.m. § 33 a Abs. 1 und § 50 Abs. 4 EStG)	2 × 3 024 DM

Fall 21

Veranlagung und Steuerabzug bei beschränkter Steuerpflicht (II)

EStG § 9 a Nr. 2, § 18 Abs. 1, § 20 Abs. 4, §§ 49, 50, 50 a; EStR Abschn. 224, 227 c; UStG § 3 Abs. 9, § 3 a Abs. 3, Abs. 4; UStDV § 52 Abs. 2

Sachverhalt

Wolfgang Feier, der in einem Nicht-DBA-Staat lebt, ist Aufsichtsratsmitglied der X-AG in Düsseldorf. Seine Aufsichtsratsvergütungen beliefen sich 1990 auf 12 000 DM. Wolfgang Feier ist mit der X-AG übereingekommen, daß diese die Aufsichtsratsteuer übernimmt. Feier hat der X-AG keine Mehrwertsteuer für die Aufsichtsratstätigkeit gesondert in Rechnung gestellt.

Wolfgang Feier hat in Düsseldorf ein Mehrfamilienhaus. Der nach deutschem Einkommensteuerrecht ermittelte Überschuß der Einnahmen über die Werbungskosten belief sich 1990 auf 5000 DM.

Anläßlich des Besuches eines Tennisturniers in der Bundesrepublik Deutschland hat Feier eine Kolumne für eine deutsche Tageszeitung geschrieben. Sein Honorar belief sich auf 3000 DM. Auch hier wurde auf den Ausweis von Mehrwertsteuer verzichtet. Feier hatte Kosten von 1000 DM im Zusammenhang mit der Erstellung der Kolumne.

Feier schreibt an einem Buch über gesellschaftspolitische Entwicklungen in der Bundesrepublik Deutschland. Zu diesem Zweck hat er 1990 in der Bundesrepublik ein Büro angemietet. Zu Recherchezwecken hat er sich einen Monat in der Bundesrepublik aufgehalten. Die mit der Erstellung des Buches zusammenhängenden Kosten beliefen sich 1990 auf 7000 DM.

Feier hat Verluste aus der inländischen Betriebsstätte seines ausländischen Gewerbebetriebes, die nach deutschen Grundsätzen ermittelt wurden i. H. v. 6000 DM erzielt.

Seine grundbuchlich gesicherten Zinseinnahmen beliefen sich 1990 auf 2000 DM.

Frage

1. Muß Feier 1990 in der Bundesrepublik Deutschland Einkommensteuer zahlen?
2. Wie hoch sind die von den deutschen Leistungsempfängern einzubehaltenden Abzugsteuern?

Antwort

1. Feier muß 1990 500 DM Einkommensteuer zahlen.
2. Die X-AG muß 5861,88 DM Aufsichtsratsteuer abführen; die deutsche Tageszeitung muß 481,50 DM an Abzugsteuern einbehalten und abführen.

Begründung

Wolfgang Feier hat weder Wohnsitz noch gewöhnlichen Aufenthalt in der Bundesrepublik Deutschland. Er ist daher nicht unbeschränkt einkommensteuerpflichtig. Eine beschränkte Steuerpflicht könnte sich allenfalls über § 1 Abs. 4 EStG ergeben und zwar soweit Feier Einkünfte erzielt hat, die sich unter die Katalogeinkünfte des § 49 EStG subsumieren lassen.

Als Aufsichtsratsmitglied einer deutschen AG bezieht Feier Einkünfte aus sonstiger selbständiger Arbeit nach § 18 Abs. 1 Nr. 3 EStG, die, da die selbständige Arbeit im Inland ausgeübt oder verwertet wird, nach § 49 Abs. 1 Nr. 3 EStG zu den beschränkt steuerpflichtigen Einkünften zählen.

Diese Einkünfte werden nicht im Rahmen seiner Einkommensteuerveranlagung für beschränkt Steuerpflichtige erfaßt. Vielmehr muß nach § 50a Abs. 2 EStG für die Einkünfte eine **Aufsichtsratsteuer** von 30 % entrichtet werden. Die Steuer entsteht nach § 50 a Abs. 5 EStG in dem Zeitpunkt, in dem die Aufsichtsratsvergütungen dem Gläubiger der Vergütungen zufließen. In diesem Moment hat der Schuldner der Aufsichtsratsvergütungen – also die X-AG – für Rechnung von Feier den Steuerabzug vorzunehmen. Die X-AG muß die innerhalb eines Kalendervierteljahres einbehaltene Steuer jeweils bis zum 10. des dem Kalendervierteljahr folgenden Monats an das für sie zuständige Finanzamt abführen.

Weiter muß beachtet werden, daß Feier als Aufsichtsratsmitglied durch seine Tätigkeit unternehmerisch i. S. d. UStG tätig wird. Er erbringt gegenüber der X-AG sonstige Leistungen nach § 3 Abs. 9 UStG. Ort der sonstigen Leistung ist nach § 3 a Abs. 4 Nr. 3 i. V. m. § 3 a Abs. 3 UStG das Erhebungsgebiet. Die sonstige Leistung ist daher steuerbar und mangels Steuerbefreiung steuerpflichtig. Obwohl in derartigen Fällen die sogenannte Null-Regelung des § 52 Abs. 2 UStDV angewendet wird, d. h. es wird keine Umsatzsteuer in einer Rechnung gesondert ausgewiesen, da der Rechnungsempfänger diese als Vorsteuer abziehen könnte, ist die Umsatzsteuer für die Berechnung der Aufsichtsratsteuer fiktiv mit einzubeziehen (Abschn. 227 c Abs. 4 EStR) (BFH-Urteil v. 30. 5. 1990 I R 6/88, BStBl 1991 II S. 235). Darüber hinaus hat Feier mit der X-AG vereinbart, daß diese an seiner Stelle die Steuer übernimmt, d. h. seine vereinbarte Vergütung wird nicht um einzubehaltende Aufsichtsratsteuer gekürzt. Der dann anzuwendende Berechnungssatz beträgt nach Abschn. 227 c Abs. 1 EStR 42,85 % (entspricht dem auf einen Nettosatz hochgerechneten Satz von 30 %).

Die von der X-AG abzuführende Aufsichtsratsteuer berechnet sich dementsprechend wie folgt:

Nettovergütung	12 000,— DM	
Umsatzsteuer 14 %	1 680,— DM	
Bemessungsgrundlage für die Berechnung	13 680,— DM	× 42,85 %
Aufsichtsratsteuer	5 861,88 DM	

Mit dieser Aufsichtsratsteuer ist die Einkommensteuer nach § 50 Abs. 5 EStG abgegolten.

Die **Einkünfte aus Vermietung und Verpachtung** sind den beschränkt steuerpflichtigen Einkünften nach § 49 Abs. 1 Nr. 6 EStG zuzurechnen. Diese Einkünfte sind im Rahmen einer Einkommensteuerveranlagung für beschränkt Steuerpflichtige zu erfassen.

Die Einkünfte aus der **journalistischen Tätigkeit** unterliegen nach § 49 Abs. 1 Nr. 3 EStG der beschränkten Steuerpflicht. Diese Einkünfte sind nicht im Rahmen einer Veranlagung für beschränkt Steuerpflichtige zu erfassen. Für sie ist nach § 50 a Abs. 4 Nr. 2 EStG eine Abzugsteuer zu berechnen, die ebenso wie die Aufsichtsratsteuer von der Tageszeitung einbehalten und abgeführt werden muß. Dabei gibt es einen zweigeteilten Steuerabzug. Allgemein beträgt der Steuerabzug 25 %; wurde die Tätigkeit jedoch im Inland tatsächlich ausgeübt, so verringert sich der Satz auf 15 %. Abschn. 227 c EStR gilt hinsichtlich der Null-Regelung bei der Umsatzsteuer entsprechend. Der Steuerabzug ist allerdings von den Einnahmen und nicht von den Einkünften zu berechnen, d. h. für Feier, daß die Abzugsteuer auf sein Bruttohonorar inklusive Umsatzsteuer von 3210 DM (Umsatzsteuersatz 7 %, § 12 Abs. 2 Nr. 7 c UStG) berechnet wird. Die ihm entstandenen Kosten von 1000 DM sind nicht abziehbar. Die Abzugsteuer beträgt also:

Bemessungsgrundlage	3 210,— DM × 15 %	(Tätigkeit im Inland)
Abzugsteuer	481,50 DM	

Mit dieser Abzugsteuer ist die Einkommensteuer abgegolten.

Die Tätigkeit von Feier im Zusammenhang mit der Erstellung seines Buches ist als **selbständige Tätigkeit** einzustufen. Sie unterliegt damit grundsätzlich nach § 49 Abs. 1 Nr. 3 EStG der beschränkten Steuerpflicht. Da Feier bislang noch keine Einnahmen erzielt hat, ist fraglich, ob die ihm entstandenen Aufwendungen im Inland steuerlich abzugsfähig sind. Nach § 50 Abs. 1 EStG dürfen Betriebsausgaben insoweit abgezogen werden, als sie mit inländischen Einkünften in wirtschaftlichem Zusammenhang stehen, was bei den Aufwendungen von Feier unzweifelhaft der Fall ist. Allerdings würden positive Einkünfte des Feiers der Abzugsteuer unterliegen. Da bei diesen Einkünften eine Kürzung um Betriebsausgaben nicht erlaubt ist, wird aus § 50 Abs. 5 EStG ein Verlustausgleichsverbot hergeleitet. Der von Feier erzielte Verlust darf daher weder mit anderen positiven Einkünften verrechnet werden, noch im Rahmen des § 10 d EStG genutzt werden.

Die **Einkünfte aus Gewerbebetrieb** fallen unter § 49 Abs. 1 Nr. 2 a EStG und mithin unter die beschränkte Steuerpflicht. Der von Feier im Inland erzielte Verlust kann daher im Rahmen der Veranlagung beschränkt Steuerpfichtiger mit anderen positiven Einkünften verrechnet werden. Ein dann noch verbleibender Verlustbetrag kann im Rahmen von § 10 d EStG genutzt werden, da der Verlust aus Gewerbebetrieb in wirtschaftlichem Zusammenhang mit inländischen Einkünften steht und sich aus Unterlagen ergibt, die im Inland aufbewahrt werden (§ 50 Abs. 1 EStG).

Die grundbuchlich gesicherten **Zinseinnahmen** zählen über § 49 Abs. 1 Nr. 5 c, aa i. V. m. § 20 Abs. 1 Nr. 7 EStG zu den beschränkt steuerpflichtigen Einkünften. Ein Steuerabzug ist nicht vorzunehmen. Die Einkünfte sind in der Veranlagung beschränkt Steuerpflichtiger zu erfassen. Der Abzug eines Werbungskostenpauschbetrages nach § 9 a Nr. 2 EStG und des Sparer-Freibetrages nach § 20 a Abs. 4 EStG entfällt allerdings gemäß § 50 Abs. 1 EStG.

Nach § 50 Abs. 2 EStG ist bei Einkünften aus § 20 Abs. 1 Nr. 7 EStG ein Ausgleich mit Verlusten aus anderen Einkunftsarten nicht zulässig. Demgemäß kann der Verlust aus Gewerbebetrieb i. H. v. 6000 DM lediglich mit den positiven Einkünften aus Vermietung und Verpachtung i. H. v. 5000 DM saldiert werden. Eine Saldierung mit den Einkünften aus Kapitalvermögen scheidet aus. Es sind daher 2000 DM mit dem Mindeststeuersatz von 25 % zu veranlagen (§ 50 Abs. 3 EStG). Die Einkommensteuer beträgt somit 500 DM. Bei Anwendung der Mindestbesteuerung wird der Sonderfreibetrag von 864 DM nicht gewährt (Abschn. 224 EStR).

Fall 22

Steuerabzugsanordnung

EStG § 50 a Abs. 7; AO §§ 5, 122, 348, 349

Sachverhalt

Der niederländische Bauunternehmer Jens van den Brook, mit Wohnsitz in Amsterdam, erstellt in der Bundesrepublik für zwei unterschiedliche Auftraggeber jeweils einen Bürokomplex und zwar für die Büro-GmbH in Düsseldorf und die Office-GmbH in München. Ab 31. 3. 1990 sind mit beiden Gesellschaften Abschlagszahlungen von jeweils 500 000 DM pro Quartal vereinbart. Nachdem die Zahlung für das erste Quartal vereinbarungsgemäß geleistet worden ist, erhält die Büro GmbH vom Finanzamt einen Bescheid über die Anordnung des Steuerabzugs nach § 50 a Abs. 7 EStG, mit der Auflage, bei Zahlungen an van den Brook in Zukunft 10 % Steuer einzubehalten und an das Finanzamt abzuführen. Das Finanzamt führt hierzu aus, daß es bei seiner Schätzung der Steuer von drei Zahlungsraten zu 500 000 DM einem Reingewinn von 20 % der Einnahmen und einem Steuersatz von 50 % für 1990 ausgegangen ist.

Im Juli 1990 – also nach Zahlung der zweiten Rate – erhält die Office-GmbH vom Finanzamt ebenfalls einen Bescheid über die Anordnung des Steuerabzugs nach § 50 a Abs. 7 EStG. In diesem Bescheid wird die Office-GmbH aufgefordert von zukünftigen Zahlungen des Jahres 1990 an van den Brook 25 % Einkommensteuer einzubehalten und abzuführen. Dieser Satz wird damit begründet, daß man von einer Gesamteinnahme des Jahres 1990 i. H. v. 2 500 000 DM ausgeht. Diese setzt sich zusammen aus den Abschlagszahlungen an die Office-GmbH von 4 × 500 000 DM und der bislang für die Bemessung des Steuerabzugs unberücksichtigt gebliebenen ersten Rate für das Gebäude der Büro-GmbH von 500 000 DM. Der Steuersatz berechnet sich also: 2 500 000 DM × 20 % (Reingewinn) × 50 % Steuersatz = 250 000 DM. Bezogen auf die letzten beiden zu leistenden Zahlungen für 1990 von insgesamt 1 000 000 DM bedeutet dies einen Steuersatz von 25 %.

Es ist davon auszugehen, daß van den Brook mit beiden Bauausführungen eine Betriebsstätte in der Bundesrepublik begründet. Die vom Finanzamt vorgenommene Schätzung des Reingewinns und der Steuer trifft zu. Vollstreckbares Vermögen von van den Brook ist in Deutschland nicht vorhanden. Von beiden Anordnungen über den Steuerabzug wurden van den Brook Kopien vom Finanzamt zugeleitet.

Frage

Ist die Anordnung des Steuerabzugs zulässig?

Antwort

Der Bescheid über die Anordnung des Steuerabzugs ist unzulässig, soweit die Abschlagszahlung für das erste Quartal an die Büro-GmbH in die Bemessung des Einkommensteuerabzugssatzes der Office-GmbH einbezogen wurde.

Begründung

Nach § 50 a Abs. 7 EStG kann das Finanzamt zur Sicherstellung des Steueranspruchs die Einkommensteuer von beschränkt steuerpflichtigen Einkünften, soweit sie nicht bereits dem Steuerabzug unterliegen, im Wege des Steuerabzugs erheben, wenn dies zweckmäßig ist. Die Höhe des Steuerabzugs steht hierbei im Ermessen des Finanzamts.

Zunächst einmal ist daher die Frage zu prüfen, ob beschränkt steuerpflichtige Einkünfte vorliegen. Van den Brook erzielt über die in der Bundesrepublik belegenen Betriebsstätten als Bauunternehmer Einkünfte aus Gewerbebetrieb, die der beschränkten Steuerpflicht nach § 49 Abs. 1 Nr. 2 a EStG unterliegen. Ein Steuerabzug nach § 50 a Abs. 1 – Abs. 4 EStG ist für derartige Einkünfte nicht vorzunehmen.

Durch die Abzugsanordnung wird der Auftraggeber des beschränkt steuerpflichtigen Auftragnehmers verpflichtet, von Zahlungen, die er an diesen zu entrichten hat, entweder einen bestimmten Betrag oder einen bestimmten Prozentsatz einzubehalten und an das Finanzamt abzuführen. Mit diesem angeordneten Steuerabzug ist allerdings die von dem beschränkt Steuerpflichtigen zu entrichtende Steuer nicht abgegolten. Vielmehr muß er für den in Frage stehenden Veranlagungszeitraum eine Steuererklärung abgeben, auf deren Basis dann die von ihm zu entrichtende Steuer ermittelt wird. Die im Wege des Steuerabzugs einbehaltenen Beträge werden dann wie Steuervorauszahlungen auf die Gesamtsteuerschuld angerechnet.

Die Steuerabzugsanordnung ist kein Steuerbescheid oder ein Steuervorauszahlungsbescheid. Vielmehr handelt es sich um einen Verwaltungsakt, der nach § 122 AO sowohl dem Steuerschuldner als auch dem Abzugsschuldner bekanntgegeben werden muß.

Der Steuerabzug nach § 50 a Abs. 7 EStG ist kein gesetzlicher Steuerabzug, da das EStG den Steuerabzug nicht selbst anordnet, sondern lediglich das Finanzamt ermächtigt, ihn nach pflichtgemäßem Ermessen entsprechend § 5 AO anzuordnen.

Im vorliegenden Fall hat das Finanzamt sein Ermessen hinsichtlich der Bemessung des Steuerabzugs bei der Büro-GmbH nicht überschritten. Zum einen verfügt van den Brook in der Bundesrepublik über kein vollstreckbares Vermögen, zum anderen sind die vom Finanzamt vorgenommenen Schätzungen, was Reingewinn und Höhe des Steuersatzes angeht, laut Sachverhalt als angemessen zu beurteilen. Somit dürften gegen die an die Büro-GmbH gerichtete Anordnung zur Vornahme des Steuerabzugs hinsichtlich der letzten drei Quartale des Jahres 1990 keine Einwendungen erhoben werden.

Fraglich ist allerdings, ob im Rahmen der an die Office-GmbH gerichteten Anordnung die für die ersten beiden Quartale bereits geleisteten Zahlungen in die Bemessung des Abzugssatzes für die letzten Quartale einbezogen werden kann. Darüber hinaus ist zu fragen, ob dies auch für die bislang noch nicht im Rahmen des Steuerabzugs berücksichtigte Zahlung des ersten Quartals durch die Büro-GmbH möglich ist.

Dem Zahlungsschuldner kann keine rückwirkende Abzugsverpflichtung auferlegt werden, wenn die Zahlung bereits geleistet worden ist. Dies schließt allerdings nicht aus, Abzüge für vergangene Zahlungen von künftigen Zahlungen anzuordnen, wenn sie in den selben Veranlagungszeitraum fallen. Eine Anordnung von Zahlungen für vergangene Veranlagungszeiträume ist nach Auffassung des BFH (BFH-Urteil v. 26. 8. 1954, BStBl 1955 III, S. 63) nicht möglich. Die Einbeziehung der ersten beiden Quartale bei der Bemessung des Steuerabzugsprozentsatzes für die restlichen beiden Quartale des Jahres 1990 bei der Office-GmbH ist damit zulässig. Nicht zulässig ist allerdings die Einbeziehung des bislang beim Steuerabzug unberücksichtigt gebliebenen ersten Quartals der Büro-GmbH im Rahmen der Anordnung des Steuerabzugs bei der Office-GmbH, da der Abzug nur für solche Einnahmen angeordnet werden kann, die zur Begründung derselben Steuerschuld führen. Es sollen nur die Steuern einbehalten werden, die durch ein bestimmtes zugrundeliegendes Vertragsverhältnis ausgelöst sind. Andere Zahlungen, die im Rahmen der beschränkten Steuerpflicht zu berücksichtigen wären, aber von anderen Zahlungsschuldnern zu leisten sind, bleiben daher für die Anordnung des Steuerabzugs außer Betracht.

Die Anordnung des Steuerabzugs fällt nicht unter den Katalog des § 348 AO. Dementsprechend ist gegen die Anordnung als Rechtsbehelf nicht der Einspruch, sondern die Beschwerde nach § 349 AO gegeben. Dabei sind sowohl der Abzugsverpflichtete als auch der Steuerschuldner rechtsbehelfsbefugt.

Fall 23

Veranlagung und Verlustabzug bei Wechsel der Steuerpflicht

EStG §§ 10 d, 49, 50 Abs. 1; EStR Abschn. 227

Sachverhalt

Herbert Melchior hat mehrere Mehrfamilienhäuser in der Bundesrepublik Deutschland. Am 1. 4. 1990 verlegt er seinen Wohnsitz in einen Nicht-DBA-Staat. Für die Zeit vom 1. 1. – 31. 3. 1990 beläuft sich der Überschuß der Einnahmen über die Werbungskosten bei den Häusern auf 50 000 DM. In der Zeit vom 1. 4. – 31. 12. 1990 erzielt Melchior bedingt durch umfangreiche Renovierungsmaßnahmen einen Verlust von 250 000 DM. 1988 und 1989 hatte er jeweils einen Gesamtbetrag der Einkünfte von 0 DM.

Frage

Muß Herbert Melchior für 1990 Einkommensteuer zahlen?

Antwort

Herbert Melchior muß für 1990 Einkommensteuer im Rahmen seiner unbeschränkten Steuerpflicht zahlen.

Begründung

Herbert Melchior ist bis zum 31. 3. 1990 unbeschränkt einkommensteuerpflichtig, da er bis zu diesem Zeitpunkt seinen Wohnsitz in der Bundesrepublik Deutschland hatte. Ab 1. 4. 1990 entfällt mit der Verlegung des Wohnsitzes und Aufgabe desselben in der Bundesrepublik die unbeschränkte Steuerpflicht. Melchior ist dann über § 1 Abs. 4 EStG beschränkt steuerpflichtig, soweit er Einkünfte bezieht, die unter den Katalog des § 49 EStG fallen.

Obwohl der Veranlagungszeitraum nach § 25 Abs. 1 EStG grundsätzlich für die Einkommensteuer das Kalenderjahr ist, dürfen bei Wegfall der unbeschränkten und Eintritt der beschränkten Steuerpflicht innerhalb eines Veranlagungszeitraumes, unbeschränkt steuerpflichtige Einkünfte nicht mit beschränkt steuerpflichtigen Einkünften zu einem Gesamteinkommen zusammengefaßt werden. Es müssen daher in einem Veranlagungszeitraum zwei Veranlagungen, nämlich für die Zeit der unbeschränkten und für die Zeit der beschränkten Steuerpflicht, durchgeführt werden (Abschn. 227 EStR).

Im Zeitraum der unbeschränkten Steuerpflicht erzielt Melchior positive Einkünfte von 50 000 DM.

Da die Einkünfte aus Vermietung und Verpachtung nach § 49 Abs. 1 Nr. 6 EStG zu den beschränkt steuerpflichtigen Einkünften zählen, sind sie im Rahmen der Veranlagung für beschränkt Steuerpflichtige zu erfassen. Da Melchior in der Zeit bis zum Jahresende keine weiteren Einkünfte hat, erzielt er im Zeitraum der beschränkten Steuerpflicht einen Verlust i. H. v. 250 000 DM. Nach § 50 Abs. 1 EStG ist die Vorschrift des § 10 d EStG dann anzuwenden, wenn Verluste in wirtschaftlichem Zusammenhang mit inländischen Einkünften stehen und sich aus Unterlagen ergeben, die im Inland aufbewahrt werden. Der danach grundsätzlich gegebene Verlustrücktrag ist auch nicht ausgeschlossen durch den Wechsel der Steuerpflicht. Fraglich ist allerdings, ob der Verlust der Periode 1. 4. – 31. 12. 1990 auch auf den ersten Teil des Jahres 1990 (1. 1. – 31. 3. 1990) zurückgetragen werden kann. Nach herrschender Meinung ist ein derartiger Verlustrückgang nicht gestattet, da dieser nur in einen vorangegangenen oder folgenden **Veranlagungszeitraum** erfolgen darf. Da das gesamte Jahr 1990 den Veranlagungszeitraum darstellt, kann der Verlustrücktrag nur nach 1988 und 1989 erfolgen, wirkt sich dort aber mangels positivem Gesamtbetrag der Einkünfte nicht aus. Melchior muß daher für den Zeitraum der unbeschränkten Steuerpflicht 1990 auf die positiven Einkünfte von 50 000 DM Einkommensteuer zahlen. Der Verlust von 250 000 DM kann lediglich im Rahmen des Verlustvortrags genutzt werden.

Fall 24

Ausschüttungsbedingte Teilwertabschreibungen

EStG § 50 c; EStR Abschn. 227 d; AO § 163

Sachverhalt

Der unbeschränkt steuerpflichtige Unternehmer Gerd Mauser erwirbt von einem nicht anrechnungsberechtigten ausländischen Unternehmer sämtliche Anteile an der inländischen Pharma GmbH. Der Ausländer hatte die GmbH-Anteile vor einigen Jahren von dem inländischen Unternehmer Meyer erworben, der bei der Veräußerung einen Veräußerungsgewinn von 200 000 DM versteuert hatte.

Die GmbH hat ein Stammkapital von 500 000 DM. Auf der Aktivseite der Bilanz steht ein Fabrikgebäude mit 500 000 DM zu Buche. Der Schätzwert dieses Gebäudes beträgt nach einem Sachverständigengutachten 900 000 DM. Der Ausländer verlangt von Mauser 1 000 000 DM als Kaufpreis, da in der GmbH noch ein Firmenwert von 100 000 DM steckt.

Zwei Jahre nach Erwerb der Anteile beabsichtigt Mauser, den Betrieb der GmbH zu schließen, da sich die Geschäfte ausgesprochen schlecht entwickelt haben. Da er die Anteile bei Erwerb in das Betriebsvermögen seines Einzelunternehmens übernommen hat, wo sie mit den Anschaffungskosten von 1 000 000 DM zu Buche stehen, plant er folgende Vorgehensweise:

- Teilwertabschreibung der GmbH-Anteile um den nicht mehr vorhandenen Firmenwert von 100 000 DM,
- Verkauf des Fabrikgebäudes von der GmbH an sein Einzelunternehmen zum Preis von 900 000 DM,
- Ausschüttung des Veräußerungsgewinnes von DM 400 000 DM an sein Einzelunternehmen.
- Da die GmbH jetzt nur noch über das Stammkapital von 500 000 DM verfügt, Abschreibung des Beteiligungsansatzes im Einzelunternehmen um 400 000 DM auf 500 000 DM.

Frage

Wie hoch ist die von Mauser vorzunehmende Teilwertabschreibung auf den GmbH-Anteil in seinem Betriebsvermögen (Die Gewerbesteuer soll hier unberücksichtigt bleiben)?

Antwort

Mauser kann eine Teilwertabschreibung von insgesamt 200 000 DM vornehmen.

Begründung

Zur Sicherung der Besteuerung der Veräußerung von Anteilen an Kapitalgesellschaften, bestimmt § 50 c EStG, daß bei Erwerb eines Anteils an einer unbeschränkt steuerpflichtigen Kapitalgesellschaft durch einen zur Anrechnung von Körperschaftsteuer berechtigten Steuerpflichtigen von einem nichtanrechnungsberechtigten Anteilseigner Gewinnminderungen, die durch den Ansatz des niedrigeren Teilwerts oder durch Verluste aus der Veräußerung oder der Entnahme des Anteils im Jahre des Erwerbs oder in den folgenden neun Jahren entstehen, einkommensteuerlich unberücksichtigt bleiben, soweit der Ansatz des niedrigeren Teilwerts oder der Verlust nur auf Gewinnausschüttungen zurückgeführt werden kann und die Gewinnminderungen den sogenannten Sperrbetrag nicht überschreiten. Dieser Sperrbetrag ist nach § 50 c Abs. 4 EStG definiert als Differenz zwischen Anschaffungskosten und Nennbetrag des Anteils.

Mauser hat den GmbH-Anteil von einem nichtanrechnungsberechtigten Anteilseigner erworben. Daher sind für ihn die Regelungen des § 50 c EStG für das Erwerbsjahr und die folgenden neun Jahre zu beachten. Der für Mauser zu berücksichtigende Sperrbetrag beträgt:

Anschaffungskosten der GmbH-Anteile	1 000 000 DM
Nennwert der Anteile	./. 500 000 DM
Sperrbetrag (vorläufig)	**500 000 DM**

Im vorliegenden Fall ist eine Besonderheit enthalten. Der Veräußerer der Anteile hatte diese zuvor von einem inländischen Vorveräußerer erworben, der im Inland einen Veräußerungsgewinn von 200 000 DM versteuert hatte. Um unbillige Härten zu vermeiden bestimmt Abschn. 227 d Abs. 6 EStR, daß der sich grundsätzlich nach § 50 c Abs. 4 EStG ergebende Sperrbetrag nach § 163 AO um den Betrag zu verringern ist, der nachweislich von einem früheren Anteilseigner im Inland als Veräußerungsgewinn versteuert worden ist. Der endgültige Sperrbetrag beträgt damit:

Sperrbetrag (vorläufig)	500 000 DM
im Inland versteuerter Veräußerungsgewinn	⁒ 200 000 DM
Sperrbetrag (endgültig)	**300 000 DM**

Die von Mauser beabsichtigte Teilwertabschreibung ist zu unterteilen in:

- Teilwertabschreibung auf den Firmenwert i. H. v. 100 000 DM
- Teilwertabschreibung wegen vorgenommener Ausschüttung 400 000 DM.

Die Teilwertabschreibung auf den Firmenwert ist sachverhaltsgemäß nicht zu beanstanden und mindert in Höhe von 100 000 DM den Beteiligungsansatz der GmbH-Anteile in der Bilanz des Einzelunternehmens Mauser.

Hinsichtlich der auf der Ausschüttung beruhenden Teilwertabschreibung muß der Sperrbetrag berücksichtigt werden. Dieser verringert sich nach § 50 c Abs. 4 EStG um steuerlich nicht anerkannte ausschüttungsbedingte Teilwertabschreibungen. Ist der Sperrbetrag aufgezehrt, so können darüber hinausgehende Teilwertabschreibungen berücksichtigt werden. Die von Mauser vorzunehmende steuerliche Teilwertabschreibung beträgt:

Sperrbetrag		300 000 DM
Teilwertabschreibung	500 000 DM	
darin enthalten: Teilwertabschreibung Firmenwert	⁒ 100 000 DM	
ausschüttungsbedingte Teilwertabschreibung	400 000 DM	⁒ 400 000 DM
zu berücksichtigende ausschüttungsbedingte Teilwertabschreibung		⁒ 100 000 DM

Der Sperrbetrag wurde vermindert und damit aufgezehrt um die ausschüttungsbedingte Teilwertabschreibung i. H. v. 300 000 DM. Soweit darüber hinausgehende Abschreibungen vorliegen – auch wenn sie wie hier ausschüttungsbedingt sind – können sie steuerlich geltend gemacht werden, da kein weiterer Sperrbetrag mehr zu berücksichtigen ist.

Mauser kann daher steuerlich eine weitere Teilwertabschreibung von 100 000 DM – also insgesamt 200 000 DM – vornehmen.

Teil II: Körperschaftsteuer

Fall 25

Beginn der unbeschränkten Körperschaftsteuerpflicht

KStG §§ 1, 8 Abs. 1; AO §§ 10, 11

Sachverhalt

Ferdinand Bauer und Peter Klein beschließen am 1. 2. 01 eine GmbH zu gründen. Geschäftszweck der GmbH soll der Vertrieb von Computerzubehör im In- und Ausland sein. Der Gesellschaftsvertrag, in dem als Sitz der GmbH Düsseldorf bestimmt ist, wird am 12. 2. 01 notariell abgeschlossen. Die ersten Geschäfte werden am 13. 2. 01 getätigt. Die GmbH wird am 1. 5. 01 ins Handelsregister eingetragen.

Frage

Ab wann und mit welchen Einkünften ist die GmbH unbeschränkt körperschaftsteuerpflichtig?

Antwort

Die GmbH ist ab 12. 2. 01 mit ihrem gesamten Welteinkommen unbeschränkt körperschaftsteuerpflichtig.

Begründung

Die unbeschränkte Körperschaftsteuerpflicht ist in § 1 KStG geregelt. Danach unterliegen die in § 1 Abs. 1 KStG aufgezählten Körperschaften, Personenvereinigungen und Vermögensmassen der unbeschränkten Körperschaftsteuerpflicht, wenn sie ihre Geschäftsleitung oder ihren Sitz im Inland haben.

Die Geschäftsleitung ist nach § 10 AO dort, wo sich der Mittelpunkt der geschäftlichen Oberleitung befindet. Ist dieser Mittelpunkt nicht eindeutig bestimmbar, so reicht es für die Annahme der unbeschränkten Steuerpflicht aus, daß sich der Sitz der Gesellschaft im Inland befindet, da lediglich eines der beiden Kriterien erfüllt sein muß. Der Sitz einer Gesellschaft ist nach § 11 AO definiert als der Ort, der durch Gesetz, Gesellschaftsvertrag, Satzung, Stiftungsgeschäft oder dergleichen bestimmt ist.

Die unbeschränkte Steuerpflicht erstreckt sich nach § 1 Abs. 2 KStG nicht nur auf die inländischen Einkünfte sondern auf alle Einkünfte der GmbH weltweit. Was dabei als Einkommen gilt, und wie das Einkommen zu ermitteln ist, bestimmt sich gem. § 8 Abs. 1 KStG nach EStG und KStG.

Über den Beginn der unbeschränkten Körperschaftsteuerpflicht findet sich im KStG selbst keine Regelung. Handelsrechtlich entsteht die GmbH mit der Eintragung ins Handelsregister. Körperschaftsteuerlich allerdings ist sie schon vorher existent. Vor der Eintragung sind zwei Stadien zu unterscheiden:

- die Vorgesellschaft,
- die Gründergesellschaft.

Unter einer Vorgesellschaft wird der Zeitraum bis zum Abschluß des Gesellschaftsvertrages verstanden. Liegt in dieser Zeit eine wirtschaftliche Betätigung vor, so wird die Gesellschaft für diesen Zeitraum als Gesellschaft bürgerlichen Rechts oder als OHG behandelt; sie ist damit nicht körperschaftsteuerpflichtig, sondern unterliegt den Regelungen zur Mitunternehmerschaft. Diese handelsrechtlich gebräuchliche Terminologie unterscheidet sich von der in Abschn. 2 Abs. 3 und 4 KStR verwendeten.

Mit notariellem Abschluß des Gesellschaftsvertrages am 12. 2. 01 bis zur endgültigen Eintragung der Gesellschaft im Handelsregister wird die Gesellschaft als Gründergesellschaft bezeichnet. Auch in diesem Stadium ist sie Gesellschaft bürgerlichen Rechts oder abhängig von der Tätigkeit auch Offene Handelsgesellschaft. Die Gründergesellschaft und die nach der Eintragung entstandene GmbH werden allerdings wie ein einziges steuerliches Rechtssubjekt behandelt, mit der Folge, daß schon die Einkünfte der Gründergesellschaft der unbeschränkten Körperschaftsteuerpflicht unterliegen.

Fall 26

Beschränkte Steuerpflicht ausländischer Körperschaften

KStG § 2 Nr. 1, § 8 Abs. 1; EStG § 49

Sachverhalt

Kevin Smith ist Managing Director einer englischen Ltd. Die Ltd. will sich auf dem bundesdeutschen Markt engagieren, ohne zu diesem Zweck eine eigene Gesellschaft zu gründen. Die Tätigkeiten auf dem deutschen Markt sollen von England aus gesteuert werden.

Frage

Kevin Smith fragt den Steuerberater Andreas Klempf, ob die englische Gesellschaft durch ihr deutsches Engagement gegebenenfalls der deutschen Körperschaftsteuerpflicht unterliegt.

Antwort

Die englische Ltd. ist – unter Berücksichtigung der Vorschriften des deutsch-englischen Doppelbesteuerungsabkommens – ggf. in der Bundesrepublik beschränkt körperschaftsteuerpflichtig.

Begründung

Eine Ltd. ist eine Kapitalgesellschaft mit beschränkter Haftung nach englischem Recht. Da sie in der Bundesrepublik weder einen Sitz noch ihre Geschäftsleitung hat, ist sie nicht unbeschränkt körperschaftsteuerpflichtig.

Eine beschränkte Körperschaftsteuerpflicht könnte sich allenfalls über § 2 Nr. 1 KStG ergeben. Danach unterliegen der beschränkten Körperschaftsteuerpflicht alle Körperschaften, Personenvereinigungen und Vermögensmassen, die weder ihren Sitz noch ihre Geschäftsleitung im Inland haben, mit ihren inländischen Einkünften.

Was als inländische Einkünfte anzusehen ist, bestimmt sich über § 8 Abs. 1 KStG nach den Vorschriften des § 49 EStG. Werden daher von der englischen Ltd. Einkünfte bezogen, die unter die Vorschrift des § 49 EStG fallen, so unterliegt sie zunächst einmal – vorbehaltlich abweichender Regelungen im mit Großbritannien abgeschlossenen Doppelbesteuerungsabkommen – der beschränkten Körperschaftsteuerpflicht. Führt das inländische Engagement allerdings zu Einkünften, die nicht im § 49 EStG aufgeführt sind, so ergibt sich in der Bundesrepublik Deutschland keine Körperschaftsteuerpflicht.

Fall 27

Freistellung ausländischer Einkünfte – Schachtelprivileg

KStG § 1 Abs. 1, Abs. 2, § 26 Abs. 7, § 30 Abs. 2 Nr. 1, § 31 Abs. 1 Nr. 2 und 3; DBA-Dänemark Art. 12, 19

Sachverhalt

Die Pharma GmbH mit Sitz in Neuss hat im Jahre 1990 einen Jahresüberschuß von 180 000 DM erwirtschaftet. Gewinnmindernd sind dabei Körperschaftsteuervorauszahlungen i. H. v. 80 000 DM und eine Zuführung zur Körperschaftsteuerrückstellung von 20 000 DM berücksichtigt worden. In dem Jahresüberschuß ist eine Dividende enthalten, die die GmbH aus ihrer 10 %igen Beteiligung an der dänischen Danske A/S erhalten hat. Von der Bruttodividende von 94 118 DM wurde dänische Quellensteuer von 14 118 DM einbehalten. Der Nettobetrag der Dividende i. H. v. 80 000 DM ist im Jahresüberschuß enthalten.

Frage

1. Wie hoch ist die Körperschaftsteuer 1990?
2. Wie gliedert sich das verwendbare Eigenkapital, wenn keine Eigenkapitalvorträge vorhanden sind?

Antwort

1. Die festzusetzende Körperschaftsteuer 1990 beläuft sich auf 100 000 DM.
2. Dem EK 50 sind 100 000 DM, dem EK 01 80 000 DM zuzuführen.

Begründung

1. Die Pharma GmbH ist nach § 1 Abs. 1 KStG unbeschränkt steuerpflichtig, da sie ihren Sitz im Inland hat. Damit unterliegt sie mit sämtlichen Einkünften, die weltweit erzielt werden, der unbeschränkten Körperschaftsteuerpflicht.

Das Besteuerungsrecht der Bundesrepublik könnte allenfalls durch ein Doppelbesteuerungsabkommen eingeschränkt sein. Nach Art. 12 Abs. 1 DBA-Dänemark steht bei Bezug von Dividenden aus Dänemark grundsätzlich der Bundesrepublik als dem Ansässigkeitsstaat das Besteuerungsrecht zu und zwar ungeachtet einer Quellenbesteuerung in Dänemark i. H. v. 15 % der Dividende nach Art. 12 Abs. 3 DBA-Dänemark. Die dadurch ggf. eintretende Doppelbesteuerung wird über Art. 19 Abs. 3 DBA-Dänemark ausgeglichen. Soweit danach eine Kapitalgesellschaft, die in der Bundesrepublik Deutschland ansässig ist, mindestens 25 % der Anteile an einer dänischen Kapitalgesellschaft hält (Schachtelbeteiligung), werden die Dividenden, die auf diese Anteile gezahlt werden von der deutschen Besteuerung ausgenommen.

Im vorliegenden Fall hält die Pharma GmbH jedoch nur 10 % der Anteile an der Danske A/S. Danach ergäbe sich keine Freistellung der Dividenden von der deutschen Besteuerung, da nach Art. 19 Abs. 3 DBA-Dänemark hierzu eine 25 %ige Beteiligung notwendig wäre. Hier allerdings greift wieder nationales Recht über die Bestimmung des § 26 Abs. 7 KStG. Sind danach Gewinnanteile, die von einer ausländischen Gesellschaft ausgeschüttet werden, nach einem Doppelbesteuerungsabkommen unter der Voraussetzung einer Mindestbeteiligung von der Körperschaftsteuer befreit, so gilt die Befreiung ungeachtet der im Abkommen vereinbarten Mindestbeteiligung, wenn die Beteiligung mindestens 10 % beträgt. Da die Pharma GmbH diese Mindestbeteiligung von 10 % an der Danske A/S hält und das

DBA zur Freistellung von deutscher Körperschaftsteuer ebenfalls eine Mindestbeteiligung – wenn auch eine höhere von 25 % – vorsieht, sind die Dividenden aus Dänemark von der deutschen Körperschaftsteuer befreit.

Die Körperschaftsteuer berechnet sich danach wie folgt:

Jahresüberschuß	180 000 DM
körperschaftsteuerbefreite dänische Dividende	⁒ 80 000 DM
Körperschaftsteuer (§ 10 Nr. 2 KStG)	100 000 DM
zu versteuerndes Einkommen	200 000 DM
Körperschaftsteuer (§ 23 Abs. 1 KStG: 50 %)	100 000 DM

2. Das zu versteuernde Einkommen ist einer Körperschaftsteuer von 50 % zu unterwerfen:

zu versteuerndes Einkommen	200 000 DM
Körperschaftsteuer 50 % (§ 31 Abs. 1 Nr. 2 KStG)	⁒ 100 000 DM
Zugang zum ungemildert belasteten verwendbaren Eigenkapital EK 50	100 000 DM

Die ausländischen Einkommensteile haben das verwendbare Eigenkapital in Höhe des Nettobetrages von 80 000 DM ebenfalls erhöht. Da dieser Betrag nicht der Körperschaftsteuer unterlegen hat, ist er nach § 30 Abs. 2 Nr. 1 KStG dem EK 01 zuzuordnen. Die ausländischen Steuern sind dabei nach § 31 Abs. 1 Nr. 3 KStG beim EK 01 gemindert (Brutto 94 118 DM ⁒ 14 118 DM ausländische Steuer = 80 000 DM Nettozugang).

Fall 28

Negative ausländische Einkünfte – Freistellung nach DBA

KStG § 1 Abs. 1, § 10 Nr. 2, § 23 Abs. 1, §§ 30, 31; EStG § 2 a Abs. 3; DBA-Dänemark Art. 2, 4, 19

Sachverhalt

Die Elektro GmbH, Neuss, wurde im Januar 1990 gegründet. Sie unterhält in Kopenhagen eine Geschäftsstelle in einem angemieteten Büro. Über diese Geschäftsstelle vertreibt sie ihre Elektroprodukte in Dänemark. Im Jahre 1990 hat die GmbH einen Jahresüberschuß von 120 000 DM erzielt. Gewinnmindernd sind 110 000 DM Körperschaftsteueraufwand berücksichtigt worden. Auf die dänische Betriebsstätte entfiel 1990 ein Verlust von 20 000 DM, der in dieser Höhe im Jahresüberschuß enthalten ist.

Im Jahre 1991 wird ein Jahresüberschuß von 150 000 DM erwirtschaftet, worin 30 000 DM auf die dänische Betriebsstätte entfallender Gewinn enthalten ist. Dieser ist bereits um 10 800 DM dänische Körperschaftsteuer vermindert. An deutscher Körperschaftsteuer wurden 100 000 DM Vorauszahlungen und 20 000 DM aus Zuführungen zur Körperschaftsteuerrückstellung aufwandswirksam erfaßt.

Frage

1. Wie hoch ist das zu versteuernde Einkommen 1990?
2. Ist die Körperschaftsteuerrückstellung 1991 mit 20 000 DM ausreichend dotiert?
3. Wie gliedert sich das verwendbare Eigenkapital 1990 und 1991?

Antwort

1. Das zu versteuernde Einkommen 1990 beläuft sich auf 230 000 DM.
2. Die Körperschaftsteuerrückstellung ist nicht ausreichend dotiert, es müßten insgesamt 30 000 DM zugeführt werden.
3. Im Jahre 1990 werden dem EK 50 115 000 DM zugeführt; im Jahre 1991 ist das EK 50 um 130 000 DM und das EK 01 um 10 000 DM zu erhöhen.

Begründung

1. Die Elektro GmbH ist nach § 1 Abs. 1 KStG unbeschränkt körperschaftsteuerpflichtig mit ihrem gesamten Welteinkommen, zu dem auch der Verlust aus der ausländischen Betriebsstätte zu zählen ist, wenn nicht Bestimmungen eines Doppelbesteuerungsabkommens dem entgegenstehen.

Mit der Geschäftsstelle in Kopenhagen unterhält die GmbH eine Betriebsstätte i. S. d. Art. 2 Abs. 1 Nr. 4 a cc DBA-Dänemark. Der auf diese Betriebsstätte entfallende Gewinnanteil unterliegt nach Art. 4 Abs. 1 DBA-Dänemark der dänischen Besteuerung. Da Dänemark das Besteuerungsrecht zusteht, stellt Art. 19 Abs. 2 DBA-Dänemark die Betriebsstättengewinne von der deutschen Besteuerung frei. Entsprechendes gilt auch für die auf die Betriebsstätte entfallenden Verluste, so daß diese bei der deutschen Körperschaftsteuerveranlagung an sich nicht nutzbar gemacht werden könnten.

Hier allerdings greift die Regelung des § 2 a Abs. 3 EStG (bis 1989: § 2 AIG). Danach können ausländische Verluste aus einer Betriebsstätte, die nach einem Doppelbesteuerungsabkommen von der deutschen Steuer befreit sind, auf Antrag abgezogen werden. Werden in der ausländischen Betriebsstätte allerdings in den nachfolgenden Jahren Gewinne erzielt, so sind diese auch nur insoweit von der deutschen Besteuerung befreit, als sie den in den Vorjahren abgezogenen Verlust überschreiten. Das zu versteuernde Einkommen 1990 berechnet sich damit wie folgt:

inländischer Jahresüberschuß		140 000 DM
Verlust dänische Betriebsstätte	./.	20 000 DM
Körperschaftsteuer (§ 10 Nr. 2 KStG)		110 000 DM
zu versteuerndes Einkommen		230 000 DM

2. Wie unter 1. ausgeführt, unterliegt der auf die dänische Betriebsstätte entfallende Gewinn der dänischen Besteuerung. Er ist insoweit von der deutschen Besteuerung freigestellt.

Im Jahre 1991 muß allerdings berücksichtigt werden, daß in 1990 ein auf die dänische Betriebsstätte entfallender Verlust bei der Ermittlung des zu versteuernden Einkommens abgezogen worden ist, so daß nach den Bestimmungen des § 2 a Abs. 3 EStG der auf die dänische Betriebsstätte im Jahr 1991 entfallende Gewinn nur insoweit von der deutschen Besteuerung freigestellt ist, als er den zuvor abgezogenen Verlust übersteigt. Die Körperschaftsteuer 1991 wird wie folgt berechnet:

Jahresüberschuß inklusive Gewinnanteil dänische Betriebsstätte		150 000 DM
körperschaftsteuerbefreiter dänischer Betriebsstättengewinn incl. ausländischer Steuer	./.	40 800 DM
Hinzurechnungsbetrag nach § 2 a Abs. 3 EStG		20 000 DM
Körperschaftsteuer (§ 10 Nr. 2 KStG)		120 000 DM
ausländische Steuer		10 800 DM
zu versteuerndes Einkommen		260 000 DM
Körperschaftsteuer (§ 23 Abs. 1 KStG: 50 %)		130 000 DM

Die Gesamtkörperschaftsteuerschuld 1991 beläuft sich auf 130 000 DM. Werden hiervon die Körperschaftsteuervorauszahlungen von 100 000 DM abgezogen, so ergibt sich ein der Körperschaftsteuerrückstellung zuzuführender Betrag von 30 000 DM.

3. Das zu versteuernde Einkommen 1990 ist um den ausländischen Verlust von 20 000 DM vermindert worden. Dementsprechend findet dieser keine Berücksichtigung mehr im EK 01. Dem EK 50 müssen zugeführt werden:

zu versteuerndes Einkommen 1990		230 000 DM
Körperschaftsteuer 50 % (§ 31 Abs. 1 Nr. 2 KStG)	./.	115 000 DM
Zugang zum EK 50		115 000 DM

Das zu versteuernde Einkommen 1991 ist zwar um die ausländischen von der deutschen Besteuerung freigestellten Gewinnanteile vermindert, aber gleichzeitig um den im Jahr 1990 abgezogenen Verlust von 20 000 DM erhöht worden. Damit haben die ausländischen Einkunftsteile das verwendbare Eigenkapital um 40 800 DM ⁒ 20 000 DM ⁒ 10 800 DM = 10 000 DM erhöht. Dieser Betrag ist nach § 30 Abs. 2 Nr. 1 KStG dem EK 01 zuzuordnen. Dabei ist darauf hinzuweisen, daß die ausländische Steuer von 10 800 DM nach § 31 Abs. 1 Nr. 3 KStG beim EK 01 vermindert wurde. Dem EK 50 werden 130 000 DM zugeführt.

Fall 29

Anrechnung ausländischer Steuern mit Aufteilung des verwendbaren Eigenkapitals

KStG § 1, § 26 Abs. 1, §§ 30, 31, 32 Abs. 2; EStG § 34 c Abs. 1; KStR Abschn. 76 Abs. 1, Abschn. 87 Abs. 2, Abs. 4, Abschn. 88 a Abs. 1

Sachverhalt

Die Müller GmbH, Sitz Düsseldorf, hat 1990 einen Jahresüberschuß von 200 000 DM erzielt. Sie hat Betriebsstätten in drei Staaten, mit denen die Bundesrepublik Deutschland kein Doppelbesteuerungsabkommen abgeschlossen hat. In den ausländischen Staaten wird sie zu einer der deutschen Körperschaftsteuer entsprechenden Steuer herangezogen. Im Jahresüberschuß der GmbH sind die Gewinne der ausländischen Betriebsstätte wie folgt enthalten:

Staat I	6 000 DM
Staat II	30 000 DM
Staat III	10 000 DM

Hierbei wurden die gezahlten Steuern bereits gewinnmindernd berücksichtigt:

Staat I	8 000 DM
Staat II	7 000 DM
Staat III	4 000 DM

Weiterhin wurde bei der Ermittlung des Jahresüberschusses der deutschen GmbH folgender inländischer Steueraufwand gewinnmindernd berücksichtigt:

Körperschaftsteuer	100 000 DM
Vermögensteuer	8 000 DM

Frage

1. Wie hoch ist die 1990 festzusetzende Körperschaftsteuer, wenn für dieses Jahr keine Ausschüttungen geplant sind?

2. Wie gliedert sich das verwendbare Eigenkapital zum 31. 12. 1990 unter der Maßgabe, daß keine Eigenkapitalvorträge vorhanden sind und das Wirtschaftsjahr der GmbH gleich dem Kalenderjahr ist?
3. Wie sieht die Abstimmung des verwendbaren Eigenkapitals mit der Steuerbilanz aus?

Antwort

1. Die für das Jahr 1990 festzusetzende Körperschaftsteuer beläuft sich auf auf 145 500 DM.
2. Folgende Zugänge sind 1990 im verwendbaren Eigenkapital zu erfassen:

EK 50	125 500 DM
EK 36	21 333 DM
EK 01	7 667 DM
Summe:	154 500 DM

3. Siehe unter Begründung.

Begründung

1. Die Müller GmbH ist nach § 1 Abs. 1 Nr. 1 KStG unbeschränkt körperschaftsteuerpflichtig, da sie ihren Sitz im Inland hat. Sie unterliegt daher mit ihrem gesamten Welteinkommen nach § 1 Abs. 2 KStG der unbeschränkten Körperschaftsteuerpflicht. Damit sind auch die in den drei ausländischen Betriebsstätten erzielten Gewinne der inländischen Körperschaftsteuer zu unterwerfen. Da mit diesen Staaten keine Doppelbesteuerungsabkommen existieren, käme es – wären keine nationalen Regeln zur Vermeidung vorhanden – zu einer Doppelbesteuerung.

Nach § 26 Abs. 1 KStG kann bei unbeschränkt Steuerpflichtigen, die mit ausländischen Einkünften in dem Staat, aus dem die Einkünfte stammen, zu einer der deutschen Körperschaftsteuer entsprechenden Steuer herangezogen werden, die festgesetzte und gezahlte und keinem Ermäßigungsanspruch mehr unterliegende ausländische Steuer auf die deutsche Körperschaftsteuer angerechnet werden, die auf die Einkünfte aus diesem Staat entfällt. Bei dieser sogenannten direkten Steueranrechnung sind nach Abschn. 76 Abs. 1 KStR die Vorschriften des § 34 c Abs. 1 EStG entsprechend anzuwenden. Der Höchstanrechnungsbetrag, der bei Einkünften aus unterschiedlichen Staaten für jeden Staat gesondert zu berechnen ist, kann nach § 34 c Abs. 1 EStG wie folgt ermittelt werden:

$$\text{Körperschaftsteuer, die sich bei der Veranlagung incl. der ausländischen Einkünfte ergibt} \times \frac{\text{ausländische Einkünfte}}{\text{Gesamtbetrag der Einkünfte}} = \text{Höchstanrechnungsbetrag}$$

Die Einkünfte in den ausländischen Staaten vor ausländischer Körperschaftsteuer betragen:

Staat I	6 000 DM + 8 000 DM = 14 000 DM
Staat II	30 000 DM + 7 000 DM = 37 000 DM
Staat III	10 000 DM + 4 000 DM = 14 000 DM

Bevor die Höchstanrechnung ausländischer Steuern geprüft werden kann, muß das zu versteuernde Einkommen und die deutsche Körperschaftsteuer inklusive der ausländischen Einkünfte ermittelt werden:

Berechnung des **zu versteuernden Einkommens:**

Jahresüberschuß	200 000 DM
nicht abziehbare Aufwendungen (§ 10 Nr. 2 KStG)	
Körperschaftsteuer	100 000 DM
Vermögensteuer	8 000 DM
ausländische Steuern	
Staat I	8 000 DM
Staat II	7 000 DM
Staat III	4 000 DM
zu versteuerndes Einkommen	327 000 DM
Körperschaftsteuer vor Anrechnung 50 %	163 500 DM

Prüfung der **Anrechnung ausländischer Steuern:**

Staat I

$$163\,500 \text{ DM} \times \frac{14\,000 \text{ DM}}{327\,000 \text{ DM}} = 7\,000 \text{ DM}$$

Aus der Berechnung ergibt sich, daß maximal 7000 DM ausländischer Steuer auf die deutsche Körperschaftsteuer angerechnet werden können. Da die GmbH allerdings 8000 DM an der deutschen Körperschaftsteuer entsprechender Steuer im Ausland bezahlt hat, verbleiben 1000 DM als nichtanrechenbare zusätzliche Steuer.

Staat II

$$163\,500 \text{ DM} \times \frac{37\,000 \text{ DM}}{327\,000 \text{ DM}} = 18\,500 \text{ DM}$$

In Staat II wären maximal 18 500 DM ausländischer Steuer auf die deutsche Körperschaftsteuer anrechenbar. Da aber nur 7000 DM im Ausland gezahlt worden sind, kann auch nur maximal dieser Betrag angerechnet werden.

Staat III

$$163\,500 \text{ DM} \times \frac{14\,000 \text{ DM}}{327\,000 \text{ DM}} = 7\,000 \text{ DM}$$

Hier könnten 7000 DM maximal angerechnet werden. Da nur 4000 DM im ausländischen Staat gezahlt worden sind, erfolgt eine Vollanrechnung dieser 4000 DM.

Die Körperschaftsteuer 1990 berechnet sich danach wie folgt:

Körperschaftsteuer vor Anrechnung		163 500 DM
anrechenbare ausländische Steuern		
Staat I	./.	7 000 DM
Staat II	./.	7 000 DM
Staat III	./.	4 000 DM
Festzusetzende Körperschaftsteuer 1990		145 500 DM

2. Nach § 30 Abs. 1 KStG muß das verwendbare Eigenkapital zum Schluß eines jeden Wirtschaftsjahres entsprechend seiner Tarifbelastung gegliedert werden. Dabei sind nach § 32 Abs. 1, Abs. 2 KStG ermäßigt belastete Eigenkapitalanteile aufzuteilen und zwar:

- Eigenkapitalanteile, deren Tarifbelastung niedriger ist als die Ausschüttungsbelastung, in einen in Höhe der Ausschüttungsbelastung belasteten Teilbetrag und in einen nicht mit Körperschaftsteuer belasteten Teilbetrag (§ 32 Abs. 2 Nr. 1 KStG),
- Eigenkapitalanteile, deren Tarifbelastung höher ist als die Ausschüttungsbelastung, in einen in Höhe der Ausschüttungsbelastung belasteten Teilbetrag und in einen ungemildert mit Körperschaftsteuer belasteten Teilbetrag (§ 32 Abs. 2 Nr. 2 KStG).

Die Anrechnung ausländischer Steuern führt zu ermäßigt belasteten Eigenkapitalanteilen. Nach Abschn. 87 Abs. 4 KStR kann bei Anrechnung ausländischer Steuern die Aufteilung dadurch vereinfacht werden, daß mehrere aufzuteilende Eigenkapitalanteile und deren Tarifbelastung für die Aufteilung zusammengefaßt werden. Dabei muß allerdings berücksichtigt werden, daß Eigenkapitalanteile mit einer Tarifbelastung von mehr als 36 % nicht mit solchen von weniger als 36 % zusammengefaßt werden dürfen.

Ausländische Steuer, die angerechnet werden kann, rechnet nach Abschn. 88 a Abs. 1 Nr. 2 KStR nicht zur Tarifbelastung. Sie ist daher stets vor der Aufteilung nach § 31 Abs. 1 Nr. 3 KStG von den ausländischen Einkünften abzuziehen. Beläuft sich die Tarifbelastung des aufzuteilenden Eigenkapitals auf mehr als 36 % wird der Zugang zum EK 36 dadurch ermittelt, daß der anrechenbare ausländische **Steuerbetrag** mit 16/7 multipliziert wird, der Restbetrag wird dem EK 50 zugeführt. Ist die Tarifbelastung des aufzuteilenden Eigenkapitals geringer als 36 %, so wird der Betrag der **Tarifbelastung** mit 16/9 multipliziert und dem EK 36 zugeführt, der Restbetrag wird in das EK 01 eingestellt.

Zusammengefaßt läßt sich die Zuführung zum verwendbaren Eigenkapital bei Anrechnung ausländischer Einkünfte wie folgt darstellen:

1. Ermittlung der inländischen Einkünfte und Feststellung der Zuführung zum verwendbaren Eigenkapital.

2. Ermittlung der prozentualen Tarifbelastung der ausländischen Einkünfte. Bei einer Tarifbelastung von mehr als 36 % erfolgt ein Eigenkapitalzugang im EK 50 und im EK 36; bei weniger als 36 % im EK 36 und im EK 01.

1. Schritt – Feststellung des ungemildert zu besteuernden Einkommensteils:

Zu versteuerndes Einkommen	327 000 DM
darin enthaltene ausländische Einkommensteile:	
Staat I (Gewinn + ausländische Steuer)	./. 14 000 DM
Staat II (Gewinn + ausländische Steuer)	./. 37 000 DM
Staat III (Gewinn + ausländische Steuer)	./. 14 000 DM
ungemildert besteuerter Einkommensteil	262 000 DM
Zugang zum EK 50 nach § 30 Abs. 1 Nr. 1 i. V. m. § 31 Abs. 1 Nr. 2 KStG	
ungemildert besteuerter Einkommensteil	262 000 DM
Körperschaftsteuer 50 %	./. 131 000 DM
Zugang EK 50	131 000 DM
Verminderung des EK 50 um Vermögensteuer (§ 31 Abs. 1 Nr. 4 KStG)	./. 8 000 DM
Zugang EK 50 zum 31. 12. 90 aus ungemildert besteuerten Einkommensteilen	123 000 DM

2. Schritt – Feststellung des ermäßigt besteuerten Einkommensteils und seiner Tarifbelastung:

Staat I

ausländische Einkünfte		14 000 DM
darauf entfallende Körperschaftsteuer 50 %	7 000 DM	
anzurechnende ausländische Steuer	./. 7 000 DM	./. 7 000 DM
Tarifbelastung	0 DM	
aufzuteilender Teilbetrag des verwendbaren Eigenkapitals		7 000 DM

Da die Tarifbelastung in diesem Fall DM 0 beträgt, ist auch der entsprechende prozentuale Tarifbelastungsteil 0 % und damit unter 36 %. Der Zugang zum EK 36 würde durch Mulitplikation des Tarifbelastungsbetrages mit 16/9 ermittelt. Da hier die Tarifbelastung DM 0 beträgt, erfolgt keine Zuführung zum EK 36; der gesamte Betrag wird in das EK 01 eingestellt. Es muß allerdings berücksichtigt werden, daß von den ausländischen Steuern i. H. v. 8000 DM nur 7000 DM auf die deutsche Körperschaftsteuer angerechnet worden sind. Der nichtanrechenbare Teil der Steuer muß nach § 30 Abs. 2 Nr. 1 KStG dem EK 01 zugeordnet werden, d. h. in diesem Fall abgezogen werden (Abschn. 88 a Abs. 1 Nr. 1 KStR). Aus Staat I sind somit 6000 DM dem EK 01 zuzuordnen.

Staat II

ausländische Einkünfte		37 000 DM
darauf entfallende Körperschaftsteuer 50 %	18 500 DM	
anzurechnende ausländische Steuer	⁒ 7 000 DM	⁒ 7 000 DM
Tarifbelastung	11 500 DM	
ausländische Einkünfte ohne ausländische Steuer (Abschn. 88 a Abs. 1 Nr. 2 KStR) = Nettozufluß im Inland		30 000 DM
abzüglich Tarifbelastung		⁒ 11 500 DM
aufzuteilender Eigenkapitalzugang		18 500 DM

Im obigen Schema wurde die anzurechnende ausländische Steuer vor der Aufteilung von den ausländischen Einkünften abgezogen, womit erreicht wird, daß die anzurechnende Steuer nicht zusätzlich mit deutscher Steuer belastet wird (Abschn. 88 a Abs. 1 Nr. 2 KStR).

Berechnung der prozentualen Tarifbelastung:

$$\frac{\text{Tarifbelastung} \times 100}{\text{ausländische Einkünfte nach Abzug ausländischer anrechenbarer Steuer}} = \text{Tarifbelastung in \%}$$

$$\frac{11\,500 \text{ DM} \times 100}{30\,000 \text{ DM}} = 38{,}33\ \%$$

Da die Tarifbelastung mehr als 36 % beträgt, wird der Zugang zum EK 36 durch Multiplikation des Anrechnungsbetrages der ausländischen Steuer mit 16/7 ermittelt (Abschn. 88 a Abs. 1 Nr. 2 KStR):

Zugang EK 36	7 000 DM × 16/7 = 16 000 DM
Zugang EK 50	2 500 DM
Gesamtzugang EK	18 500 DM

Staat III

ausländische Einkünfte		14 000 DM
darauf entfallende Körperschaftsteuer	7 000 DM	
anzurechnende ausländische Steuer	⁒ 4 000 DM	⁒ 4 000 DM
Tarifbelastung	3 000 DM	
ausländische Einkünfte nach ausländischer Steuer (Abschn. 88 a Abs. 1 Nr. 2 KStR) = Nettozufluß im Inland		10 000 DM
abzüglich Tarifbelastung		⁒ 3 000 DM
aufzuteilender Eigenkapitalzugang		7 000 DM

Prozentuale Tarifbelastung:

$$\frac{3\,000 \text{ DM} \times 100}{10\,000 \text{ DM}} = 30\ \%$$

Da die Tarifbelastung unter 36 % liegt, wird der Zugang zum EK 36 durch Multiplikation der Tarifbelastung mit 16/9 gefunden (Abschn. 87 Abs. 2 KStR):

EK 36	3 000 DM × 16/9 = 5 333 DM
EK 01	1 667 DM
Gesamtzugang EK	7 000 DM

Damit stellt sich der Eigenkapitalzugang wie folgt dar:

	EK 50	**EK 36**	**EK 01**	**Summe**
aus inländischen Einkunftsteilen	123 000 DM			123 000 DM
Staat I			6 000 DM	6 000 DM
Staat II	2 500 DM	16 000 DM		18 500 DM
Staat III		5 333 DM	1 667 DM	7 000 DM
Gesamtzugang der EK Anteile	125 500 DM	21 333 DM	7 667 DM	154 500 DM

3. Abstimmung des verwendbaren Eigenkapitals mit der Summe aus Bilanzgewinn und Rücklagen laut Steuerbilanz:

Summe der Teilbeträge des verwendbaren Eigenkapitals		154 500 DM
Summe aus Bilanzgewinn und Rücklagen Steuerbilanz		⁒ 200 000 DM
Zwischensumme		⁒ 45 500 DM
Körperschaftsteueraufwand laut G + V	⁒ 100 000 DM	
Körperschaftsteuerschuld 1990	145 500 DM	45 500 DM
Differenz		0 DM

Fall 30

Inländische Verluste größer als ausländische Einkünfte – Gliederung des verwendbaren Eigenkapitals

KStG § 10 Nr. 2, §§ 30, 33 Abs. 1; KStR Abschn. 88 a Abs. 2

Sachverhalt

Die Harmonia GmbH mit Sitz in Düsseldorf hat 1990 einen Verlust i. H. v. 80 000 DM erwirtschaftet. Darin enthalten ist der Gewinn einer ausländischen Betriebsstätte aus einem Staat mit dem kein Doppelbesteuerungsabkommen besteht. Die ausländische Steuer von 25 000 DM, die anrechenbar wäre, wurde gewinnmindernd berücksichtigt.

Frage

Wie ändert sich 1990 das verwendbare Eigenkapital?

Antwort

Das EK 02 ist um einen Betrag von 80 000 DM zu vermindern.

Begründung

Der steuerliche Verlust des Jahres 1990 beläuft sich unter Berücksichtigung der Nichtabziehbarkeit der ausländischen Steuern nach § 10 Nr. 2 KStG auf 55 000 DM. Um diesen Betrag muß nach § 33 Abs. 1 KStG das EK 02 (§ 30 Abs. 2 Nr. 2 KStG) gemindert werden. Da sich im vorliegenden Fall allerdings kein zu versteuerndes Einkommen ergibt, erhöhen die gesamten ausländischen Einkünfte das EK 02. Dementsprechend ist auch die ausländische Steuer in voller Höhe bei diesem Teilbetrag abzuziehen (Abschn. 88 a Abs. 2 Nr. 1 KStR). Das EK 02 vermindet sich mithin um 80 000 DM.

Fall 31

Abzug ausländischer Steuern vom Gesamtbetrag der Einkünfte

KStG § 26 Abs. 1, Abs. 6, § 10 Nr. 2; KStR Abschn. 88 a Abs. 1 Nr. 3; EStG § 34 c Abs. 3

Sachverhalt

Die Komforte GmbH mit Sitz in Essen hat 1990 einen Jahresüberschuß von 150 000 DM erzielt, wobei 100 000 DM Körperschaftsteuer gewinnmindernd berücksichtigt wurde. Im Jahresüberschuß ist der Gewinn einer ausländischen Betriebsstätte enthalten, die in einem Staat liegt, mit dem die Bundesrepublik Deutschland kein Doppelbesteuerungsabkommen abgeschlossen hat. Der Gewinn nach Abzug ausländischer Steuern betrug 80 000 DM, die ausländische Steuer 30 000 DM. Eine Überprüfung hat ergeben, daß diese ausländische Steuer nicht der deutschen Körperschaftsteuer entspricht.

Frage

Wie hoch ist die Körperschaftsteuer 1990 der GmbH und wie gliedert sich das verwendbare Eigenkapital?

Antwort

Die Körperschaftsteuer 1990 beträgt 125 000 DM. Dem EK 50 wird ein Betrag von 125 000 DM zugeführt.

Begründung

Die GmbH unterliegt als unbeschränkt Steuerpflichtige mit ihrem gesamten Welteinkommen der deutschen Körperschaftsteuerpflicht. Da die im Ausland gezahlte Steuer auf den Betriebsstättengewinn nicht der deutschen Körperschaftssteuer entspricht, kommt eine direkte Anrechnung der ausländischen Steuer nach § 26 Abs. 1 KStG nicht in Betracht. Über § 26 Abs. 6 KStG gelten allerdings die Regelungen des § 34 c Abs. 3 EStG, die besagen, daß ausländische Steuer, die nicht der deutschen Steuer entspricht, bei der Ermittlung des Gesamtbetrages der Einkünfte abzuziehen ist, soweit sie auf Einkünfte entfällt, die der deutschen Einkommensteuer unterliegen.

Danach ermittelt sich das zu versteuernde Einkommen folgendermaßen:

Jahresüberschuß		150 000 DM
nicht abziehbare Aufwendungen (§ 10 Nr. 2 KStG):		
Körperschaftsteuer		100 000 DM
ausländische Steuer		30 000 DM
Abzug der ausländischen Steuer nach § 34 c Abs. 3 EStG	./.	30 000 DM
zu versteuerndes Einkommen		250 000 DM
Körperschaftsteuer 1990 50 %		125 000 DM

In Höhe von 125 000 DM erfolgt ein Zugang zum EK 50. Eine Aufteilung nach § 32 KStG muß, soweit keine weitere Steuerermäßigung hinzutritt, nicht vorgenommen werden (Abschn. 88 a Abs. 1 Nr. 3 KStR).

Fall 32

Direkte und indirekte Anrechnung ausländischer Steuern mit Aufteilung des verwendbaren Eigenkapitals

KStG § 26 Abs. 1, Abs. 2, § 32; AStG § 8 Abs. 1, Abs. 2

Sachverhalt

Die inländische Beluga GmbH ist seit Jahren am Nennkapital einer ausländischen Kapitalgesellschaft beteiligt, die ihren Sitz in einem Staat hat, mit dem die Bundesrepublik ein Doppelbesteuerungsabkommen abgeschlossen hat. Allerdings sieht dieses Doppelbesteuerungsabkommen im Gegensatz zu den meisten Doppelbesteuerungsabkommen nicht die Freistellung von Gewinnanteilen aus Schachtelbeteiligungen vor. Für das Jahr 1990 hat die ausländische Kapitalgesellschaft im Jahre 1991 an ihre deutsche Gesellschafterin einen Gewinnanteil von 50 000 DM ausgeschüttet. Hiervon wurden nach § 26 Abs. 1 KStG anrechenbare Quellensteuer i. H. v. 5000 DM einbehalten, so daß der GmbH netto ein Betrag von 45 000 DM gutgeschrieben wurde. Neben diesem Gewinnanteil betrug das inländische Ergebnis der GmbH 0 DM.

Der Handelsbilanzgewinn der ausländischen Kapitalgesellschaft, die Einkünfte aus aktiver Tätigkeit nach § 8 AStG erzielt, betrug für das Jahr 1990 100 000 DM. Dabei wurden 10 000 DM in die offenen Rücklagen eingestellt. Die der deutschen Körperschaftsteuer entsprechende Körperschaftsteuer 1990 der ausländischen Kapitalgesellschaft, die gewinnmindernd berücksichtigt wurde, belief sich auf 70 000 DM.

Frage

1. Wie hoch ist die Körperschaftsteuer 1991 der Beluga GmbH?
2. Wie ist der Zugang zum verwendbaren Eigenkapital zu erfassen, wenn unterstellt wird, daß keine Eigenkapitalvorträge vorhanden sind?

Antwort

1. Die festzusetzende Körperschaftsteuer 1991 beläuft sich auf 4091 DM.
2. Folgende Zugänge sind beim verwendbaren Eigenkapital zu erfassen:

EK 36	7 273 DM
EK 01	33 636 DM

Begründung

1. Neben der direkten Anrechnung ausländischer Steuern nach § 26 Abs. 1 KStG, die eine Identität zwischen Steuerschuldner und Anrechnungsberechtigtem voraussetzt, gibt es die sog. indirekte Anrechnung ausländischer Steuern nach § 26 Abs. 2 KStG. Hierbei kann auf Antrag der inländischen Gesellschaft die auf Gewinnanteilen lastende und vom Gewinn einer ausländischen Tochtergesellschaft für deren Rechnung erhobene Steuer auf die Körperschaftsteuer der die Gewinnanteile empfangenden Muttergesellschaft angerechnet werden. Der Antrag auf indirekte Anrechnung kann aber nur dann gestellt werden, wenn nicht ein mit dem Sitzstaat der ausländischen Gesellschaft abgeschlossenes Doppelbesteuerungsabkommen die Freistellung von Schachtelgewinnen vorsieht. Die indirekte Anrechnung kann unter folgenden Voraussetzungen beantragt werden:

- Der Anrechnungberechtigte muß eine unbeschränkt steuerpflichtige Körperschaft, Personenvereinigung oder Vermögensmasse sein,
- der Anrechnungsberechtigte muß nachweislich und ununterbrochen seit mindestens 12 Monaten vor dem Ende des Veranlagungszeitraums zu mindestens 10 % am Nennkapital der ausländischen Kapitalgesellschaft beteiligt sein,

- die Tochtergesellschaft muß in dem Wirtschaftsjahr, für das die Gewinnausschüttung erfolgt, ihre Bruttoerträge ausschließlich oder fast ausschließlich durch Tätigkeiten nach § 8 Abs. 1 Nr. 1–6 AStG oder aus Beteiligungen nach § 8 Abs. 2 AStG erzielt haben,
- die Muttergesellschaft muß tatsächlich Gewinnanteile von der Tochtergesellschaft beziehen.

Die Steuer der ausländischen Tochtergesellschaft kann nicht unbeschränkt auf die deutsche Körperschaftsteuer angerechnet werden. Nach § 26 Abs. 2 Satz 2 KStG sind folgende **Höchstanrechnungsgrenzen** zu beachten:

$$\text{anrechenbare Steuer} = \frac{\text{Gewinnanteil Muttergesellschaft}}{\text{ausschüttbarer Gewinn Tochtergesellschaft}} \times \text{ausländische Steuer Tochtergesellschaft}$$

höchstens:

$$\text{anrechenbare Steuer} = \text{Prozentualer Anteil der Muttergesellschaft am Nennkapital der Tochtergesellschaft} \times \text{ausländische Steuer Tochtergesellschaft}$$

Der ausschüttbare Gewinn ist in § 26 Abs. 2 Satz 4 KStG definiert. Dabei ist der ausschüttbare Gewinn des Wirtschaftsjahres maßgebend für das die Tochtergesellschaft die Gewinnausschüttungen vorgenommen hat.

	Handelsbilanzgewinn der ausländischen Tochtergesellschaft
+	zu Lasten des Jahresgewinns gebildete Rücklagen
./.	zugunsten des Jahresgewinns aufgelöste Rücklagen
+	verdeckte Gewinnausschüttungen, die den handelsrechtlichen Gewinn gemindert haben
=	ausschüttbarer Gewinn

Im vorliegenden Fall sind sowohl die direkte Anrechnung nach § 26 Abs. 1 KStG als auch die indirekte Anrechnung nach § 26 Abs. 2 KStG nebeneinander zu berücksichtigen. In diesen Fällen geht nach § 26 Abs. 2 Satz 6 KStG die direkte Anrechnung der indirekten Anrechnung vor. Es muß allerdings berücksichtigt werden, daß auch in den Fällen der indirekten Anrechnung ausländische Steuer nur bis zur Höhe der inländischen Steuer, die auf die ausländischen Einkünfte entfällt, angerechnet werden kann. Daraus folgt, daß die anrechenbare ausländische Steuer der Tochtergesellschaft nur bis zur Höhe der deutschen Körperschaftsteuer angerechnet werden kann, die nach Abzug der direkten Anrechnung verbleibt. Der Betrag der höchstens indirekt anzurechnenden ausländischen Steuer kann daher wie folgt ermittelt werden:

$$\text{höchstens anrechenbare ausländische Steuer} = \frac{50\,\% \times \text{Ausschüttung Tochtergesellschaft} \;./.\; \text{direkt anrechenbare Steuer}}{50\,\%}$$

Nach § 26 Abs. 2 Satz 5 KStG muß der indirekt anrechenbare Betrag bei der Ermittlung der Einkünfte der Muttergesellschaft den auf ihre Beteiligung entfallenden Gewinnanteilen hinzugerechnet werden (Aufstockungsbetrag).

Die Berechnung der anrechenbaren ausländischen Steuern muß in folgenden Schritten erfolgen:

1. Ermittlung des **ausschüttbaren Gewinns** der ausländischen Tochtergesellschaft:

   Der Handelsbilanzgewinn von 100 000 DM muß um die gebildete Rücklage von 10 000 DM korrigiert werden, so daß sich ein ausschüttbarer Gewinn der ausländischen Tochtergesellschaft von 110 000 DM ergibt.

2. Ermittlung der höchstens **indirekt anrechenbaren Steuer:**

$$\frac{\text{Gewinnanteil Muttergesellschaft (50 000 DM)}}{\text{ausschüttbarer Gewinn Tochtergesellschaft (110 000 DM)}} \times \text{ausländische Steuer Tochtergesellschaft (70 000 DM)} = 31\,818 \text{ DM}$$

höchstens:

$$\text{Anteil Muttergesellschaft an Tochtergesellschaft (50 \%)} \times \text{ausländische Steuer Tochtergesellschaft (70 000 DM)} = 35\,000 \text{ DM}$$

Damit könnten 31 818 DM indirekt angerechnet werden.

3. Ermittlung der **indirekt** anrechenbaren Steuer unter Berücksichtigung der **direkt** anrechenbaren Steuer:

   Im vorliegenden Fall kann die zu Lasten der inländischen Gesellschaft einbehaltene Quellensteuer auf die Dividendenausschüttung i. H. v. 5000 DM direkt auf die Steuerschuld der GmbH nach § 26 Abs. 1 KStG angerechnet werden. Unter Berücksichtigung dieser direkten Anrechnung beträgt die indirekte Anrechnung höchstens:

$$\frac{50 \% \times \text{Ausschüttung Tochter (50 000 DM)} \;\text{./.}\; \text{direkte Anrechnung (5000 DM)}}{50 \%} = 40\,000 \text{ DM}$$

   Da dieser Betrag den in Schritt 2 ermittelten Betrag von 31 818 DM überschreitet, sind damit 31 818 DM indirekt neben der direkten Anrechnung von 5000 DM anrechenbar. Die 31 818 DM sind als Aufstockungsbetrag dem zu versteuernden Einkommen hinzuzurechnen.

Das zu versteuernde Einkommen der GmbH für 1991 ermittelt sich damit wie folgt:

ausländischer Gewinnanteil	50 000 DM
Aufstockungsbetrag	31 818 DM
zu versteuerndes Einkommen	81 818 DM
Körperschaftsteuer 50 %	40 909 DM
abzüglich direkt anrechenbarer ausländischer Steuer	⁒ 5 000 DM
abzüglich indirekter anrechenbarer ausländischer Steuer	⁒ 31 818 DM
verbleibende Körperschaftsteuerzahllast 1991	4 091 DM

2. Bei den ausländischen Einkünften handelt es sich um ermäßigt belastete Einkommensteile, bei deren Zuführung zum verwendbaren Eigenkapital § 32 KStG berücksichtigt werden muß. Zu den ausländischen Einkunftsteilen gehört auch der Aufstockungsbetrag.

ausländische Einkünfte		81 818 DM
darauf entfallende Körperschaftsteuer	40 909 DM	
anzurechnende ausländische Steuer	⁒ 36 818 DM	⁒ 36 818 DM
Tarifbelastung	4 091 DM	
ausländische Einkünfte nach ausländischer Steuer = Nettozufluß im Inland		45 000 DM
abzüglich Tarifbelastung		⁒ 4 091 DM
aufzuteilender Eigenkapitalzugang		40 909 DM

Prozentuale Tarifbelastung:

$$\frac{4\,091 \text{ DM} \times 100}{45\,000 \text{ DM}} = 9{,}09\,\%$$

Da die Tarifbelastung unter 36 % liegt, wird der Zugang zum EK 36 durch Multiplikation der Tarifbelastung mit $^{16}/_{9}$ gefunden.

EK 36	4 091 DM × $^{16}/_{9}$ =	7 273 DM
EK 01		33 636 DM
Gesamtzugang EK		40 909 DM

Der Gesamtzugang zum EK i. H. v. 40 909 DM entspricht damit der Bruttodividende (50 000 DM) abzüglich einbehaltener ausländischer Quellensteuer (5000 DM) und abzüglich der verbleibenden inländischen Tarifbelastung (4091 DM).

Fall 33

Indirekte Anrechnung vom Gewinn ausländischer Enkelgesellschaften erhobener Steuer

KStG § 26 Abs. 1, Abs. 2, Abs. 5; KStR Abschn. 76 Abs. 2, Abs. 4, Absätze 18–26

Sachverhalt

Die inländische Proforma GmbH ist zu 60 % am Nennkapital einer ausländischen Kapitalgesellschaft beteiligt, die wiederum 30- und 40 %ige Beteiligungen an weiteren ausländischen Kapitalgesellschaften hält. Die jeweiligen Beteiligungsverhältnisse bestehen seit Jahren. Mit keinem der ausländischen Staaten hat die Bundesrepublik Deutschland ein Doppelbesteuerungsabkommen abgeschlossen.

Im Jahre 1990 werden folgende Ausschüttungen vorgenommen:

Gesamtausschüttung der Tochtergesellschaft	200 000 DM
Gesamtausschüttung der 1. Enkelgesellschaft (30 % Beteiligung)	90 000 DM
Gesamtausschüttung der 2. Enkelgesellschaft (40 % Beteiligung)	70 000 DM

Von den aus aktiver Tätigkeit erzielten Gewinnen der Enkelgesellschaften wurden in den ausländischen Staaten der inländischen Körperschaftsteuer entsprechende Steuern einbehalten. Der Gesamtbetrag der Erträge der Tochtergesellschaft, die neben den Beteiligungserträgen noch andere Erträge hat, beläuft sich auf 210 000 DM.

Frage

1. Kann die von den Enkelgesellschaften gezahlte und der deutschen Körperschaftsteuer entsprechende Steuer auf die Körperschaftsteuer der inländischen Gesellschaft angerechnet werden, wenn die indirekte Anrechnung nach § 26 Abs. 2 KStG nicht beantragt werden kann oder nicht beantragt wird?
2. Wie hoch ist der begünstigte Direktbezug nach § 26 Abs. 5 KStG?

Antwort

1. Eine Anrechnung der der deutschen Körperschaftsteuer entsprechenden ausländischen Steuer der Enkelgesellschaften ist unter den Voraussetzungen des § 26 Abs. 5 i. V. m. § 26 Abs. 2 KStG auf die Steuerschuld der inländischen GmbH möglich.
2. Der begünstigte Direktbezug beträgt 31 428 DM.

Begründung

1. Kann die indirekte Anrechnung nach § 26 Abs. 2 KStG nicht beantragt werden oder wird sie nicht beantragt, so räumt § 26 Abs. 5 KStG unter bestimmten Voraussetzungen die Möglichkeit einer indirekten Anrechnung von Gewinnsteuern der Enkelgesellschaft ein. Wenn nämlich die inländische Muttergesellschaft mittelbar über eine ausländische Tochtergesellschaft an einer oder mehreren ausländischen Enkelgesellschaften beteiligt ist, kann auf Antrag nach § 26 Abs. 5 KStG eine Gewinnausschüttung der Tochtergesellschaft in Höhe der auf die Muttergesellschaft entfallenden Gewinnausschüttungen der Enkelgesellschaft wie eine unmittelbare Ausschüttung der Enkelgesellschaft an die Muttergesellschaft behandelt werden. Dies führt dazu, daß bei Nichtexistenz eines Doppelbesteuerungsabkommens mit dem Sitzstaat der Enkelgesellschaft die vom Gewinn der Enkelgesellschaft erhobene ausländische Steuer, die auf die der inländischen Muttergesellschaft zuzurechnenden Gewinnausschüttungen entfällt, entsprechend den Grundsätzen des § 26 Abs. 2 KStG angerechnet werden kann. Dabei muß allerdings berücksichtigt werden, daß eine direkte Anrechnung nach § 26 Abs. 1 KStG nur für Gewinnausschüttungen der Tochter- an die Muttergesellschaft in Betracht kommt, da es bei den Enkelgesellschaften an der Identität zwischen in- und ausländischem Steuerpflichtigen mangelt. Wenn die indirekte Anrechnung nach § 26 Abs. 5 KStG beantragt wird, schließt dies eine darüber hinausgehende indirekte Anrechnung nach § 26 Abs. 2 KStG für Gewinnausschüttungen der Tochtergesellschaft aus.

Um einen Antrag nach § 26 Abs. 5 KStG stellen zu können, müssen nachweislich folgende Voraussetzungen erfüllt sein:

- Die inländische Muttergesellschaft muß ununterbrochen seit mindestens 12 Monaten vor dem Ende des Veranlagungszeitraums oder des davon abweichenden Gewinnermittlungszeitraums zu mindestens 10 % am Nennkapital einer Kapitalgesellschaft mit Sitz und Geschäftsleitung im Ausland beteiligt sein.
- Unter denselben Voraussetzungen muß die ausländische Tochtergesellschaft wiederum mit mindestens 10 % am Nennkapital der ausländischen Enkelgesellschaft beteiligt sein.
- Darüber hinaus muß die mittelbare Beteiligung der inländischen Muttergesellschaft an der ausländischen Enkelgesellschaft ebenfalls mindestens 10 % betragen, wobei eine Zusammenrechnung von mittelbaren und unmittelbaren Beteiligungen in diesem Zusammenhang ausscheidet (Abschn. 76 Abs. 19 KStR).
- Die Enkelgesellschaft muß in dem Wirtschaftsjahr, für das sie die Ausschüttungen vorgenommen hat, ihre Bruttoerträge ausschließlich oder fast ausschließlich aus Tätigkeiten erzielt haben, die unter § 8 Abs. 1 Nr. 1–6 oder unter § 8 Abs. 2 Nr. 1 AStG fallen.

- Die Enkelgesellschaft muß im selben Wirtschaftsjahr der Muttergesellschaft, in dem diese Gewinnanteile von der Tochtergesellschaft bezogen hat, Gewinnausschüttungen an die Tochtergesellschaft vorgenommen haben.

2. Als begünstigter Direktbezug, der zu einer indirekten Anrechnung nach § 26 Abs. 5 KStG berechtigt, gilt nur der Teil der von der Muttergesellschaft bezogenen Gewinnausschüttung der Tochtergesellschaft, der der nach der mittelbaren Beteiligung der Muttergesellschaft an der Enkelgesellschaft auf die Muttergesellschaft entfallenden Gewinnausschüttung der Enkelgesellschaft entspricht. Damit sind für eine vorläufige Ermittlung des **Höchstdirektbezugsbetrages** folgende Faktoren zu beachten:

1. Gewinnausschüttungen der Tochter an die Muttergesellschaft
2. Ausschüttung der Enkelgesellschaft × mittelbare Beteiligung der Muttergesellschaft

Der jeweils niedrigere Betrag gilt nach Abschn. 76 Abs. 22 KStR als begünstigter Direktbezug. Hat die Tochtergesellschaft neben den Gewinnanteilen einzelner bzw. mehrerer aktiver Enkelgesellschaften andere Erträge bezogen, so dürfen die auf die mittelbare Beteiligung der Muttergesellschaft entfallenden Ausschüttungen der Enkelgesellschaften nur dem Teil der Ausschüttungen der Tochtergesellschaft an die Muttergesellschaft gegenübergestellt werden, der als aus den Ausschüttungen der Enkelgesellschaften stammend angesehen werden kann. Daher ist nach Abschn. 76 Abs. 24 KStR die Gewinnausschüttung der Tochtergesellschaft an die Muttergesellschaft im Verhältnis der Bruttodividenden der Tochtergesellschaft aus den Ausschüttungen der Enkelgesellschaften zu ihren übrigen Bruttoerträgen aufzuteilen. Formelmäßig kann dies wie folgt dargestellt werden:

$$\text{Gewinnausschüttung Tochter an Mutter} \times \frac{\text{Gewinnausschüttungen Enkelgesellschaften an Tochtergesellschaften}}{\text{Gesamterträge der Tochtergesellschaft}}$$

Die Gewinnausschüttung der Tochter an die Muttergesellschaft wird wie folgt berechnet:

Gesamtgewinnausschüttung	200 000 DM
Beteiligungsanteil Mutter	60 %
Gewinnanteil Mutter	120 000 DM

Gewinnausschüttung Enkelgesellschaft 1:

Gesamtgewinnausschüttung	90 000 DM
Beteiligungsanteil Tochter	30 %
Gewinnanteil Tochter	27 000 DM

Gewinnausschüttung Enkelgesellschaft 2:

Gesamtgewinnausschüttung	70 000 DM
Beteiligungsanteil Tochter	40 %
Gewinnanteil Tochter	28 000 DM

In obige Formel eingesetzt errechnet sich der begünstigte Direktbezug:

$$120\,000 \text{ DM} \times \frac{27\,000 \text{ DM} + 28\,000 \text{ DM}}{210\,000 \text{ DM}} = 31\,428 \text{ DM}$$

Daneben muß allerdings noch die zweite Höchstgrenze beachtet werden, nämlich die Ausschüttungen der Enkelgesellschaften multipliziert mit der mittelbaren Beteiligungsquote der Muttergesellschaft:

Beteiligungsquote
Enkelgesellschaft 1 – Muttergesellschaft : 60 % × 30 % = 18 %

Beteiligungsquote
Enkelgesellschaft 2 – Muttergesellschaft : 60 % × 40 % = 24 %

Ermittlung des Direktbezugs über die mittelbare Beteiligungsquote:

Enkelgesellschaft 1:	90 000 DM × 18 % =	16 200 DM
Enkelgesellschaft 2:	70 000 DM × 24 % =	16 800 DM
	Summe:	33 000 DM

Der Höchstbetrag des begünstigten Direktbezugs beläuft sich damit auf 31428 DM.

Fall 34

Freistellung von Gewinnausschüttungen ausländischer Enkelgesellschaften

KStG § 26 Abs. 1, Abs. 5, Abs. 7; KStR Abschn. 76 Abs. 5, Abs. 22, Abs. 23, Abs. 24, Abs. 25; AStG § 8 Abs. 1; DBA-Singapur Art. 10, 23

Sachverhalt

Die Flura GmbH mit Sitz in Düsseldorf ist zu 10 % seit Jahren am Nennkapital einer ausländischen Kapitalgesellschaft mit Sitz in einem Staat, mit dem die Bundesrepublik Deutschland kein Doppelbesteuerungsabkommen abgeschlossen hat, beteiligt. Diese wiederum hält 100 % der Anteile einer in Singapur ansässigen Gesellschaft und zwar ebenfalls seit vielen Jahren. Tochter und Enkelgesellschaft beziehen Einkünfte aus § 8 Abs. 1 Nr. 1–6

AStG. Im Jahre 1990 schüttet die Enkelgesellschaft insgesamt 100 000 DM aus. Neben dieser Ausschüttung hatte die Tochter weitere Erträge von 50 000 DM. Sie schüttet insgesamt 120 000 DM aus. Davon werden nach Abzug einer Quellensteuer von 10 % 10 800 DM entsprechend ihrem Beteiligungsansatz an die Flura GmbH abgeführt. Die ausländische Quellensteuer entspricht der deutschen Körperschaftsteuer.

Frage

Wie hoch ist die auf die Gewinnausschüttung der Enkelgesellschaft entfallende inländische Körperschaftsteuer?

Antwort

Die Flura GmbH muß 1600 DM an Körperschaftsteuer für die Ausschüttung der Enkelgesellschaft im Jahre 1990 zahlen.

Begründung

Neben der indirekten Anrechnung von Körperschaftsteuern ausländischer Enkelgesellschaften, sieht § 26 Abs. 5 KStG unter bestimmten Voraussetzungen auch eine Freistellung der anteiligen Einkünfte vor. Ist die Enkelgesellschaft nämlich in einem Staat ansässig, mit dem ein Doppelbesteuerungsabkommen besteht, und wären die Gewinnanteile, wenn sie von der Enkelgesellschaft unmittelbar an die Muttergesellschaft gezahlt worden wären, nach diesem Abkommen von der Bemessungsgrundlage der deutschen Steuer auszunehmen, so besteht die Vergünstigung darin, daß die von der Tochtergesellschaft ausgeschütteten Gewinnanteile, soweit sie begünstigt sind, von der Bemessungsgrundlage der deutschen Steuer ausgenommen werden (Abschn. 76 Abs. 25 KStR).

Im vorliegenden Fall sind sämtliche Voraussetzungen des § 26 Abs. 5 KStG erfüllt:

- Die inländische GmbH ist zu 10 % am Nennkapital einer ausländischen Kapitalgesellschaft beteiligt,
- die mittelbare Beteiligung der Muttergesellschaft an der ausländischen Enkelgesellschaft beträgt ebenfalls 10 %,
- Tochter und Enkelgesellschaft beziehen Einkünfte nach § 8 Abs. 1 Nr. 1–6 AStG,
- die Enkelgesellschaft hat in demselben Wirtschaftsjahr der Muttergesellschaft, in dem diese Gewinnanteile von der Tochtergesellschaft bezogen hat, Gewinnausschüttungen an die Tochtergesellschaft vorgenommen.

Es muß nun überprüft werden, ob eine Anrechnung oder eine Freistellung in Betracht zu ziehen ist.

Mit dem Sitzstaat der Enkelgesellschaft Singapur hat die Bundesrepublik Deutschland ein Doppelbesteuerungsabkommen abgeschlossen. Nach Art. 10 Abs. 2 des Doppelbesteuerungsabkommens mit Singapur hat Singapur das Recht eine Quellenbesteuerung i. H. v. 10 % vorzunehmen, wenn die Dividenden an eine Kapitalgesellschaft ausgeschüttet werden, der unmittelbar 25 % des Nennkapitals gehören. Die Doppelbesteuerung wird nach Art. 23 Abs. 1 a des Doppelbesteuerungsabkommens dadurch vermieden, daß bei einem Mindestkapitalanteil von 25 % die Dividenden in der Bundesrepublik Deutschland von der Besteuerung freigestellt sind.

Über die Fiktion des Direktbezuges nach § 26 Abs. 5 KStG käme danach eine Steuerbefreiung der Dividenden der Enkelgesellschaft bei der inländischen GmbH nicht in Betracht, da die mittelbare Beteiligungsquote sich lediglich auf 10 % beläuft. Hier aber ist § 26 Abs. 7 KStG zu beachten, wonach die nach den Doppelbesteuerungsabkommen für eine Freistellung vorgesehene Grenze von 25 % nach nationalem Recht auf 10 % gesenkt ist (Abschn. 76 Abs. 25 KStR). Danach ist dem Grunde nach eine Freistellung der Dividendeneinkünfte von der Enkelgesellschaft gegeben. Zu prüfen bleibt die Freistellung der Höhe nach.

Bei der Berechnung der Höchstgrenze des begünstigten Direktbezugs sind nach Abschn. 76 Abs. 22 – Abs. 24 KStR folgende Grenzen zu beachten:

Ausschüttung der Enkelgesellschaft × mittelbare Beteiligung der Muttergesellschaft

$$\text{Gewinnausschüttung Tochter an Mutter} \times \frac{\text{Gewinnausschüttung Enkelgesellschaften an Tochtergesellschaft}}{\text{Gesamterträge der Tochtergesellschaft}}$$

Danach ergibt sich folgende Berechnung:

$$100\,000 \text{ DM} \times 10\,\% = 10\,000 \text{ DM}$$

$$12\,000 \text{ DM} \times \frac{100\,000 \text{ DM}}{150\,000 \text{ DM}} = 8\,000 \text{ DM}$$

Der Höchstbetrag des begünstigten Bezuges beläuft sich auf 8000 DM. In dieser Höhe sind die anteiligen Gewinnausschüttungen der Enkelgesellschaft bei der Muttergesellschaft von der deutschen Besteuerung freigestellt.

Soweit die Gewinnanteile von der Bemessungsgrundlage der Körperschaftsteuer ausgenommen sind, kommt eine Anrechnung einer von ihnen erhobenen ausländischen Quellensteuer nach § 26 Abs. 1 KStG nicht in Betracht (Abschn. 76 Abs. 25 KStR). Hinsichtlich der nicht freigestellten Teile kann die Anrechnung nach § 26 Abs. 1 KStG vorgenommen werden.

Die Körperschaftsteuer errechnet sich danach wie folgt:

Bruttodividende	12 000 DM
davon freigestellt	./. 8 000 DM
verbleiben steuerpflichtig	4 000 DM
darin enthaltene anteilige Quellensteuer (1200 DM × 4000/12000 = 400 DM)	
Körperschaftsteuer 50 %	2 000 DM
anrechenbare Quellensteuer	400 DM
verbleibende Steuerzahllast	1 600 DM

Fall 35

Organschaft und internationales Schachtelprivileg

KStG §§ 14, 15 Nr. 2, §§ 17, 27; KStR Abschn. 62; EStG § 20 Abs. 1; DBA-Dänemark Art. 12, 19

Sachverhalt

Georg Schmid ist Einzelunternehmer in Düsseldorf und Alleingesellschafter der ebenfalls in Düsseldorf ansässigen Profunda GmbH. Diese wiederum hält sämtliche Anteile an einer in Kopenhagen ansässigen Kapitalgesellschaft. Die dänische Gesellschaft schüttet 1990 eine Dividende an die Profunda GmbH aus. Zwischen Georg Schmid und der Profunda GmbH besteht ein steuerlich anerkanntes Organschaftsverhältnis mit Gewinnabführungsvertrag.

Frage

1. Wie ist die Gewinnausschüttung der dänischen Gesellschaft bei Georg Schmid einkommensteuerlich zu erfassen?
2. Wie wäre die Behandlung, wenn statt Georg Schmid eine GmbH Organträger der Profunda GmbH wäre?
3. Wie wäre die Behandlung, wenn eine Personengesellschaft bestehend aus einer natürlichen und einer juristischen Person Organträger wäre?
4. Wie wäre die steuerliche Behandlung, wenn neben Georg Schmid noch Minderheitsgesellschafter Anteile an der Profunda GmbH hielten und an die Minderheitsgesellschafter Ausgleichzahlungen geleistet würden?

Antwort

1. Die Dividendenausschüttungen der dänischen Kapitalgesellschaft sind bei Georg Schmid einkommensteuerpflichtig.
2. Die Dividendenausschüttungen der dänischen Kapitalgesellschaft sind bei der Organträger GmbH im Rahmen des internationalen Schachtelprivilegs steuerfrei.
3. Entsprechend ihrer Beteiligung sind die Ausschüttungen der dänischen Kapitalgesellschaft bei der natürlichen Person steuerpflichtig, bei der juristischen Person allerdings im Rahmen des Schachtelprivilegs steuerfrei.
4. Die Steuerfreiheit der Schachteldividenden bei der Profunda GmbH hat keinen Einfluß auf die Steuerpflicht der Ausgleichszahlungen.

Begründung

1. u. 2. Verpflichtet sich eine inländische GmbH (Organgesellschaft) durch einen Gewinnabführungsvertrag ihren ganzen Gewinn an ein anderes gewerbliches Unternehmen abzuführen, so ist nach § 14 i. V. m. § 17 KStG das Einkommen der Organgesellschaft dem Träger des Unternehmens (Organträger) zuzurechnen; die weiteren Voraussetzungen zur Anerkennung des Organschaftsverhältnisses, wie finanzielle, organisatorische und wirtschaftliche Eingliederung des Unternehmens der Organgesellschaft in das Unternehmen des Organträgers, sind gegeben. Dementsprechend wird über den Gewinnabführungsvertrag das Einkommen der Profunda GmbH ihrem Alleingesellschafter zugerechnet.

Im Einkommen der Profunda GmbH sind allerdings ausländische Dividendeneinkünfte der dänischen Kapitalgesellschaft enthalten. Nach Art. 12 DBA-Dänemark steht für diese Einkünfte Dänemark das Quellenbesteuerungsrecht zu. Die Doppelbesteuerung wird durch Art. 19 Abs. 3 DBA-Dänemark vermieden. Danach bleiben die dänischen Dividenden in der Bundesrepublik Deutschland steuerfrei, da die Profunda GmbH mindestens 25 % der Anteile an der dänischen Kapitalgesellschaft hält (internationales Schachtelprivileg). Die Dividendenausschüttung ist somit auf der Ebene der GmbH steuerfrei.

Fraglich ist, ob durch die Zurechnung des Gewinns im Rahmen der Organschaft diese Steuerfreiheit auch auf die Ebene des Alleingesellschafters durchschlägt.

Hier ist § 15 Nr. 2 KStG zu beachten, der bestimmt, daß die Vorschriften eines Doppelbesteuerungsabkommens, nach denen die Gewinnanteile aus der Beteiligung an einer ausländischen Gesellschaft außer Ansatz bleiben, nur dann anzuwenden sind, wenn der Organträger zu den begünstigten Personen gehört. Im Rahmen des internationalen Schachtelprivilegs sind grundsätzlich nur Kapitalgesellschaften begünstigt, die Anteile an ausländischen Gesellschaften halten, für inländische natürliche Personen greift das internationale Schachtelprivileg nicht. Dementsprechend sind die ausländischen Dividenden für den Organträger Georg Schmid als natürliche Person in voller Höhe einkommensteuerpflichtig, wohingegen die ausländischen Dividenden für die Organträger GmbH steuerfrei wären, solange sie thesauriert werden. Im Falle einer Ausschüttung ist die Ausschüttungsbelastung von 36 % herzustellen.

3. Ist eine Personengesellschaft Organträger, so bestimmt § 15 Nr. 2 KStG, daß das internationale Schachtelprivileg insoweit anzuwenden ist, als das zuzurechnende Einkommen auf einen Gesellschafter entfällt, der zu den nach dem Abkommen begünstigten zählt. Damit ist auch hier auf die Person des Gesellschafters abzustellen. Ist der Gesellschafter der Personengesellschaft eine Kapitalgesellschaft, so sind die auf sie im Rahmen der einheitlich und gesonderten Gewinnfeststellung der Personengesellschaft entfallenden dänischen Dividendeneinkünfte anteilig steuerfrei; ist dagegen Gesellschafter eine natürliche Person, so schlägt auf diese die Steuerfreiheit der ausländischen Dividende nicht durch. Die anteilige Dividende ist somit bei der natürlichen Person in voller Höhe einkommensteuerpflichtig (Abschn. 62 KStR).

Das internationale Schachtelprivileg sieht in den Doppelbesteuerungsabkommen i. d. R. eine Mindestbeteiligung der inländischen Kapitalgesellschaft an der ausländischen Gesellschaft von 25 % vor. Diese Beteiligungsverhältnisse müssen für die Durchschleusung der steuerfreien Beteiligungserträge auf die Organträgerkapitalgesellschaft nur bei der Organgesellschaft erfüllt sein. Auf die Beteiligungsverhältnisse des Organträgers kommt es insoweit nicht an. Er muß, um in den Genuß des internationalen Schachtelprivilegs zu gelangen, keine mittelbare Beteiligung von mindestens 25 % an der ausländischen Gesellschaft halten.

4. Nach § 16 KStG muß die Organgesellschaft ihr Einkommen in Höhe der geleisteten Ausgleichszahlungen und der darauf entfallenden Ausschüttungsbelastung nach § 27 KStG (9/16 der Ausgleichszahlung) selbst versteuern. Sind nun von der Profunda GmbH Ausgleichszahlungen an ihre Minderheitsgesellschafter geleistet worden, so stellen die Ausgleichszahlungen und das Körperschaftsteuerguthaben bei den Minderheitsgesellschafter steuerpflichtige Einkünfte nach § 20 Abs. 1 Nr. 1 EStG dar und berechtigen zur Anrechnung der auf der Ausgleichszahlung lastenden Körperschaftsteuer. Daraus folgt, daß die steuerfreien ausländischen Schachteldividenden in voller Höhe an den Organträger weitergeleitet werden und je nach Rechtsform bei ihm steuerfrei oder steuerpflichtig vereinnahmt werden.

Fall 36

Veranlagung beschränkt steuerpflichtiger Kapitalgesellschaften

EStG § 22 Nr. 2, § 23 Abs. 1, § 43 Abs. 1, § 49 Abs. 1, Abs. 2, § 50 Abs. 5; KStG § 1 Abs. 1, § 2 Nr. 1, § 8 Abs. 1, §§ 27, 30 Abs. 2, §§ 51, 52

Sachverhalt

Eine ausländische Kapitalgesellschaft mit Sitz und Geschäftsleitung in einem Staat, mit dem die Bundesrepublik Deutschland kein Doppelbesteuerungsabkommen abgeschlossen hat, erzielt im Jahre 1991 in der Bundesrepublik folgende Einkünfte:

Die Kapitalgesellschaft hatte im Januar 1990 ein unbebautes Grundstück erworben. Die gesamten Anschaffungskosten beliefen sich auf 180 000 DM. Im Mai 1991 wurde das Grundstück aufgrund eines günstigen Angebotes zum Preis von 240 000 DM veräußert. Die Gesellschaft hatte Veräußerungskosten von 5000 DM zu tragen. Das Grundstück war verpachtet. Die Pachteinnahmen nach Abzug der Werbungskosten bis Mai 1991 beliefen sich auf 15 000 DM.

Die Kapitalgesellschaft hält einen Anteil von 20 % an einer inländischen GmbH. Die GmbH schüttete 1991 einen Gewinn von insgesamt 100 000 DM an ihre Anteilseigner aus. Der ausländischen Kapitalgesellschaft wurden nach Einbehaltung von 25 % Kapitalertragsteuer entsprechend ihrem Anteil 15 000 DM gutgeschrieben. Der Ausschüttung lag folgende Eigenkapitalgliederung bei der GmbH zugrunde:

EK 50	40 000 DM
EK 01	20 000 DM
EK 02	10 000 DM
EK 03	80 000 DM

Die ausländische Kapitalgesellschaft vertreibt über eine inländische Betriebsstätte Golfbälle in der Bundesrepublik Deutschland. Der unstreitig ermittelte Gewinn 1991 beläuft sich auf 70 000 DM. Darin noch nicht erfaßt ist ein Aktienpaket, das der Betriebsstätte zuzuordnen ist. Die Aktiengesellschaft hatte 1991 eine Ausschüttung an ihre Anteilseigner vorgenommen. Nach Abzug der Kapitalertragsteuer von 25 % wurden dem Betriebsstättenkonto 4800 DM gutgeschrieben. Die ausländische Gesellschaft kann eine Bescheinigung über anrechenbare Körperschaftsteuer von 3600 DM und über anrechenbare Kapitalertragsteuer von 1600 DM vorlegen.

Frage

Wie hoch ist das zu versteuernde Einkommen und die Körperschaftsteuer 1991?

Antwort

Das zu versteuernde Einkommen 1991 beläuft sich auf 150 000 DM; die Körperschaftsteuer beträgt 63 800 DM.

Begründung

Die ausländische Kapitalgesellschaft hat weder Sitz noch Geschäftsleitung in der Bundesrepublik und ist damit nicht nach § 1 Abs. 1 KStG unbeschränkt steuerpflichtig. Beschränkt körperschaftsteuerpflichtig wäre sie nur soweit sie inländische Einkünfte erzielen würde (§ 2 Nr. 1 KStG). Was als inländische Einkünfte anzusehen ist richtet sich über § 8 Abs. 1 KStG nach § 49 EStG. Nur die hierin abschließend aufgeführten Einkünfte unterliegen der beschränkten Körperschaftsteuerpflicht.

Die ausländische Gesellschaft erzielt beschränkt steuerpflichtige Einkünfte aus Vermietung und Verpachtung nach § 49 Abs. 1 Nr. 6 EStG. Gewerbliche Einkünfte kraft Rechtsform liegen nicht vor. Nach § 49 Abs. 2 EStG bleiben im Ausland gegebene Besteuerungsmerkmale, soweit bei ihrer Berücksichtigung inländische Einkünfte nicht angenommen werden könnten, außer Betracht (isolierende Betrachtungsweise). Die ausländische Gesellschaft erzielt ihre inländischen Einkünfte aus Vermietung und Verpachtung auch nicht über eine im Inland belegene Betriebsstätte.

Damit bleibt die Tatsache, daß Verpachtender eine ausländische Kapitalgesellschaft ist, für die inländische Besteuerung hier unberücksichtigt. Die zu veranlagenden Einkünfte aus Vermietung und Verpachtung belaufen sich auf 15 000 DM.

Beim Verkauf des Mehrfamilienhauses erzielt die Gesellschaft einen Spekulationsgewinn nach § 22 Nr. 2 i.V.m. § 23 Abs. 1 Nr. 1a EStG, da zwischen Erwerb und Veräußerung eine Zeitspanne von nicht mehr als zwei Jahren lag. Der Spekulationsgewinn gehört nach § 49 Abs. 1 Nr. 8 EStG zu den beschränkt steuerpflichtigen Einkünften. Er ist nach Abzug der Veräußerungskosten mit 55 000 DM in der Veranlagung zu erfassen (240 000 DM ⁒ 180 000 DM ⁒ 5000 DM = 55 000 DM).

Durch die Gewinnausschüttung der GmbH erzielt die ausländische Gesellschaft Einkünfte aus Kapitalvermögen, die nach § 49 Abs. 1 Nr. 5a EStG unter die beschränkt steuerpflichtigen fallen. Diese Einkünfte sind allerdings nicht im Rahmen der Veranlagung zu erfassen, da nach § 50 Abs. 5 EStG die Körperschaftsteuer bei Einkünften, die dem Steuerabzug vom Kapitalertrag unterliegen, als mit dem Steuerabzug abgegolten gilt. Eine Anrechnung von Körperschaftsteuer erfolgt nicht (§ 51 KStG).

Hier ist allerdings § 52 KStG zu beachten. Danach ist die nach § 51 KStG nicht anzurechnende Körperschaftsteuer auf Antrag an die beschränkt körperschaftsteuerpflichtige Kapitalgesellschaft zu vergüten und zwar soweit sie sich nach § 27 KStG erhöht hat, weil Eigenkapital i. S. v. EK 01 (§ 30 Abs. 2 Nr. 1 KStG) oder EK 03 (§ 30 Abs. 2 Nr. 3 KStG) als für die Ausschüttung verwendet gilt. Für die Vergütung zuständig ist das Bundesamt für Finanzen (§ 52 Abs. 3 KStG). Die Vergütung selbst ist wiederum als Einnahme nach § 20 Abs. 1 Nr. 3 EStG anzusehen und unterliegt nach § 43 Abs. 1 Nr. 6 EStG der Kapitalertragsteuer mit 25 %. Auch der Vergütungsbetrag zählt zu den inländischen beschränkt steuerpflichtigen Einkünften nach § 49 Abs. 1 Nr. 5 b EStG. Dieser Betrag ist ebenfalls nicht in die Veranlagung einzubeziehen, da die Körperschaftsteuer als mit dem Steuerabzug durch die Kapitalertragsteuer abgegolten gilt.

Ermittlung des Vergütungsbetrages nach § 52 KStG:

Gesamtausschüttung	100 000 DM	
Verwendung von Teilbeträgen des verwendbaren Eigenkapitals	./. 40 000 DM	aus EK 50
	./. 11 200 DM	40 000 × $\frac{14}{50}$ (KSt-Minderung)
	./. 12 800 DM	aus EK 01 (20 000 × $\frac{64}{100}$)
	./. 6 400 DM	aus EK 02 (10 000 × $\frac{64}{100}$)
	./. 29 600 DM	aus EK 03
	0 DM	

Der Körperschaftsteuererhöhungsbetrag beläuft sich auf:

EK 01	12 800 DM
EK 03	29 600 DM
Summe	42 400 DM

Körperschaftsteuererhöhung: 42 400 DM × $\frac{9}{16}$ = 23 850 DM

Entsprechend ihrem Beteiligungsprozentsatz von 20 % entfallen auf die ausländische Kapitalgesellschaft 23 850 DM × 20 % = 4770 DM. Nach Abzug von 25 % Kapitalertragsteuer erhält die ausländische Gesellschaft zusätzlich 3577,50 DM gutgeschrieben.

Über ihre inländische Betriebsstätte erzielt die Gesellschaft Einkünfte aus Gewerbebetrieb nach § 49 Abs. 1 Nr. 2 a EStG. Zu diesen gewerblichen Einkünften zählen auch die Dividendeneinkünfte aus dem Aktienpaket, das der Betriebsstätte zuzurechnen ist. In diesem Fall ist die Körperschaftsteuer nach § 50 Abs. 5 Nr. 1 EStG noch nicht mit dem Steuerabzug abgegolten, da die Dividendeneinkünfte zu den Betriebseinnahmen eines inländischen Betriebes zu rechnen und somit ebenfalls in der Veranlagung zu erfassen sind. Die Einkünfte aus Gewerbebetrieb belaufen sich damit auf:

Gewinn ohne Dividende	70 000 DM
anrechenbare Körperschaftsteuer	3 600 DM
anrechenbare Kapitalertragsteuer	1 600 DM
Nettodividende	4 800 DM
Gesamtgewinn aus Gewerbebetrieb	80 000 DM

Zusammenstellung der in der Veranlagung zu erfassenden Einkünfte:

Vermietung und Verpachtung	15 000 DM
Spekulationsgewinn	55 000 DM
Gewerbebetrieb	80 000 DM
zu versteuerndes Einkommen	150 000 DM
Körperschaftsteuer (§ 23 Abs. 2 KStG 46 % von 150 000 DM)	69 000 DM
anrechenbare Körperschaftsteuer	./. 3 600 DM
anrechenbare Kapitalertragsteuer	./. 1 600 DM
festzusetzende Körperschaftsteuer	63 800 DM

Teil III: Gewerbesteuer

Fall 37

Beteiligungen an ausländischen Gesellschaften

GewStG §§ 7, 8 Nr. 1 und Nr. 8, § 9 Nr. 2 und Nr. 7 Satz 1, § 12 Abs. 1, Abs. 2 Nr. 1, Abs. 3 Nr. 2 und 4 Satz 1; GewStR Abschn. 47 Abs. 1, Abs. 4, Abs. 6; EStR Abschn. 22

Sachverhalt

Die Gummitechnik GmbH aus Düsseldorf hat im Wirtschaftsjahr zum 31. Dezember 1990 einen Jahresüberschuß vor Steuern in Höhe von 1 000 000 DM erwirtschaftet. In diesem Jahresüberschuß sind Beteiligungserträge in Höhe von 120 000 DM enthalten, die sich wie folgt zusammensetzen:

Gewinnanteil aus einer ausländischen Personenhandelsgesellschaft (ausl. PG 1)	100 000 DM
Verlustanteil aus einer ausländischen Personenhandelsgesellschaft (ausl. PG 2)	·/· 30 000 DM
ausländische Tochtergesellschaft – davon anrechenbare Steuern im Sinne von § 26 Abs. 2 KStG: 10 000 DM	50 000 DM
Gewinnanteil	120 000 DM

Mit allen betroffenen Ländern besteht kein Doppelbesteuerungsabkommen.

Der Verlustanteil aus der ausl. PG 2 beruht unter anderem auf Zinsen in Höhe von 10 000 DM für ein langfristiges Darlehn, das die GmbH zum Erwerb der Beteiligung aufnahm. Das Darlehn war in der Bilanz zum 31. Dezember 1989 noch mit 100 000 DM enthalten. Der Beteiligungsertrag aus der Tochtergesellschaft entspricht der 20 %igen Beteiligung der GmbH am Nennkapital der Tochtergesellschaft. Die Tochtergesellschaft erzielt nur aktive Einkünfte im Sinne des § 8 Abs. 1 Nr. 1 bis 6 AStG. Zur Finanzierung des Erwerbs der Beteiligung hat die GmbH ein Darlehn in Höhe von 120 000 DM aufgenommen, das zum 31. Dezember 1988 und 1989 bereits mit diesem gleichen Betrag valutierte. Die für das Darlehn in 1990 gezahlten Zinsen betrugen 8400 DM.

Der Einheitswert des Betriebsvermögens der GmbH auf den 1. Januar 1990 betrug 10 000 000 DM. Darin sind die Beteiligungen an den ausländischen Gesellschaften wie folgt enthalten:

ausl. PG 1	525 000 DM
ausl. PG 2	700 000 DM
Tochtergesellschaft	100 000 DM
	1 325 000 DM

Frage

Wie hoch ist die von der GmbH für 1990 zu zahlende Gewerbesteuer? Der Gewerbesteuerhebesatz für Düsseldorf beträgt 430 %. Alle erforderlichen Nachweise sind erbracht.

Antwort

Die GmbH hat für 1990 218 504 DM an Gewerbesteuer zu zahlen.

Begründung

Bei der Ermittlung der Gewerbesteuer ist von der Überlegung auszugehen, daß die Gewerbesteuer insgesamt eine abzugsfähige Betriebsausgabe ist (Abschn. 22 EStR). Deshalb ist der Jahresüberschuß vor Steuern zunächst um die Gewerbekapitalsteuer zu mindern. Der sich danach ergebende Betrag stellt die Ausgangsgröße für die Berechnung der Gewerbeertragsteuer dar.

Bei der Berechnung der Gewerbekapitalsteuer ist vom Einheitswert der GmbH auszugehen, der auf den letzten Feststellungszeitpunkt vor dem Ende des Erhebungszeitraums lautet (§ 12 Abs. 1 GewStG). Maßgebend ist hier somit der Einheitswert auf den 1. Januar 1990 in Höhe von 10 000 000 DM.

Dieser Einheitswert ist um die Hinzurechnungsbeträge im Sinne des § 12 Abs. 2 GewStG zu erhöhen und um die Kürzungsbeträge im Sinne des § 12 Abs. 3 GewStG zu mindern.

Gemäß § 12 Abs. 2 Nr. 1 GewStG ist der Einheitswert um die Dauerschulden zu erhöhen. Dauerschulden sind Verbindlichkeiten, die wirtschaftlich mit der Gründung oder dem Erwerb eines Betriebes oder eines Anteils am Betrieb **oder** mit der Erweiterung oder Verbesserung des Betriebs zusammenhängen **oder** der nicht nur vorübergehenden Verstärkung des Betriebskapitals dienen (Abschn. 47 Abs. 1 Satz 1 GewStR). Schulden, die wirtschaftlich mit dem Erwerb eines Mitunternehmeranteils zusammenhängen, sind in jedem Falle Dauerschulden (Abschn. 47 Abs. 4 Satz 15 GewStR). Das gilt auch für Verbindlichkeiten im Zusammenhang mit dem Erwerb eines Anteils an einer ausländischen Personengesellschaft.* Nicht nur einer vorübergehenden Verstärkung des Betriebskapitals dienen Schulden, die nicht binnen 12 Monaten getilgt werden (Abschn. 47 Abs. 6 Satz 1 GewStR). Somit stellen sowohl die Schulden der GmbH, die im Zusammenhang mit dem Erwerb des Anteils an der ausl. PG 2 stehen, als auch die mit dem Erwerb der Beteiligung an der ausländischen Tochtergesellschaft zusammenhängenden Verbindlichkeiten Dauerschulden dar, die dem Einheitswert des Betriebsvermögens nach Abzug eines Freibetrages von 50 000 DM zur Hälfte hinzuzurechnen sind.

* Lenski/Steinberg, GewStG, § 12 Anm. 58.

Der Einheitswert ist gemäß § 12 Abs. 3 Nr. 2 GewStG um den Wert der Beteiligung an einer ausländischen Personengesellschaft zu kürzen.

Weiterhin ist der Einheitswert gemäß § 12 Abs. 3 Nr. 4 Satz 1 GewStG um den Wert der Beteiligung an einer ausländischen Kapitalgesellschaft zu kürzen, wenn die Beteiligung mindestens 10 % beträgt und die Tochtergesellschaft ausschließlich oder fast ausschließlich Erträge aus aktiver Tätigkeit im Sinne des § 8 Abs. 1 Nr. 1 bis 6 AStG oder § 8 Abs. 2 AStG erzielt. Diese Voraussetzungen liegen im Hinblick auf die Beteiligung der GmbH an der ausländischen Kapitalgesellschaft vor. Deshalb ist der Einheitswert um den Betrag zu kürzen, mit dem die Beteiligung im Einheitswert enthalten ist, mithin um 100 000 DM.

Die **Gewerbekapitalsteuer** errechnet sich somit wie folgt:

Einheitswert des Betriebsvermögens (§ 12 Abs. 1 Satz 2 GewStG)		10 000 000 DM
Hinzurechnungen		
Dauerschulden (§ 12 Abs. 2 Nr. 1 GewStG) wegen Anschaffung der Beteiligung an		
ausl. PG 2	100 000 DM	
Tochtergesellschaft	120 000 DM	
	220 000 DM	
Freibetrag (§ 12 Abs. 2 Nr. 1 Satz 2)	./. 50 000 DM	
	170 000 DM	
½ von		85 000 DM
		10 085 000 DM
Kürzungen		
Anteile an ausländischen Personengesellschaften (§ 12 Abs. 3 Nr. 2 GewStG)		
ausl. PG 1	525 000 DM	
ausl. PG 2	700 000 DM	
		./. 1 225 000 DM
Beteiligung an ausländischer Kapitalgesellschaft (§ 12 Abs. 3 Nr. 4 GewStG)		./. 100 000 DM
		8 760 000 DM
Freibetrag (§ 13 Abs. 1 Satz 3 GewStG)		./. 120 000 DM
		8 640 000 DM
Steuermeßzahl für das Gewerbekapital (§ 13 Abs. 2 GewStG: 2 v. T.)		17 280 DM
× 430 % (Hebesatz) = Gewerbekapitalsteuer		74 304 DM

Der Gewerbeertrag ist nach § 7 GewStG der nach den Vorschriften des Körperschaftsteuergesetzes ermittelte Gewinn aus Gewerbebetrieb, vermehrt um die Hinzurechnungen gemäß § 8 GewStG und vermindert um die Kürzungen im Sinne des § 9 GewStG.

Bei dem nach den Vorschriften des Körperschaftsteuergesetzes zu ermittelnden Gewinn stellt die Gewerbekapitalsteuer eine abzugsfähige Betriebsausgabe dar (Abschn. 22 EStR). Sie ist also zunächst von dem Ergebnis vor Steuern abzuziehen.

Sodann ist dem Gewinn die Hälfte der Entgelte, die für Dauerschulden gezahlt worden sind, hinzuzurechnen, soweit sie den Gewinn aus Gewerbebetrieb gemindert haben (§ 8 Nr. 1 GewStG). Dauerschulden stellen die Verbindlichkeiten der GmbH dar, die dieser im Zusammenhang mit dem Erwerb des Anteils an der ausl. PG 2 sowie an der Tochtergesellschaft entstanden sind (vgl. oben). Die dafür gezahlten Entgelte, d.h. die Zinsen, betragen 18 400 DM.

Gemäß § 8 Nr. 8 GewStG ist schließlich der Anteil am Verlust einer ausländischen Personengesellschaft hinzuzurechnen. Hintergrund dieser Hinzurechnungsbestimmung ist die Überlegung, daß Beteiligungen an ausländischen Personengesellschaften nicht der Gewerbebesteuerung im Inland unterliegen.* Dann dürfen aber auch Verlustanteile aus ausländischen Personengesellschaften den Gewerbeertrag nicht mindern.

Gemäß § 9 Nr. 2 GewStG ist die Summe des Gewinns und der Hinzurechnungen um den Anteil am Gewinn sowohl einer inländischen als auch einer ausländischen Personenhandelsgesellschaft zu kürzen. Hintergrund der Kürzungsvorschriften für Anteile am Gewinn einer inländischen Personenhandelsgesellschaft ist das Bestreben um die Vermeidung einer doppelten Besteuerung des Gewinnanteils, da dieser bereits bei der Personenhandelsgesellschaft selbst Gegenstand der Gewerbebesteuerung gewesen ist. Diese Überlegung ist für die Gewinnanteile aus einer ausländischen Personengesellschaft nicht tragfähig, da diese ohnehin nicht der deutschen Gewerbesteuer unterliegen. Die Ausweitung der Kürzungsvorschrift auch auf Gewinnanteile aus ausländischen Personenhandelsgesellschaften korrespondiert zwar mit der gleichzeitigen Ausweitung der Hinzurechnungsvorschrift des § 8 Nr. 8 GewStG für Anteile an ausländischen Personengesellschaften durch Art. 5 Nr. 3 StÄndG 1977.[1] Der Hintergrund war jedoch wirtschaftspolitischer Natur: die Anteile an ausländischen Personenhandelsgesellschaften und an ausländischen Kapitalgesellschaften sollten gleich behandelt werden.[2]

Die Anteile am Gewinn einer ausländischen Kapitalgesellschaft sind gemäß § 9 Nr. 7 Satz 1 GewStG bei der Ermittlung des Gewerbeertrags abzuziehen, wenn der inländische Beteiligungsinhaber nachweist, daß

- die Beteiligung am Nennkapital der ausländischen Tochtergesellschaft ununterbrochen seit dem Beginn des Erhebungszeitraums (§ 14 Abs. 2 Satz 2 GewStG) in Höhe von mindestens 10 % bestanden hat und
- die ausländische Kapitalgesellschaft aktive Einkünfte im Sinne des § 8 Abs. 1 Nr. 1 bis 6, Abs. 2 AStG bezieht.

---

* Lenski/Steinberg, a. a. O.

1 Lenski/Steinberg, § 9 Nr. 2 Anm. 5.

2 StÄndG vom 16. August 1977, BStBl 1977 I S. 442.

Diese Voraussetzungen sind für die Beteiligung der GmbH an der ausländischen Kapitalgesellschaft erfüllt: Die GmbH hält die Beteiligung ausweislich des Darlehns seit mindestens Anfang des Jahres 1989 und somit seit dem Beginn des Gewerbesteuererhebungszeitraums 1990 am 1. Januar 1990. Der Beteiligungsanteil überstieg mit 20 % die Mindestbeteiligung für die Schachtelvergünstigung. Außerdem bezog die Tochtergesellschaft aktive Einkünfte im Sinne des § 8 Abs. 1 Nr. 1 bis 6 AStG. Daher ist der Gewerbeertrag um den Beteiligungsertrag zu kürzen. Dabei ist zu beachten, daß die gemäß § 26 Abs. 2 KStG anrechenbare Körperschaftsteuer zum körperschaftsteuerlichen Gewinn gehört. Sie ist deshalb in die Kürzung mit einzubeziehen.[3]

Die **Gewerbeertragsteuer** berechnet sich demnach wie folgt:

Jahresüberschuß vor Steuern		1 000 000 DM
Gewerbekapitalsteuer		./. 74 304 DM
		925 696 DM
Hinzurechnungen		
Dauerschuldzinsen (§ 8 Nr. 1 GewStG) ½ von 18 400 DM	9 200 DM	
Anteil am Verlust der ausl. PG 2 (§ 8 Nr. 8 GewStG)	30 000 DM	
		39 200 DM
Kürzungen		
Gewinnanteil ausl. PG 1 (§ 9 Nr. 2 GewStG)	100 000 DM	
Beteiligungsertrag aus ausländischer Tochtergesellschaft (§ 9 Nr. 7 GewStG)	50 000 DM	
		./. 150 000 DM
		814 896 DM
Vorläufige Gewerbeertragsteuer $\frac{430 \times 5}{(10\,000 + (430 \times 5))} = 17{,}695\,\%$		./. 144 195 DM
maßgebender Gewerbeertrag		670 701 DM
(gerundet, § 11 Abs. 1 Satz 3 GewStG)		670 700 DM
Meßbetrag nach dem Gewerbeertrag (§ 11 Abs. 2 GewStG: 5 v. H. von 670 700 DM =)		33 535 DM
Gewerbeertragsteuer bei einem Hebesatz von 430 %		144 200 DM

Die **Gewerbesteuer** für 1990 beträgt somit:

Gewerbesteuer nach dem Gewerbeertrag:	144 200 DM
Gewerbesteuer nach dem Gewerbekapital:	74 304 DM
	218 504 DM

3 Vgl. Lenski/Steinberg, § 9 Nr. 7 Anm. 9.

Teil IV: Umsatzsteuer

Fall 38

Sonstige Leistung im Ausland

UStG § 3a Abs. 1, Abs. 4 Nr. 11

Sachverhalt

Die Deutsche Möbel GmbH, Frankfurt, plant, ihre geschäftlichen Aktivitäten auf die europäischen Nachbarländer auszudehnen. Aus diesem Grunde fährt ihr Geschäftsführer Emsig zu Verhandlungen in die Niederlande. Auf dem Rückweg erleidet er mit seinem Fahrzeug unmittelbar vor der deutsch/niederländischen Grenze eine Fahrzeugpanne, die ihn zwingt, die Rückfahrt mit einem Leihwagen fortzusetzen. Das Leihfahrzeug mietet er sich bei einem niederländischen Verleihunternehmer. Nach der Rücküberführung des Fahrzeugs erhält die Deutsche Möbel GmbH für die Fahrzeugüberlassung eine Rechnung über 500 hfl.

Frage

Wie ist die Vermietung des Pkws nach deutschem Umsatzsteuerrecht zu beurteilen?

Antwort

Die Vermietung ist eine nicht steuerbare sonstige Leistung.

Begründung

Die Vermietung des Fahrzeuges stellt eine sonstige Leistung des niederländischen Unternehmers gegen Entgelt dar. Der Ort dieser sonstigen Leistung richtet sich nach § 3a UStG. Die Vermietung beweglicher körperlicher Gegenstände ist grundsätzlich Inhalt der speziellen Regelung des § 3a Abs. 4 Nr. 11 UStG. Ausdrücklich ausgenommen ist jedoch die Vermietung von Beförderungsmittel. Dazu gehört auch der Mietwagen. Deshalb verbleibt es für die Bestimmung des Leistungsortes bei der Grundregel des § 3a Abs. 1 UStG. Danach ist der Ort der Leistung hier in den Niederlanden. Damit findet die Leistung nicht im umsatzsteuerlichen Inland statt. Sie ist daher nicht steuerbar.

Fall 39

Umsatzsteuerabzugsverfahren

UStDV §§ 1, 51, 52, 54

Sachverhalt

Wie Fall 38, jedoch mit der Abwandlung, daß der Fahrzeugschaden auf der Rückfahrt von der Schweiz kurz vor der deutsch/schweizerischen Grenze auftrat. Emsig mietete das Fahrzeug von einem schweizerischen Autoverleiher. Nach der Rückgabe des Fahrzeuges erhielt die Deutsche Möbel GmbH folgende Rechnung:

Pkw-Miete für drei Tage	
3 × 180 sfr	540,00 sfr
Umsatzsteuer (14 %)	75,60 sfr
Zu zahlender Gesamtbetrag	615,60 sfr

Frage

1. Unterliegt die Pkw-Vermietung der deutschen Umsatzsteuer?
2. Wie ist das Besteuerungsverfahren durchzuführen?
3. Was muß die Deutsche Möbel GmbH an den schweizer Unternehmer zahlen?

Antwort

1. Die Vermietung des Fahrzeuges durch den schweizer Unternehmer stellt eine steuerpflichtige Leistung dar.
2. Die Deutsche Möbel GmbH hat die Umsatzsteuer einzubehalten und an das für sie zuständige Finanzamt abzuführen.
3. Die Deutsche Möbel GmbH hat dem schweizer Unternehmer nur den Nettobetrag von 540 sfr zu zahlen.

Begründung

Grundsätzlich läge auch in diesem Fall wie im Ausgangsfall der Ort der sonstigen Leistung gemäß § 3 a Abs. 1 UStG nicht im Inland, mit der Folge, daß auch die Leistung des schweizer Unternehmers nicht steuerbar wäre. Jedoch hat der Bundesminister der Finanzen mit Zustimmung des Bundesrates auf der Grundlage der Ermächtigung in § 3 a Abs. 5 Nr. 2 UStG durch

§ 1 UStDV den Ort der Leistung für bestimmte Fälle abweichend von § 3a UStG geregelt. Danach gilt eine sonstige – nicht unter § 3a Abs. 2 oder Abs. 4 UStG subsumierbare – Leistung eines nicht in der Europäischen Wirtschaftsgemeinschaft ansässigen Unternehmers an einen im Inland ansässigen Unternehmer als im Inland ausgeführt, wenn sie dort genutzt wird. Die Vermietung eines Fahrzeuges ist eine sonstige Leistung, die nicht unter § 3a Abs. 2 oder Abs. 4 UStG fällt (vgl. Fall 38). Die Leistung wird auch im Inland genutzt. Schließlich gehört die Schweiz nicht zum Gebiet der Europäischen Wirtschaftsgemeinschaft. Damit gilt die Leistung des schweizer Unternehmers als im Inland durchgeführt. Sie ist deshalb steuerbar und in Ermangelung eines Steuerbefreiungstatbestandes auch steuerpflichtig.

Das Besteuerungsverfahren ist grundsätzlich in § 18 UStG geregelt. Dabei ermächtigt § 18 Abs. 8 UStG den Bundesminister der Finanzen, eine Rechtsverordnung für die Durchführung eines Abzugsverfahrens betreffend Umsätze eines nicht im Inland ansässigen Unternehmers zu erlassen. Von dieser Ermächtigung hat der BMF mit den §§ 51 bis 58 UStDV Gebrauch gemacht. Das Abzugsverfahren ist gemäß §§ 51, 52 UStDV unter folgenden Voraussetzungen durchzuführen:

- Ein nicht im Inland ansässiger Unternehmer im Sinne des § 51 Abs. 3 UStDV führt eine steuerpflichtige Werklieferung oder eine steuerpflichtige sonstige Leistung aus (§ 51 Abs. 1 Satz 1 Halbsatz 1 UStDV);
- Der Leistungsempfänger ist ein Unternehmer oder eine juristische Person des öffentlichen Rechts;
- Das Abzugsverfahren ist nicht gemäß § 52 UStDV ausgeschlossen, weil
  - die Leistung in einer Personenbeförderung besteht,
  - ein Tausch oder ein tauschähnlicher Umsatz vorliegt oder
  - die Nullregelung Anwendung findet.

Die Vermietung des Fahrzeuges stellt eine steuerpflichtige sonstige Leistung des schweizer – mithin nicht im Inland ansässigen – Unternehmers an einen inländischen Unternehmer dar. Die Ausschlußtatbestände des § 52 UStDV liegen nicht vor. Somit ist die Deutsche Möbel GmbH verpflichtet, die Umsatzsteuer von der Gegenleistung einzubehalten und abzuführen. Dazu hat sie die Umsatzsteuer im Rahmen ihrer Umsatzsteuervoranmeldung bzw. der Jahreserklärung mit anzumelden und die angemeldete Steuer an das für sie zuständige Finanzamt abzuführen (§ 54 Abs. 1 UStDV).

Die Deutsche Möbel GmbH begleicht dadurch eine Steuerschuld des schweizer Unternehmers. Deshalb mindert sich entsprechend die Mietzinsverpflichtung der GmbH wegen der Fahrzeugvermietung. Die Deutsche Möbel GmbH ist somit lediglich verpflichtet, den Nettobetrag in Höhe von 540 sfr an den schweizer Unternehmer zu zahlen.

Fall 40

Entgelt und Gegenleistung beim Abzugsverfahren

UStDV §§ 51, 52, 53 Abs. 1 und Abs. 2; UStR Abschn. 233 Abs. 5 Satz 2

Sachverhalt

Die Deutsche Möbel GmbH nutzt für die Verarbeitung von Deckenverkleidungen ein geschütztes Verfahren, das von einem englischen Unternehmen entwickelt worden ist. Der Lizenzvertrag zwischen den beiden Unternehmen sieht vor, daß die Deutsche Möbel GmbH eine umsatzabhängige Nutzungsvergütung zuzüglich Umsatzsteuer zu zahlen hat. Die Lizengebühren für das Jahr 1990 betragen 100 000 DM. Der Lizenzgeber erstellt folgende Rechnung:

Lizenzgebühren	100 000 DM
Abzugsteuer (§ 50 a EStG)	⁒ 25 000 DM
	75 000 DM
Umsatzsteuer (14 %)	10 500 DM
Zu zahlender Gesamtbetrag	85 500 DM

Die Deutsche Möbel GmbH ist der Ansicht, daß das umsatzsteuerliche Abzugsverfahren durchzuführen sei. Sie überweist dem Lizengeber deshalb lediglich 75 000 DM; 10 500 DM meldet sie als Umsatzsteuer an und führt sie an das Finanzamt ab. Im Rahmen einer Umsatzsteuersonderprüfung fällt dem Prüfer dieser Sachverhalt auf.

Frage

Was wird der Prüfer unternehmen?

Antwort

Der Beamte wird prüfen, ob nach pflichtgemäßen Ermessen die Deutsche Möbel GmbH als Haftungsschuldnerin in Höhe von 3069 DM in Anspruch zu nehmen ist.

Begründung

Die Duldung der Ausnutzung des geschützten Herstellungsverfahrens stellt eine entgeltliche sonstige Leistung des englischen Unternehmers an die Deutsche Möbel GmbH dar. Die Überlassung gewerblicher Verfahren ist eine sonstige Leistung im Sinne des § 3 a Abs. 4 Nr. 5 UStG. Abweichend von § 3 a Abs. 1 UStG ist der Ort der Leistung deshalb gemäß § 3 a Abs. 3

UStG am Sitz des Empfängerunternehmens. Somit ist die Leistung des englischen Unternehmers im Inland erfolgt, damit steuerbar und in Ermangelung eines Steuerbefreiungstatbestandes auch steuerpflichtig.

Da der leistende Unternehmer nicht im Inland ansässig ist und auch die Negativvoraussetzungen des § 52 UStDV nicht erfüllt sind, hat die Deutsche Möbel GmbH zurecht gemäß § 51 Abs. 1 UStDV das Abzugsverfahren durchgeführt. Sie hat dabei gemäß § 53 Abs. 2 Satz 1 UStDV die in der Rechnung ausgewiesene Umsatzsteuer angemeldet und abgeführt. Indes ist anstatt der in der Rechnung ausgewiesenen Umsatzsteuer mindestens die Steuer anzumelden und abzuführen, die sich nach § 53 Abs. 1 UStDV ergibt (§ 53 Abs. 2 Satz 2 UStDV). Danach ist die Umsatzsteuer nach dem Entgelt zu berechnen. Ist die Gegenleistung (Entgelt zuzüglich Umsatzsteuer, § 51 Abs. 4 UStDV) bekannt, so ist die Umsatzsteuer aus der Gegenleistung herauszurechnen. Der Herausrechnungsfaktor beträgt bei einem Steuersatz von 14 % 12,28 (Abschn. 235 Abs. 1 UStR). In dem konkreten Fall ist zu beachten, daß die Abzugsteuer im Sinne des § 50 a EStG mit zum umsatzsteuerlichen Entgelt gehört (Abschn. 233 Abs. 5 Satz 2 UStR). Die Höhe der von der Deutschen Möbel GmbH anzumeldenden, einzubehaltenden und abzuführenden Umsatzsteuer berechnet sich damit wie folgt:

Barzahlungsbetrag	75 000 DM
Abzugsteuer gem. § 50 a EStG	25 000 DM
Umsatzsteuer lt. Rechnung	10 500 DM
Gegenleistung	110 500 DM
Umsatzsteuer daraus (12,28 %)	13 569 DM

Gemäß § 55 UStDV haftet der Leistungsempfänger für die einzubehaltende Umsatzsteuer. Der Betriebsprüfer wird daher überlegen, ob die Deutsche Möbel GmbH in Höhe von (13 569 DM ./. 10 500 DM =) 3069 DM als Haftungsschuldner in Anspruch zu nehmen ist. Dabei handelt es sich um eine Ermessensentscheidung der Finanzverwaltung, die nach Maßgabe der Bestimmungen der Abgabenordnung zu treffen ist. Dabei dürfte ein Kriterium bei der Ermessensfindung die Sicherung des Steueranspruches sein.

Andererseits ist zu berücksichtigen, daß eine derartige Ermessensausübung zu einer umsatzsteuerlichen Mehrbelastung des inländischen Unternehmers i. H. v. 3069 DM führen würde, da insoweit keine Rechnung mit gesondertem Umsatzsteuerausweis vorliegt, die die deutsche Möbel GmbH zum Vorsteuerabzug berechtigen würde.

Aus diesem Grunde sollte darauf hingewirkt werden, daß der englische Lizenzgeber eine geänderte Rechnung erstellt, in der entweder keine (Anwendung der Nullregelung, vgl. Fall 41) oder die zutreffende Umsatzsteuer i. H. v. 14 000 DM ausgewiesen ist. Die hierfür anzuwendenden Berichtigungsnormen ergeben sich aus §§ 14 Abs. 2 Satz 2 i.V.m. § 17 Abs. 1 Nr. 2 UStG.

Fall 41

Nullregelung

UStDV § 52 Abs. 2

Sachverhalt

Die Deutsche Möbel GmbH beabsichtigt, in den Niederlanden eine Niederlassung zu eröffnen. Sie bittet die niederländische Beratungsgesellschaft Consultants B. V., sie bei der Steuerplanung zu unterstützen und sie im Hinblick auf die unterschiedlichen rechtlichen Möglichkeiten, auf dem holländischen Markt tätig zu werden, zu beraten. Für ihre Bemühungen stellt die B. V. der GmbH folgende Rechnung:

Gebühren für die Beratung in steuerlichen Angelegenheiten	20 000 hfl

In der Rechnung ist keine Umsatzsteuer ausgewiesen.

Frage

Hat die Deutsche Möbel GmbH Umsatzsteuer von der Gegenleistung einzubehalten und abzuführen?

Antwort

Die Deutsche Möbel GmbH ist nicht verpflichtet, Umsatzsteuer von der Gegenleistung einzubehalten und abzuführen.

Begründung

Die Beratungsleistung der B. V. stellt eine entgeltliche sonstige Leistung der B. V. an die Deutsche Möbel GmbH dar. Der Ort dieser sonstigen Leistung ist gemäß § 3 a Abs. 3 UStG in Verbindung mit § 3 a Abs. 4 Nr. 3 UStG das Inland. Die Leistung ist deshalb steuerbar und in Ermangelung einer Steuerbefreiung auch steuerpflichtig.

Bei der Beratungsleistung der Consultants B. V. handelt es sich somit um eine steuerpflichtige sonstige Leistung eines nicht im Inland ansässigen Unternehmers. Deshalb ist die Deutsche Möbel GmbH als Leistungsempfängerin grundsätzlich gemäß § 51 UStDV verpflichtet, aus der Gegenleistung die Umsatzsteuer herauszurechnen und einzubehalten. Dieses Abzugsverfahren kann aber gemäß § 52 Abs. 2 UStDV unterbleiben, wenn die Voraussetzungen für die Anwendung der sog. **Nullregelung** vorliegen:

– Der leistende Unternehmer hat die Umsatzsteuer in seiner Rechnung nicht gesondert ausgewiesen;

- Der Leistungsempfänger wäre berechtigt, die Umsatzsteuer als Vorsteuer geltend zu machen, wenn sie in der Rechnung gesondert ausgewiesen worden wäre.

Diese Voraussetzungen sind hier erfüllt: Die Rechnung der Consultants B.V. enthält keinen Umsatzsteuerausweis. Die Umsatzsteuer hätte jedoch gesondert ausgewiesen werden können, da die Consultants B.V. eine steuerpflichtige Leistung an die GmbH erbracht hat (s.o.). In diesem Falle wäre die Deutsche Möbel GmbH als Unternehmerin berechtigt gewesen, diese ihr von einem anderen Unternehmer für eine Leistung an ihr Unternehmen in Rechnung gestellte Umsatzsteuer als Vorsteuer geltend zu machen (§ 15 Abs. 1 UStG). Die Deutsche Möbel GmbH ist deshalb nicht verpflichtet, von der Gegenleistung Umsatzsteuer einzubehalten und abzuführen.

Fall 42

Abzugsverfahren und Tauschgeschäfte

UStDV § 52 Abs. 1 Nr. 2

Sachverhalt

Sachverhalt wie im Fall 41; allerdings vereinbaren die Parteien, daß die Deutsche Möbel GmbH als Gegenleistung eine Ledersitzgruppe für das Foyer im Bürogebäude der Consultants B.V. liefert. Der Wert der Sitzgruppe beträgt umgerechnet 22 800 hfl. Die Consultants B.V. erteilt der Deutschen Möbel GmbH folgende Rechnung:

Beratungsgebühren	20 000 hfl
Umsatzsteuer (14 %)	2 800 hfl
	22 800 hfl
Gutschrift für Sitzgruppe	./. 22 800 hfl
Zu zahlender Restbetrag	0 hfl

Frage

Ist die Deutsche Möbel GmbH verpflichtet, Umsatzsteuer einzubehalten?

Antwort

Es besteht keine Verpflichtung zur Einbehaltung von Umsatzsteuer.

Begründung

Die Beratungstätigkeit der Consultants B.V. stellt eine steuerpflichtige Leistung an die Deutsche Möbel GmbH dar (vgl. Fall 41). Da die Consultants B.V. nicht im Inland ansässig ist, liegen die Voraussetzungen des § 51 UStDV für das Abzugsverfahren vor. Allerdings führte das Abzugsverfahren in den Fällen des Tausches zu einer Erhöhung der Gegenleistung, da der Leistungsempfänger die Umsatzsteuer nicht von der Gegenleistung einbehalten kann. Er müßte sie vielmehr zusätzlich zu der vereinbarten Gegenleistung für Rechnung des gebietsfremden Unternehmers an das Finanzamt abführen. Aus diesem Grunde schließt § 52 Abs. 1 Nr. 2 UStDV die Anwendung des Abzugsverfahrens aus, wenn die Gegenleistung **ausschließlich** in einer Lieferung oder einer sonstigen Leistung besteht.

Die Deutsche Möbel GmbH ist daher nicht verpflichtet, das Abzugsverfahren durchzuführen.

Fall 43

Abzugsverfahren und Tausch mit Baraufgabe

UStG § 16 Abs. 6; UStDV § 53 Abs. 5

Sachverhalt

Wie Fall 42; jedoch beträgt der Wert der Möbellieferung umgerechnet 20 520 hfl. Die Consultants B.V. erstellt demzufolge folgende Abrechnung:

Beratungsgebühren	20 000 hfl
Umsatzsteuer (14 %)	2 800 hfl
	22 800 hfl
Gutschrift für Sitzgruppe	./. 20 520 hfl
Zu zahlender Restbetrag	2 280 hfl

Frage

Hat die Deutsche Möbel GmbH das Abzugsverfahren durchzuführen? Falls ja: Wie hoch ist die einzubehaltende Umsatzsteuer und welche Restzahlung ist an die Consultants B.V. zu leisten? Es ist von einem Umsatzsteuerumrechnungskurs von 100 hfl : 90 DM auszugehen.

Antwort

Die Deutsche Möbel GmbH hat das Abzugsverfahren durchzuführen. Die einzubehaltende und abzuführende Umsatzsteuer beträgt 2052 DM. Eine Barzahlungsverpflichtung gegenüber der Consultants B.V. besteht nicht.

Begründung

Wie im Fall 42 liegen die Voraussetzungen des § 51 UStDV für die Durchführung des Abzugsverfahrens vor. Jedoch greift in diesem Falle die Ausnahmeregelung des § 52 Abs. 1 Nr. 2 UStDV nicht ein: diese Vorschrift setzt voraus, daß die Gegenleistung **ausschließlich** in einer Lieferung oder einer sonstigen Leistung besteht. Da auch die weiteren Ausnahmetatbestände nicht erfüllt sind, hat die Deutsche Möbel GmbH das Abzugsverfahren durchzuführen. Soweit in den Fällen des Tausches oder des tauschähnlichen Umsatzes mit Baraufgabe die Baraufgabe nicht für eine vollständige Finanzierung der anfallenden Umsatzsteuer ausreicht, stellt sich – wenn auch in einem geringeren Ausmaß – das bereits oben in Fall 42 skizzierte Problem der Veränderung der Gegenleistung. Deshalb hat der Verordnungsgeber in § 53 Abs. 5 UStDV geregelt, daß in diesen Fällen der Leistungsempfänger die Umsatzsteuer höchstens bis zur Höhe des Teils der Gegenleistung einzubehalten und abzuführen hat, den er als Baraufgabe zahlen muß.

Somit ist die Deutsche Möbel GmbH zwar dem Grunde nach zur Durchführung des Abzugsverfahrens verpflichtet. Da die Baraufgabe jedoch niedriger ist, als die nach dem Entgelt berechnete Umsatzsteuer, ist der Abzugsbetrag auf die Höhe der Baraufgabe, mithin auf 2280 hfl beschränkt. Für die Anmeldung und Abführung ist der hfl-Betrag in einen DM-Betrag nach den amtlichen Briefkursen umzurechnen, die der BMF als Durchschnittskurse für den Monat bekanntgibt, in dem die Leistung ausgeführt wird (§ 16 Abs. 6 Satz 1 UStG). Ausgehend von einem Umrechnungskurs von 100 : 90 beträgt die Umsatzsteuer 2052 DM. Mit der Einbehaltung und Abführung dieses Umsatzsteuerteilbetrages für Rechnung der Consultants B. V. erlischt auch die Barzahlungsverpflichtung der Deutschen Möbel GmbH.

Fall 44

Vorsteuerkorrektur bei Nullregelung

UStDV § 52 Abs. 5

Sachverhalt

Der Malermeisterunternehmer Pinsel aus Gronau beabsichtigt, ein neues Bürogebäude zu errichten. Mit den erforderlichen Arbeiten beauftragt er einen niederländischen Bauunternehmer, der die notwendigen Baumaterialien selber besorgt. Nach der Abnahme am 2. Januar 1990 erteilt der holländische Bauunternehmer Pinsel eine Rechnung über 500 000 DM. In der Rechnung ist keine Umsatzsteuer ausgewiesen. Am 1. Januar 1995 entschließt sich Pinsel, das Gebäude in Zukunft privat zu nutzen.

Frage

1. Ist Pinsel zur Durchführung des Abzugsverfahrens verpflichtet?
2. Welche umsatzsteuerlichen Folgen ergeben sich aus der ab 1995 erfolgenden privaten Nutzung?

Antwort

Das Abzugsverfahren ist nicht durchzuführen. Wegen der privaten Nutzung muß Pinsel einen Vorsteuerausgleichsbetrag in Höhe von 35 000 DM an das Finanzamt zahlen.

Begründung

Die Errichtung des Gebäudes stellt eine Werklieferung (§ 3 Abs. 4 UStG) des niederländischen Unternehmers an Pinsel dar. Die Werklieferung erfolgt gegen Entgelt und gemäß § 3 Abs. 6 UStG im Inland. Sie ist damit steuerbar und in Ermangelung einer Steuerbefreiung auch steuerpflichtig.

Bei dem Bauunternehmer handelt es sich um einen nicht im Inland ansässigen Unternehmer im Sinne des § 51 Abs. 3 UStDV. Zwar hat er im Inland eine steuerpflichtige Werklieferung durchgeführt; da er in der Rechnung die Umsatzsteuer aber nicht gesondert ausgewiesen hat und Pinsel außerdem im Falle eines Ausweises zum Vorsteuerabzug berechtigt gewesen wäre, ist Pinsel gemäß § 52 Abs. 2 UStDV nicht zur Durchführung des Abzugsverfahrens verpflichtet (Nullregelung, s. Fall 41).

Die infolge der Anwendung der Nullregelung unterbliebene Geltendmachung der Vorsteuer führt in Fällen der Nutzungsänderung zu Problemen: Hätte der niederländische Bauunternehmer die Umsatzsteuer in der Rechnung offen ausgewiesen und Pinsel einen entsprechenden Vorsteuerabzug beansprucht, so würde die Änderung der Nutzung des Gebäudes ab 1995 zu einer Korrektur des Vorsteuerabzuges gemäß § 15 a Abs. 1 UStG führen. Da Pinsel jedoch im Zusammenhang mit der Erstellung des Gebäudes keinen Vorsteuerabzug geltend gemacht hat, liegen die Voraussetzungen für eine Vorsteuerberichtigung gemäß § 15 a Abs. 1 UStG nicht vor. Wirtschaftlich macht es für Pinsel indes keinen Unterschied, ob er zusätzlich zum Entgelt Umsatzsteuer zu entrichten und demzufolge einen entsprechend hohen Vorsteuerabzug hat, oder aber, ob infolge der Nullregelung weder eine Umsatzsteuerverpflichtung noch ein Vorsteueranspruch besteht. Deshalb hätte die Nullregelung einen nicht gerechtfertigten Steuervorteil bei einer umsatzsteuerrelevanten Nutzungsänderung zur Folge. Zur Vermeidung dieses Ergebnisses hat der Verordnungsgeber in § 52 Abs. 5 UStDV eine dreifache Fiktion für den Fall der Änderung der maßgeblichen Verhältnisse aufgenommen:

1. Die Gegenleistung gilt als Entgelt.
2. In der Rechnung gilt die Umsatzsteuer als gesondert ausgewiesen.

3. Die fiktiv ausgewiesene Umsatzsteuer gilt als vom Leistungsempfänger als Vorsteuer geltend gemacht.

Daraus folgt für Pinsel:

1. Das Entgelt beträgt 500 000 DM.
2. Die Rechnung gilt als mit Umsatzsteuer in Höhe von 14 % von 500 000 DM = 70 000 DM erstellt.
3. Es wird unterstellt, daß Pinsel die Umsatzsteuer von 70 000 DM als Vorsteuer geltend gemacht hat.

Die Änderung der Nutzung gilt als Änderung der für den Vorsteuerabzug maßgeblichen Verhältnisse im Sinne des § 15 a Abs. 1 UStG. Da die Änderung fünf Jahre vor Ablauf des maßgeblichen zehnjährigen Berichtigungszeitraumes eintrat, sind die auf die ursprünglichen Anschaffungskosten fiktiv entfallenden Vorsteuerbeträge um

$$5 \times 1/10 \text{ von } 70\,000 \text{ DM} = 35\,000 \text{ DM}$$

zu berichtigen und von Pinsel entsprechend als Vorsteuerkorrekturbetrag an das Finanzamt abzuführen.

Fall 45

Umsatzsteuervergütungsverfahren

UStDV §§ 59 bis 61

Sachverhalt

Die US-amerikanische Frost Food Inc. möchte ihre Absatzchancen auf dem europäischen Markt vergrößern. Aus diesem Grunde eröffnet sie am 1. September 1990 in München ein Verbindungsbüro. In den vier Monaten des Jahres 1990 werden über das Verbindungsbüro lediglich Geschäftskontakte hergestellt und Werbemaßnahmen durchgeführt. Umsätze werden weder über das Büro noch direkt von Amerika aus getätigt. Für die Büroräume des Verbindungsbüros muß die Incorporation pro Monat 2000 DM zuzüglich 14 % Umsatzsteuer zahlen. Außerdem fallen durch Werbemaßnahmen weitere Vorsteuern in Höhe von 200 DM pro Monat an.

Frage

1. Besteht eine Möglichkeit für die Frost Food Inc., die gezahlte Umsatzsteuer erstattet zu bekommen? Falls ja, in welchem Verfahren kann frühestens/spätestens der Erstattungsanspruch verfolgt werden?

2. Ändert sich etwas, wenn die Incorporation dem Leiter des Verbindungsbüros einen Firmen-Pkw zur Verfügung stellt, den dieser auch für private Zwecke nutzen kann?

Antwort

1. Die Frost Food Inc. hat einen Anspruch auf Erstattung der gezahlten Umsatzsteuerbeträge im Rahmen des Umsatzsteuervergütungsverfahrens. Ein Vergütungsantrag kann mit Aussicht auf Erfolg erstmals im Dezember 1990 gestellt werden. Er muß für das Jahr 1990 spätestens am 30. Juni 1991 gestellt werden.
2. Die gezahlte Umsatzsteuer ist im Rahmen des allgemeinen Umsatzbesteuerungsverfahrens als Vorsteuer geltend zu machen.

Begründung

1. Die Frost Food Inc. hat gemäß § 15 Abs. 1 UStG als Unternehmerin einen Anspruch auf Erstattung der Umsatzsteuerbeträge, die ihr von anderen Unternehmern für Leistungen für ihr Unternehmen gesondert in Rechnung gestellt worden sind. Abweichend von dem normalen in § 18 Abs. 1 bis 3 UStG geregelten Besteuerungsverfahren ist die Erstattung abziehbarer Vorsteuerbeträge an nicht im Inland ansässige Unternehmer aufgrund der Ermächtigungsvorschrift des § 18 Abs. 5 UStG in §§ 59 bis 61 UStDV geregelt (Umsatzsteuervergütungsverfahren).

Die Frost Food Inc. hat weder im Inland noch in einem Zollfreigebiet Sitz, Geschäftsleitung, eine Zweigniederlassung oder eine Organgesellschaft. Sie gilt daher trotz des Verbindungsbüros als nicht im Inland ansässige Unternehmerin (vgl. Abschn. 240 Abs. 1 UStR). Da sie im Inland im Jahre 1990 keine Umsätze ausgeführt hat, können ihr die gezahlten Vorsteuerbeträge auf Antrag vom Bundesamt für Finanzen erstattet werden (§ 59 Abs. 1 Nr. 1 UStDV).

Gemäß § 60 Satz 1 UStDV beträgt der Vergütungszeitraum grundsätzlich mindestens drei Kalendermonate, höchstens ein Kalenderjahr. Außerdem muß der Vergütungsbetrag mindestens 400 DM pro Vergütungszeitraum betragen (§ 61 Abs. 2 Satz 1 UStDV). Für die Monate September bis November sind der Frost Food Inc. insgesamt 1440 DM an Umsatzsteuer in Rechnung gestellt worden. Daher kann die Gesellschaft den Vergütungsantrag erstmals mit Ablauf des 30. November 1990 stellen. Der Antrag ist auf amtlichem Formular unter Beifügung der Originalrechnungsbelege zu stellen.

Da der Vergütungszeitraum höchstens ein Kalenderjahr ist, kommt ein Antrag für einen Zeitraum, der einen Jahreswechsel einschließt, nicht in Betracht. Wenn die Frost Food Inc. somit für die Monate September bis November 1990 einen Vergütungsantrag stellt, muß sie einen gesonderten

Antrag für den Monat Dezember stellen. Ein solcher Antrag ist auch zulässig, da der Vergütungszeitraum kürzer als drei Monate sein kann, wenn es sich um den restlichen Zeitraum eines Kalenderjahres handelt (§ 60 Satz 2 UStDV). Der Vergütungsbetrag muß aber für den restlichen Zeitraum mindestens 50 DM betragen (§ 61 Abs. 2 Satz 2 und 3 UStDV).

Der Vergütungsantrag ist gemäß § 61 Abs. 1 Satz 2 UStDV spätestens bis zum 30. Juni des folgenden Kalenderjahres zu stellen. Dabei ist zu beachten, daß diese Frist **keine** Ausschlußfrist ist (vgl. Abschn. 243 Abs. 5 Satz 1 UStR).

2. Die Überlassung des betrieblichen Pkws an den Leiter des Verbindungsbüros zur privaten Nutzung stellt eine steuerbare und in Ermangelung einer Steuerbefreiung auch steuerpflichtige sonstige Leistung dar (vgl. Abschn. 12 Abs. 1 und 9 UStR). Da die Frost Food Inc. somit im Inland steuerpflichtige Umsätze ausführt, liegen die Voraussetzungen des § 59 Abs. 1 Nr. 1 UStDV für die Durchführung des Vergütungsverfahrens nicht vor. Vielmehr hat die Gesellschaft gemäß §§ 16 Abs. 1 und 2, 18 UStG Umsatzsteuervoranmeldungen abzugeben, in denen sie auch die Vorsteuerbeträge erklärt.

Teil V: Vermögensteuer

Fall 46

Unbeschränkte und beschränkte Vermögensteuerpflicht

VStG § 1 Abs. 1 Nr. 1, Abs. 3, § 2 Abs. 1 Nr. 1, Abs. 2, § 17; BewG § 121

Sachverhalt

Jochen Funk hat sein ganzes Berufsleben in Düsseldorf verbracht. Er ist ledig, hat keine Kinder und ist 55 Jahre alt. Jochen nutzt seine eigene Eigentumswohnung (Einheitswert 150 000 DM). Außerdem verfügt er über ein Bankguthaben in Höhe von 500 000 DM. Infolge der Finanzierung der Wohnung hat er noch Hypothekenschulden in Höhe von 50 000 DM. Darüber hinaus hat er Einkommensteuerschulden, und zwar 5000 DM am 1. Januar 1989 sowie zum 1. Januar 1990 2000 DM.

Am Vormittag des 1. Januar 1989 erfüllt er sich spontan einen langgehegten Wunsch und wandert zu seinem Freund nach Ghana aus.

Frage

Welche vermögensteuerlichen Folgen ergeben sich für 1989 und für 1990?

Antwort

Zum 1. Januar 1989 besteht unbeschränkte Vermögensteuerpflicht. Die zu zahlende Vermögensteuer für 1989 beträgt 2870 DM. Zum 1. Januar 1990 ist Jochen nur noch beschränkt vermögensteuerpflichtig. Die Vermögensteuer beträgt 800 DM.

Begründung

Zum Hauptveranlagungszeitpunkt, dem 1. Januar 1989 um 0.00 Uhr, ist Jochen gemäß § 1 Abs. 1 Nr. 1 VStG unbeschränkt vermögensteuerpflichtig, da er im Inland einen Wohnsitz hat. Die unbeschränkte Vermögensteuerpflicht erstreckt sich gemäß § 1 Abs. 3 Satz 1 VStG auf das Gesamtvermögen im Sinne der §§ 114 ff. BewG. Bei der Berechnung des Gesamtvermögens sind Wirtschaftsgüter, für die ein Einheitswert festzustellen ist, mit diesem Wert zu berücksichtigen, § 114 Abs. 3 BewG. Danach ergibt sich für 1989 folgende Berechnung:

Grundvermögen		
Einfamilienhaus		
(140 % Einheitswert, §§ 114 Abs. 3, 121 a BewG)		
140 % von 150 000 DM =		210 000 DM
Sonstiges Vermögen		
Bankguthaben		
(§ 110 Abs. 1 Nr. 2 BewG)	500 000 DM	
abzgl. Freibeträge gem.		
§ 110 Abs. 1 Nr. 2 Satz 2 BewG	./. 1 000 DM	
§ 110 Abs. 2 BewG	./. 10 000 DM	
		489 000 DM
Rohvermögen		699 000 DM
Schulden (§ 118 BewG)		
Hypothekenschulden	50 000 DM	
Steuerschulden	5 000 DM	
		./. 55 000 DM
Gesamtvermögen (§ 4 VStG)		644 000 DM
Freibetrag gem. § 6 Abs. 1 VStG		./. 70 000 DM
Steuerpflichtigtes Vermögen, § 9 VStG		574 000 DM
Vermögensteuer		
§ 10 Nr. 1 VStG: 0,5 % von 574 000 DM =		2 870 DM

Mit der Auswanderung gibt Jochen am Vormittag des 1. Januar 1989 seinen Wohnsitz und seinen gewöhnlichen Aufenthalt in der Bundesrepublik Deutschland auf. Das führt jedoch nicht zu einer Aufhebung der Vermögensteuer für 1989 wegen Beendigung der unbeschränkten Vermögensteuerpflicht, da maßgebend die Verhältnisse im Veranlagungszeitpunkt sind. Veranlagungszeitpunkt ist der **1. Januar 0.00 Uhr,** arg. e. §§ 15 Abs. 1 Satz 2, 16 Abs. 3 Satz 2, 17 Abs. 2 Satz 2, 18 Abs. 2 Satz 2 VStG.

Mit der Auswanderung ist Jochen aber gemäß § 2 Abs. 1 Nr. 1 VStG beschränkt vermögensteuerpflichtig geworden. Deshalb ist auf den **1. Januar 1990 0.00 Uhr** eine **Nachveranlagung** durchzuführen (§ 17 Abs. 1 Nr. 3, Abs. 2 Satz 2 VStG). Die beschränkte Vermögensteuerpflicht erstreckt sich nur auf das Inlandsvermögen im Sinne des § 121 Abs. 2 BewG, § 2 Abs. 2 VStG. Dazu gehört das Einfamilienhaus als inländisches Grundvermögen (§ 121 Abs. 2 Nr. 2 BewG), nicht hingegen das Bankguthaben als ungesicherte Kapitalforderung. Bei der Ermittlung des Inlandsvermögens eines beschränkt Steuerpflichtigen sind – wie bei unbeschränkt Steuerpflichtigen – die Wirtschaftsgüter, für die ein Einheitswert festzustellen ist, mit dem festgestellten Einheitswert anzusetzen (§§ 121 Abs. 3 Satz 1, 114 Abs. 3 BewG). Schulden sind abzuziehen, soweit sie im wirtschaftlichen Zusammenhang mit dem Inlandsvermögen stehen (§§ 121 Abs. 3 Satz 2, 118 BewG). Die Einkommensteuerschulden sind daher nicht berücksichtigungsfähig.

Damit ergibt sich für Jochen folgende Vermögensteuerberechnung für **1990:**

Grundvermögen	
Einfamilienhaus	
(§§ 121 Abs. 2 Nr. 2, 118 Abs. 3, 114 Abs. 3, 121 a BewG)	210 000 DM
Schulden (Hypothekenschulden)	./. 50 000 DM
Gesamtvermögen	160 000 DM
Vermögensteuer	
(§ 10 Nr. 1 VStG: 0,5 % von 160 000 DM =)	800 DM

Fall 47

Beschränkte Vermögensteuerpflicht

VStG § 8 Abs. 2, § 16 Abs. 1 Nr. 1

Sachverhalt

Sachverhalt wie im Fall 46, aber mit der Abweichung, daß die Hypothekenschulden am 1. Januar 1990 191 000 DM betrugen. Im Verlaufe des Jahres 1990 tilgte Jochen davon 49 000 DM.

Frage

Welche vermögensteuerlichen Folgen ergeben sich zum 1. Januar 1990 und 1991?

Antwort

Sowohl in 1990 als auch in 1991 entsteht keine Vermögensteuerschuld.

Begründung

Die Berechnung des steuerpflichtigen Vermögens zum **1. Januar 1990** erfolgt dem Grunde nach entsprechend der Berechnung im Ausgangsfall:

Grundvermögen (s. Fall 46)	210 000 DM
Hypothekenschulden	./. 191 000 DM
Inlandsvermögen	19 000 DM

Bei beschränkt Steuerpflichtigen wird die Vermögensteuer nur erhoben, wenn das Inlandsvermögen mindestens 20 000 DM beträgt (§ 8 Abs. 2 VStG). Anders als § 6 VStG, der unbeschränkt vermögensteuerpflichtigen Personen einen Freibetrag gewährt, sieht § 8 Abs. 2 VStG bei beschränkt vermögensteuerpflichtigen Personen lediglich eine Freigrenze vor. Danach wird die Vermögensteuer nur erhoben, wenn das Inlandsvermögen mindestens 20 000 DM beträgt. Somit fällt zum 1. Januar 1990 keine Vermögensteuer an.

Zum **1. Januar 1991** berechnet sich das Inlandsvermögen wie folgt:

Grundvermögen (s. o.)		210 000 DM
Hypothekenschulden		
Stand am 1. Januar 1990	191 000 DM	
Tilgung in 1990	⁒ 49 000 DM	
		⁒ 142 000 DM
Inlandsvermögen		68 000 DM

Da die Freigrenze des § 8 Abs. 2 VStG überschritten ist, müßte aufgrund des Inlandsvermögens grundsätzlich in 1991 eine Vermögensteuerschuld für Jochen entstehen. Der 1. Januar 1991 ist jedoch kein Hauptveranlagungszeitpunkt. Auch wurde zu diesem Zeitpunkt nicht erstmals die beschränkte Steuerpflicht nach einem Hauptveranlagungszeitpunkt begründet. Das war nämlich bereits am 1. Januar 1990 der Fall, auch wenn zu diesem Stichtag wegen der Freigrenze keine Vermögensteuerschuld entstanden ist. Somit kommt eine Veranlagung zur Vermögensteuer nur in Betracht, wenn die Grenzen für eine Neuveranlagung gemäß § 16 Abs. 1 Nr. 1 VStG erfüllt sind. Bei der Beurteilung der Frage, ob die Wertfortschreibungsgrenzen erreicht sind, bleibt die Steuerfreigrenze des § 8 Abs. 2 VStG außer Betracht. Es ist somit das Inlandsvermögen zum 1. Januar 1990 mit 19 000 DM dem Inlandsvermögen zum 1. Januar 1991 in Höhe von 68 000 DM gegenüberzustellen. Dabei ergibt sich, daß die Wertfortschreibungsgrenze des § 16 Abs. 1 Nr. 1 Satz 2 VStG von 50 000 DM nicht erreicht ist. Deshalb kommt auf den 1. Januar 1991 keine Neuveranlagung in Betracht. Auch in 1991 entsteht somit keine Vermögensteuerschuld.

Fall 48

Vermeidung der Doppelbesteuerung bei Auslandsvermögen in einem DBA-Staat

DBA 1977 Art. 22; DBA-Schweden Art. 18 Abs. 1, Art. 19 Abs. 2; VStG § 1 Abs. 1 Nr. 1; VStR Abschn. 92 Abs. 1

Sachverhalt

Bernd Berent ist 45 Jahre alt, unverheiratet und hat keine Kinder. Er bewohnt seine eigene Eigentumswohnung in Hamburg. Der zuletzt festgestellte Einheitswert beträgt 200 000 DM. Seinen Urlaub verbringt Bernd regelmäßig in Schweden. Deshalb hat er dort im Jahre 1988 ein kleines Grundstück mit aufstehendem Gebäude erworben. Der gemeine Wert dieses bebauten Grundstücks beträgt 300 000 DM. Zum 1. Januar 1989 hat Bernd folgende Schulden:

- Hypothekenschulden infolge der Finanzierung seiner Eigentumswohnung in Höhe von 30 000 DM.
- Bankschulden wegen der Finanzierung des schwedischen Grundstücks in Höhe von 50 000 DM.

Frage

Mit welchem Betrag wird die deutsche Vermögensteuer für 1989 festgesetzt?

Antwort

Die festzusetzende Vermögensteuer für 1989 beträgt 900 DM.

Begründung

Im Hauptveranlagungszeitpunkt 1. Januar 1989 um 0.00 Uhr ist Bernd unbeschränkt vermögensteuerpflichtig, da er seinen Wohnsitz (§ 8 AO) im Inland hat (§ 1 Abs. 1 Nr. 1 VStG). Der Vermögensteuer unterliegt gemäß § 4 Abs. 1 Nr. 1 VStG das Gesamtvermögen. Dabei ist es grundsätzlich unerheblich, ob sich das Vermögen im Inland oder im Ausland befindet (Weltvermögensprinzip). Danach würde auch das in Schweden belegene Grundstück der deutschen Vermögensbesteuerung unterliegen.

Vermögen, das sich in einem anderen Staat befindet, wird aufgrund des Weltvermögensprinzips doppelt besteuert, wenn auch von dem ausländischen Staat ein Besteuerungsrecht geltend gemacht wird. Zur Vermeidung dieses Ergebnisses hat die Bundesrepublik auf dem Gebiet der Vermögensbesteuerung mit etlichen Staaten bilaterale Abkommen zur Vermeidung der Doppelbesteuerung (DBA) geschlossen.* Grundlage der von der Bundesrepublik in neuerer Zeit auf dem Gebiet der Vermögensteuer geschlossenen DBAs ist ein von der Organization for Economic Cooperation and Development (OECD) 1963 vorgelegtes Muster-Doppelbesteuerungsabkommen in seiner 1977 überarbeiteten Fassung. Dieses DBA'77 regelt die Vermeidung der Doppelbesteuerung auf dem Gebiet der Vermögensteuer in Art. 22. Danach erfolgt die Zuweisung des Besteuerungsrechts wie folgt:

* Vgl. die Übersicht im BMF-Schreiben vom 2. Januar 1991 – IV C 5 – S 1300 – 286/90, BStBl 1991 I S. 9.

Vorschrift	**Regelungsobjekt**	**Besteuerungsrecht**
Art. 22 Abs. 1	unbewegliches Vermögen	Belegenheitsstaat
Art. 22 Abs. 2	bewegliches Vermögen, das zu einer Betriebsstätte (Art. 5 DBA'77) oder einer festen Einrichtung gehört	Belegenheitsstaat
Art. 22 Abs. 3	Schiffe und Luftfahrzeuge sowie das zu deren Betrieb gehörende bewegliche Vermögen	Staat des Ortes der Geschäftsleitung
Art. 22 Abs. 4	sonstiges Vermögen	Wohnsitzstaat

Wenn das Besteuerungsrecht durch ein DBA dem Belegenheitsstaat zugewiesen ist, so muß der Ansässigkeitsstaat Maßnahmen zur Vermeidung der Doppelbesteuerung treffen. Das geschieht im Bereich der Vermögensteuer grundsätzlich entweder dadurch, daß der Ansässigkeitsstaat die betreffenden Vermögensgegenstände völlig unberücksichtigt läßt **(Freistellungsmethode)** oder in der Weise, daß das Auslandsvermögen einbezogen, die im Ausland gezahlte Steuer aber angerechnet wird **(Anrechnungsmethode).**

Das DBA mit Schweden* regelt die Zuweisung des Besteuerungsrechts für das Vermögen in Art. 18. Für unbewegliches Vermögen einschließlich des Zubehörs hat gemäß Art. 18 Abs. 1 lit. a in Verbindung mit Art. 4 Abs. 1 der Belegenheitsstaat das Besteuerungsrecht. Das DBA-Schweden folgt in Art. 19 Abs. 2 Satz 1 für unbewegliches Vermögen der Freistellungsmethode. Im konkreten Fall ist daher das in Schweden belegene Grundstück des Bernd nicht in die deutsche Vermögensbesteuerung einzubeziehen.

Vermögensgegenstände, für die der Bundesrepublik das Besteuerungsrecht entzogen ist, gelten nicht als Vermögen im Sinne des § 118 Abs. 2 Satz 1 BewG (vgl. Abschn. 92 Abs. 1 Satz 2 Nr. 2 VStR). Mit derartigen Wirtschaftsgütern im Zusammenhang stehende Schulden sind nicht abzugsfähig.

Die auf Bernd in 1989 entfallende Vermögensteuer berechnet sich somit wie folgt:

Grundvermögen		
Eigentumswohnung (§§ 114 Abs. 3, 121 a BewG) 140 % von 200 000 DM =	280 000 DM	
schwedisches Grundstück	—	
Rohvermögen		280 000 DM

* DBA vom 17. April 1959, BGBl 1960 II S. 1815 i. d. F. d. Protokolls vom 22. September 1978, BGBl 1980 II S. 747.

	Übertrag:	280 000 DM
Schulden		
Hypothekenschulden	30 000 DM	
Bankschulden	—	
		⁒ 30 000 DM
Gesamtvermögen (§ 114 BewG)		250 000 DM
Freibetrag gem. § 6 Abs. 1 VStG		⁒ 70 000 DM
		180 000 DM
Vermögensteuer		
(§ 10 Nr. 1 VStG: 0,5 % von 180 000 DM =)		900 DM

Fall 49

Anrechnung ausländischer Vermögensteuer

DBA-Schweiz Art. 22 Abs. 1, Art. 24 Abs. 1 Nr. 2; VStG § 11; VStR Abschn. 124 Abs. 2

Sachverhalt

Der Düsseldorfer Christoph Cornel ist 32 Jahre alt, ledig und kinderlos. Er ist Inhaber eines Wertpapierdepots. Der Depotwert beträgt unter Berücksichtigung der vom Bundesminister der Finanzen im Bundessteuerblatt Teil I veröffentlichten Kurse zum 1. Januar 1989 250 000 DM. Des weiteren hat er im Jahre 1988 in der Schweiz ein kleines Grundstück mit aufstehendem Einfamilienhaus erworben. Der Verkehrswert dieses Grundstücks beträgt 500 000 DM, der eidgenössische Wehrsteuerwert umgerechnet 480 000 DM. Für eine Zwischenfinanzierung anläßlich des Erwerbs dieses Hauses hat er ein durch das Grundstück besichertes Hypothekendarlehn über umgerechnet 50 000 DM aufgenommen. Wegen des Grundstückes mußte Christoph in der Schweiz 1500 DM kantonale Vermögensteuer zahlen.

Frage

Wie hoch ist die festzusetzende deutsche Vermögensteuer 1989? Wie ist der Fall zu beurteilen, wenn die gezahlte kantonale Vermögensteuer 800 DM betrug.

Antwort

Im Ausgangsfall beträgt die Vermögensteuerschuld für 1989 1015 DM, in der Abwandlung 1120 DM.

Begründung

Christoph ist im Hauptveranlagungszeitpunkt, dem 1. Januar 1989, unbeschränkt vermögensteuerpflichtig. Für die Berechnung der Vermögensteuer ist gemäß §§ 4 Abs. 1 Nr. 1 VStG, 114 BewG vom Gesamtvermögen auszugehen. Dazu gehört neben dem Aktiendepot (§ 110 Abs. 1 Nr. 3 BewG) auch das Haus in der Schweiz als Grundvermögen im Sinne der §§ 68 ff. BewG.

Die Berücksichtigung des Grundstücks erfolgt auf der Grundlage des Weltvermögensprinzips. Das Grundstück befindet sich aber in der Schweiz. Insoweit ist ein grenzüberschreitender Sachverhalt gegeben, der es erforderlich macht zu prüfen, ob das Besteuerungsrecht der Bundesrepublik für diesen Vermögensbestandteil auch nach Maßgabe internationaler Regelungen bestehen bleibt. Nach Art. 22 Abs. 1 DBA-Schweiz kann unbewegliches Vermögen (auch) im Belegenheitsstaat besteuert werden. Die so zunächst entstehende Doppelbesteuerung wird gem. Art. 24 Abs. 1 Nr. 2 DBA-Schweiz dadurch ausgeglichen, daß die Bundesrepublik als Ansässigkeitsstaat die auf das in der Schweiz belegene Vermögen gezahlte und keinem Erstattungsanspruch unterliegende Vermögensteuer nach Maßgabe des deutschen Rechts auf den Teil der deutschen Vermögensteuer anrechnet, der auf das schweizerische Vermögen entfällt (Anrechnungsmethode).

Bei in der Schweiz belegenem Grundvermögen sind darüber hinaus gewisse Besonderheiten zu beachten: Für das Grundstück wird kein Einheitswert festgestellt. Deshalb müßte gemäß §§ 9 Abs. 1, 31 Abs. 1 BewG der gemeine Wert bei der Besteuerung zugrunde gelegt werden. Insoweit besteht aber eine Verständigungsvereinbarung zwischen der Bundesrepublik und der Schweiz zu Art. 24 Abs. 1 DBA-Schweiz.[1] Danach ist für die deutsche Vermögensbesteuerung von schweizerischen Liegenschaften von dem nach den Regeln der Eidgenössischen Steuerverwaltung ermittelten Wehrsteuersatz auszugehen. In der Praxis stellt sich jedoch zumeist das Problem, daß nur Bescheide über den sog. kantonalen Steuerwert, nicht aber über die Wehrsteuerwerte vorliegen.[2] Aus diesem Grunde veröffentlicht die deutsche Finanzverwaltung Tabellen mit den Faktoren für die Umrechnung des kantonalen Steuerwertes in den Wehrsteuerwert. Der so ermittelte Wert kann nach dem o. g. BMF-Schreiben bei bebauten Grundstücken vorbehaltlich des Nachweises eines niedrigeren Verkehrswertes mit 55 % angesetzt werden.

Die Hypothekenschulden stehen nicht im Zusammenhang mit einem nicht steuerpflichtigen Wirtschaftsgut. Deshalb sind sie bei der Ermittlung des Gesamtvermögens abzuziehen.

Für die Durchführung der Anrechnung der schweizer Vermögensteuer auf die in der Bundesrepublik zu zahlende Vermögensteuer verweist Art. 24

---

1 BMF-Schreiben vom 11. Juni 1976 – IV C 6 – S 1301, Tz. 1, in: DB 1976 S. 1360.

2 Flick, Wassermeyer, Becker, Art. 24 Anm. 231.

Abs. 1 Nr. 2 DBA-Schweiz auf die Vorschriften des deutschen Rechts. Die Anrechnung ausländischer Steuer ist Gegenstand der Regelung des § 11 VStG. Diese Vorschrift ist von ihrer Konzeption her eigentlich eine einseitige Maßnahme zur Vermeidung einer Doppelbesteuerung im Hinblick auf Staaten, mit denen gerade kein Doppelbesteuerungsabkommen besteht. In diesem Zusammenhang kommt der Vorschrift jedoch in der Praxis nur eine geringe Bedeutung zu. Es gibt gegenwärtig nämlich nur drei Staaten, die eine der deutschen Vermögensteuer entsprechende Steuer haben und mit denen die Bundesrepublik kein Abkommen zur Vermeidung einer Doppelbesteuerung auf dem Gebiet der Vermögensteuer geschlossen hat:[3]

- El Salvador
- Kolumbien
- Liechtenstein.

Seine eigentliche praktische Relevanz erfährt § 11 VStG durch seinen Absatz 5, der die entsprechende Anwendung der Anrechnungsregelung auf die Fälle vorschreibt, in denen ausländische Vermögensteuern aufgrund eines DBA's anzurechnen sind.

Für die Anrechnung ist die ausländische Steuer zunächst in DM umzurechnen. Die Umrechnung erfolgt nach dem amtlichen Devisenkurs, der für den Tag der Zahlung im Bundesanzeiger veröffentlicht worden ist, Abschn. 124 Abs. 2 S. 3 VStR. Sodann ist der Anteil der Vermögensteuer zu berechnen, der auf das ausländische Vermögen entfällt. Dieser Betrag stellt den höchstmöglichen Anrechnungsbetrag dar.

Daraus ergibt sich folgende Berechnung:

	DM	DM	DM
Grundvermögen (55 % des umgerechneten eidgenössischen Wehrsteuerwert von 480 000 DM =)		264 000	
Sonstiges Vermögen			
Aktien (§ 110 Abs. 1 Nr. 3)	250 000		
Freibetrag (§ 110 Abs. 2)	⁒ 10 000		
		240 000	
Rohvermögen		504 000	
Schulden		⁒ 50 000	
Gesamtvermögen		454 000	
Freibetrag (§ 6 Abs. 1 VStG)		⁒ 70 000	
Steuerpflichtiges Vermögen		384 000	
darauf entfallende Vermögensteuer (§ 10 Nr. 1 VStG: 0,5 % von 384 000 DM =)			1 920

3 Vgl. FinMin NRW vom 7. Juli 1983 – S 1300 – 36 – VB 5 –.

	DM	DM	DM
Anrechnung			
gezahlte kantonale VSt		1 500	
davon anrechnungsfähig:			
$\frac{\text{ausl. Verm.}}{\text{Gesamtverm.}} \times$ deutsche VSt =			
$\frac{(264\,000 \text{ DM} \not{\cdot}\, 50\,000 \text{ DM})}{454\,000 \text{ DM}} \times 1\,920$ DM =			⁒ 905
Endgültige deutsche Vermögensteuer			1 015

Abwandlung: Durch die Berechnung der auf das im Ausland belegene Vermögen entfallenden anteiligen deutschen Vermögensteuer wird der **Höchstbetrag** der möglichen Anrechnung der ausländischen Steuer ermittelt. Dadurch soll verhindert werden, daß wegen einer hohen ausländischen Vermögensteuer der Bundesrepublik faktisch die Besteuerungsmöglichkeit auch für das inländische Vermögen entzogen wird. Ist die tatsächlich gezahlte ausländische Vermögensteuer niedriger als der Höchstbetrag, wird deshalb nur die **tatsächlich** gezahlte Steuer angerechnet. Die von Christoph in 1989 zu zahlende deutsche Vermögensteuer beträgt somit:

Vorläufige Vermögensteuer (siehe Ausgangsfall)	1 920 DM
Anrechenbare ausl. VSt (tatsächlich gezahlt)	⁒ 800 DM
Endgültige deutsche VSt	1 120 DM

Fall 50

Ausländische Grundstücke in einem inländischen Betriebsvermögen

BewG § 117 a Abs. 1; VStG § 11; VStR Abschn. 124 Abs. 2

Sachverhalt

Sachverhalt wie Fall 49, jedoch mit folgender Abwandlung: das schuldenfreie Grundstück liegt in Liechtenstein, ist unbebaut und gehört zum inländischen Gewerbebetrieb des Cornel. Der Einheitswert des Betriebsvermögens zum 1. Januar 1989 beträgt 800 000 DM. Die im Hinblick auf das Grundstück für 1989 von Cornel gezahlte Liechtensteiner Vermögensteuer beträgt umgerechnet 2500 DM.

Frage

Wie hoch ist die für 1989 festzusetzende Vermögensteuer?

Antwort

Die Vermögensteuer 1989 beträgt 1946 DM.

Begründung

Gehört das ausländische Grundstück zu einem inländischen **Betriebsvermögen,** so sind bei der Berechnung der auf das ausländische Vermögen entfallenden deutschen Vermögensteuer die Freibeträge des § 117a Abs. 1 BewG anteilig zu berücksichtigen. Gemäß § 117a Abs. 1 Satz 1 BewG ist Betriebsvermögen, für das ein Einheitswert festzustellen ist, für Zwecke der Vermögensteuer bis zu einem Betrag von 125 000 DM steuerfrei. Der verbleibende Betrag wird nur mit 75 % angesetzt (§ 117a Abs. 1 Satz 2 BewG). Das entspricht einem weiteren Freibetrag von 25 % des Restwertes. Diese Freibeträge müssen anteilig auch bei der Berechnung der anrechenbaren Vermögensteuer berücksichtigt werden (vgl. Abschn. 124 Abs. 2 VStR).

Danach ergibt sich folgende Berechnung:

	DM	DM	DM
Betriebsvermögen	800 000		
Freibetrag (§ 117a Abs. 1 Satz 1)	⁒ 125 000		
	675 000		
Freibetrag (§ 117a Abs. 1 Satz 2, 25 % von 675 000 DM =)	⁒ 168 750		
		506 250	
Sonstiges Vermögen (s. Fall 49)		240 000	
Gesamtvermögen, abgerundet auf volle TDM (§ 4 Abs. 2 VStG)		746 000	
Freibetrag gem. § 6 Abs. 1 VStG		⁒ 70 000	
steuerpflichtiges Vermögen		676 000	
Vermögensteuer (§ 10 Nr. 1 VStG: 0,5 % von 676 000 DM =)			3 380
Berechnung der auf das Auslandsvermögen entfallenden anteiligen VSt			
Steuerpflichtiges Auslandsvermögen, gemeiner Wert des Grundstücks (s. Fall 49)		500 000	
Freibeträge gem. § 117a Abs. 1			
Satz 1 BewG	125 000		
Satz 2 BewG (s. o.)	168 750		
	293 750		
Anteil des Freibetrages, der auf das Grundstück entfällt: $\frac{293\,750 \text{ DM} \times 500\,000 \text{ DM}}{800\,000 \text{ DM}} =$		⁒ 183 593	
		316 407	

	DM	DM	DM
Von den tatsächlich gezahlten 2500 DM sind somit anrechenbar:			
$\frac{316\,407\text{ DM} \times 3\,380\text{ DM}}{746\,000\text{ DM}} =$			./. 1 434
Endgültige deutsche Vermögensteuer			1 946

Fall 51

Anrechnung ausländischer Steuern und Steuerermäßigung

VStG §§ 11, 12 Abs. 1 Nr. 1

Sachverhalt

Die Deutsche Gummitechnik GmbH unterhält in Liechtenstein eine Betriebsstätte. In dieser Betriebsstätte werden Produkte der GmbH für die Belieferung des Mittelmeerraumes hergestellt. Die Lieferung selber erfolgt ebenfalls unmittelbar durch die Betriebsstätte. Der Einheitswert des Betriebsvermögens der GmbH zum 1. Januar 1990 beträgt 1 000 000 DM. Darin ist das Betriebsstättenvermögen mit 200 000 DM enthalten. Die in Liechtenstein gezahlte Vermögensteuer betrug für 1990 umgerechnet 0 DM / 197 DM / 394 DM / 1000 DM.

Frage

Die Deutsche Gummitechnik GmbH möchte wissen, was für sie günstiger ist: die Anrechnung der liechtensteiner Vermögensteuer oder die Beantragung der Steuerermäßigung.

Antwort

Beträgt die in Liechtenstein gezahlte Vermögensteuer umgerechnet 0 DM oder 197 DM, stellt die Steuerermäßigung die günstigere Alternative dar. Bei umgerechnet 394 DM liechtensteiner Vermögensteuer führen beide Alternativen zum gleichen Ergebnis. Sind in Liechtenstein umgerechnet 1000 DM an Vermögensteuer zu zahlen, so ist die Steueranrechnung für die GmbH günstiger.

Begründung

Der Betrag, mit dem die ausländische Vermögensteuer auf die deutsche Vermögensteuer nach Maßgabe des § 11 VStG höchstens angerechnet werden kann, ermittelt sich wie folgt (vgl. im Einzelnen Fall 50):

	DM	DM	DM
Deutsche Vermögensteuer vor Anrechnung			
EW des Betriebsvermögens		1 000 000	
Freibetrag gem. § 117a Abs. 1 Satz 1		⁒ 125 000	
		875 000	
Freibetrag gem. § 117a Abs. 1 Satz 2 25 % von 875 000 DM		⁒ 218 750	
		656 250	
Gesamtvermögen (gerundet auf volle TDM)		656 000	
Vermögensteuer (§ 10 Nr. 2 VStG: 0,6 % von 656 000 DM =)			3 936
Ermittlung der auf das Auslandsvermögen entfallenden Vermögensteuer			
Steuerpflichtiges Auslandsvermögen		200 000	
darauf entfallende anteilige Freibeträge:			
§ 117a Abs. 1 Satz 1	125 000		
§ 117a Abs. 1 Satz 2	218 750		
	343 750		
anteilig: $\frac{343\,750 \text{ DM} \times 200\,000 \text{ DM}}{1\,000\,000 \text{ DM}} =$		⁒ 68 750	
		131 250	
darauf entfallende anteilige VSt = höchstmöglicher Anrechnungsbetrag: $\frac{131\,250 \text{ DM} \times 3\,936 \text{ DM}}{656\,000 \text{ DM}} =$			⁒ 788

Statt der Anrechnung der ausländischen Vermögensteuer gemäß § 11 VStG kann auf Antrag des Steuerpflichtigen gemäß § 12 Abs. 1 Satz 2 Nr. 1 VStG die auf eine ausländische Betriebsstätte entfallende Vermögensteuer ermäßigt werden, wenn die Betriebsstätte in dem Wirtschaftsjahr, das dem Bewertungsstichtag (§ 106 BewG) vorangeht, ihre Bruttoerträge ausschließlich aus aktiver Tätigkeit im Sinne des § 8 Abs. 1 Nr. 1 bis 6 AStG erzielt. Die Ermäßigung beträgt die Hälfte der regulär anteilig auf die Betriebsstätte entfallenden Vermögensteuer.

Da die Voraussetzungen hier erfüllt sind, kann die Deutsche Gummitechnik GmbH von der Alternative der Steuerermäßigung Gebrauch machen. Die auf das Auslandsvermögen entfallende anteilige Vermögensteuer beträgt 788 DM (s. o.), die ermäßigte Steuer mithin 394 DM. Somit beträgt im Falle einer Beantragung der Steuerermäßigung die endgültige deutsche Vermögensteuer 3936 DM ⁒ 394 DM = 3542 DM.

Ob es günstiger ist, statt der Anrechnung die Steuerermäßigung zu beantragen, ist jeweils eine Frage des Einzelfalls. Da aber die Steuerermäßigung die Hälfte der anteiligen höchstens anrechenbaren Steuer beträgt, ist die Ermäßigung in der Regel dann günstiger, wenn der ausländische Steuersatz bei vergleichbarer Bemessungsgrundlage kleiner als die Hälfte des deutschen Vermögensteuersatzes ist.

Für die Alternativen des vorliegenden Falles kann das wie folgt verdeutlicht werden:

	DM	DM	DM	DM
Ausländische Vermögensteuer	0	197	394	1 000
Anrechnung				
Vorl. deutsche VSt	3 936	3 936	3 936	3 936
Anrechnung	—	./. 197	./. 394	./. 788
deutsche VSt	3 936	3 739	3 542	3 148
ausl. VSt	—	197	394	1 000
VSt gesamt	3 936	3 936	3 936	4 148
Ermäßigung				
deutsche VSt	3 542	3 542	3 542	3 542
ausl. VSt	—	197	394	1 000
VSt gesamt	3 542	3 739	3 936	4 542

Fall 52

Beteiligung an ausländischen Kapitalgesellschaften – Internationales Schachtelprivileg und Schuldenüberhang

BewG § 102 Abs. 2 Satz 1, § 103 Abs. 1

Sachverhalt

Die deutsche Fruchthandels GmbH kauft weltweit Obst ein und beliefert damit Großhändler in der Bundesrepublik. Zum Betriebsvermögen der GmbH gehören seit 1987 100 % der Anteile an einer AG mit Sitz in Monaco; diese Gesellschaft kauft in der Levantine unmittelbar vom Erzeuger Südfrüchte, die sie nach ganz Europa liefert. Der gemeine Wert der Anteile an der AG entspricht dem Nennkapital von 5 000 000 DM. Darüber hinaus gehören zum Betriebsvermögen der GmbH Wirtschaftsgüter, deren Wert nach den Vorschriften des Bewertungsgesetzes DM 10 000 000 DM beträgt. Die Schulden der GmbH belaufen sich auf 7 000 000 DM. Davon entfallen 5 500 000 DM auf den Erwerb der Anteile an der AG.

Frage

Wie hoch ist der Einheitswert des Betriebsvermögens der GmbH auf den 1. Januar 1990? Es ist davon auszugehen, daß alle möglichen Anträge gestellt und alle erforderlichen Nachweise erbracht sind. Was hätte vor der Antragstellung bedacht werden sollen?

Antwort

Der Einheitswert des Betriebsvermögens auf den 1. Januar 1990 beträgt 8 500 000 DM. Vor der Antragstellung hätte geprüft werden sollen, ob es nicht günstiger ist, auf die Inanspruchnahme des Schachtelprivilegs zu verzichten.

Begründung

Gemäß § 180 Abs. 1 Nr. 1 AO in Verbindung mit § 19 Abs. 1 Nr. 2 BewG ist für den inländischen Gewerbebetrieb der GmbH ein Einheitswert festzustellen. Dafür ist unter Berücksichtigung der besonderen bewertungsrechtlichen Vorschriften aus der Steuerbilanz eine Vermögensaufstellung zu entwickeln (Abschn. 4 Abs. 1 VStR). Der so nach Abzug der Schulden von den Besitzposten errechnete Wert ergibt – abgerundet auf volle Tausend DM (§ 30 Abs. 2 BewG) – den Einheitswert des Betriebsvermögens.

Zu den Besitzposten der GmbH gehören ihre Anteile an der AG in Monaco. Sie müssen daher grundsätzlich bei der Ermittlung des Einheitswerts der GmbH mit dem gemeinen Wert (§ 11 Abs. 2, § 31 Abs. 1 BewG) berücksichtigt werden. Zu beachten ist jedoch das sog. internationale Schachtelprivileg des § 102 Abs. 2 Satz 1 BewG. Danach gehören Anteile, die eine inländische Kapitalgesellschaft (Muttergesellschaft) an einer Kapitalgesellschaft mit Sitz außerhalb des Geltungsbereichs des Bewertungsgesetzes (Tochtergesellschaft) hält, **auf Antrag** nicht zum gewerblichen Betrieb der Muttergesellschaft, wenn

- die Beteiligung mindestens 10 % beträgt,
- die Beteiligung am Abschlußzeitpunkt (§ 106 BewG) seit mindestens 12 Monaten besteht,
- die Tochtergesellschaft ihre Erträge ausschließlich oder fast ausschließlich aus aktiver Tätigkeit im Sinne des § 8 Abs. 1 Nr. 1 bis 6 AStG oder aus Beteiligungen im Sinne des § 8 Abs. 2 AStG erzielt und
- die Muttergesellschaft das Vorliegen der obigen Voraussetzungen nachweist.

Der Handel stellt grundsätzlich eine aktive Tätigkeit im Sinne des § 8 Abs. 1 Nr. 4 AStG dar. Da insoweit die Ausnahmetatbestände nicht einschlägig sind und auch die übrigen Voraussetzungen des § 102 Abs. 2 Satz 1 BewG erfüllt sind, bleiben die Anteile an der Tochtergesellschaft wegen des Antrags der GmbH bei der Ermittlung des Betriebsvermögens der GmbH unberücksichtigt.

Gemäß § 103 Abs. 1 BewG dürfen Schulden nur insoweit abgezogen werden, als sie mit der Gesamtheit oder einzelnen Teilen des gewerblichen Betriebes in wirtschaftlichem Zusammenhang stehen. Deshalb können Schulden, die ursächlich und unmittelbar zum Erwerb einer Schachtelbeteiligung aufgenommen wurden, nicht vom Rohvermögen abgezogen werden. Allerdings hat der BFH mit seinem Urteil vom 18. Mai 1988[1] unter Aufgabe seiner bisherigen Rechtsprechung entschieden, daß der sog. **Schuldenüberhang,** d. h., der Betrag, um den die Schulden den gemeinen Wert der Beteiligung übersteigen, bei einer **inländischen** Schachtelbeteiligung nicht unter das Abzugsverbot fällt. Begründet hat der BFH seine Entscheidung damit, daß die als Steuerbegünstigung gedachte Regelung über die Behandlung einer Schachtelbeteiligung sich im Falle eines Schuldenüberhangs anderenfalls in ihr Gegenteil verkehrt. Dabei stellt der BFH entscheidend darauf ab, daß derjenige, der durch das Schachtelprivileg begünstigt werden soll, bei einer inländischen Schachtelbeteiligung keine Möglichkeit hat, dem ungewollten Ergebnis entgegenzutreten. Das Gericht wies ausdrücklich darauf hin, daß diese Bedenken nicht gegen eine antragsabhängige Vergünstigung durchgreifen, da es dort dem Steuerpflichtigen freisteht, auf die Stellung des Antrages zu verzichten.

Da das ausländische Schachtelprivileg gemäß § 102 Abs. 2 BewG **antragsabhängig** ausgestaltet ist, folgt daraus, daß ein Schuldenüberhang in diesem Zusammenhang nicht berücksichtigungsfähig ist.[2] Da die Fruchthandels GmbH den Antrag nach § 102 Abs. 2 BewG gestellt hat, sind die Schulden, die im Zusammenhang mit dem Erwerb der Beteiligung stehen, bei der Ermittlung des Einheitswerts des Betriebsvermögens nicht abzugsfähig.

Der Einheitswert des Betriebsvermögens der GmbH errechnet sich somit wie folgt:

Besitzposten	15 000 000 DM	
abzüglich Schachtelbeteiligung	⁒ 5 000 000 DM	
		10 000 000 DM
Schuldposten	7 000 000 DM	
abzüglich Verbindlichkeiten wegen Schachtelbeteiligung	⁒ 5 500 000 DM	
		1 500 000 DM
Betriebsvermögen = Einheitswert		8 500 000 DM

1 BStBl 1988 II S. 822, 823.

2 Gürsching/Stenger, BewG, VStG, § 102 Anm. 92.

Wenn der Antrag nach § 102 Abs. 2 BewG nicht gestellt worden wäre, berechnete sich der Einheitswert wie folgt:

Besitzposten	15 000 000 DM
Schuldposten	⁒ 7 000 000 DM
Betriebsvermögen = Einheitswert	8 000 000 DM

In den Fällen eines Schuldenüberhangs ist es daher bei einer ausländischen Schachtelbeteiligung aus vermögensteuerlicher Sicht günstiger, auf die Stellung des Antrages nach § 102 Abs. 2 BewG zu verzichten. Aber auch ohne Schuldenüberhang sollte bei fremdfinanzierten ausländischen Schachtelbeteiligungen im Hinblick auf die Gewerbekapitalsteuer stets sorgfältig geprüft werden, ob nicht die Inanspruchnahme des Schachtelprivilegs im Ergebnis von Nachteil ist (Volle Kürzung um den Beteiligungsansatz, § 12 Abs. 3 Nr. 4 GewStG, aber nur hälftige Hinzurechnung der Schulden, § 12 Abs. 2 Nr. 1 GewStG; vgl. oben Fall 37).

Fall 53

Unmittelbare und mittelbare Beteiligung an ausländischen Kapitalgesellschaften

BewG § 102 Abs. 2; AStG § 8 Abs. 2

Sachverhalt

Wie Fall 52, jedoch mit folgenden Abweichungen: Die Beteiligung der GmbH an der Tochtergesellschaft in Monaco beträgt 40 %. Die Schulden der Gesellschaft stehen nicht im Zusammenhang mit dem Erwerb dieser Anteile. Die Tochtergesellschaft erzielt jeweils 25 % ihrer Einnahmen aus Beteiligungen an zwei Enkelgesellschaften, von denen eine ebenfalls in Monaco und die andere in Liechtenstein ansässig ist. Am gezeichneten Kapital dieser Enkelgesellschaften ist die Tochtergesellschaft zu jeweils 100 % beteiligt. Im Wirtschaftsjahr 1989 haben die Enkelgesellschaften ihren Gewinn an die Tochtergesellschaft ausgeschüttet, die ihrerseits den auf die GmbH entfallenden 40prozentigen Gewinnanteil an diese ausgeschüttet hat.

Die Enkelgesellschaft in Monaco hat sich auf die Durchführung von Fruchttransporten in ganz Europa spezialisiert. Der gemeine Wert der Anteile der Tochtergesellschaft an dieser Enkelgesellschaft beträgt 2 000 000 DM. Die liechtensteiner Gesellschaft erzielt ihre Erträge ausschließlich aus Beteiligungen an zwei weiteren Gesellschaften (Urenkelgesellschaften), die ihren Sitz in weiteren Ländern haben. Der gemeine Wert der Anteile der Tochtergesellschaft an der liechtensteiner Enkelgesellschaft beträgt 1 000 000 DM.

Frage

1. Kann die GmbH für ihre Anteile an der Tochtergesellschaft bei der Ermittlung des Einheitswertes des Betriebsvermögens auf den 1. Januar 1990 das Schachtelprivileg gemäß § 102 Abs. 2 Satz 1 BewG in Anspruch nehmen?
2. Wie hoch ist der Einheitswert des Betriebsvermögens der GmbH auf den 1. Januar 1990?

Alle erforderlichen Anträge sind gestellt, alle Nachweise sind erbracht.

Antwort

1. Das Schachtelprivileg gemäß § 102 Abs. 2 Satz 1 BewG kann für die Beteiligung der GmbH an der Tochtergesellschaft in Monaco nicht gewährt werden.
2. Der Einheitswert des Betriebsvermögens der GmbH auf den 1. Januar 1990 beträgt 7 200 000 DM.

Begründung

1. Die Inanspruchnahme des Schachtelprivilegs gemäß § 102 Abs. 2 Satz 1 BewG setzt unter anderem voraus, daß die Tochtergesellschaft ihre Erträge ausschließlich oder fast ausschließlich aus Tätigkeiten erzielt, die unter § 8 Abs. 1 Nr. 1 bis 6 AStG fallen oder aus Beteiligungen im Sinne des § 8 Abs. 2 AStG.

Soweit die Tochtergesellschaft ihre Erträge aus dem Fruchthandel erwirtschaftet, erzielt sie aktive Einkünfte im Sinne des § 8 Abs. 1 Nr. 4 AStG (vgl. Fall 52). Die Gewinnanteile aus den Enkelgesellschaften in Monaco und Liechtenstein stellen hingegen nur insoweit unschädliche Erträge dar, als

- die Enkelgesellschaften ihren Sitz in dem gleichen Staat wie die Tochtergesellschaft haben **(Landesholding)**, § 8 Abs. 2 Nr. 1 AStG) oder
- die Beteiligungen an den Enkelgesellschaften von der Tochter im Rahmen ihrer eigenen aktiven Tätigkeit gehalten werden und die Enkelgesellschaften ausschließlich oder fast ausschließlich aktive Einkünfte erzielen (**Funktionsholding,** § 8 Abs. 2 Nr. 2 AStG).

Die Enkelgesellschaft in Monaco hat ihren Sitz in dem gleichen Staat wie die Tochtergesellschaft. Insoweit liegen daher die Voraussetzungen für eine Landesholding vor. Das ist jedoch bei der Liechtensteiner Enkelgesellschaft nicht der Fall. Da diese Enkelgesellschaft zudem auch keine aktiven Einkünfte erzielt, liegen auch die Voraussetzungen für eine Funktionsholding nicht vor.

Somit erzielt die Tochtergesellschaft in Höhe des Anteils, mit dem die Beteiligungserträge aus der Liechtensteiner Enkelgesellschaft in ihr Ergebnis einfließen, mithin in Höhe von 25 %, schädliche Einkünfte. Das Tatbestandsmerkmal „fast ausschließlich“ in § 8 Abs. 2 AStG bedeutet aber, daß die schädlichen passiven Einkünfte nicht mehr als 10 % der Bruttoerträge ausmachen dürfen.[1] Damit erzielt die Tochtergesellschaft nicht fast ausschließlich unschädliche Erträge. Das Schachtelprivileg gemäß § 102 Abs. 2 Satz 1 BewG kann für die Anteile der GmbH an der Tochtergesellschaft in Monaco daher nicht gewährt werden.

2. Bei der Ermittlung des Einheitswertes der GmbH auf den 1. Januar 1990 ist aber auch § 102 Abs. 2 Satz 2 BewG zu beachten. Danach gehört auf Antrag der Muttergesellschaft der Teil des Wertes ihrer Beteiligung an einer Tochtergesellschaft nicht zum Betriebsvermögen, der dem Verhältnis des Wertes der Beteiligung der Tochtergesellschaft an einer Enkelgesellschaft zum gesamten Wert des Betriebsvermögens der Tochtergesellschaft entspricht, wenn

- die Muttergesellschaft an dem für sie maßgeblichen Abschlußstichtag über die Tochtergesellschaft seit mindestens 12 Monaten ununterbrochen mit mindestens 10 % am Nennkapital der Enkelgesellschaft beteiligt ist,
- die Tochtergesellschaft seit Beginn ihres Wirtschaftsjahres ununterbrochen zu mindestens 10 % am Nennkapital der Enkelgesellschaft beteiligt ist (§ 102 Abs. 2 Satz 2 BewG i.V.m. § 26 Abs. 5 Nr. 2 KStG),
- die Enkelgesellschaft im Ausland ansässig ist (§§ 102 Abs. 2 Satz 2 BewG, 26 Abs. 5 KStG),
- die Enkelgesellschaft in dem Wirtschaftsjahr, das dem Abschlußzeitpunkt der Muttergesellschaft (§ 106 BewG) vorangeht, ihre Erträge ausschließlich oder fast ausschließlich aus aktiven Tätigkeiten im Sinne des § 8 Abs. 1 Nr. 1 bis 6 AStG oder aus Beteiligungen gemäß § 8 Abs. 2 Nr. 1 (sic!) AStG erzielt und
- die Muttergesellschaft das Vorliegen dieser Voraussetzungen nachweist.

Im Gegensatz zu der körperschaftsteuerlichen Regelung in § 26 Abs. 5 KStG ist es nach der Neufassung des § 102 Abs. 2 BewG durch das Steuerentlastungsgesetz 1984[2] für die Inanspruchnahme des vermögensteuerlichen Schachtelprivilegs nicht erforderlich, daß die Enkelgesellschaft eine Gewinnausschüttung an die Tochtergesellschaft vornimmt.[3]

Die Enkelgesellschaft in Monaco erfüllt mit ihrem Transportunternehmen die Voraussetzungen des § 8 Abs. 1 Nr. 5 AStG (Dienstleistungstätigkeit). Damit sind im Hinblick auf diese Gesellschaft die Voraussetzungen des § 102 Abs. 2 Satz 2 BewG erfüllt. Demgegenüber liegen diese Voraussetzungen bezüglich der liechtensteiner Gesellschaft nicht vor: Diese Gesellschaft erzielt lediglich Beteiligungserträge. Da die Urenkelgesellschaften

1 Vgl. Abschn. 76 Abs. 9 Satz 2 KStR.
2 BStBl 1984 I S. 14.
3 Gürsching/Stenger, § 102 Anm. 80.

aber nicht im gleichen Staat wie die Enkelgesellschaft ansässig sind, stellt die liechtensteiner Enkelgesellschaft keine unschädliche Landesholding im Sinne des § 8 Abs. 2 Nr. 1 AStG dar.

Die Höhe des **Schachtelprivilegs** berechnet sich damit wie folgt:

- Der Wert, mit dem die Enkelgesellschaft in Monaco im Betriebsvermögen der Tochtergesellschaft enthalten ist, beträgt (2 000 000 DM / 5 000 000 =) 40 %;
- der Anteil der Muttergesellschaft an der Tochtergesellschaft beträgt ebenfalls 40 %, d. h. 2 000 000 DM;
- der Wert der mittelbaren Beteiligung der Muttergesellschaft an der Enkelgesellschaft in Monaco beträgt somit 40 % von 2 000 000 DM = 800 000 DM.

Damit errechnet sich der **Einheitswert** auf den 1. Januar 1990 wie folgt:

Besitzposten	15 000 000 DM
abzüglich Wert der Schachtelbeteiligung	./. 800 000 DM
abzüglich Schuldposten	./. 7 000 000 DM
Betriebsvermögen = Einheitswert	7 200 000 DM

Teil VI: Erbschaft- und Schenkungsteuer

Fall 54

Unbeschränkte Erbschaftsteuerpflicht

ErbStG § 1 Abs. 1 Nr. 1, § 2 Abs. 1 Nr. 1, § 16 Abs. 1

Sachverhalt

Am 30. Juni 1990 verstirbt Adalbert Alt. Er hatte Zeit seines Lebens in Düsseldorf gelebt. Alleiniger Erbe ist sein Sohn Stephan, der ebenfalls von Geburt an in der Bundesrepublik gelebt hat. Der Nachlaß besteht aus einem Mietwohngrundstück in Dortmund (Verkehrswert 1 000 000 DM, Einheitswert zum 1. Januar 1964: 400 000 DM).

Frage

1. Wie hoch ist die Erbschaftsteuer?
2. Wie wäre der Fall zu beurteilen, wenn der Sohn Stephan bereits seit 1960 in Kanada gelebt hätte?

Antwort

1. Der Erbe Stephan muß 35 250 DM Erbschaftsteuer zahlen.
2. Es ergeben sich keine Abweichungen zu 1.

Begründung

1. Ein Erwerb durch Erbanfall im Sinne des § 1922 BGB gilt gemäß § 3 Abs. 1 Nr. 1 ErbStG als Erwerb von Todes wegen und stellt deshalb einen nach § 1 Abs. 1 Nr. 1 ErbStG erbschaftsteuerpflichtigen Vorgang dar. Die persönliche Steuerpflicht ist in § 2 ErbStG geregelt. Nach § 2 Abs. 1 Nr. 1 ErbStG tritt die persönliche Erbschaftsteuerpflicht ein, wenn der Erblasser zur Zeit seines Todes oder der Erwerber zur Zeit des Todes des Erblassers (§ 9 ErbStG) Inländer ist. Als Inländer gelten gemäß § 2 Abs. 1 Nr. 1 Satz 2 lit. a ErbStG unabhängig von der Staatsangehörigkeit alle Personen, die im Inland einen Wohnsitz (§ 8 AO) oder ihren gewöhnlichen Aufenthalt (§ 9 AO) haben.

Sowohl Erblasser Adalbert als auch Erwerber Stephan hatten zur Zeit des Todes von Adalbert ihren Wohnsitz im Inland. Deshalb unterliegt der Erbanfall der Erbschaftsteuer. Die Steuer ist gemäß § 9 Abs. 1 Nr. 1 ErbStG mit dem Tode Adalberts am 30. Juni 1990 entstanden. Die Erbschaftsteuerpflicht erstreckt sich auf den gesamten Vermögensanfall (§ 2 Abs. 1 Satz 1 a. E. ErbStG).

Für die Berechnung der Erbschaftsteuer ist die Bereicherung des Erwerbers maßgebend, soweit sie nicht steuerfrei ist (§ 10 Abs. 1 Satz 1 ErbStG). Die Bewertung richtet sich grundsätzlich nach den Vorschriften des Bewertungsgesetzes (§ 12 ErbStG). Bei Grundstücken ist somit der auf 140 v. H. erhöhte Einheitswert maßgebend (§ 12 Abs. 2 ErbStG i.V.m. §§ 70, 121 a Satz 2 BewG). Als Sohn ist Stephan gemäß § 15 Abs. 1 ErbStG der Steuerklasse I zuzuordnen. Deshalb ist ihm gemäß § 16 Abs. 1 Nr. 2 ErbStG ein Freibetrag in Höhe von 90 000 DM zu gewähren. Die Erbschaftsteuer berechnet sich somit wie folgt:

Bereicherung		
140 v. H. von 400 000 DM		560 000 DM
Freibetrag		⁒ 90 000 DM
Steuerpflichtiger Erwerb		470 000 DM
Erbschaftsteuer		
(§ 19 Abs. 1 ErbStG:		
7,5 v. H. von 470 000 DM =)		35 250 DM
Minderung der Steuer gemäß		
§ 19 Abs. 3 lit. a ErbStG		
Steuer vorhergehende Stufe:		
7 v. H. von 400 000 DM	28 000 DM	
Steuer gem. Abs. 1 (s. o.)	⁒ 35 250 DM	
	⁒ 7 250 DM	
höchstens:		
50 v. H. von 70 000 DM = 35 000 DM		
höchstens: 7 250 DM	7 250 DM	
Minderungsbetrag		0 DM
Erbschaftsteuer		35 250 DM

2. Die unbeschränkte Erbschaftsteuerpflicht gemäß § 2 Abs. 1 Nr. 1 ErbStG tritt ein, wenn der Erblasser **oder** der Erwerber zur Zeit des Erbfalls Inländer im Sinne des § 2 Abs. 1 Nr. 1 lit. a ErbStG ist. Erblasser Adalbert erfüllt diese Voraussetzung. Deshalb ergeben sich aus der Sicht des deutschen Erbschaftsteuerrechts keine Abweichungen zum Ausgangsfall, wenn der Sohn Stephan bereits seit 1960 in Kanada gelebt hätte.

Fall 55

Erweiterte unbeschränkte Erbschaftsteuerpflicht

ErbStG § 2 Abs. 1 Nr. 1 b

Sachverhalt

Sachverhalt wie im Fall 1, jedoch mit der Abweichung, daß der Vater Adalbert am 1. Juni 1990 seinen Wohnsitz zu seinem Sohn Stephan nach

Kanada verlegt hat, ohne jedoch seine deutsche Staatsangehörigkeit aufzugeben. Stephan lebt bereits seit 1960 in Kanada.

Frage

Löst der Sachverhalt deutsche Erbschaftsteuer aus?

Antwort

Wie im Ausgangsfall fällt die Erbschaftsteuer in Höhe von 35 250 DM an.

Begründung

Zu der Zeit, als der Vater starb, hatten weder er selber noch sein Sohn Stephan Wohnsitz oder ihren gewöhnlichen Aufenthalt im Inland. Somit gelten sie beide nicht als Inländer im Sinne des § 2 Abs. 1 Nr. 1 a ErbStG. Jedoch erstreckt § 2 Abs. 1 Nr. 1 b ErbStG die unbeschränkte Steuerpflicht auf **deutsche Staatsangehörige,** die sich (noch) nicht länger als fünf Jahre dauernd im Ausland aufgehalten haben und im Inland keinen Wohnsitz haben. Dieser Tatbestand wurde in das Erbschaftsteuergesetz aufgenommen, um Bestrebungen entgegenzuwirken, die Steuerpflicht durch eine kurzfristige Verlegung des Wohnsitzes in das Ausland zu umgehen. Besondere Bedeutung hat diese Regelung im Bereich der Schenkungsteuer.

Da die Voraussetzungen des § 2 Abs. 1 Nr. 1 b ErbStG erfüllt sind, gilt der Vater nach dieser Regelung als Inländer. Der Vermögensanfall infolge der Erbschaft unterliegt damit der unbeschränkten Steuerpflicht. Die Erbschaftsteuer errechnet sich demzufolge wie im Fall 54: Sie beträgt 35 250 DM.

Fall 56

Beschränkte Erbschaftsteuerpflicht

ErbStG § 2 Abs. 1 Nr. 3, § 16 Abs. 2; BewG § 121 Abs. 2

Sachverhalt

Sachverhalt wie Fall 54, jedoch mit der Abweichung, daß sowohl Vater Adalbert als auch Sohn Stephan bereits seit 1960 in Kanada leben. Bei seinem letzten Kurzbesuch in der Bundesrepublik einen Monat vor seinem Tod hat Adalbert günstig einen PC für 5000 DM erstehen können. Zur Finanzierung hat ihm ein Freund ein zinsloses Darlehn über 2000 DM gewährt. Adalbert konnte den Betrag vor seinem Tod nicht mehr zurückzahlen.

Frage

Löst der Vorgang Erbschaftsteuer aus? Wenn ja, in welcher Höhe?

Antwort

Es fällt Erbschaftsteuer in Höhe von 44 640 DM an.

Begründung

Weder der Erblasser noch der Erwerber haben zum Zeitpunkt des Todes im Inland einen Wohnsitz oder gewöhnlichen Aufenthalt gehabt. Sie gelten daher nicht als Inländer im Sinne des § 2 Abs. 1 Nr. 1 a ErbStG. Da sich auch unter sonstigen Gesichtspunkten keine unbeschränkte Steuerpflicht ergibt, tritt die Steuerpflicht gemäß § 2 Abs. 1 Nr. 3 ErbStG lediglich für den Vermögensanfall ein, der in Inlandsvermögen im Sinne des § 121 Abs. 2 BewG besteht **(beschränkte Steuerpflicht).**

Zum Inlandsvermögen gehört gemäß § 121 Abs. 2 Nr. 2 BewG das Grundvermögen. Darunter fällt das in Dortmund belegene Mehrfamilienhaus. Hingegen gehört der Computer nicht zum Inlandsvermögen im Sinne des § 121 Abs. 2 BewG. Bei der Ermittlung des steuerpflichtigen Erwerbs können nach § 10 Abs. 5 ErbStG Nachlaßverbindlichkeiten grundsätzlich abgezogen werden. Das gilt gemäß § 10 Abs. 6 ErbStG indes nicht für Schulden, die im wirtschaftlichen Zusammenhang mit Wirtschaftsgütern stehen, die nicht der Erbschaftsteuer unterliegen. Deshalb können die zum Erwerb des Computer eingegangenen Verbindlichkeiten nicht berücksichtigt werden.

Die Berechnung des steuerpflichtigen Erwerbs erfolgt grundsätzlich wie in den Fällen der unbeschränkten Erbschaftsteuerpflicht. Allerdings ist zu beachten, daß anstelle der Freibeträge nach § 16 Abs. 1 ErbStG unabhängig von Steuerklassen gemäß § 16 Abs. 2 ErbStG nur ein Freibetrag von 2000 DM gewährt wird. Die Erbschaftsteuer ist somit wie folgt zu berechnen:

Bereicherung		
Grundvermögen		
140 v. H. von 400 000 DM		560 000 DM
Freibetrag (§ 16 Abs. 2 ErbStG)	./.	2 000 DM
Steuerpflichtiger Erwerb		558 000 DM
Erbschaftsteuer		
Steuer gem. § 19 Abs. 1 ErbStG		
8 v. H. von 558 000 DM		44 640 DM
Minderung gem. § 19 Abs. 3 ErbStG		—
Erbschaftsteuer		44 640 DM

Fall 57

Auslandsvermögen in einem DBA-Staat – Progressionsvorbehalt

ErbStG § 1 Abs. 1 Nr. 1, § 19 Abs. 2; AO § 2; DBA-Schweden Art. 1, 5

Sachverhalt

Stephan Svenson ist schwedischer Staatsangehöriger. Er lebt seit seinem zweiten Lebensjahr in der Bundesrepublik Deutschland. Sein Vater ist der Schwede Karl Svenson. Karl war mit der deutschen Michaela verheiratet. Nach deren Tode im Jahre 1979 ist Karl wieder nach Schweden übergesiedelt. Er besaß dort ein Wohnhaus (Verkehrswert: 200 000 DM). Außerdem gehört ihm ein Mietwohngrundstück in Dortmund (Einheitswert 400 000 DM). Am 30. Juni 1990 stirbt Karl. Er hinterläßt die beiden Gebäude seinem Sohn Stephan.

Frage

Welche erbschaftsteuerlichen Folgen ergeben sich für Stephan?

Antwort

Der Vermögensanfall führt zu einer Erbschaftsteuerschuld in Höhe von 39 950 DM.

Begründung

Der Erwerb von Todes wegen ist gemäß § 3 Abs. 1 Nr. 1 i. V. m. § 1 Abs. 1 Nr. 1 ErbStG steuerpflichtig. Zwar sind sowohl Stephan als auch Vater Karl schwedische Staatsangehörige (gewesen). Jedoch hatte Stephan seinen Wohnsitz im Inland. Damit **gilt** er gemäß § 2 Abs. 1 Nr. 1 a ErbStG als Inländer. Die Staatsangehörigkeit der Beteiligten ist dagegen für die Frage der Steuerpflicht unerheblich, sobald ein Inländer beteiligt ist. Deshalb unterliegt der Vermögensanfall der unbeschränkten Erbschaftsteuerpflicht.[1]

Grundsätzlich tritt die Erbschaftsteuerpflicht gemäß § 2 Abs. 1 Nr. 1 Satz 1 a. E. ErbStG für den gesamten Vermögensanfall ein. Dazu gehört neben dem Mietwohngrundstück in Dortmund auch das in Schweden belegene Wohnhaus. Jedoch ist zu beachten, daß zwischen der Bundesrepublik Deutschland und Schweden ein Abkommen zur Vermeidung der Doppelbesteuerung auf dem Gebiet der Erbschaftsteuer (DBA-Schweden) geschlossen wurde.[2] Ein Doppelbesteuerungsabkommen ist ein völkerrechtlicher

---

1 Knapp, Komm. ErbSt/SchenkSt, § 2 Rz 5; BFH vom 16. April 1962, BStBl 1962 III S. 276.

2 Doppelbesteuerungsabkommen vom 14. Mai 1935, RStBl 1936 S. 85. Gegenwärtig laufen Verhandlungen über ein Revisionsabkommen.

Vertrag im Sinne des Art. 59 Abs. 2 Satz 1 GG. Deshalb gehen seine Regeln den nationalen Steuergesetzen vor (§ 2 AO).

Im Hinblick auf die Doppelbesteuerungsabkommen auf dem Gebiet der Erbschaftsteuern kann eine deutliche Zurückhaltung der Bundesrepublik Deutschland festgestellt werden. Gegenwärtig sind lediglich fünf Abkommen in Kraft.[3] Die Technik, mit denen diese Abkommen eine Doppelbesteuerung vermeiden, ist unterschiedlich ausgestaltet. Teilweise heben die Abkommen das Besteuerungsrecht, das sich nach nationalen Bestimmungen ergibt, auf (Freistellungsmethode). Aufgrund anderer Abkommen findet eine Anrechnung der in dem anderen Staat gezahlten Steuer statt (Anrechnungsmethode). Das DBA-Schweden folgt in Art. 1 für unbewegliches Vermögen der Freistellungsmethode. Allerdings ist gemäß § 19 Abs. 2 ErbStG die deutsche Steuer nach dem Steuersatz zu erheben, der sich für den gesamten Erwerb ergeben würde (Progressionsvorbehalt). Diese Möglichkeit läßt Art. 5 DBA-Schweden ausdrücklich zu.

Die Erbschaftsteuer ist somit wie folgt zu berechnen:

Wert des steuerpflichtigen Erwerbs (§ 10 ErbStG)	
Mehrfamilienhaus 140 v. H. von 400 000 DM	560 000 DM
Wohnhaus in Schweden	200 000 DM
	760 000 DM
Freibetrag gem. §§ 15 Abs. 1, 16 Abs. 1 Nr. 2 ErbStG	./. 90 000 DM
	670 000 DM
nach DBA-Schweden steuerfrei	./. 200 000 DM
steuerpflichtiger Erwerb	470 000 DM
Erbschaftsteuer (§§ 19 Abs. 1, 2 ErbStG: 8,5 v. H. [bei einem steuerpflichtigen Erwerb von 670 000 DM; s. o.] von 470 000 DM =)	39 950 DM

Fall 58

Anrechnung ausländischer Erbschaftsteuern

ErbStG § 21 Abs. 1 und 2

Sachverhalt

Volker lebte die letzten 15 Jahre vor seinem Tod in Spanien. Er hinterläßt seinem Bruder Bernd, der seit seiner Geburt in der Bundesrepublik lebt, ein Mehrfamilienhaus in Dortmund (Einheitswert: 400 000 DM) sowie ein Wohnhaus in Madrid (Verkehrswert: 200 000 DM).

---

3 Griechenland, Österreich, Schweden, Schweiz, USA. Mit den Niederlanden laufen Verhandlungen.

Frage

Welche erbschaftsteuerlichen Folgen ergeben sich für Bernd, wenn er für das Wohnhaus in Madrid auch in Spanien Erbschaftsteuer bezahlen muß, und zwar umgerechnet

a) 50 000 DM
b) 60 000 DM?

Antwort

Infolge der Erbschaft entsteht deutsche Erbschaftsteuer in Höhe von

a) 167 000 DM
b) 159 500 DM.

Begründung

Da Bernd Inländer im Sinne des § 2 Abs. 1 Nr. 1 a ErbStG ist, unterliegt der Vermögensanfall gemäß §§ 3 Abs. 1 Nr. 1, 1 Abs. 1 Nr. 1 ErbStG der unbeschränkten Steuerpflicht. Die Steuerpflicht erstreckt sich auf den gesamten Vermögensanfall (§ 2 Abs. 1 Nr. 1 Satz 1 a. E. ErbStG). Somit wird auch das in Spanien belegene Wohnhaus von der deutschen Erbschaftsbesteuerung erfaßt. Da mit Spanien kein Abkommen zur Vermeidung einer Doppelbesteuerung auf dem Gebiet der Erbschaftsteuern besteht, ist das Besteuerungsrecht der Bundesrepublik insoweit auch nicht eingeschränkt.

Die Erbschaftsteuer berechnet sich danach zunächst wie folgt:

Wert des steuerpflichtigen Erwerbs (§ 10 Abs. 1, §§ 12, 15 Abs. 1 III Nr. 2, § 16 Abs. 1 Nr. 4 ErbStG; § 121 a BewG:)	
Mehrfamilienhaus in Dortmund 140 v. H. von 400 000 DM	560 000 DM
Wohnhaus in Spanien	200 000 DM
	760 000 DM
Freibetrag	⁄. 10 000 DM
	750 000 DM
Erbschaftsteuer darauf:	
§ 19 Abs. 1 ErbStG: 29 v. H. von 750 000 DM	217 500 DM
Minderung gem. § 19 Abs. 3 ErbStG	—
	217 500 DM

Die Einbeziehung von Auslandsvermögen in die deutsche Erbschaftsteuerpflicht führt in der Regel zu einer Doppelbesteuerung, wenn auch der andere Staat Erbschaftsteuer erhebt. Greift in derartigen Fällen kein Doppelbesteuerungsabkommen ein, so ist es Angelegenheit des nationalen

Steuergesetzgebers, die Doppelbesteuerung zu vermeiden oder abzumildern. Dieses Ziel wird für die deutsche Erbschaftsteuer durch § 21 Abs. 1 ErbStG erreicht. Danach ist in den Fällen der unbeschränkten Erbschaftsteuerpflicht auf Antrag die festgesetzte, auf den Erwerber entfallende, gezahlte und keinem Ermäßigungsanspruch unterliegende ausländische Steuer grundsätzlich auf die deutsche Erbschaftsteuer anzurechnen. Was Auslandsvermögen ist, regelt § 21 Abs. 2 ErbStG. Da der **Erblasser** Volker **kein Inländer** im Sinne des § 2 Abs. 1 Nr. 1 ErbStG war, gehören zum Auslandsvermögen alle Vermögensgegenstände mit Ausnahme des Inlandsvermögens (§ 21 Abs. 2 Nr. 2 ErbStG). Somit stellt das Wohnhaus in Spanien Auslandsvermögen dar. Bezüglich dieses Vermögens ist in Spanien auch Erbschaftsteuer gezahlt worden. Diese in Spanien gezahlte Erbschaftsteuer ist für Zwecke der Anrechnung in einen DM-Betrag umzurechnen und zwar zu dem amtlichen Devisenkurs, der für den Zahltag im Bundesanzeiger veröffentlicht worden ist.[1]

Die von Bernd für das in Spanien belegene Haus gezahlte spanische Erbschaftsteuer ist auf seinen Antrag hin somit auf die deutsche Erbschaftsteuer anzurechnen. Bernd hat infolge des Erbfalls 217 500 DM ./. 50 000 DM = 167 500 DM deutsche Erbschaftsteuer zu zahlen.

Abwandlung: Ist die in dem ausländischen Staat gezahlte Erbschaftsteuer höher als die von der Bundesrepublik auf dieses Auslandsvermögen erhobene anteilige Steuer, so würde eine vollständige Anrechnung der ausländischen Erbschaftsteuer auf die deutsche Steuer im Ergebnis dazu führen, daß der deutsche Fiskus teilweise auch auf eine Besteuerung des Inlandsvermögens verzichtet. Um dieses Ergebnis zu vermeiden, läßt § 21 Abs. 1 Satz 1 letzter Teilsatz ErbStG die Anrechnung höchstens in dem Umfang zu, in dem deutsche Erbschaftsteuer anteilig auf das Auslandsvermögen erhoben wird. Der anrechenbare Höchstbetrag (HB) kann mit folgender Formel errechnet werden.[2]

$$\text{HB} = \text{deutsche ErbSt} \times \frac{\text{stpfl. Auslandsvermögen}}{\text{stpfl. Erwerb}}$$

In concreto beträgt der anrechenbare Höchstbetrag:

$$\text{HB} = 217\,500 \text{ DM} \times \frac{200\,000 \text{ DM}}{750\,000 \text{ DM}}$$

$$\text{HB} = 58\,000 \text{ DM}$$

An deutscher Erbschaftsteuer hat Bernd somit

217 500 DM ./. 58 000 DM = 159 500 DM

zu zahlen.

---

1 FinMin NRW vom 13. April 1978 – S 38312 – VA 2 – DB 1978 S. 819.

2 Knapp, § 21, Rz. 10.

Fall 59

Erweiterte beschränkte Erbschaftsteuerpflicht

ErbStG § 2 Abs. 1 Nr. 3; AStG §§ 2, 4; EStG § 34 c Abs. 1

Sachverhalt

Der deutsche Staatsangehörige Adalbert Alt lebte bis zu seinem fünfzigsten Lebensjahr in der Bundesrepublik. Dort besaß er zwei Mehrfamilienhäuser, die er bis auf eine selbstgenutzte Wohnung bereits seit seinem 35. Lebensjahr vermietet hat. Am 1. Januar 1985 wanderte Adalbert aus. Zwischen der Bundesrepublik und seinem neuen Wohnsitzstaat besteht kein Abkommen zur Vermeidung einer Doppelbesteuerung auf dem Gebiet der Erbschaftsteuer. Im übrigen liegen die Voraussetzungen einer Niedrigbesteuerung im Sinne des § 2 Abs. 2 AStG vor. Um seine Umsiedlung zu finanzieren, veräußerte Adalbert eines der beiden Mehrfamilienhäuser. Den nicht benötigten Teil des Veräußerungserlöses zahlte er auf einem Konto bei einer westdeutschen Großbank ein. Als Adalbert am 30. Juni 1990 verstirbt, hinterläßt er seinem bereits seit 1978 in Kanada lebenden Sohn Stephan das zweite Mehrfamilienhaus (Einheitswert: 400 000 DM, Verkehrswert 1 120 000 DM) sowie das Bankguthaben, das sich noch auf 440 000 DM beläuft. Stephan muß in Kanada für diese Erbschaft 36 000 DM Erbschaftsteuer zahlen.

Frage

1. Wie ist der Fall erbschaftsteuerlich zu beurteilen?
2. Welche Änderungen ergäben sich, wenn Adalbert beide Häuser veräußert, das Bankguthaben dafür 1 500 000 DM betragen hätte?
3. Welche Änderungen ergäben sich, wenn Stephan in Kanada 47 000 DM Erbschaftsteuer zu zahlen gehabt hätte?

Antwort

1. Der Vermögensanfall löst Erbschaftsteuer in Höhe von 99 800 DM aus.
2. Es entsteht keine deutsche Erbschaftsteuer.
3. Die deutsche Erbschaftsteuer beträgt 44 640 DM.

Begründung

1. Ausgangsfall: Der Erwerb unterliegt gemäß §§ 3 Abs. 1 Nr. 1, 1 Abs. 1 Nr. 1 ErbStG der Erbschaftsteuer. Es ist jedoch keine unbeschränkte Erbschaftsteuerpflicht gegeben: Weder Adalbert noch sein Sohn Stephan hatten zur Zeit des Todes von Adalbert einen Wohnsitz oder ihren gewöhnlichen Aufenthalt im Inland. Auch hielten sie sich zu diesem Zeitpunkt bereits mehr als fünf Jahre im Ausland auf, ohne im Inland einen Wohnsitz zu haben. Deshalb gelten sie nicht als Inländer im Sinne des § 2 Abs. 1 Satz 2 ErbStG. Die Steuerpflicht tritt daher nur für den Vermögensanfall ein, der sich auf Inlandsvermögen im Sinne des § 121 Abs. 2 BewG bezieht (§ 1 Abs. 1 Nr. 3 ErbStG). Hierunter fällt das Mehrfamilienhaus (§ 121 Abs. 2 Nr. 2 BewG), nicht jedoch das Bankguthaben.

Das Bankguthaben wird aber als Kapitalforderung über § 4 AStG mit in den erbschaftsteuerlichen Vermögensanfall einbezogen (sog. erweiterte beschränkte Erbschaftsteuerpflicht[1]). § 4 AStG hat im einzelnen folgende Voraussetzungen:

1. Der **Erblasser** (oder Schenker) erfüllt zur Zeit der Entstehung der Steuerpflicht die Voraussetzungen des § 2 Abs. 1 Satz 1 AStG:
   a) Der Erblasser (oder Schenker) war als Deutscher innerhalb der letzten zehn Jahre vor der Auswanderung mindestens fünf Jahre unbeschränkt einkommensteuerpflichtig;
   b) Er war (ist) in einem Gebiet mit einer niedrigen Einkommensbesteuerung im Sinne des § 2 Abs. 2 AStG ansässig;
   c) Er hatte (hat) wesentliche wirtschaftliche Interessen im Sinne des § 2 Abs. 3 und 4 AStG im Geltungsbereich des Außensteuergesetzes.
2. Es besteht beschränkte Erbschaftsteuerpflicht nach § 2 Abs. 1 Nr. 3 ErbStG.

Liegen diese Voraussetzungen vor, so erstreckt sich die Erbschaftsteuerpflicht über den in § 2 Abs. 1 Nr. 3 ErbStG in Verbindung mit § 121 Abs. 2 BewG bezeichneten Umfang hinaus auf das Vermögen, dessen Erträge bei unbeschränkter Einkommensteuerpflicht nicht ausländische Einkünfte im Sinne des § 34 c Abs. 1 EStG wären. Im einzelnen sind dies:[2]

1. Kapitalforderungen gegen Schuldner im Inland;
2. Spar- und Bankguthaben bei Geldinstituten im Inland;
3. Aktien von und Anteile an Kapitalgesellschaften im Inland;
4. Ansprüche auf Renten und andere wiederkehrende Leistungen gegen Schuldner im Inland;
5. Erfindungen und Urheberrechte, die im Inland verwertet werden, soweit sie nicht bereits zum Inlandsvermögen nach § 121 Abs. 2 BewG gehören;
6. Versicherungsansprüche gegen Versicherungen im Inland;
7. Bewegliche Wirtschaftsgüter, die sich im Inland befinden.

---

1 Der Begriff „erweiterte beschränkte Steuerpflicht" wird vom Gesetz nicht verwendet. Er hat sich jedoch allgemein für den Tatbestand des § 4 AStG durchgesetzt (vgl. Flick/Wassermeyer/Becker, § 4 Rn. 4).

2 Vergleiche Tz. 4 des BMF-Schreibens vom 11. Juli 1974 BStBl 1974 I S. 442, 455 f. betreffend die Grundsätze der Anwendung des Außensteuergesetzes.

In concreto sind die Voraussetzungen des § 4 Abs. 1 AStG erfüllt, da Adalbert als deutscher Staatsangehöriger mit Wohnsitz in der Bundesrepublik mindestens in der Zeit vom 1. Januar 1975 bis zum 31. Dezember 1984 mit seinen Einkünften aus Vermietung und Verpachtung fünf Jahre unbeschränkt einkommensteuerpflichtig war. Er ist (lt. Sachverhalt) in ein Niedrigsteuerland ausgewandert und hat mit seinem Mehrfamilienhaus wegen dessen Vermögenswert wesentliche wirtschaftliche Interessen im Geltungsbereich des AStG. Schließlich bestand wegen des vererbten Mehrfamilienhauses auch beschränkte Erbschaftsteuerpflicht im Sinne des § 2 Abs. 1 Nr. 3 ErbStG.

Die Einbeziehung des Bankguthabens in die Erbschaftsbesteuerung würde gemäß § 4 Abs. 2 AStG unterbleiben, wenn Stephan nachweist, daß er in seinem Wohnsitzstaat ebenfalls eine Steuer auf den Erbfall zu zahlen hat und der Anteil der dort zu zahlenden Steuer, der auf das erweitert beschränkt steuerpflichtige Vermögen entfällt, mindestens 30 % der entsprechenden anteiligen deutschen Erbschaftsteuer beträgt. Diese Berechnung wird wie folgt durchgeführt:[1]

a) Ermittlung der auf das erweitert beschränkt steuerpflichtige Vermögen entfallenden deutschen Erbschaftsteuer:

Dazu ist die Erbschaftsteuer im Verhältnis des Wertes des erweiterten Inlandsvermögens zum Wert des steuerpflichtigen Erwerbs aufzuteilen. Dabei wird unterstellt, daß sich die Progression gleichmäßig auf das gesamte Vermögen verteilt.

Steuerpflichtiger Erwerb:	
Mehrfamilienhaus 140 v. H. von 400 000 DM	560 000 DM
Bankguthaben	440 000 DM
	1 000 000 DM
Freibetrag (§ 16 Abs. 2 ErbStG)	⁒ 2 000 DM
steuerpflichtiger Erwerb	998 000 DM
Erbschaftsteuer	
§ 19 Abs. 1 ErbStG: 10 v. H.	99 800 DM
Minderungsbetrag gem. § 19 Abs. 3	—
	99 800 DM

Anteil der Erbschaftsteuer für den erweitert beschränkt steuerpflichtigen Erwerb:

$$\frac{440\,000 \text{ DM}}{998\,000 \text{ DM}} \times 99\,800 \text{ DM} = 44\,000 \text{ DM}$$

b) Ermittlung der auf das erweitert beschränkt steuerpflichtige Vermögen entfallenden anteiligen ausländischen Steuer:

Die Ermittlung erfolgt entsprechend der Ermittlung der anteiligen deutschen Erbschaftsteuer. Dabei ist aber für die Berechnung der Bemessungs-

1 Vergleiche Flick/Wassermeyer/Becker, § 4 Anm. 14 a.

grundlage von den ausländischen Wertansätzen auszugehen. Das bedeutet insbesondere, daß die Wertansätze nicht auf die Einheitswerte beschränkt sind.

Gesamterwerb	
Mehrfamilienhaus (Verkehrswert)	1 120 000 DM
Bankguthaben	440 000 DM
	1 560 000 DM

Anteilige ausländische Steuer:

$$\frac{440\,000 \text{ DM}}{1\,560\,000 \text{ DM}} \times 36\,000 \text{ DM} = 10\,153 \text{ DM}$$

Die anteilige ausländische Steuer ist mit 10 153 DM niedriger als 30 % der anteiligen deutschen Erbschaftsteuer in Höhe von (30 % von 44 000 DM =) 13 200 DM. Deshalb kann der Gegenbeweis im Sinne des § 4 Abs. 2 AStG nicht gelingen. Die Einbeziehung des erweitert beschränkt steuerpflichtigen Vermögens in die deutsche Erbschaftbesteuerung bleibt bestehen.

2. Abwandlung 1: Adalbert Alt hatte seinem Sohn lediglich das Bankguthaben hinterlassen. Das Guthaben gehört als Kapitalforderung nicht zum Inlandsvermögen im Sinne des § 121 Abs. 2 BewG. Damit besteht keine beschränkte Erbschaftsteuerpflicht im Sinne des § 2 Abs. 1 Nr. 3 ErbStG. Die beschränkte Erbschaftsteuerpflicht ist gemäß § 4 Abs. 1 Satz 1 AStG aber Voraussetzung für die Einbeziehung des weiteren Vermögens. Somit löst der Vermögensanfall keine Erbschaftsteuer aus.

3. Abwandlung 2: Infolge der höheren im Ausland gezahlten Steuern ändert sich die Vergleichsberechnung.

Ermittlung der anteiligen ausländischen Steuer:

$$\frac{440\,000 \text{ DM}}{1\,560\,000 \text{ DM}} \times 47\,000 \text{ DM} = 13\,256 \text{ DM}$$

Damit ist die ausländische Steuer höher als 30 % der anteiligen deutschen Erbschaftsteuer. Deshalb wird das Bankguthaben nach § 4 Abs. 2 AStG nicht über § 4 Abs. 1 AStG in die deutsche Erbschaftsbesteuerung einbezogen. Die Erbschaftsteuer berechnet sich danach wie folgt:

Steuerpflichtiger Erwerb:	
Mehrfamilienhaus (140 v. H. von 400 000 DM =)	560 000 DM
Freibetrag (§ 16 Abs. 2 ErbStG)	./. 2 000 DM
	558 000 DM
Erbschaftsteuer	
§ 19 Abs. 1 ErbStG	
8 v. H. von 558 000 DM	44 640 DM
Minderung gem. § 19 Abs. 3	—
	44 640 DM

Die Einbeziehung kann somit im Einzelfall von einer nur geringfügig unterschiedlich hohen ausländischen Steuer abhängen und gleichwohl zu erheblichen unterschiedlichen Erbschaftsteuerbelastungen führen. So beträgt die Gesamtbelastung im Ausgangsfall (99 800 DM + 36 000 DM =) 135 800 DM. In der Alternative beläuft sie sich hingegen nur auf (44 640 DM + 47 000 DM =) 91 640 DM. Deshalb wird in der Literatur[1] diskutiert, ob die ausländische Steuer auf die deutsche Erbschaftsteuer angerechnet werden kann. Unseres Erachtens sprechen neben dem klaren Wortlaut des § 21 ErbStG, der sich nur auf Fälle der unbeschränkten Steuerpflicht bezieht, auch systematische Erwägungen gegen die Anrechnung: Maßnahmen zur Vermeidung einer Doppelbesteuerung werden in der Regel vom Wohnsitzstaat getroffen.

1 Flick/Wassermeyer/Becker, § 4 Anm. 16 m. w. N. für und gegen die Anrechnung.

Teil VII: Grunderwerbsteuer

Fall 60

Anteilsvereinigung – Mittelbare Anteilsvereinigung im Konzern-Erwerb von inländischem Grundbesitz durch ausländische Gesellschaften

GrEStG § 1 Abs. 1 Nr. 1, Abs. 3 Nr. 1, Nr. 3, Abs. 4 Nr. 2, §§ 8, 9 Abs. 1 Nr. 1, § 10 Abs. 1, § 11; BewG § 121 a

Sachverhalt

Die Hot Water Ltd. hält jeweils 100 % der Anteile an der Blue Water Ltd. und der Cold Water Ltd. Alle Gesellschaften haben ihren Sitz in London; Geschäftsführer bei jeder der Gesellschaften ist Malcolm Heat.

An der Water GmbH mit Sitz in Düsseldorf hält die Blue Water Ltd. 80 % der Anteile, jeweils 5 % der Anteile gehören zur Hot Water Ltd. und zur Cold Water Ltd. Die restlichen 10 % der Anteile befinden sich im Besitz der Eau SA mit Sitz in Paris. Die GmbH hat in ihrem Betriebsvermögen ein Grundstück mit aufstehendem Gebäude mit einem Einheitswert von 500 000 DM. Der Buchwert des Grundbesitzes beläuft sich auf 1 200 000 DM, der Verkehrswert beträgt 1 500 000 DM.

Folgende Maßnahmen sind im Konzern geplant:

1. Die Cold Water Ltd. beabsichtigt, ein in Düsseldorf belegenes Grundstück zu erwerben. Der Kaufpreis soll 800 000 DM betragen. Der Einheitswert des Grundstücks beläuft sich auf 250 000 DM. Der Kaufvertrag soll in London unterzeichnet werden.
2. Die Anteile der Eau SA sollen zu einem Preis von umgerechnet 600 000 DM von der Cold Water Ltd. erworben werden.
3. Die Hot Water Ltd. verkauft ihren 5 %-Anteil an der GmbH an die Cold Water Ltd. zu einem Preis von umgerechnet 300 000 DM.
4. Die Cold Water Ltd. verkauft ihren 20 %-Anteil an die Blue Water Ltd. zum Preis von umgerechnet 1 200 000 DM; die Blue Water Ltd. hält damit sämtliche Anteile an der Water GmbH.
5. Die Blue Water Ltd. beabsichtigt, eine weitere GmbH-Beteiligung an der Aqua GmbH mit Sitz in Düsseldorf zu erwerben. Es sollen 100 % der Anteile zu einem Kaufpreis von 2 000 000 DM übernommen werden. Die

Aqua GmbH hat Grundbesitz mit einem Einheitswert von 400 000 DM. Im Kaufpreis der GmbH-Anteile ist der Grundbesitz anteilig mit 1 100 000 DM berücksichtigt.

Nachdem er sich über die steuerlichen Konsequenzen in England klar geworden ist, kommt Malcolm Heat zu dem Düsseldorfer Steuerberater Klein, um sich über die grunderwerbsteuerlichen Folgen der beabsichtigten Maßnahmen zu informieren.

Frage

Lösen die Vorgänge zu 1–5 Grunderwerbsteuer aus und wie hoch ist die festzusetzende Grunderwerbsteuer? Auf umsatzsteuerliche Fragen ist in diesem Zusammenhang nicht einzugehen.

Antwort

Mit Ausnahme von Vorgang 3 unterliegen sämtliche Vorgänge der Grunderwerbsteuer. Im einzelnen fallen folgende Grunderwerbsteuerbeträge an:

zu 1:	16 000 DM
zu 2:	14 000 DM
zu 4:	14 000 DM
zu 5:	11 200 DM

Begründung

1. Nach § 1 Abs. 1 Nr. 1 GrEStG unterliegt ein Kaufvertrag über ein inländisches Grundstück der Steuer. Wo das Erwerbsgeschäft abgeschlossen worden ist, ist für das Entstehen der Grunderwerbsteuer unmaßgeblich. Dementsprechend unterliegt auch ein von Ausländern im Ausland abgeschlossener Kaufvertrag über ein inländisches Grundstück der Grunderwerbsteuer. Die Steuer bemißt sich dabei nach dem Wert der Gegenleistung (§ 8 Abs. 1 GrEStG), die beim Kauf den Kaufpreis darstellt (§ 9 Abs. 1 GrEStG). Der Steuersatz beträgt nach § 11 Abs. 1 GrEStG 2 % der Gegenleistung, mithin 2 % von 800 000 DM = 16 000 DM.

2. Neben dem direkten Erwerb von Grundbesitz unterliegen der Grunderwerbsteuer nach § 1 Abs. 3 Nr. 1 GrEStG auch Rechtsgeschäfte, die den Anspruch auf Übertragung eines oder mehrerer Anteile einer Gesellschaft begründen, wenn durch diese Übertragung alle Anteile der Gesellschaft in der Hand des Erwerbers oder in der Hand von herrschenden und abhängigen Unternehmen vereinigt werden würden und die Gesellschaft, deren Anteile übertragen werden über Grundbesitz verfügt („Anteilsvereinigung in einer Hand“).

Im vorliegenden Fall bedingt der Erwerb der Anteile der Eau SA, daß sich mittelbar und zu 5 % unmittelbar sämtliche Anteile an der Water GmbH in Händen der Hot Water Ltd. befinden, die diese über die von ihr abhängigen Gesellschaften, nämlich die Blue Water Ltd. und die Cold Water Ltd., hält. Eine Abhängigkeit i. S. v. § 1 Abs. 3 GrEStG ist nach § 1 Abs. 4 Nr. 2 b GrEStG dann anzunehmen, wenn juristische Personen nach dem Gesamtbild der tatsächlichen Verhältnisse finanziell, wirtschaftlich und organisatorisch in ein anderes Unternehmen eingegliedert sind. Von diesen Voraussetzungen kann hier ausgegangen werden –, zumal die Hot Water Ltd. sämtliche Anteile an den von ihr beherrschten Ltds hält und über ihren Geschäftsführer, der auch gleichzeitig Geschäftsführer der beherrschten Gesellschaften ist, sicherstellen kann, daß Weisungen der Obergesellschaft bei den Untergesellschaften durchgesetzt werden.

Daß die Gesellschaften, die im Konzern sämtliche Anteile an der Water GmbH halten, ihren Sitz im Ausland haben, ist für die Grunderwerbsteuer unmaßgeblich. Die Steuer wird bei der Anteilsvereinigung in einer Hand nach dem Wert des Grundstücks bemesen (§ 8 Abs. 2 Nr. 2 GrEStG). Als Wert des Grundstücks ist nach § 10 Abs. 1 GrEStG der Einheitswert anzusetzen, der vor dem der Grunderwerbsteuer unterliegenden Vorgang zuletzt festgestellt worden ist. Der Einheitswert ist nach § 121 a BewG für die Zwecke der Grunderwerbsteuer mit 140 % anzusetzen. Mithin beläuft sich die grunderwerbsteuerliche Bemessungsgrundlage auf 500 000 DM + 40 % = 700 000 DM. Die Grunderwerbsteuer beträgt mit 2 % = 14 000 DM. Die Höhe des Kaufpreises der Anteile ist für die Grunderwerbsteuer unmaßgeblich.

3. Durch den unter 2 geschilderten Vorgang wurden alle Anteile der Water GmbH in der Hand mehrerer Unternehmen eines Konzerns vereinigt. Dieser Vorgang unterlag als Anteilsvereinigung in einer Hand der Grunderwerbsteuer. Anteilsverschiebungen im Konzern lösen grundsätzlich keine neuerliche Grunderwerbsteuer aus.

4. Zwar handelt es sich bei dem Verkauf der 20 %-Anteile der Water GmbH durch die Cold Water Ltd. an die Blue Water Ltd. ebenfalls um eine Anteilsverschiebung im Konzern, jedoch unterliegt dieser Vorgang im Gegensatz zum Vorgang unter 3 der Grunderwerbsteuer nach § 1 Abs. 3 Nr. 3 GrEStG, da die Blue Water Ltd. damit 100 % der Anteile an der Water GmbH hält. Bei dieser Besteuerung geht der Gesetzgeber von der Überlegung aus, daß sich die Zurechnungsform von der fingierten Zurechnung im Konzern zur tatsächlichen Vereinigung in einer Hand ändert. Es soll damit der Übergang aus der schwächeren Konzernbindung in die einzige Hand besteuert werden.

Bemessungsgrundlage für die Grunderwerbsteuer ist wie unter 2 der um 40 % erhöhte Einheitswert. Die Grunderwerbsteuer beträgt also ebenfalls 14 000 DM. Die Kaufpreiszahlung ist für die Grunderwerbsteuer unmaßgeblich.

5. Der Erwerb sämtlicher Anteile der Aqua GmbH löst ebenfalls Grunderwerbsteuer nach § 1 Abs. 3 Nr. 3 GrEStG aus, da sämtliche Anteile der GmbH auf einen neuen Gesellschafter übertragen werden. Daß die Gesellschaft, in deren Hand sich sämtliche Anteile vereinigen, im Ausland ansässig ist, ist für die Grunderwerbsteuer unmaßgeblich. Allein entscheidend ist, daß die Gesellschaft, deren Anteile sich in einer Hand vereinigen, über inländischen Grundbesitz verfügt. Ist dies der Fall, so berechnet sich die Grunderwerbsteuer nach dem um 40 % erhöhten Einheitswert. Der anteilig aus dem Kaufpreis auf das Grundstück entfallende Wert ist für die Grunderwerbsteuer unbeachtlich, auch wenn in dem Kaufvertrag über die GmbH-Anteile bestimmt sein sollte, wie der Kaufpreis sich auf das materielle und immaterielle Vermögen der GmbH verteilt.

Die Grunderwerbsteuer beträgt mithin 2 % von 560 000 DM = 11 200 DM.

Teil VIII: Außensteuergesetz

Fall 61

Berichtigung von Einkünften bei internationaler Verflechtung

AStG § 1; BStBl 1983 I S. 218

Sachverhalt

Die Pharma GmbH mit Sitz in Düsseldorf produziert ein weltweit sehr erfolgreiches Medikament. Bislang erfolgte der Vertrieb direkt von Düsseldorf aus. Aus organisatorischen Gründen wird geplant, einige Vertriebsgesellschaften an ausländischen Standorten zu gründen. Der Steuerberater der Gesellschaften wird in diesem Zusammenhang um Stellungnahme gebeten.

Frage

1. Nach welchen Kriterien werden Verrechnungspreise zwischen Mutter- und Vertriebstochtergesellschaften von der Finanzverwaltung beurteilt.
2. Nach welchen Methoden werden Verrechnungspreise für Lieferungen zwischen Mutter- und Tochtergesellschaften festgelegt.

Antwort

1. Bei Auslandsbeziehungen werden die zwischen Mutter- und Tochtergesellschaften vereinbarten Bedingungen am Fremdvergleichspreis gemessen. Weichen die tatsächlichen Vereinbarungen von diesem Preis ab, so gelten die Regelungen über
   - die verdeckte Gewinnausschüttung
   - die verdeckte Einlage
   - die Berichtigung von Einkünften nach § 1 AStG.
2. Zur Ermittlung des Fremdvergleichspreises werden von der Finanzverwaltung drei Standardmethoden angewendet:
   - Preisvergleichsmethode,
   - Wiederverkaufspreismethode,
   - Kostenaufschlagsmethode.

Begründung

1. In § 1 AStG ist bestimmt, daß die Einkünfte eines Steuerpflichtigen, die aus einer Geschäftsbeziehung zu einer ihm nahestehenden Person resultieren und dadurch gemindert wurden, daß der Steuerpflichtige im Rahmen dieser Geschäftsbeziehungen zum Ausland Bedingungen vereinbart hat, die von denen abweichen, die voneinander unabhängige Dritte unter gleichen oder ähnlichen Verhältnissen vereinbart hätten, so festgesetzt werden, wie sie unter zwischen unabhängigen Dritten vereinbarten Bedingungen angefallen wären. Ergänzend wird allerdings in § 1 AStG darauf hingewiesen, daß dieser „unbeschadet anderer Vorschriften" gilt. Hieraus wird der Schluß gezogen, daß die zwischen den beteiligten Parteien vereinbarten Bedingungen zunächst einmal danach zu beurteilen sind, ob andere Vorschriften der Anwendung des § 1 AStG vorgehen.

Sind nun zwischen Mutter- und Tochtergesellschaft Verrechnungspreise vereinbart, die von denen zwischen fremden Dritten üblichen Preisen abweichen, insoweit als die inländische Muttergesellschaft der ausländischen Tochtergesellschaft zu hohe Preise berechnet, so ist dieser Sachverhalt zunächst einmal unter dem Gesichtspunkt der **verdeckten Gewinnausschüttung** zu überprüfen.

Eine verdeckte Gewinnausschüttung ist dann anzunehmen, wenn eine Kapitalgesellschaft einem Gesellschafter außerhalb der gesellschaftsrechtlichen Gewinnverteilung einen Vermögensvorteil zuwendet und diese Zuwendung ihre Ursache im Gesellschaftsverhältnis hat. Dabei ist nach Auffassung des BFH (Urteil v. 22. Febr. 1989 I R 44/85, BStBl 1989 II S. 475) nicht allein das Zufließen eines Vorteils entscheidend, sondern vielmehr die Vermögensminderung, die bei der Kapitalgesellschaft eintritt und zwar soweit, als sie sich auf die Höhe des Einkommens auswirkt.

Würde nun umgekehrt die inländische Muttergesellschaft der ausländischen Tochtergesellschaft Preise berechnen, die niedriger als die marktüblichen und zwischen fremden Dritten gebräuchlichen Preise wären, so läge insoweit eine **verdeckte Einlage** vor. Diese ist anzunehmen, wenn einer Kapitalgesellschaft durch ihren Gesellschafter ein einlagefähiger Vermögensvorteil zugewendet wird und diese Zuwendung ihre Ursache im Gesellschaftsverhältnis hat.

Erst wenn bei der Einkunftsabgrenzung zwischen Nahestehenden Regelungen über die verdeckte Gewinnausschüttung und die verdeckte Einlage keine Anwendung finden, ist zu prüfen, ob eine **Gewinnkorrektur** nach § 1 AStG in Betracht kommt. Da § 1 AStG daran anknüpft, daß Gewinnminderungen durch Geschäftsbeziehungen zustandegekommen sind, die mit einer nahestehenden Person eingegangen wurden, findet sich in § 1 Abs. 2 AStG eine Definition, was unter nahestehender Person zu verstehen ist. Es können danach vier Arten des „Nahestehens" unterschieden werden:

- durch Beteiligung (§ 1 Abs. 2 Nr. 1 AStG),
- durch beherrschenden Einfluß (§ 1 Abs. 2 Nr. 2 AStG),
- durch außergeschäftlichen Einfluß (§ 1 Abs. 2 Nr. 3 AStG),
- durch Interessenidentität (§ 1 Abs. 2 Nr. 3 AStG).

Unter einer Person i. S. v. § 1 AStG sind sowohl natürliche als auch juristische Personen zu verstehen. Der Steuerpflichtige, der mit diesen Personen Geschäftsbeziehungen eingegangen ist, kann dabei sowohl beschränkt als auch unbeschränkt steuerpflichtig sein, es kann sich um eine natürliche oder juristische Person sowie auch um nichtrechtsfähige Personenvereinigungen handeln.

2. Da die unter Nahestehenden bestehenden Geschäftsbeziehungen danach zu beurteilen sind, ob sich die Beteiligten wie voneinander unabhängige Dritte verhalten, wird von der Finanzverwaltung bei derartigen Geschäftsbeziehungen geprüft, ob die zwischen ihnen vereinbarten Preise dem Fremdvergleich (dealing at arm's length) standhalten. Zur Prüfung derartiger Fremdvergleichspreise gibt das BMF-Schreiben vom 23. Februar 1983 IV C 5 – S 1341 – 4/83 (BStBl 1983 I S. 218) geeignete Anhaltspunkte. Danach existieren zur Ermittlung von angemessenen Verrechnungspreisen drei Standardmethoden:

- Preisvergleichsmethode (Comparable uncontrolled price method),
- Wiederverkaufspreismethode (Resale price method),
- Kostenaufschlagsmethode (Cost plus method).

Bei der **Preisvergleichsmethode** werden die zwischen den Nahestehenden vereinbarten Preise mit denen verglichen, die zwischen Fremden am Markt vereinbart wurden. Dabei kann der äußere Preisvergleich zur Anwendung kommen, d. h. der Vergleich mit Marktpreisen zwischen unabhängigen Dritten oder der innere Preisvergleich, d. h. der Vergleich mit Preisen, die der einzelne Steuerpflichtige mit Fremden vereinbart hat.

Die **Wiederverkaufspreismethode** geht von dem Preis aus, den der Nahestehende für die erworbene Ware bei Verkauf an unabhängige Abnehmer realisiert hat. Dabei wird der Wiederverkaufspreis um marktübliche Abschläge korrigiert, die der Funktion und dem Risiko des Widerverkäufers entsprechen.

Bei der **Kostenaufschlagsmethode** geht man von den Kosten des Steuerpflichtigen für seine Leistungen an den Nahestehenden aus. Diese Kosten werden zur Findung des Verrechnungspreises um betriebs- und branchenübliche Gewinnzuschläge erhöht.

Eine Rangfolge für die Prüfung der Verrechnungspreise anhand der drei aufgeführten Methoden existiert nicht. Vielmehr ist auf den Einzelfall abzustellen und die von den Unternehmen gewählte Methode der Errechnung der Verrechnungspreise als Grundlage heranzuziehen (hierzu vgl. Tz. 2.4 des o. a. BMF-Schreibens).

In Einzelfällen besteht die Möglichkeit, daß Nahestehende Verrechnungspreise vereinbaren, die von den zwischen fremden Dritten üblichen zu ihren ungunsten abweichen. Werden allerdings im Zusammenhang mit dem Abschluß des ungünstigen Geschäftes weitere Geschäfte mit dem

Nahestehenden abgeschlossen, die den ursprünglichen Nachteil kompensieren, so ist ein derartiger Vorteilsausgleich unter folgenden Voraussetzungen möglich:

- die sich ausgleichenden Geschäfte müssen in einem inneren Zusammenhang zueinander stehen und auch von Fremden so abgeschlossen werden;
- die Vorteilsverrechnung muß vereinbart gewesen sein oder zur Geschäftsgrundlage des nachteiligen Geschäftes gehören;
- Falls der Vorteilsausgleich nicht im selben Wirtschaftsjahr erfolgt, so muß am Ende des Wirtschaftsjahres feststehen, wann und durch welche Vorteile die Nachteile ausgeglichen werden;
- Spätestens zum Ende des dritten Wirtschaftsjahres, das auf das Wirtschaftsjahr des Vorteils folgt, muß der Ausgleich stattgefunden haben (Tz. 2.3 des o. a. BMF-Schreibens).

Fall 62

Berichtigung von Einkünften – Nutzungseinlagen

AStG § 1; BStBl 1983 I S. 218

Sachverhalt

Peter Neubauer betreibt in Köln als Einzelunternehmer eine Fahrradfabrik. Die erstellten Fahrräder vertreibt er in der Bundesrepublik Deutschland und in England. Zu diesem Zweck hat er für den Vertrieb in England schon vor Jahren eine Vertriebsgesellschaft in der Rechtsform der Ltd. gegründet. Das Einzelunternehmen liefert die Fahrräder zu nicht zu beanstandenden Verrechnungspreisen an die Ltd. Zum Zwecke der Geschäftserweiterung hat der Einzelunternehmer der Ltd. im Jahre 1989 ein Darlehn in Höhe von 50 000 DM gewährt. Es wurde ein schriftlicher Darlehnsvertrag zwischen den Parteien abgeschlossen, der eine Laufzeit von 10 Jahren, eine Verzinsung von 3 % p. a. und eine endfällige Tilgung der gesamten Darlehnssumme vorsieht. Ende 1990 verzichtet Peter Neubauer gegenüber der Ltd. auf die Rückzahlung des Darlehnsbetrages und auf die Zinsen für 1989 und 1990.

Die Ltd. arbeitete in den letzten Jahren stets mit Gewinn. Der Beteiligungsansatz an der Ltd. steht bei Peter Neubauer mit 200 000 DM zu Buche. Zwischen fremden Dritten wären Zinskonditionen von 8 % p. a. vereinbart worden.

Frage

Welche ertragsteuerlichen Konsequenzen ergeben sich für Peter Neubauer aus der Darlehnsgewährung und dem Darlehnsverzicht im Jahre 1990?

Antwort

Hinsichtlich des Darlehnsverzichtes und des Forderungsverzichtes auf die Zinsen 1989 und 1990 liegt eine verdeckte Einlage von Peter Neubauer in die Kapitalgesellschaft vor. Der Beteiligungsansatz an der Ltd. muß in der Steuerbilanz des Peter Neubauer um 53 000 DM erhöht werden.

Hinsichtlich des Zinsdifferenzbetrages liegt mangels Einlagefähigkeit keine verdeckte Einlage vor. Es muß eine Gewinnkorrektur nach § 1 AStG i. H. v. 2500 DM p. a. bei Neubauer durchgeführt werden.

Begründung

Peter Neubauer hat mit der Ltd. Konditionen vereinbart, die von denen abweichen, die ein fremder Dritter vereinbart hätte. Insoweit ist zu prüfen, ob die Vorschriften der verdeckten Gewinnausschüttung, der verdeckten Einlage oder der Einkommenskorrektur nach § 1 AStG zur Anwendung kommen.

Eine verdeckte Gewinnausschüttung ist im vorliegenden Fall nicht anzunehmen, da Neubauer nicht von einer Kapitalgesellschaft einen Vorteil erhält. Vielmehr wendet er als Gesellschafter der Kapitalgesellschaft einen Vorteil zu. Die Vorteilsgewährung läßt sich in drei Teilbereiche unterteilen:

- Darlehensverzicht,
- Forderungsverzicht auf die für die Jahre 1989 und 1990 entstandenen Zinsen,
- Zinsverzicht in Höhe der Differenz zwischen vereinbarten Zinsen von 3 % und marktüblichen Zinsen von 8 % im Jahre 1990.

Voraussetzung für die Annahme einer verdeckten Einlage ist, daß ein Gesellschafter seiner Kapitalgesellschaft einen einlagefähigen Vermögensvorteil zuwendet und daß diese Zuwendung ihre Ursache im Gesellschaftsverhältnis hat. Einlagefähig sind nach ständiger Rechtsprechung des BFH nur Vermögensgegenstände, nicht jedoch Nutzungsvorteile. Als Vermögensgegenstand kommen hier der Darlehensverzicht i. H. v. 50 000 DM und der Verzicht auf die Zinsforderung in Betracht. Die für die Jahre 1989 und 1990 entstandenen Zinsen belaufen sich auf 3000 DM (50 000 DM × 3 % × 2 Jahre). In Höhe der verdeckten Einlage von insgesamt 53 000 DM muß der Bilanzansatz an der Ltd. erhöht werden. Soweit der Zinsertrag bei Neubauer noch nicht erfaßt war, ist eine Einkommenskorrektur von 3000 DM vorzunehmen. Falls Neubauer die Darlehnsforderung von 50 000 DM in der Bilanz seines Einzelunternehmens aufwandswirksam ausgebucht hat, ist ebenfalls eine Einkommenskorrektur vorzunehmen.

Da die Überlassung eines Nutzungsvorteils nicht einlagefähig ist, ist in Bezug auf den gewährten Zinsvorteil im Jahre 1990 zu untersuchen, inwieweit eine Einkommenskorrektur nach § 1 AStG in Frage kommt. Neubauer hat mit der Ltd. Zinskonditionen vereinbart, die er mit einem fremden Dritten nicht getroffen hätte. Darüber hinaus ist die Ltd. als eine dem Neubauer nahestehende Person i. S. v. § 1 Abs. 2 Nr. 1 AStG anzusehen, da Neubauer an ihr zu 100 % beteiligt ist. Die Voraussetzungen für eine Korrektur des Gewinns nach § 1 AStG liegen mithin vor. Nach Tz. 8 des BMF-Schreibens vom 23. Februar 1983 (BStBl 1983 I S. 218) muß die Gewinnkorrektur durch einen Zuschlag außerhalb der Bilanz durchgeführt werden. Dabei ist die Berichtigung für das Jahr vorzunehmen, in dem sich die Vorteilsgewährung auf den Gewinn ausgewirkt hat. Die Vorteilsgewährung beläuft sich auf 2500 DM p. a. (50 000 DM × (8 % ⁒ 3 %) = 2500 DM).

Fall 63

Berichtigung von Einkünften – Nutzungseinlagen zwischen Schwestergesellschaften

AStG § 1; EStG § 43 a Abs. 1 Nr. 1, § 49 Abs. 1 Nr. 5 a; KStG § 8 Abs. 3, § 23 Abs. 1, § 28 Abs. 3

Sachverhalt

Die in Frankreich ansässige Dubois S. A. hat zwei 100 %ige Tochtergesellschaften in der Bundesrepublik Deutschland, die X-GmbH und die Y-GmbH. Auf Veranlassung der Muttergesellschaft gibt die X-GmbH der Y-GmbH 1990 ein unverzinsliches Darlehn über 500 000 DM. Angemessen wäre ein Zinssatz von 8 % p. a. gewesen.

Frage

Welche körperschaftsteuerlichen Konsequenzen ergeben sich für die drei beteiligten Gesellschaften unter der Voraussetzung, daß die X-GmbH am 1. Januar 1990 lediglich über EK 02 i. H. v. 200 000 DM verfügte (gewerbesteuerliche Aspekte sollen vernachlässigt werden)?

Antwort

Die Hingabe des unverzinslichen Darlehns durch die X-GmbH an ihre Schwestergesellschaft führt zu einer verdeckten Gewinnausschüttung der X-GmbH an die Muttergesellschaft in Höhe des Zinsvorteils. Die Körperschaftsteuerbelastung der X-GmbH beläuft sich auf 22 500 DM.

Die verdeckte Gewinnausschüttung unterliegt der Kapitalertragsteuer. Über die erhaltene verdeckte Gewinnausschüttung ist die Muttergesellschaft in der Bundesrepublik Deutschland beschränkt körperschaftsteuerpflichtig. Die Steuer ist mit der einbehaltenen Kapitalertragsteuer abgegolten. Eine Anrechnung der Körperschaftsteuer kommt nicht in Betracht.

Begründung

Mit der Nutzungsüberlassung zwischen Schwestergesellschaften hat sich der Große Senat des BFH in seinem Urteil vom 26. 10. 1987 (BStBl 1988 II S. 348 ff.) befaßt. Danach wird bei Nutzungsüberlassungen zwischen Schwestergesellschaften eine verdeckte Gewinnausschüttung der den Nutzungsvorteil gewährenden Kapitalgesellschaft an die gemeinsame Muttergesellschaft angenommen. Da der Nutzungsvorteil aber kein einlagefähiges Wirtschaftsgut darstellt, kann er auch nicht durch die Muttergesellschaft bei der den Vorteil letztlich empfangenen Tochtergesellschaft eingelegt werden, so daß bei der Muttergesellschaft auch keine Erhöhung des Beteiligungsansatzes an der den Vorteil empfangenden Tochtergesellschaft in Betracht kommt. Der Große Senat vertritt hierzu die Auffassung, daß die gemeinsame Muttergesellschaft den zwischen den Tochtergesellschaften gewährten Nutzungsvorteil erhalten, aber direkt wieder für ihre Beteiligung verbraucht hätte. Aufwand und Ertrag stehen sich also gleichermaßen gegenüber.

Die Grundsätze des Urteils des Großen Senats sind auch dann anzuwenden, wenn sich die gemeinsame Muttergesellschaft im Ausland die Tochtergesellschaften aber in der Bundesrepublik Deutschland befinden. Im Beispielsfall erbringt die X-GmbH gegenüber der Muttergesellschaft eine verdeckte Gewinnausschüttung, da sie ihr einen im Gesellschaftsverhältnis begründeten Vermögensvorteil zuwendet. Bei der **X-GmbH** führt die verdeckte Gewinnausschüttung zu folgenden körperschaftsteuerlichen Konsequenzen:

Einkommenserhöhung um den Wert der verdeckten Gewinnausschüttung nach § 8 Abs. 3 KStG (500 000 DM × 8 % =)	40 000 DM
Körperschaftsteuer nach § 23 Abs. 1 KStG	⁒ 20 000 DM
Zugang EK 50	20 000 DM

Ausschüttung in Höhe der verdeckten Gewinnausschüttung:

Verdeckte Gewinnausschüttung	40 000 DM
Verringerung um das vorhandene EK 50 (§ 28 Abs. 3 KStG)	⁒ 20 000 DM
Körperschaftsteuerminderung wegen Ausschüttung $^{14}/_{50}$ von 20 000 DM aus EK 50	⁒ 5 600 DM
Restbetrag zu finanzieren aus dem EK 02	14 400 DM
Körperschaftsteuererhöhung $^{36}/_{64}$ von 14 400 DM	8 100 DM

Die gesamte Steuerbelastung beläuft sich auf 22 500 DM, was 56,25 % der verdeckten Gewinnausschüttung entspricht.

Die **Muttergesellschaft** erzielt mit der verdeckten Gewinnausschüttung beschränkt körperschaftsteuerpflichtige Einkünfte (§ 8 Abs. 1 KStG i. V. m. § 49 Abs. 1 Nr. 5 a EStG). Die Körperschaftsteuer ist mit der einzubehaltenden Kapitalertragsteuer abgegolten (§ 50 Abs. 5 EStG). Diese beläuft sich nach § 43 a Abs. 1 Nr. 1 EStG auf 25 % des Betrages der verdeckten Gewinnausschüttung, mithin auf 10 000 DM. Dabei ist vorausgesetzt, daß die Muttergesellschaft als Vorteilsempfänger die Kapitalertragsteuer trägt. Würde diese von der die verdeckte Gewinnausschüttung gewährenden Tochter getragen, so beliefe sich die einzubehaltende Kapitalertragsteuer auf 33⅓ % des Betrages der verdeckten Gewinnausschüttung (§ 43 a Abs. 1 Nr. 1 EStG). Die Körperschaftsteuer kann nicht angerechnet werden (§ 50 Abs. 5 EStG).

Hier muß darüber hinaus bedacht werden, daß mangels Einlagefähigkeit die **Y-GmbH** in Höhe der nicht zu zahlenden Zinsen diesen Vorteil voll versteuern muß. Letztendlich wird der Nutzungsvorteil bei allen drei Beteiligten einer Versteuerung unterworfen.

Fall 64

Dienstleistungen und Umlagen bei international tätigen Konzernen

AStG § 1

Sachverhalt

Die Kosmetik Ltd. ist in Großbritannien ansässig und vertreibt international über ihre jeweils 100 %igen Tochtergesellschaften Produkte des Kosmetikbereichs. In der Bundesrepublik Deutschland werden die Produkte der Ltd. über die in Düsseldorf ansässige Kosmetik GmbH vertrieben.

Die Ltd. unterhält in Großbritannien eine zentrale Stabsabteilung, die sich mit Marktanalysen und der Optimierung des Vertriebssystems des Gesamtkonzerns beschäftigt. Daneben fallen in Großbritannien Kosten für die Konzerninnenrevision an. Jeweils zwei Mitarbeiter dieser Abteilung sind jährlich etwa zwei Wochen in der Bundesrepublik, um bei der Kosmetik GmbH Revisionsarbeiten durchzuführen. Der Zeit- und Kostenaufwand für diese Arbeiten ist dokumentiert und läßt sich auch der Höhe nach bestimmen. Die GmbH selbst verfügt über eine eigene Innenrevision.

Da die GmbH über kein ausreichend geschultes Personal verfügt, werden bei ihr auftretende Rechtsfragen von Mitarbeitern der Ltd. bearbeitet.

Mitarbeiter der Ltd. erstellen auch die konsolidierte Weltbilanz des Konzerns. Der Zeit- und Kostenaufwand ist auch hier lückenlos dokumentiert.

Der Geschäftsführer der GmbH konsultiert nun den Steuerberater der Gesellschaft und legt ihm ein Schreiben der Konzernspitze vor, aus dem hervorgeht, daß die GmbH für verwaltungsbezogene Dienstleistungen, die von der Konzernmutter erbracht werden in Zukunft pauschal mit umgerechnet 100 000 DM p. a. belastet wird.

Frage

Werden derartige pauschalen Kostenumlagevereinbarungen von der deutschen Finanzverwaltung akzeptiert?

Antwort

Eine pauschale Kostenumlagevereinbarung ist nicht zulässig. Vielmehr ist nach der Art der umzulegenden Kosten sowie nach der Abrechnungsmethode zu differenzieren.

Begründung

In international operierenden Konzernen ist es üblich, daß Leistungen, die von der Konzernspitze an andere Konzernunternehmen erbracht werden, auf Kosten oder Entgeltbasis weiterbelastet werden. Für die Bestimmung der umlagefähigen Kosten dem Grunde nach ist dabei zunächst nach der Art der bei der Konzernmutter angefallenen Aufwendungen zu differenzieren, bevor über die Frage der Umlage der Höhe nach zu entscheiden ist.

Die verwaltungsbezogenen Dienstleistungen im Konzern werden unterschieden in:

- Kontrolleistungen,
- Managementleistungen,
- Assistenzleistungen.

Hinter diesen Begriffen verbergen sich folgende Leistungsbereiche:

Kontrolleistungen: Hierunter fallen sämtliche Maßnahmen der Konzernspitze zur Überwachung der Untergesellschaften. Hierbei muß unterschieden werden zwischen Maßnahmen im gesellschaftsrechtlichen Bereich und anderen für sich abgrenzbaren Leistungen. Im gesellschaftsrechtlichen Bereich liegen Kontrollmaßnahmen immer dann, wenn die Konzernmutter gegenüber ihrer Tochter als Gesellschafterin auftritt und sie in diesem Sinne kontrolliert. Hier liegt für die Tochter kein Vorteil, der ihr zugewandt werden könnte, da sie lediglich Gegenstand der Kontrolle ist. Die für diese Leistungen bei der Konzernspitze anfallenden Aufwendungen sind weder entgelt- noch umlagefähig, so daß sie bei der inländischen Tochtergesellschaft auch nicht zum Abzug zugelassen sind.

Andere abgrenzbare Leistungen zeichnen sich dadurch aus, daß sie zwar der Muttergesellschaft die Möglichkeit zur Kontrolle der Tochter geben, allerdings auch im eigenen Interesse der Tochter liegen, da diese sich durch die Leistungen der Muttergesellschaft eigene Aufwendungen erspart.

Managementleistungen: Unter Managementleistungen sind Tätigkeiten der Konzernmuttergesellschaft zu verstehen, durch die diese unternehmerische Entscheidungen der Tochtergesellschaften vorbereitet oder sogar selbst durchführt und Maßnahmen, durch die die Unternehmenspolitik der Tochtergesellschaften mit beeinflußt wird. Hier wären zu nennen die Investitions- und Finanzierungsplanung, Auftragssteuerung, Gestaltung des Produktionsprogramms sowie die Personalpolitik.

Assistenzleistungen: Assistenzleistungen sind Leistungen, die ihrer Art nach auch von einem unabhängigen Dritten erbracht werden könnten. Hierbei handelt es sich um die Überlassung und Nutzung immaterieller Rechte und Erfahrungen, Werbung, Marktforschung, Rechts- und Steuerberatung, Forschung und Entwicklung sowie allgemeine Unternehmensberatung.

Assistenz- und Managementleistungen sind entgelts- und umlagefähig, wenn sie zum Nutzen der entsprechenden Konzernunternehmen erbracht wurden und bei diesen eigene Aufwendungen erspart haben. Dienen sie allerdings der Leitung des Konzerns und sind damit nicht bei den Konzerntöchtern betrieblich veranlaßt, so handelt es sich um nicht verrechnungsfähige Kontrollkosten.

Im vorliegenden Fall ist also zunächst einmal zu entscheiden, welche Aufwendungen zu den verrechnungs- und umlagefähigen zählen:

1. Die Aufwendungen für die zentrale Stabstelle, die sich mit Marktanalysen und der Optimierung der Vertriebswege befaßt, zählen ebenso zu den Assistenzleistungen, wie die Aufwendungen für die Rechtsberatung der GmbH durch Mitarbeiter der Konzernspitze. Diese Aufwendungen sind entgelt- und umlagefähig, wobei hier die Frage zu entscheiden ist, nach welchem Schlüssel die angefallenen Aufwendungen auf die Tochtergesellschaften zu verteilen sind.

2. Bei den Aufwendungen für die Konzerninnenrevision könnte daran gedacht werden, daß diese zu den Assistenzleistungen zählen und der Tochtergesellschaft eigene Aufwendungen ersparten. Dies wäre der Fall, wenn die Tochtergesellschaft nicht über eine eigene Innenrevision verfügen würde. Daher stehen die Aufwendungen für die Konzernrevision nicht im Zusammenhang mit einem Nutzen für die Tochtergesellschaft, sondern dienen einzig der Kontrolle durch die Zentrale. Die entstandenen Aufwendungen sind daher den im gesellschaftsrechtlichen Beweis liegenden Kontrolleistungen zuzurechnen und sind nicht entgelt- und umlagefähig.

3. Ebenso verhält es sich mit den Aufwendungen für die Erstellung der konsolidierten Weltbilanz. Hier handelt es sich um Aufgaben, die der Konzernspitze zukommen und damit nicht auf die Konzernunternehmen umgelegt werden können.

Ist nun festgestellt, welche Kosten dem Grunde nach umlage- oder verrechnungsfähig sind, ist zu prüfen, auf welcher Grundlage die Umlage oder Verrechnung erfolgt:

Werden von der Konzernmuttergesellschaft keine abgrenzbaren Einzelleistungen erbracht, so wird das Entgelt i. d. R. im Wege einer Konzernumlage erhoben. Bei der von der Konzernspitze erbrachten Rechtsberatung handelt es sich um eine abgrenzbare Einzelleistung (im jeweils auftretenden Fall), die nach dem Grundsatz des „dealing at arm's length" mit einem Fremdvergleichspreis abzurechnen ist. Ist ein derartiger Drittvergleich nicht möglich, so könnte hier an eine Abrechnung nach der Kostenaufschlagsmethode gedacht werden.

Demgegenüber sind die Leistungen der Konzernmutter im Rahmen der zentralen Stabsabteilung nur schwer differenzierbar, so daß hier die Abrechnungen der Dienstleistungen mittels Konzernumlagevertrag erfolgen sollte.

Nach den Verwaltungsgrundsätzen für die Prüfung der Einkunftsabgrenzung bei international verbundenen Unternehmen (BMF-Schreiben v. 23. 2. 1983, BStBl 1983 I S. 218) werden an einen Umlagevertrag für seine steuerliche Wirksamkeit zahlreiche Anforderungen sowohl beim Vertragsinhalt als auch bei dessen Nachweis gestellt.

Danach muß der Umlagevertrag schriftlich zwischen den an der Umlage beteiligten Parteien abgeschlossen werden. Aus dem Vertrag müssen sich klar beschrieben die einzelnen umzulegenden verwaltungsbezogenen Leistungen ergeben, die im Interesse der inländischen Gesellschaft tatsächlich erbracht werden. Ein bloßes Bereithalten der Leistungen, die dann tatsächlich nicht in Anspruch genommen werden, reicht für eine Kostenumlage nicht aus. Der Umlagevertrag muß für einen längeren Zeitraum abgeschlossen werden, wobei in ihn alle Konzernunternehmen einzubeziehen sind, welche die Leistungen tatsächlich oder erwartungsgemäß beanspruchen. Es muß sichergestellt werden, daß der Umlagevertrag in periodischen Abständen an geänderte wirtschaftliche Rahmenbedingungen angepaßt wird. Alle an der Umlage beteiligten Gesellschaften müssen uneingeschränkten Zugang zu den Leistungen haben. Es muß sichergestellt werden, daß Leistungen nicht mehrfach verrechnet werden, beispielsweise über Konzernverrechnungspreise und über eine Kostenumlage. Im Umlagevertrag muß ein Aufteilungsschlüssel enthalten sein, der dem Anteil entspricht, zu dem das inländische Unternehmen die im Konzern anfallenden Leistungen tatsächlich nutzt oder voraussichtlich nutzen wird. Dieser Anteil sollte anhand betriebswirtschaftlicher Grundsätze ermittelt werden, wobei das Verhältnis der Umsätze der nahestehenden Unternehmen zueinander nur dann als Aufteilungsmaßstab zugrundegelegt werden kann, wenn es ein brauchbarer Maßstab für den tatsächlichen oder voraussichtlichen Nutzen für die nahestehenden Unternehmen ist. Darüber hinaus müssen nachprüfbare Unterlagen über die für die Festlegung des Aufteilungsschlüssels maßgeblichen Verhältnisse vorgelegt werden können (vgl. detailliert zur Einkunftsabgrenzung durch Umlageverträge BMF-Schreiben vom 23. 2. 1983, a. a. O., Tz. 7).

Die pauschale Kostenumlage scheitert im vorliegenden Fall daran, daß einige Aufwendungen als Kontrolleistungen dem Grunde nach nicht umlagefähig sind und bei den dem Grunde nach umlagefähigen Kosten der Stabsabteilung ein präzise formulierter Umlagevertrag fehlt.

Fall 65

Gewinnabgrenzung zwischen ausländischem Stammhaus und inländischer Betriebsstätte

BFH v. 20. 7. 1988, BStBl 1989 II S. 140

Sachverhalt

Die Kosmetik Ltd. aus Fall 64 vertreibt ihre Produkte nicht über ausländische Tochtergesellschaften sondern über Zweigniederlassungen. In der Bundesrepublik Deutschland unterhält sie aus diesem Grunde eine Zweigniederlassung in Düsseldorf. Diese führt selbst Bücher zur Ermittlung des Betriebsstättengewinns der Niederlassung. Anteilige Kosten der Hauptverwaltung am Sitz der Ltd. in Großbritannien sind in den Büchern der Zweigniederlassung nicht erfaßt. Als solche sind angefallen: Geschäftsführungs- und Verwaltungskosten, Marketingaufwendungen und Aufwendungen für Rechtsberatung.

Frage

Können anteilige Aufwendungen der Hauptniederlassung trotz fehlender schriftlicher Vereinbarung zwischen Stammhaus und Betriebsstätte und trotz fehlender Verbuchung der entsprechenden Aufwendungen bei der steuerlichen Gewinnermittlung erfaßt werden?

Antwort

Die anteiligen Aufwendungen des Stammhauses sind bei der steuerlichen Gewinnermittlung der Zweigniederlassung zu erfassen.

Begründung

Die inländische Zweigniederlassung ist als unselbständiger Teil des Gesamtunternehmens anzusehen, mit der Folge, daß zwischen Stammhaus und Betriebsstätte keine schuldrechtlichen Verträge abgeschlossen werden können. Werden dennoch als Verträge bezeichnete Vereinbarungen abgeschlossen, so sind diese als Insichgeschäfte anzusehen und steuerlich unbeachtlich.

Die Ltd. hat weder Sitz noch Geschäftsleitung in der Bundesrepublik und ist damit nach § 2 Nr. 1 KStG lediglich mit ihren inländischen Einkünften beschränkt körperschaftsteuerpflichtig. Über ihre Betriebsstätte erzielt sie in der Bundesrepublik inländische Einkünfte (§ 8 Abs. 1 KStG i. V. m. § 49 Abs. 1 Nr. 2 EStG). Damit ist für die inländische Besteuerung der steuerliche Gewinn zu ermitteln.

In seinem Urteil vom 20. 7. 1988 (BStBl 1989 II S. 140) hat der BFH entschieden, daß grundsätzlich ein Austausch von Dienstleistungen zwischen Stammhaus und Betriebsstätte möglich ist. Nach Auffassung des BFH ist für die Frage der Gewinnabgrenzung zwischen Stammhaus und Betriebsstätte auf die wirtschaftliche Zuordnung von Aufwendungen abzustellen, wobei alleinentscheidend für die Zuordnung von Aufwendungen zur Betriebsstätte der wirtschaftliche Veranlassungszusammenhang ist. Hinsichtlich der Art der Dienstleistungen wird differenziert nach speziellen Dienstleistungen, also Dienstleistungen die ein Unternehmensteil gegenüber anderen Unternehmensteilen erbringt, und Regieleistungen unter denen man Leistungen versteht, die meist das Stammhaus im Interesse des Gesamtunternehmens erbringt.

Erbringt das Stammhaus gegenüber der Betriebsstätte spezielle Leistungen wie Marketingleistungen oder Rechtsberatung, so handelt es sich um spezielle Dienstleistungen, die zu einer entsprechenden Aufwandszuordnung zur inländischen Betriebsstätte zwingen.

Kosten der Geschäftsführung und Verwaltung sind als typische Regie- und Kontrollkosten anzusehen. Auch diese sind, im Gegensatz zur Verrechnung innerhalb von Konzernunternehmen, wo sie nicht umlagefähig sind (vgl. Fall 64), auf Stammhaus und Betriebsstätte aufzuteilen, soweit die Regie- und Kontrolltätigkeit auch gegenüber der betroffenen Betriebsstätte ausgeübt wird.

Für den Abzug anteiliger Aufwendungen bei der inländischen Betriebsstätte ist es unmaßgeblich, ob die Aufwendungen im In- oder Ausland angefallen sind, ob sie vom Stammhaus oder der Betriebsstätte getragen wurden oder wo sie aufwandsmäßig verbucht wurden. Für die Praxis sollten für eine sachgerechte Zuordnung der Aufwendungen stets die erbrachten Leistungen spezifiziert, der wirtschaftliche Zusammenhang mit der Betriebsstätte dokumentiert und die Angemessenheit der angewandten Verteilungsschlüssel belegt werden können.

Da im vorliegenden Fall keine aufwandsmäßige Buchung bei der inländischen Betriebsstätte vorgenommen worden ist, muß das buchmäßige Ergebnis für steuerliche Zwecke entsprechend um anteilige Aufwendungen des Stammhauses korrigiert werden.

Fall 66

Überführung von Wirtschaftsgütern in eine ausländische Betriebsstätte und ihre Rückführung ins Inland

BMF-Schreiben v. 12. 2. 1990, BStBl 1990 I S. 72

Sachverhalt

Manni Heerda betreibt in Düsseldorf ein Bauunternehmen. Für dieses hat er zu Beginn des Jahres 01 einen Lkw mit Anschaffungskosten von 100 000 DM angeschafft. Der Lkw hat eine Nutzungsdauer von 5 Jahren und wird linear abgeschrieben. Ende Dezember 02 überführt Manni den Lkw in einen ausländischen Staat, in dem er eine Betriebsstätte eröffnet hat. Zu diesem Zeitpunkt hat der Lkw einen Wert von 72 000 DM. Mit diesem ausländischen Staat hat die Bundesrepublik Deutschland ein Doppelbesteuerungsabkommen abgeschlossen, welches die Freistellung unter Progressionsvorbehalt der ausländischen Betriebsstätteneinkünfte vorsieht.

Frage

1. Welche steuerlichen Folgen im Inland zieht die Überführung des Lkw in die ausländische Betriebsstätte nach sich?
2. Welche steuerlichen Folgen im Inland hat gegebenenfalls eine Veräußerung des Lkw in der ausländischen Betriebsstätte am Ende des Jahres 04 zum Preis von 65 000 DM?
3. Welche steuerlichen Folgen im Inland ergeben sich, wenn der Lkw Ende 04 nicht veräußert wird, sondern fortan wieder im inländischen Betrieb genutzt wird?

Antwort

1. Bei der Überführung des Lkw in die ausländische Betriebsstätte entsteht ein steuerlicher Gewinn von 12 000 DM, der mittels eines passiven Ausgleichspostens neutralisiert werden kann.
2. Der gegebenenfalls noch vorhandene restliche passive Ausgleichsposten muß gewinnerhöhend i. H. v. 4000 DM aufgelöst werden.
3. Der Lkw muß mit 6000 DM im inländischen Betriebsvermögen erfaßt werden.

Begründung

1. Der Bundesfinanzminister hat sich zuletzt in dem zitierten koordinierten Ländererlaß mit der Frage der Überführung von Wirtschaftsgütern in ausländische Betriebsstätten auseinandergesetzt. Danach muß unterschieden werden, ob die Wirtschaftsprüfer in eine Betriebsstätte eines Landes überführt werden, für die der Bundesrepublik das Besteuerungsrecht zusteht (z. B. kein DBA und Welteinkommensprinzip) oder in eine Betriebsstätte eines Landes, für die die Bundesrepublik das Besteuerungsrecht nicht innehat (z. B. durch Freistellung in einem DBA).

Im letztgenannten Fall muß nach Ansicht des BMF bei Überführung von Wirtschaftsgütern vom inländischen Stammhaus in eine ausländische Betriebsstätte grundsätzlich von einer Gewinnverwirklichung ausgegangen werden, wobei für die Ermittlung des Gewinns der Fremdvergleichspreis für das Wirtschaftsgut im Übertragungszeitpunkt zugrundezulegen ist. Mithin würde bei einer jährlichen Abschreibung von 20 000 DM p. a. einem Buchwert für den Lkw Ende 02 von 60 000 DM ein Fremdvergleichspreis von 72 000 DM gegenüberstehen und damit ein Gewinn von 12 000 DM realisiert. Dieser Gewinn kann jedoch, soweit sich das Wirtschaftsgut noch im Unternehmen befindet, also noch nicht veräußert wurde, mittels eines passiven Ausgleichspostens neutralisiert werden. Dieser Ausgleichsposten muß entsprechend der Restnutzungsdauer des Lkw erfolgswirksam aufgelöst werden. Da der Lkw Ende 02 noch eine Restnutzungsdauer von 3 Jahren hat, muß der Ausgleichsposten in den Jahren 03 – 05, vorbehaltlich eines Verbleibs in der ausländischen Betriebsstätte, mit 4000 DM erfolgswirksam aufgelöst werden.

Neben dieser aufgeschobenen Gewinnverwirklichung hat der BMF die Möglichkeit eingeräumt, die sofortige Gewinnrealisierung zu wählen. Dabei darf von diesem Wahlrecht pro Wirtschaftsjahr für alle in ausländische Betriebsstätten überführte Wirtschaftsgüter nur jeweils einheitlich Gebrauch gemacht werden. Die Regelungen des BMF-Schreibens gelten für alle Wirtschaftsgüter, die ab dem 1. 1. 1987 in ein ausländisches Betriebsvermögen überführt wurden.

2. Hat Manni Heerda nicht zur sofortigen Versteuerung optiert, so ist Ende 04, also zum Zeitpunkt der Veräußerung des Lkw durch die ausländische Betriebsstätte noch ein passiver Ausgleichsposten von 4000 DM vorhanden. Dieser Ausgleichsposten muß, da der Lkw durch die Veräußerung den Gesamtunternehmenskreis verläßt, erfolgswirksam aufgelöst werden. Für das Jahr 04 ergibt sich damit insgesamt eine Auflösung von 8000 DM und zwar zum einen die ratierliche Auflösung des passiven Ausgleichspostens und die Auflösung bedingt durch die Veräußerung.

3. Wenn das in ein ausländisches Betriebsvermögen überführte Wirtschaftsgut in das inländische Betriebsvermögen rücküberführt wird, so ist auch hier vom Fremdvergleichspreis im Zeitpunkt der Rücküberführung auszugehen. Das Wirtschaftsgut muß in der inländischen Steuerbilanz mit diesem Fremdvergleichspreis erfaßt werden. Ist zum Zeitpunkt der Rücküberführung noch ein Ausgleichsposten vorhanden, so ist dieser erfolgsneutral vom Fremdvergleichspreis abzusetzen.

Der Lkw hatte bei seiner Rücküberführung unter Fremdvergleichsgesichtspunkten einen Wert von 65 000 DM. Da Ende 04 noch ein passiver Ausgleichsposten von 4000 DM zu berücksichtigen war, muß dieser erfolgsneutral von den 65 000 DM abgesetzt werden, so daß sich ein Ansatz in der Steuerbilanz von 61 000 DM ergibt.

Fall 67

Wohnsitzwechsel in niedrigbesteuernde Gebiete – Erweiterte beschränkte Einkommensteuerpflicht

AStG § 2; EStG §§ 17, 22 Abs. 2, § 23 Abs. 1, Abs. 4, § 34 c Abs. 1, §§ 49, 50 Abs. 3, § 50 a

Sachverhalt

Der aufstrebende Tennisstar Berthold Bleckermann wechselt auf Anraten seines Managers Ende 1989 seinen Wohnsitz. Er zieht von Düsseldorf, wo er seit seiner Geburt im Hause seiner Eltern gewohnt hat, nach Monaco in ein angemietetes Appartement. Nachdem er sich dort eingelebt hat, erwirbt er in der Nachbarschaft seines Appartements eine Eigentumswohnung, die er ab Februar 1990 vermietet. Die nach deutschem Steuerrecht ermittelten Einkünfte belaufen sich auf 8000 DM im Jahre 1990.

In der Bundesrepublik Deutschland erzielte er 1990 folgende Einkünfte:

Festgeldzinsen i. H. v. 40 000 DM aus einem Festgeldkonto bei einer deutschen Bank, bei der Bleckermann seine bisherigen Preisgelder angelegt hatte.

Einkünfte aus einem vermieteten Mehrfamilienhaus in Köln, die sich 1990 auf 6000 DM beliefen.

Gewinnanteil an der Heiner Müller OHG i. H. v. 3000 DM. Den OHG-Anteil hatte er vor Jahren von einem Onkel geerbt.

Einnahmen aus Tennisschaukämpfen in der Bundesrepublik Deutschland i. H. v. 30 000 DM, für die ein Steuerabzug von 4500 DM vom Veranstalter vorgenommen wurde (Umsatzsteuerfragen im Zusammenhang mit der Abzugsteuer sollen hier nicht behandelt werden).

Nach einem Tennisturnier entdeckte Bleckermann in den Auslagen eines Juweliers in Düsseldorf eine Uhr, die er für 5300 DM erwarb. Sein Doppelpartner, der die Uhr bei ihm sah, bat ihn so inständig, diese an ihn zu verkaufen, daß Bleckermann zwei Tage nach Erwerb dieser Bitte zum Preis von 6500 DM nachkam.

Im Januar und Februar 1990 war Bleckermann als angestellter Geschäftsführer der Sporting GmbH in Köln tätig. Seine Einkünfte beliefen sich auf 9000 DM. Hierfür hatte die Sporting GmbH zutreffenderweise Lohnsteuer einbehalten.

Ansonsten hat Bleckermann 1990 lediglich Einnahmen aus Tennisturnieren in Großbritannien erzielt. Diese beliefen sich auf 15 000 DM.

Frage

Wie hoch ist die 1990 von Bleckermann in der Bundesrepublik Deutschland zu zahlende Einkommensteuer?

Antwort

Die von Bleckermann 1990 zu zahlende Einkommensteuer beläuft sich auf 21 343 DM.

Begründung

Berthold Bleckermann ist seit seinem Wegzug in der Bundesrepublik Deutschland nicht mehr unbeschränkt steuerpflichtig. Da er in der Bundesrepublik Deutschland weder seinen Wohnsitz noch seinen gewöhnlichen Aufenthalt hat, unterliegt er der beschränkten Steuerpflicht soweit er Einkünfte i. S. v. § 49 EStG in der Bundesrepublik erzielt. Im vorliegenden Fall kommt aber über die beschränkte Steuerpflicht hinaus noch die erweiterte beschränkte Steuerpflicht zum Tragen.

Dieser erweiterten beschränkten Steuerpflicht nach § 2 AStG unterliegen Personen, die in den letzten zehn Jahren vor der Beendigung ihrer unbeschränkten Steuerpflicht als Deutsche mindestens fünf Jahre unbeschränkt einkommensteuerpflichtig waren und

- in einem niedrig besteuernden ausländischen Staat ansässig sind,
- in der Bundesrepublik Deutschland über wesentliche wirtschaftliche Interessen verfügen und
- bei denen die Summe aller inländischen Einkünfte nach § 49 EStG und § 2 AStG 32 000 DM übersteigt.

Was unter einer niedrigen Besteuerung zu verstehen ist bestimmt sich nach § 2 Abs. 2 AStG. Eine Niedrigbesteuerung liegt vor, wenn die ausländische Steuer bei einem zu versteuernden Einkommen von 150 000 DM um ⅓ niedriger ist als die deutsche Einkommensteuer nach der Grundtabelle. Eine Niedrigbesteuerung kann auch in Form einer Vorzugsbesteuerung im Ausland gegeben sein (in Anl. I zum BMF-Schreiben vom 11. Juli 1974, BStBl 1974 I S. 442 findet sich eine Liste mit Niedrigsteuerländern).

Die Frage der wesentlichen wirtschaftlichen Interessen im Inland ist in § 2 Abs. 3 AStG geregelt. Danach sind drei Fälle zu unterscheiden, in denen wesentliche wirtschaftliche Interessen im Inland anzunehmen sind:

- Der Steuerpflichtige ist zu Beginn des Veranlagungszeitraums Unternehmer oder Mitunternehmer eines inländischen Gewerbebetriebes; der Steuerpflichtige ist Kommanditist, wobei auf ihn mehr als 25 % der Gewinnausschüttungen der Kommanditgesellschaft entfallen; der Steuerpflichtige hält eine wesentliche Beteiligung von mehr als 25 % an einer inländischen Kapitalgesellschaft nach § 17 Abs. 1 Satz 3 EStG.
- Die Einkünfte, die bei unbeschränkter Steuerpflicht keine ausländischen Einkünfte nach § 34 c Abs. 1 EStG wären, betragen mehr als 30 % der Gesamteinnahmen oder übersteigen 120 000 DM im Veranlagungszeitraum.
- Das Vermögen des Steuerpflichtigen zu Beginn des Veranlagungszeitraums, aus dem bei unbeschränkter Steuerpflicht keine ausländischen Einkünfte anfallen würden (§ 34 c Abs. 1 EStG), macht mehr als 30 % des Gesamtvermögens aus oder übersteigt 300 000 DM.

Sind die Voraussetzungen gegeben, so ist für das Jahr des Wohnsitzwechsels und die folgenden zehn Jahre neben der beschränkten Steuerpflicht nach § 49 EStG die erweiterte beschränkte Steuerpflicht nach § 2 AStG zu beachten, der alle Einkünfte unterliegen, die bei unbeschränkter Steuerpflicht keine ausländischen Einkünfte nach § 34 c Abs. 1 EStG wären.

Im Fall von Berthold Bleckermann ist zunächst einmal zu überprüfen, welche Einkünfte unter die Katalogeinkünfte des § 49 EStG fallen.

Die Einkünfte aus dem Mehrfamilienhaus unterliegen der beschränkten Steuerpflicht nach § 49 Abs. 1 Nr. 6 EStG i. H. v. 6000 DM. Der Gewinnanteil an der Heiner Müller OHG von 3000 DM zählt nach § 49 Abs. 1 Nr. 1 a EStG zu den beschränkt steuerpflichtigen Einkünften, da für den Gewerbebetrieb in der Bundesrepublik eine Betriebsstätte unterhalten wird. Die Einkünfte aus den Tennisschaukämpfen in der Bundesrepublik i. H. v. 30 000 DM sind nach § 49 Abs. 1 Nr. 2 d EStG genauso im Rahmen der beschränkten Einkommensteuerpflicht zu erfassen wie die Einkünfte aus nichtselbständiger Tätigkeit als Geschäftsführer nach § 49 Abs. 1 Nr. 4 EStG.

Weiterhin sind neben der beschränkten Steuerpflicht die Voraussetzungen der erweiterten beschränkten Steuerpflicht i. S. v. § 2 AStG zu überprüfen, da Berthold Bleckermann vor Beendigung seiner unbeschränkten Steuerpflicht im Jahre 1989 mindestens in den letzten zehn Jahren fünf Jahre als Deutscher unbeschränkt einkommensteuerpflichtig war.

Da Monaco keine Einkommensteuer erhebt, erübrigt sich die zahlenmäßige Überprüfung, ob es zu den Niedrigsteuergebieten zählt. Wesentliche wirtschaftliche Interessen von Bleckermann sind alleine aus seiner OHG Beteiligung gegeben. Auch die Grenze für die beschränkt und erweitert beschränkt steuerpflichtigen Einkünfte von 32 000 DM ist augenscheinlich überschritten. Die Voraussetzungen für die Annahme einer erweiterten beschränkten Steuerpflicht sind für Berthold Bleckermann dem Grunde nach gegeben. Zu prüfen ist, ob er auch Einkünfte erzielt hat, die unter die erweiterte beschränkte Steuerpflicht fallen.

Die Festgeldzinsen von 40 000 DM unterliegen nicht der beschränkten Steuerpflicht, da sie nicht – wie § 49 Abs. 1 Nr. 5 a EStG hierfür vorschreibt – durch inländischen Grundbesitz gesichert sind. Wohl aber fallen sie unter die erweiterte beschränkte Steuerpflicht nach § 2 AStG, da es sich um Einkünfte handelt, die bei unbeschränkter Steuerpflicht nicht ausländische nach § 34 c Abs. 1 EStG wären.

Aus der Veräußerung der Uhr erzielt Bleckermann einen Gewinn von 1200 DM. Bei unbeschränkter Steuerpflicht handelt es sich hierbei um einen Spekulationsgewinn nach § 22 Abs. 2 i. V. m. § 23 Abs. 1 Nr. 1 b EStG, der, da die Freigrenze von 1000 DM nach § 23 Abs. 4 EStG überschritten ist, in voller Höhe einkommensteuerpflichtig wäre. Im Rahmen der beschränkten Steuerpflicht wären derartige Spekulationsgeschäfte nicht zu erfassen, da der beschränkten Steuerpflicht nur Spekulationsgeschäfte mit inländischen Grundstücken und inländischen Rechten unterliegen. Auch die Einkünfte aus der Veräußerung der Uhr unterliegen der erweiterten beschränkten Steuerpflicht, da auch sie bei unbeschränkter Steuerpflicht keine ausländischen Einkünfte nach § 34 c Abs. 1 EStG wären.

Die Einkünfte aus der Vermietung in Monaco und aus den Tennisturnieren in Großbritannien sind ausländische Einkünfte und als solche in der Veranlagung nicht direkt zu erfassen.

Bei der Veranlagung im Rahmen der erweiterten beschränkten Steuerpflicht ergeben sich einige Besonderheiten. Im Gegensatz zur Veranlagung bei beschränkter Steuerpflicht werden Einkünfte, für die ein Steuerabzug vom Kapitalertrag vorgenommen wurde, oder die dem Steuerabzug nach § 50 a EStG unterlegen haben, mit in die Veranlagung einbezogen (§ 2 Abs. 5 AStG). Die im Wege des Steuerabzugs einbehaltene Steuer wird auf die zu zahlende Steuer angerechnet. Lediglich die Einkünfte aus nichtselbständiger Arbeit, für die auch die Steuer im Abzugswege einbehalten wurde, sind insoweit nicht direkt in die Veranlagung einzubeziehen. Für die Berechnung des Steuersatzes, der auf das zu versteuernde Einkommen anzuwenden ist, ergibt sich nach § 2 Abs. 5 AStG ein eigener **Progressionsvorbehalt.** Danach muß der Steuersatz angewendet werden, der sich bei Besteuerung aller Welteinkünfte ergeben würde und zwar unabhängig davon, ob die Einkünfte wie bei Freistellung nach Doppelbesteuerungsabkommen in der Bundesrepublik besteuert würden oder nicht. Im Rahmen dieses besonderen Progressionsvorbehalts sind auch die in die Veranlagung nicht direkt einzubeziehenden Einkünfte aus nichtselbständiger Arbeit aufzunehmen. Die Einkommensteuer wird nach der Grundtabelle unter Berücksichtigung des Sonderfreibetrages nach § 50 Abs. 3 EStG i. H. v. 864 DM ermittelt.

In die Veranlagung einzubeziehende Einkünfte:

Gewinnanteil OHG		3 000 DM
Einkünfte Mehrfamilienhaus in Köln		6 000 DM
Einkünfte aus Tennisschaukämpfen in der Bundesrepublik		30 000 DM
Festgeldzinsen		40 000 DM
Spekulationsgewinn Uhr		1 200 DM
Einkommen		80 200 DM
Freibetrag nach § 50 Abs. 3 EStG	⁄.	864 DM
zu versteuerndes Einkommen		79 336 DM
im Rahmen des Progessionsvorbehalts zu erfassende Einkünfte:		
Tennisturniere Großbritannien		15 000 DM
Vermietungseinkünfte Monaco		8 000 DM
Einkünfte aus Geschäftsführertätigkeit		9 000 DM
Für die Berechnung des Steuersatzes maßgebender Betrag		111 336 DM
abgerundet auf die Tabelleneingangsstufe		111 294 DM
Steuer nach Grundtabelle		36 258 DM
durchschnittlicher Steuersatz: $36258/111294$ = 32,57857 %		
zu versteuerndes Einkommen abgerundet auf Tabelleneingangsstufe		79 326 DM
Einkommensteuer: 79 326 × 32,57857 % =		25 843 DM
Anrechnung der einbehaltenen Abzugsteuer für Tennisschaukämpfe in der Bundesrepublik	⁄.	4 500 DM
zu zahlende Einkommensteuer 1990		21 343 DM

Fall 68

Wohnsitzwechsel ins Ausland – Wesentliche Beteiligung

AStG § 6; EStG §§ 17, 34

Sachverhalt

Pierre Pernod ist französischer Staatsbürger. Im Jahre 1977 hatte er seinen Wohnsitz in Frankreich. Zusammen mit einem Deutschen gründete er eine GmbH mit Sitz in Köln. 50 % des Stammkapitals von 100 000 DM der GmbH übernahm Pernod. Im Jahre 1979 siedelte er von Paris nach Köln über, wo er sich eine Eigentumswohnung kaufte. Der Wert seines GmbH-Anteils, den er seit Gründung der GmbH im Privatvermögen hielt, belief sich bei seinem Umzug in die Bundesrepublik Deutschland auf 300 000 DM.

Im Jahre 1980 gründete er die Pierre Pernod GmbH & Co. KG, mit ihm als alleinigem Gesellschafter der GmbH und alleinigem Kommanditisten der KG. Das Stammkapital der GmbH belief sich auf 50 000 DM, die Kommanditeinlage auf 80 000 DM. Die GmbH ist als Komplementär kapitalmäßig nicht an der KG beteiligt.

Im Januar 1990 beschließt Pierre Pernod, seinen Wohnsitz in Köln aufzugeben und nach Paris zurückzukehren. Die Beteiligungen verkauft er nicht. Der GmbH-Anteil von 50 % hat mittlerweile einen Wert von 500 000 DM. Der Wert der GmbH & Co. KG beträgt 350 000 DM, wovon 70 000 DM auf die GmbH entfallen.

Frage

Wie ist der Wegzug nach Frankreich einkommensteuerlich hinsichtlich der Beteiligungen zu behandeln?

Antwort

Die in der 50 %igen GmbH-Beteiligung ruhenden stillen Reserven sind, soweit sie während der unbeschränkten Steuerpflicht des Pierre Pernod entstanden sind, im Rahmen von § 6 Abs. 1 AStG i.V.m. § 17 EStG zu versteuern.

Hinsichtlich der Beteiligung an der GmbH & Co. KG greift die Wegzugsbesteuerung des § 6 AStG nicht ein.

Begründung

Die sog. **Wegzugsbesteuerung** nach § 6 AStG findet Anwendung bei natürlichen Personen, die insgesamt mindestens zehn Jahre in der Bundesrepublik Deutschland unbeschränkt einkommensteuerpflichtig waren, ihren Wohnsitz aufgeben und ins Ausland ziehen. Hat die natürliche Person zum Zeitpunkt ihrer Wohnsitzaufgabe Anteile an einer inländischen Kapitalgesellschaft findet auf diese Anteile § 17 EStG auch dann Anwendung, wenn die Anteile nicht veräußert werden.

Pierre Pernod hält 50 % des Anteils an einer GmbH. Diesen Anteil hält er im Privatvermögen seit mehr als 5 Jahren, so daß die Voraussetzungen des § 17 EStG erfüllt sind. Anstelle des Veräußerungspreises tritt nach § 6 Abs. 1 AStG der gemeine Wert der Beteiligung im Zeitpunkt der Aufgabe der unbeschränkten Steuerpflicht. Dieser Wert belief sich auf 500 000 DM. Zur Ermittlung des Veräußerungsgewinns werden an sich dem Veräußerungspreis die Anschaffungskosten des Anteils gegenübergestellt, die sich hier auf 50 000 DM beliefen. Allerdings muß im vorliegenden Fall berücksichtigt werden, daß Pierre Pernod bei Erwerb des Anteils noch nicht unbeschränkt einkommensteuerpflichtig war. Weist Pernod nach, daß ihm die Anteile bei erstmaliger Begründung der unbeschränkten Einkommensteuerpflicht bereits gehört haben, so bestimmt § 6 Abs. 1 AStG, daß in diesen Fällen, abweichend von § 17 EStG, nicht die tatsächlichen Anschaffungskosten des Anteils, sondern vielmehr der gemeine Wert im Zeitpunkt der Begründung der unbeschränkten Steuerpflicht maßgebend ist.

Der Wert des Anteils bei Begründung der unbeschränkten Steuerpflicht belief sich auf 300 000 DM; der Wert bei Wegzug betrug 500 000 DM. Der zu versteuernde Veräußerungsgewinn nach § 6 Abs. 1 AStG i. V. m. § 17 EStG beträgt damit 200 000 DM. Auf diesen Veräußerungsgewinn ist der halbe Steuersatz nach § 34 EStG anzuwenden. Mithin werden im Rahmen der Wegzugsbesteuerung nach § 6 AStG lediglich die während der Zeit der unbeschränkten Steuerpflicht entstandenen stillen Reserven besteuert.

Die Aufgabe der unbeschränkten Steuerpflicht hat keine Auswirkungen auf die Beteiligung an der GmbH & Co. KG. Hinsichtlich der Kommanditbeteiligung tritt keine Versteuerung ein, da der Betrieb der KG in der Bundesrepublik bleibt und nicht ins Ausland verlegt wird. Dementsprechend ist keine vorzeitige Besteuerung der stillen Reserven notwendig, da die Beteiligung durch den Wegzug nicht der deutschen Besteuerung entzogen wird.

Auch hinsichtlich der Beteiligung an der Komplementär-GmbH ergibt sich keine Wegzugsbesteuerung. § 6 AStG weist ausdrücklich darauf hin, daß nur wesentliche Beteiligungen, i. S. v. § 17 EStG – also Beteiligungen von mehr als 25 %, die im Privatvermögen gehalten werden, der Wegzugsbesteuerung unterliegen. Der Anteil an der Komplementär-GmbH zählt aber nicht zum Privat- sondern zum Betriebsvermögen. Gehören einem Kommanditisten einer GmbH & Co. KG nämlich auch die Anteile an der Komplementär-GmbH, so zählen diese Anteile zum notwendigen Sonderbetriebsvermögen II. Die Wegzugsbesteuerung entfällt somit mangels Vorliegen der Tatbestandsvoraussetzung des § 17 EStG.

Fall 69

Wohnsitzwechsel ins Ausland – Wesentliche Beteiligung – Einbringungsgeborene Anteile

AStG § 6 Abs. 1, Abs. 2; EStG §§ 16, 17, 34, 49 Abs. 1 Nr. 2 e; UmwStG § 20 Abs. 1, Abs. 2, Abs. 4, § 21 Abs. 1, Abs. 2 Nr. 2

Sachverhalt

Hartmut Motzig hat im Jahre 1983 seinen Mitunternehmeranteil an der Motzig OHG zu Buchwerten gegen Gewährung neuer Anteile in die Motzig GmbH eingebracht. Dafür erhielt er 50 % der Anteile an der GmbH.

Der Buchwert des eingebrachten Mitunternehmeranteils belief sich auf 100 000 DM, wogegen der Teilwert bei Einbringung 400 000 DM betrug. Motzig hält den Anteil im Privatvermögen.

Nach Erreichen des 60. Lebensjahres im Jahre 1989 gibt Motzig seinen Wohnsitz in der Bundesrepublik Deutschland auf und zieht nach Monaco, um dort seinen Lebensabend zu verbringen. Die Beteiligung veräußert er nicht. Sie hat im Zeitpunkt des Umzugs einen gemeinen Wert von 600 000 DM.

Nachdem Motzig im Februar 1990 überraschend verstirbt, erbt sein Neffe Franz die Beteiligung, die nach wie vor einen gemeinen Wert von 600 000 DM hat.

Angeregt durch die Erzählungen seines Onkels, zieht Franz, der die letzten 20 Jahre in der Bundesrepublik gelebt hat, im Dezember 1990 nach Monaco. Der Wert der Beteiligung beläuft sich zu diesem Zeitpunkt auf 660 000 DM. Im Juli 1991 nimmt er das Angebot eines anderen Gesellschafters der Motzig GmbH an und veräußert die 50 %-Beteiligung an der GmbH für 730 000 DM.

Frage

Welche einkommensteuerlichen Konsequenzen ergeben sich für Motzig und Franz durch den Wegzug nach Monaco und wie ist die Veräußerung des Anteils durch Franz zu beurteilen?

Antwort

Motzig muß bei Wegzug nach Monaco im Jahre 1989 500 000 DM nach § 21 Abs. 2 Nr. 2 UmwStG versteuern.

Franz muß bei seinem Wegzug im Dezember 1990 nach Monaco 60 000 DM im Dezember 1990 nach § 6 Abs. 1, Abs. 2 AStG i.V.m. § 17 EStG versteuern.

Die Veräußerung des Anteils durch Franz im Juli 1991 führt unter Anrechnung der Versteuerung nach § 6 Abs. 1 AStG zu einer Versteuerung von 70 000 DM.

Begründung

Hartmut Motzig hat im Jahre 1983 seinen Mitunternehmeranteil an der Motzig OHG gegen Gewährung neuer Anteile in die Motzig GmbH eingebracht (§ 20 Abs. 1 UmwStG). Dabei ist nach § 20 Abs. 2 UmwStG wahlweise eine Einbringung zu Buchwerten zulässig, wenn die Kapitalgesellschaft das eingebrachte Betriebsvermögen zum Buchwert ansetzt. Von diesem Wahlrecht wurde hier Gebrauch gemacht. Der Wert, mit dem die Kapitalgesellschaft das eingebrachte Vermögen ansetzt, gilt nach § 20 Abs. 4

UmwStG für den Einbringenden gleichzeitig als Veräußerungspreis und als Anschaffungskosten seines Anteils an der Kapitalgesellschaft. Da die Einbringung zu Buchwerten erfolgte, muß Motzig aus dem Einbringungsvorgang die in dem Mitunternehmeranteil ruhenden stillen Reserven nicht der Versteuerung unterwerfen. Seine Anschaffungskosten der GmbH-Anteile belaufen sich nach der Fiktion des § 20 Abs. 4 UmwStG auf 100 000 DM. Allerdings erhalten die Anteile den Status sog. einbringungsgeborener Anteile. Wird nämlich nun der zuvor im Wege der Einbringung erworbene Anteil veräußert, so gilt nach § 21 Abs. 1 UmwStG der Differenzbetrag zwischen Veräußerungspreis – nach Abzug von Veräußerungskosten – und den Anschaffungskosten i. S. v. § 20 Abs. 4 UmwStG als Veräußerungsgewinn i. S. v. § 16 EStG. Dieselbe Rechtsfolge tritt nach § 21 Abs. 2 Nr. 2 UmwStG ein, wenn auch ohne Veräußerung der Anteilseigner beschränkt einkommensteuerpflichtig wird, es wird also eine fiktive Veräußerung angenommen.

Dieses Tatbestandsmerkmal liegt bei Hartmut Motzig mit seinem Wegzug nach Monaco vor. Die Anschaffungskosten seines Anteils an der GmbH beliefen sich nach § 20 Abs. 4 UmwStG auf 100 000 DM, dem Buchwert des von ihm eingebrachten Betriebsvermögens. Eine Versteuerung der stillen Reserven von 300 000 DM zum damaligen Zeitpunkt fand nicht statt. Bei Wegzug hatte der Anteil allerdings einen Wert von 600 000 DM, so daß nach § 21 Abs. 2 Nr. 2 UmwStG die Differenz zwischen diesem Wert und den Anschaffungskosten nach § 20 Abs. 4 UmwStG also 500 000 DM von Motzig der Einkommensteuer zu unterwerfen ist. Dabei kommt nach § 21 Abs. 1 UmwStG der ermäßigte Steuersatz nach § 34 Abs. 1 EStG zur Anwendung.

Durch die Erbschaft erwirbt Franz die Anteile an der GmbH unentgeltlich. Der Wert der Beteiligung zum Zeitpunkt der Erbschaft ist insoweit unmaßgeblich.

Der Wegzug von Franz nach Monaco löst eine Einkommensteuerpflicht aus, da die Voraussetzungen des § 6 Abs. 1 AStG erfüllt sind. Franz müßte danach mindestens zehn Jahre unbeschränkt einkommensteuerpflichtig gewesen sein, bevor er seinen Wohnsitz in der Bundesrepublik aufgab. Weiterhin müßte er wesentlich, d. h. zu mehr als 25 % an einer Kapitalgesellschaft innerhalb der letzten fünf Jahre, beteiligt gewesen sein. Bei Aufgabe der unbeschränkten Steuerpflicht liegen für Franz die Voraussetzungen der **Wegzugsbesteuerung** nach § 6 Abs. 1 AStG vor, mit der Folge, daß § 17 EStG auch ohne tatsächliche Veräußerung anzuwenden ist. § 6 Abs. 2 AStG, wonach die Besitzzeiten des Rechtsvorgängers in die Berechnung der Fristen nach § 6 Abs. 1 AStG einzubeziehen sind, ist hier nicht einschlägig, da Franz selbst bereits die zeitlichen Voraussetzungen nach § 6 Abs. 1 AStG erfüllt. Als Veräußerungspreis wird nach § 6 Abs. 1 AStG der gemeine Wert der Anteile bei Beendigung der unbeschränkten Steuerpflicht angenommen. Dieser beträgt 660 000 DM. Zur Ermittlung des Veräußerungsgewinns nach § 17 EStG sind diesem fiktiven Veräußerungspreis die Anschaffungskosten des Anteils gegenüberzustellen. Bei unentgeltlichem Erwerb sind dies nach § 17 Abs. 2 EStG die Anschaffungskosten des Rechtsvorgängers. Diese belaufen sich auf 100 000 DM (§ 20 Abs. 4 UmwStG). Würden nun diese Anschaffungskosten zugrundegelegt, so würden die in dem Anteil ruhenden stillen Reserven i. H. v. 500 000 DM von Franz ein zweites Mal versteuert. Um dieses unbillige Ergebnis zu vermeiden, wird in Gesetzesanalogie zu § 6 Abs. 1 Satz 5 AStG der bereits von dem Übertragenden versteuerte Betrag auf den ermittelten Veräußerungsgewinn angerechnet. Dementsprechend muß Franz folgenden Betrag versteuern:

Fiktiver Veräußerungspreis	660 000 DM
Anschaffungskosten	./. 100 000 DM
Anrechnung der bereits versteuerten stillen Reserven	./. 500 000 DM
zu versteuernder Betrag	60 000 DM

Dieser Betrag ist mit dem halben Steuersatz nach § 34 EStG der Versteuerung zu unterwerfen.

Die **tatsächliche** Veräußerung des Anteils unterliegt vorbehaltlich etwaiger Regelungen in Doppelbesteuerungsabkommen der inländischen Besteuerung nach § 49 Abs. 1 Nr. 2 e EStG im Rahmen der beschränkten Steuerpflicht von Franz. Mit Monaco gibt es kein Doppelbesteuerungsabkommen, dessen Regelungen hier greifen könnten. Dementsprechend realisiert Franz mit der Veräußerung des Anteils einen Veräußerungsgewinn nach § 17 EStG, der der beschränkten Steuerpflicht zu unterwerfen ist. Dem tatsächlichen Veräußerungspreis werden, da Franz den Anteil des Rechtsvorgängers unentgeltlich erworben hat, dessen Anschaffungskosten gegenübergestellt. Allerdings muß auch hier § 6 Abs. 1 Satz 5 AStG beachtet werden, wonach zwar der Veräußerungsgewinn nach § 17 EStG ermittelt werden muß, allerdings gekürzt um den nach § 6 Abs. 1 AStG zuvor besteuerten Vermögenszuwachs.

Tatsächlicher Veräußerungspreis	730 000 DM
Anschaffungskosten	./. 100 000 DM
Anrechnung bereits versteuerter stiller Reserven	./. 560 000 DM
zu versteuernder Betrag	70 000 DM

Dieser Betrag ist mit dem halben Steuersatz nach § 34 EStG der Versteuerung zu unterwerfen.

Fall 70

Steuerpflicht dem Grunde nach für inländische Gesellschafter mit Beteiligungen an ausländischen Zwischengesellschaften

AStG §§ 2, 7 Abs. 1–3, Abs. 1; BStBl 1974 I S. 442

Sachverhalt

Günter Müller, mit Wohnsitz in Düsseldorf, ist an mehreren Gesellschaften beteiligt, die ihren Sitz jeweils im selben Niedrigsteuerland haben. Soweit es sich hierbei um Beteiligungen an Kapitalgesellschaften handelt, erzielen diese „passive" Einkünfte i. S. v. § 8 Abs. 1 AStG. Im einzelnen hält Müller folgende Beteiligungen:

- Eine 50 %ige Beteiligung an der Kapitalgesellschaft I. Er besitzt allerdings 51 % der Stimmrechte.
- Eine 55 %ige Beteiligung an einer Personengesellschaft mit Sitz in Düsseldorf. Die restlichen 45 % werden von dem in Rom ansässigen Luciano Paroni gehalten. Die Personengesellschaft hält sämtliche Anteile an einer Kapitalgesellschaft II.
- Weiterhin ist Müller zu 30 % an einer Kapitalgesellschaft III beteiligt, an der neben ihm sein Onkel Ernst Maier zu 20 % beteiligt ist. 40 % werden von einem Ausländer gehalten, 10 % der Anteile hält die Gesellschaft selbst. Der Onkel lebt in Monaco. Bei seiner Besteuerung ist § 2 AStG anzuwenden.

Die Beteiligungen werden seit mehreren Jahren gehalten. Alle Gesellschaften haben im Jahre 1990 keine Gewinnausschüttungen vorgenommen.

Frage

Ergibt sich für Günter Müller aus den von den Kapitalgesellschaften I–III im Jahre 1990 erzielten Einkünften im Inland eine Steuerpflicht?

Antwort

Die Kapitalgesellschaften I–III sind als Zwischengesellschaften nach § 7 AStG zu beurteilen. Müller ist mit den Einkünften, die von diesen Gesellschaften erzielt wurden, jeweils mit dem Teil steuerpflichtig, der auf die ihm zuzurechnende Beteiligung am Nennkapital entfällt. Die Steuerpflicht für Müller ergibt sich trotz Thesaurierung der Einkünfte bei den ausländischen Gesellschaften.

Begründung

Die in den §§ 7–14 AStG dargelegten Grundsätze der sog. **Zugriffsbesteuerung** bezwecken bei Verlagerung von Einkunftsquellen auf ausländische Gesellschaften bei gleichzeitigem Entzug der deutschen Besteuerung, diesen wieder rückgängig zu machen. Sind ausländische Gesellschaften als Zwischengesellschaften nach § 7 AStG einzustufen, so werden den unbeschränkt steuerpflichtigen Anteilseignern entsprechend ihrer Beteiligungsquote die Einkünfte der ausländischen Zwischengesellchaft hinzugerechnet und zwar auch dann, wenn die ausländischen Gesellschaften ihre Gewinne nicht ausschütten, sondern diese thesaurieren.

Die Zugriffsbesteuerung ist nur dann anzuwenden, wenn folgende Voraussetzungen vollständig gegeben sind:

- Beteiligung an einer ausländischen Gesellschaft nach § 7 Abs. 1 AStG,
- Beherrschung der ausländischen Gesellschaft durch inländische Gesellschafter,
- Erzielung „passiver" Einkünfte nach § 8 Abs. 1 AStG durch die ausländische Gesellschaft,
- die Einkünfte der ausländischen Gesellschaft müssen einer niedrigen Besteuerung i. S. v. § 8 Abs. 3 AStG unterliegen.

Ausländische Gesellschaften nach § 7 Abs. 1 AStG sind Körperschaften, Personenvereinigungen und Vermögensmassen i. S. d. KStG, die weder Sitz noch Geschäftsleitung im Inland haben und auch nicht nach § 3 Abs. 1 KStG von der Körperschaftsteuerpflicht ausgenommen sind.

Inländische Gesellschafter – als solche kommen nur natürliche oder juristische Personen in Frage, da durch Personengesellschaften nach § 7 Abs. 3 AStG hindurchgegriffen wird – beherrschen eine ausländische Gesellschaft nach § 7 Abs. 1 AStG, wenn sie zu mehr als 50 % beteiligt sind. Entscheidend ist nicht allein eine Kapitalbeteiligung von mehr als 50 %, eine Beherrschung ist alternativ auch dann gegeben, wenn der inländische Gesellschafter mehr als 50 % der Stimmrechte an der ausländischen Gesellschaft besitzt. Wie inländische Gesellschafter werden Personen i. S. v. § 2 AStG behandelt. Für die Berechnung der Beteiligungsquote ist abzustellen auf die Verhältnisse am Ende des Wirtschaftsjahres der ausländischen Gesellschaft. Weiterhin kommt es nicht auf die Beteiligungsquote eines einzelnen inländischen Gesellschafters an, sondern es sind vielmehr für die Entscheidung der Frage, ob eine inländische Beherrschung gegeben ist, alle Quoten inländischer Gesellschaften zusammenzurechnen.

Laut Sachverhalt befinden sich alle Kapitalgesellschaften in Niedrigsteuerländern i. S. v. § 8 Abs. 3 AStG. Außerdem beziehen sie nur passive Einkünfte nach § 8 Abs. 1 AStG.

Kapitalgesellschaft I

Zwar ist Günter Müller nicht zu mehr als 50 % an der Gesellschaft beteiligt, ihm stehen aber mehr als 50 % der Stimmrechte zu, so daß sich hieraus eine Beherrschung nach § 7 Abs. 2 AStG ergibt. Die ausländische Gesellschaft ist Zwischengesellschaft i. S. v. § 7 Abs. 1 AStG. Müller werden damit 50 % der Einkünfte der ausländischen Kapitalgesellschaft bei seiner inländischen Besteuerung hinzugerechnet. Im Gegensatz zur Entscheidung der Frage, ob eine Beherrschung vorliegt, für deren Beantwortung auch der Anteil an den Stimmrechten entscheidend ist, wird bei der Hinzurechnung der Einkünfte der ausländischen Gesellschaft auf den Anteil des inländischen Gesellschafters am Nennkapital abgestellt.

Kapitalgesellschaft II

Zwar besteht hier keine unmittelbare Beteiligung an einer ausländischen Kapitalgesellschaft, jedoch schreibt § 7 Abs. 3 AStG vor, daß, soweit unbeschränkt Steuerpflichtige an einer Personengesellschaft beteiligt sind, die ihrerseits an einer ausländischen Gesellschaft i. S. v. § 7 Abs. 1 AStG beteiligt ist, durch die Personengesellschaft hindurchzugreifen ist. Müller hält bei einem Durchgriff durch die Personengesellschaft mittelbar 55 % der Anteile an der ausländischen Kapitalgesellschaft. Die von ihr erzielten Einkünfte werden ihm daher entsprechend seiner Beteiligungsquote am Nennkapital hinzugerechnet.

Kapitalgesellschaft III

In diesem Fall ist Müller als einzige unbeschränkt steuerpflichtige Person an der ausländischen Kapitalgesellschaft beteiligt. Seine Beteiligungsquote liegt mit 30 % unter der Beherrschungsgrenze von mehr als 50 %. Allerdings bestimmt § 7 Abs. 2 AStG, daß für die Frage der Zugriffsbesteuerung auch die Anteile der erweitert beschränkt Steuerpflichtigen nach § 2 AStG einzubeziehen sind. Rechnet man nun die Anteile von Günter Müller und seinem in Monaco lebendem, der erweitert beschränkten Steuerpflicht unterliegendem Onkel zusammen, so ergibt sich eine Beteiligungsquote von 50 % die für eine Beherrschung allein nicht ausreichend ist. Allerdings muß hier die Besonderheit beachtet werden, daß die Gesellschaft eigene Anteile von 10 % hält. Nach Tz 7.2.2 des BMF Schreibens vom 11. Juli 1974 (BStBl 1974 I S. 442) sind bei der Berechnung des Beherrschungsprozentsatzes eigene Anteile der ausländischen Gesellschaft so zu behandeln, als seien sie nicht ausgegeben worden. Die zusammengerechnete Beteiligungsquote von Müller und Maier beträgt damit $^{50}/_{90} = 55{,}55\,\%$. Damit liegt eine Beherrschung i. S. v. § 7 Abs. 2 AStG vor. Die ausländische Kapitalgesellschaft ist als Zwischengesellschaft anzusehen, mit der Folge, daß Müller entsprechend seiner Beteiligung 30 % der Einkünfte bei seiner inländischen Besteuerung hinzugerechnet werden.

Fall 71

Einkünfte aus aktivem und passivem Erwerb

AStG § 7 Abs. 1, § 8 Abs. 1; DBA-Spanien Art. 6, Art. 23 Abs. 1 b, ee; DBA-Niederlande Art. 4, Art. 20 Abs. 1

Sachverhalt

Gerd Gephard mit Wohnsitz in Düsseldorf ist zu 15 % an einer in einem Niedrigsteuerland i. S. v. § 8 Abs. 3 AStG ansässigen Kapitalgesellschaft beteiligt. Neben ihm sind an der Gesellschaft unbeschränkt Steuerpflichtige zu mehr als 50 % beteiligt, so daß die beteiligungsmäßigen Voraussetzungen der Zwischengesellschaft nach § 7 Abs. 1 AStG gegeben sind. Die Gesellschaft erzielt im Jahre 1990 folgende Einkünfte:

- Einkünfte aus einer Handelstätigkeit. Die gehandelte Ware wurde in einem Einzelfall von Gephard geliefert und von der ausländischen Kapitalgesellschaft veräußert. Ansonsten entfaltet die Gesellschaft keine Handelsaktivitäten und ist auch nicht für derartige Geschäfte eingerichtet.
- Die ausländische Gesellschaft hat Einkünfte aus der Vermakelung von Immobilien erzielt. Dabei hat sie ein Grundstück an Gephard vermakelt und eine angemessene Provision dafür erhalten. Die Gesellschaft betreibt die Vermakelung von internationalen Immobilien als ihren Hauptzweck. Sie besitzt einen dafür eingerichteten Geschäftsbetrieb und verfügt über entsprechend geschultes Personal.
- Einkünfte aus einem in Marbella (Spanien) belegenen Hochhaus und aus einem in Amsterdam (Niederlande) belegenen Mehrfamilienhaus.
- Einkünfte aus Dividenden aus einer Kapitalbeteiligung an einer anderen Kapitalgesellschaft, für die die Voraussetzungen des § 8 Abs. 2 AStG nicht vorliegen.
- Im Zusammenhang mit der Vermietung der Häuser unterhält die Gesellschaft jeweils ein verzinsliches Bankkonto, aus dem Reparaturarbeiten gezahlt werden. Im Jahre 1990 wurden den Konten Zinsen gutgeschrieben.

Frage

Welche der aufgeführten Einkünfte der ausländischen Kapitalgesellschaft können als Einkünfte aus passivem Erwerb bei Gephard der Zugriffsbesteuerung unterliegen?

Antwort

Die Einkünfte aus der Handelstätigkeit, der Vermietung des Hochhauses in Spanien, der damit zusammenhängenden Zinseinkünfte und die Dividendeneinkünfte könnten als Einkünfte aus passivem Erwerb zur Zugriffsbesteuerung bei Gephard führen.

Begründung

Nach dem BMF Schreiben vom 11. Juli 1974 (BStBl 1974 I S. 442) betreffend die Grundsätze zur Anwendung des Außensteuergesetzes unterliegen Einkünfte als Einkünfte aus passivem Erwerb dann der Zugriffsbesteuerung, wenn sie nicht aus aktiven Tätigkeiten stammen. Diese sind abschließend in § 8 Abs. 1 Nr. 1–7 AStG aufgeführt. Dies heißt anders ausgedrückt, Einkünfte, die in dem Katalog des § 8 Abs. 1 AStG nicht genannt sind, sind automatisch als passive Einkünfte einzustufen, wenn sie einer niedrigen Besteuerung unterliegen. Für die Qualifizierung der Einkünfte gilt, daß sie nach den tatsächlichen Verhältnissen zu erfolgen hat, ohne Bedeutung, zu welcher Einkunftsart i. S. d. § 2 Abs. 3 EStG die Einkünfte tatsächlich gehören.

Die **Handelstätigkeiten** sind in § 8 Abs. 1 Nr. 4 AStG aufgeführt und gelten damit grundsätzlich als Einkünfte aus aktivem Erwerb. Jedoch sind nach der Vorschrift noch Ausnahmen zu beachten.

So gilt der Handel dann als passiver Erwerb, wenn die gehandelte Ware von einem inländischen Gesellschafter aus dem Inland geliefert wird. Im zu beurteilenden Fall hat Gerd Gephard die Ware aus dem Inland an die ausländische Kapitalgesellschaft geliefert, so daß damit grundsätzlich passiver Erwerb anzunehmen wäre, falls nicht eine zweite Ausnahme (also die Ausnahme von der Ausnahme) greifen würde. Wird nach § 8 Abs. 1 Nr. 4 AStG nämlich das Handelsgeschäft von der ausländischen Gesellschaft im Rahmen eines qualifizierten Geschäftsbetriebes getätigt und hat darüber hinaus keine schädliche Mitwirkung eines Inlandsbeteiligten an dem abgeschlossenen Geschäft vorgelegen, so ist das Geschäft als aktiver Erwerb anzusehen.

Was unter einem qualifizierten Geschäftsbetrieb zu verstehen ist und unter welchen Voraussetzungen eine schädliche Mitwirkung vorliegt, ist in Tz. 8.142 und 8.143 des zuvor angesprochenen BMF Schreibens geregelt. Von einem qualifizierten Geschäftsbetrieb kann im vorliegenden Fall allerdings nicht ausgegangen werden, da die Gesellschaft weder sachlich noch personell für derartige Geschäfte ausgestattet ist, sich nur in diesem Einzelfall im Handel betätigt hat und nicht plant, am allgemeinen wirtschaftlichen Verkehr bezogen auf den Handel teilzunehmen. Daher sind die Einkünfte aus der Handelstätigkeit als Einkünfte aus passivem Erwerb einzustufen.

Die **Makeltätigkeit** zählt als Dienstleistung grundsätzlich zu den aktiven Einkünften, da die Dienstleistungen unter § 8 Abs. 1 Nr. 5 AStG aufgeführt sind. Allerdings ist auch hier nicht ohne eine zweifache Ausnahmeregelung auszukommen.

Zunächst einmal muß geprüft werden, ob die ausländische Gesellschaft eine Dienstleistung an einen an ihr nach § 7 AStG beteiligten Gesellschafter erbringt, was mit der Immobilienvermakelung an Gephard festgestellt werden kann. Insoweit wären dann die Einkünfte als Einkünfte aus passivem Erwerb einzustufen. Werden allerdings die an den inländischen Gesellschafter erbrachten Dienstleistungen von der ausländischen Gesellschaft im Rahmen eines von ihr betriebenen für derartige Dienstleistungen eingerichteten Geschäftsbetriebes unter Teilnahme am allgemeinen wirtschaftlichen Verkehr erbracht, so kann weiterhin von Einkünften aus aktivem Erwerb ausgegangen werden, wenn die Dienstleistungen ohne Mitwirkung eines nach § 7 AStG Beteiligten erbracht wurden.

Die Gesellschaft betreibt die Vermakelung von Immobilien als Hauptgeschäftszweck. Sie erbringt diese Leistungen üblicherweise und beteiligt sich auch am allgemeinen wirtschaftlichen Verkehr. Eine Mitwirkung von Gephard an der Dienstleistungserbringung ist nicht gegeben. Damit sind die Einkünfte aus der Vermakelung als Einkünfte aus aktivem Erwerb anzusehen.

Auch im Bereich der **Einkünfte aus Vermietung und Verpachtung** sind zur Beurteilung der Frage, ob Einkünfte aus aktivem oder passivem Erwerb vorliegen, Grundsatzregeln und Ausnahmen nach § 8 Abs. 1 Nr. 6 AStG zu beachten.

Grundsätzlich zählen die Einkünfte aus Vermietung und Verpachtung danach zu den Einkünften aus aktivem Erwerb, es sei denn, es handelt sich um die Vermietung und Verpachtung von Grundstücken (§ 8 Abs. 1 Nr. 6 b AStG). Dann ist von Einkünften aus passivem Erwerb auszugehen. Aktive Einkünfte sind jedoch auch bei der Vermietung oder Verpachtung von Grundbesitz anzunehmen, wenn der beteiligte inländische Gesellschafter nachweist, daß die Einkünfte daraus nach einem Abkommen zur Vermeidung der Doppelbesteuerung steuerbefreit wären, wenn sie von ihm unmittelbar – also ohne Einbeziehung der ausländischen Gesellschaft – bezogen worden wären.

Für die Mieteinkünfte aus Spanien steht nach Art. 6 i.V. m. Art. 23 Abs. 1 b ee DBA-Spanien der Bundesrepublik Deutschland das Besteuerungsrecht zu. Die Einkünfte sind, da sie nicht von der deutschen Besteuerung nach dem DBA freigestellt sind, somit als Einkünfte aus passivem Erwerb anzusehen.

Die Einkünfte aus dem in Amsterdam belegenen Mehrfamilienhaus sind nach Art. 4 i.V. m. Art. 20 Abs. 1 DBA-Niederlande von der deutschen Besteuerung freigestellt. Weist Gephard diesen Umstand nach, so sind die Vermietungseinkünfte aus den Niederlanden als Einkünfte aus aktivem Erwerb anzusehen.

Die **Dividendeneinkünfte** aus der Beteiligung an einer anderen Kapitalgesellschaft sind nicht in der Aufzählung der aktiven Einkünfte nach § 8 Abs. 1 AStG enthalten und sind damit von vornherein als Einkünfte aus passivem Erwerb einzustufen (§ 8 Abs. 2 AStG soll hier laut Sachverhalt nicht zur Anwendung kommen).

Zinseinkünfte sind ebenfalls nicht im Katalog des § 8 Abs. 1 AStG enthalten und zählen damit ebenfalls zu den Einkünften aus passivem Erwerb. Hierzu bestimmt Tz. 8.0.2 des o. a. BMF Schreibens allerdings, daß bei einer ausländischen Gesellschaft, die einer aktiven Tätigkeit nachgeht, Einkünfte anfallen können, die für sich betrachtet solche aus passivem Erwerb sind. Handelt es sich aber um im Rahmen der aktiven Tätigkeit anfallende Nebenerträge, die unmittelbar der aktiven Tätigkeit zugeordnet werden können, so sind die grundsätzlich passiven Einkünfte der aktiven Haupttätigkeit zuzurechnen und teilen ihr Schicksal.

Die Zinseinkünfte aus den jeweiligen Hausinstandhaltungskonten sind unmittelbar der Vermietungstätigkeit zuzurechnen, da auf den Konten Finanzierungsmittel für die Durchführung der mit der Vermietungstätigkeit zusammenhängenden Renovierungsmaßnahmen bereitgehalten werden. Hinsichtlich der Vermietungseinkünfte aus den Niederlanden, die als Einkünfte aus aktivem Erwerb anzusehen sind, können die auf das niederländische Instandhaltungskonto entfallenden Zinsen der aktiven Haupttätigkeit zugerechnet werden und scheiden damit für die Zugriffsbesteuerung aus. Die auf das spanische Instandhaltungskonto entfallenden Zinsen bleiben Einkünfte aus passivem Erwerb.

Fall 72

Landes- und Funktionsholding

AStG § 8 Abs. 1, Abs. 2

Sachverhalt

Peter Globke, mit Wohnsitz in Köln, ist seit Jahren zu 30 % an einer in einem Niedrigsteuerland i. S. v. § 8 Abs. 3 AStG ansässigen Kapitalgesellschaft beteiligt. Neben ihm sind weitere Inländer beteiligt, die insgesamt die Beteiligungsvoraussetzungen des § 7 Abs. 1 AStG erfüllen.

Die ausländische Gesellschaft hält selbst ebenfalls seit Jahren zwei Beteiligungen, aus denen sie 1990 Dividenden bezogen hat. Zum einen ist dies eine 40 %ige Beteiligung an einer Kapitalgesellschaft, die im selben Staat ansässig ist wie die ausländische Kapitalgesellschaft selbst und Einkünfte aus Land- und Forstwirtschaft erzielt.

Weiterhin ist die ausländische Kapitalgesellschaft zu 60 % an einer Kapitalgesellschaft beteiligt, die ihren Sitz in einem Drittstaat hat. Diese Beteiligung war vor Jahren erworben worden, um den Absatz der von der ausländischen Kapitalgesellschaft hergestellten Produkte zu sichern, die zum Teil über die im Drittstaat ansässige Gesellschaft vertrieben werden. Deren Einkünfte sind als aktiv nach § 8 Abs. 1 Nr. 4 AStG einzustufen.

Frage

Sind die erzielten Dividendenerträge Einkünfte aus aktivem oder passivem Erwerb?

Antwort

Die Dividendenerträge sind Einkünfte aus aktivem Erwerb.

Begründung

Die Dividendenerträge der im Niedrigsteuerland ansässigen Kapitalgesellschaft sind an sich als nicht im Katalog des § 8 Abs. 1 AStG aufgeführte Einkünfte solche aus passivem Erwerb. Allerdings werden unter den Voraussetzungen des § 8 Abs. 2 AStG Gewinnanteile, die eine ausländische Gesellschaft aus Beteiligungen an bestimmten aktiv tätigen ausländischen Untergesellschaften bezieht, den Einkünften aus aktiver Tätigkeit gleichgestellt.

Grundsätzliche Voraussetzung hierfür ist, daß die ausländische Gesellschaft seit Beginn des Wirtschaftsjahres, in dem sie den Gewinnanteil bezieht, ununterbrochen zu mindestens 25 % unmittelbar am Nennkapital der ausländischen Untergesellschaft beteiligt sein muß. Die Beteiligung muß darüberhinaus nach § 8 Abs. 2 AStG mindestens zwölf Monate bestanden haben. Diese Voraussetzungen sind in beiden vorliegenden Fällen erfüllt.

Hinsichtlich der 40 %igen Beteiligung werden keine passiven Tätigkeiten angenommen, da die Beteiligungsgesellschaft selbst aktive Einkünfte aus Land- und Forstwirtschaft bezieht und ihren Sitz und ihre Geschäftsleitung im selben Staat wie ihre Obergesellschaft hat. Die ausländische Gesellschaft ist insoweit nicht Zwischengesellschaft, da sie als sog. Landesholding in diesem Fall Dividendeneinkünfte aus aktivem Erwerb erzielt (§ 8 Abs. 2 Nr. 1 AStG).

Die 60 %ige Beteiligungskapitalgesellschaft hat zwar nicht Sitz und Geschäftsleitung im Sitzstaat ihrer Obergesellschaft, jedoch wird hier die Beteiligung in wirtschaftlichem Zusammenhang mit einer aktiven Tätigkeit der ausländischen Obergesellschaft gehalten. Die Herstellung von Sachen zählt bei der Obergesellschaft zu aktiver Tätigkeit i. S. v. § 8 Abs. 1 Nr. 2 AStG, ebenso wie der Handel mit diesen Sachen bei der Untergesellschaft unter § 8 Abs. 1 Nr. 4 AStG zu subsumieren ist. Auch hier erzielt die ausländische Gesellschaft in Form der Dividendeneinkünfte keine Einkünfte aus passivem Erwerb, da die Dividendeneinkünfte der als Funktionsholding bezeichneten ausländischen Kapitalgesellschaft den Einkünften aus aktiver Tätigkeit gleichgestellt werden (§ 8 Abs. 2 Nr. 2 AStG).

Fall 73

Freigrenze bei gemischten Einkünften

AStG §§ 9, 13 Abs. 1

Sachverhalt

Wolfgang Storkmann ist zu 80 % an einer in einem Niedrigsteuerland ohne DBA ansässigen Kapitalgesellschaft beteiligt. Die Bruttoerträge aus aktiver Tätigkeit dieser Gesellschaft belaufen sich 1990 auf 1 200 000 DM. Daneben erzielt die Gesellschaft Bruttoerträge aus passiver Tätigkeit i. H. v. 110 000 DM, sowie Schachteldividenden nach § 13 Abs. 1 AStG von 100 000 DM.

Frage

1. Ergibt sich für Wolfgang Storkmann für das Jahr 1990 eine Zugriffsbesteuerung?
2. Wie wäre die Situation zu beurteilen, wenn sich die passiven Einkünfte auf 125 000 DM anstatt 110 000 DM beliefen?

Antwort

1. Für Storkmann ergibt sich hinsichtlich der passiven Einkünfte keine Zugriffsbesteuerung.
2. Hier ergibt sich für Storkmann eine Zugriffsbesteuerung hinsichtlich der passiven Einkünfte.

Begründung

1. Wenn eine ausländische Gesellschaft neben aktiven Einkünften auch Einkünfte aus passiver Tätigkeit bezieht, so können diese nach § 9 AStG für eine Hinzurechnung im Rahmen der Zugriffsbesteuerung außer Ansatz bleiben, falls sie von untergeordneter Bedeutung sind. Eine untergeordnete Bedeutung ist anzunehmen, wenn:

- die passiven Bruttoerträge unter Außerachtlassung von Schachteldividenden nach § 13 Abs. 1 AStG nicht mehr als 10 % der Gesamtbruttoerträge ausmachen und
- die nicht anzusetzenden Beträge 120 000 DM nicht übersteigen, wobei diese Grenze für die Gesellschaft selbst als auch für den beteiligten inländischen Gesellschafter zu beachten ist.

Die Bruttoerträge aus aktiver Tätigkeit belaufen sich auf 1 200 000 DM, wogegen die passiven Einkünfte insgesamt 210 000 DM ausmachen. Für die Berechnung der 10 %-Grenze des § 9 AStG bleiben die Dividendenerträge sowohl bei den passiven Bruttoerträgen als auch bei der Ermittlung der Gesamtbruttoerträge außer Ansatz. Der prozentuale Anteil der passiven Bruttoerträge ermittelt sich wie folgt:

$$\frac{\text{passive Bruttoerträge}}{\text{Gesamtbruttoerträge}} \qquad \frac{110\,000 \text{ DM}}{1\,310\,000 \text{ DM}} = 8{,}4\,\%$$

Der Anteil der passiven Bruttoerträge an den Gesamtbruttoerträgen beläuft sich auf weniger als 10 %. Da mit 110 000 DM auch die absolute betragsmäßige Grenze von 120 000 DM nicht überschritten wurde, sind die passiven Einkünfte als von untergeordneter Bedeutung anzusehen. Eine Zugriffsbesteuerung entfällt damit.

2. In dieser Alternative ist zwar der prozentuale Anteil der passiven Bruttoerträge an den Gesamtbruttoerträgen ebenfalls unter 10 % (passive Bruttoerträge 125 000 DM / Gesamtbruttoerträge 1 325 000 DM = 9,43 %), allerdings überschreitet der absolute Betrag der passiven Einkünfte die 120 000 DM-Grenze, was dazu führt, daß Storkmann mit den passiven Einkünften unter die Zugriffsbesteuerung fällt.

Abwandlung von Fall 73

Sachverhalt

Wie Ausgangsfall, 1. Alternative. Zusätzlich hält Storkmann eine weitere 100 %-Beteiligung in einem Niedrigsteuerland ebenfalls ohne DBA. Die Bruttoerträge dieser Gesellschaft im Jahr 1990 belaufen sich auf 400 000 DM aus aktiver Tätigkeit und auf 40 000 DM aus passiver Tätigkeit.

Frage

Kommt es für Storkmann im Jahre 1990 zur Zugriffsbesteuerung?

Antwort

Storkmann unterliegt 1990 mit den ihm zuzurechnenden Anteilen an den passiven Einkünften der Zugriffsbesteuerung.

Begründung

Der Anteil der passiven Bruttoerträge der zweiten ausländischen Gesellschaft an den Gesamtbruttoerträgen beläuft sich auf:

$$\frac{\text{passive Bruttoerträge}}{\text{Gesamtbruttoerträge}} \qquad \frac{40\,000 \text{ DM}}{440\,000 \text{ DM}} = 9{,}1\,\%$$

Allein hieraus ergäbe sich keine Zugriffsbesteuerung, da weder die absolute Grenze von 120 000 DM auf der Ebene der Gesellschaft noch der prozentuale Anteil von 10 % überschritten wurde. Es muß allerdings beachtet werden, daß die Grenze von 120 000 DM nicht nur für die ausländische Gesellschaft selbst gilt, sondern auch für ihre inländischen Gesellschafter. Der prozentuale Anteil von Storkmann an den passiven Bruttoerträgen der Gesellschaft, an der er zu 80 % beteiligt ist, beläuft sich auf 88 000 DM (80 % von 110 000 DM). Daneben sind die 40 000 DM aus passiver Tätigkeit der Gesellschaft zu berücksichtigen, an der er zu 100 % beteiligt ist. Insgesamt beträgt damit der Anteil der passiven Einkünfte 128 000 DM und überschreitet damit die 120 000 DM Grenze auf der Ebene des Gesellschafters, was die Zugriffsbesteuerung bezüglich der passiven Einkünfte auslöst.

Fall 74

Hinzurechnungsbetrag und Steueranrechnung

AStG §§ 10, 12; KStG § 26 Abs. 1; EStG § 34 c Abs. 1

Sachverhalt

Steuerberater Dr. Wehlmahn ist Spezialist in Fragen des Außensteuergesetzes. Aus seinem Mandantenkreis werden folgende Sachverhalte an ihn herangetragen:

Hugo Baum ist zu 80 % an einer Zwischengesellschaft (Wirtschaftsjahr 1. 1. – 31. 12.) i. S. v. § 7 AStG beteiligt. Die Beteiligung wird von ihm im Privatvermögen gehalten. Die Zwischengesellschaft erzielt ausschließlich passive Einkünfte. Die Gesellschaft hat nach Abzug der Steuern, die zu ihren Lasten von den Einkünften sowie von dem diesen Einkünften zugrundeliegenden Vermögen erhoben worden sind, folgende nach deutschen Gewinnermittlungsvorschriften i. S. v. § 5 EStG ermittelten Einkünfte erzielt:

1988	./. 100 000 DM
1989	150 000 DM

Die Anton Müller GmbH ist ebenfalls 40 %iger Gesellschafter einer Zwischengesellschaft mit Wirtschaftsjahr vom 1. 1. bis zum 31. 12. Diese Gesellschaft hat 1989 nach Abzug von Steuern i. H. v. 60 000 DM Einkünfte von 400 000 DM erzielt, die nach deutschen Gewinnermittlungsgrundsätzen ermittelt wurden. Der Gesamtbetrag der Einkünfte im Jahre 1990 ohne die ausländischen Einkünfte aus der Zwischengesellschaft beläuft sich bei der Anton Müller GmbH auf 100 000 DM.

Frage

1. Hugo Baum möchte wissen, welchen Einfluß sein Engagement bei der ausländischen Zwischengesellschaft auf seine inländische Besteuerung hat.
2. Der Geschäftsführer der Anton Müller GmbH fragt ebenfalls nach den steuerlichen Konsequenzen der Beteiligung an der Zwischengesellschaft für die inländische Besteuerung der GmbH. Darüber hinaus möchte er wissen, welche Konsequenzen sich ergäben, wenn der Sitzstaat der Zwischengesellschaft mit der Bundesrepublik Deutschland ein Doppelbesteuerungsabkommen abgeschlossen hätte.

Antwort

1. Hugo Baum muß im Jahre 1990 40 000 DM als Einkünfte aus Kapitalvermögen der inländischen Versteuerung unterwerfen.
2. Von der Anton Müller GmbH müßten im Jahre 1990 160 000 DM aus der Zwischengesellschaft versteuert werden. Alternativ dazu besteht die Wahlmöglichkeit, 184 000 DM der Versteuerung zu unterwerfen und 24 000 DM nach den Vorschriften des § 26 Abs. 1 KStG anrechnen zu lassen.

   Besteht mit dem Sitzstaat der Zwischengesellschaft ein Doppelbesteuerungsabkommen, so kann dies zu einer Freistellung der ausländischen Einkünfte von der inländischen Besteuerung im Rahmen des internationalen Schachtelprivilegs führen.

Begründung

1. Hugo Baum ist Gesellschafter einer Zwischengesellschaft nach § 7 AStG. Als solcher muß er die Einkünfte dieser Gesellschaft, soweit sie auf die ihm zuzurechnende Beteiligung am Nennkapital entfällt, im Inland der Versteuerung unterwerfen. In den §§ 7 und 8 AStG wird die Frage geklärt, ob eine Versteuerung von Zwischeneinkünften dem Grunde nach eintritt. In § 10 AStG ist demgegenüber die Frage nach der Höhe dieser dem Grunde nach zuzurechnenden Einkünfte geregelt.

Der danach bei der inländischen Besteuerung anzusetzende Hinzurechnungsbetrag ergibt sich nach Abzug der Steuern, die zu Lasten der ausländischen Gesellschaft von diesen Einkünften soweit von dem diesen Einkünften zugrundeliegenden Vermögen erhoben worden sind. Dabei ist nach § 10 Abs. 1 AStG auf den Zeitpunkt der tatsächlichen Entrichtung der Steuern abzustellen.

Im Jahre 1988 hat die ausländische Gesellschaft einen Verlust erzielt, der mangels Rücktragsmöglichkeit entsprechend den Vorschriften des § 10 d EStG vorgetragen werden kann (§ 10 Abs. 3 AStG), so daß sich für 1989 saldiert nur noch Einkünfte der ausländischen Gesellschaft von 50 000 DM ergeben. Entsprechend seiner Beteiligungsquote von 80 % werden Hugo Baum 40 000 DM dieser Einkünfte zugerechnet.

Der Hinzurechnungsbetrag gehört, da Baum die Beteiligung im Privatvermögen hält, zu den Einkünften aus Kapitalvermögen nach § 20 Abs. 1 Nr. 1 EStG (§ 10 Abs. 2 AStG). Allerdings ist zu berücksichtigen, daß nach § 10 Abs. 2 AStG die Einkünfte der ausländischen Gesellschaft als unmittelbar **nach Ablauf** des maßgebenden Wirtschaftsjahres der ausländischen Gesellschaft zugeflossen gelten. Da das Wirtschaftsjahr 1989 am 31. 12. endet, gelten die Einkünfte als am 1. 1. 1990 zugeflossen und sind in der Einkommensteuererklärung 1990 des Hugo Baum i. H. v. 40 000 DM als Einnahmen aus Kapitalvermögen zu erfassen.

2. Für die Anton Müller GmbH ergäbe sich nach Ablauf des Wirtschaftsjahres der ausländischen Zwischengesellschaft entsprechend ihrer Beteiligungsquote für 1990 ein Hinzurechnungsbetrag von (400 000 DM × 40 % =) 160 000 DM, der im Rahmen der Körperschaftsteuererklärung zu erfassen wäre und bei einem KSt-Satz von 50 % KSt zu einer Mehrsteuer von 80 000 DM führen würde.

Neben der Versteuerung nach § 10 AStG, bei der ausländische Steuern der Zwischengesellschaft bei der Ermittlung des Hinzurechnungsbetrages bereits gekürzt worden sind, ist als Alternative die Steueranrechnung nach § 12 AStG möglich. Danach werden auf Antrag die Steuern bei der inländischen Besteuerung angerechnet, die nach § 10 Abs. 1 AStG bei der Ermittlung des Hinzurechnungsbetrages abziehbar sind. Allerdings muß hierbei der nach § 10 Abs. 1 AStG ermittelte Hinzurechnungsbetrag um diese Steuern wieder erhöht werden (grossing-up-Verfahren). Die Steueranrechnung erfolgt unter Berücksichtigung der Vorschriften von § 34 c Abs. 1 EStG und § 26 Abs. 1 KStG.

Für die durchzuführende Alternativrechnung bei der Anton Müller GmbH muß der Hinzurechnungsbetrag von 160 000 DM noch um die anteilige Steuer von (60 000 DM × 40 % =) 24 000 DM erhöht werden, so daß insgesamt 184 000 DM der inländischen Besteuerung zu unterwerfen sind. Unter Berücksichtigung weiterer inländischer Einkünfte von 100 000 DM, ergibt sich ein Gesamtbetrag der Einkünfte von 284 000 DM. Dieser Betrag würde eine Körperschaftsteuer von 142 000 DM nach sich ziehen. Die Überprüfung der maximal anzurechnenden Steuer führt zur vollen Anrechnung im Rahmen von § 26 Abs. 1 KStG. Damit ergäbe sich folgende Steuerlast 1990 aus der ausländischen Zwischengesellschaft:

184 000 DM × 50 %	92 000 DM
Anrechnung	./. 24 000 DM
verbleiben	68 000 DM

Gegenüber der ursprünglichen Berechnung mit einer Mehrsteuer von 80 000 DM führt die Anrechnung nach § 12 AStG zu einer Ersparnis von 12 000 DM.

Wäre die ausländische Zwischengesellschaft in einem Staat ansässig, mit dem die Bundesrepublik Deutschland ein Doppelbesteuerungsabkommen abgeschlossen hat, so könnte sich nach den Vorschriften des Doppelbesteuerungsabkommens eine Steuerfreistellung des Hinzurechnungsbetrages im Inland im Rahmen des internationalen Schachtelprivilegs ergeben (§ 10 Abs. 5 AStG), da der Hinzurechnungsbetrag wie eine Gewinnausschüttung behandelt wird. Das internationale Schachtelprivileg greift allerdings nicht, wenn das Doppelbesteuerungsabkommen dessen Anwendung auf die Ausschüttung aktiv tätiger Gesellschaften beschränkt (Aktivitätsklausel), da sich die Hinzurechnung ja gerade auf passive Einkünfte bezieht.

Fall 75

Hinzurechnungsbetrag und Gewinnausschüttung

AStG §§ 10, 11, 12; EStG § 34 c Abs. 1; BStBl 1974 I S. 442, BStBl 1983 III S. 14

Sachverhalt

Wolfgang Müller aus Düsseldorf ist Alleingesellschafter einer Zwischengesellschaft mit Sitz in einem Niedrigsteuerland (Wirtschaftsjahr 1. 1.–31. 12.), mit dem die Bundesrepublik Deutschland kein Doppelbesteuerungsabkommen abgeschlossen hat. Müller hält die Beteiligung in seinem Privatvermögen. Folgende Hinzurechnungsbeträge nach § 10 AStG waren von ihm im Inland zu versteuern:

1985	100 000 DM
1986	50 000 DM
1987	250 000 DM
1988	40 000 DM
1989	80 000 DM

Für 1990 ergab sich ein Hinzurechnungsbetrag von 100 000 DM. Daneben erhielt Müller aus einer für Vorjahre vorgenommenen Gewinnausschüttung der Gesellschaft in 1990 eine Dividende von 200 000 DM gutgeschrieben. Von der Bruttodividende sind 50 000 DM Kapitalertragsteuer einbehalten worden.

Frage

1. Wie berechnet sich die letztlich von Müller zu zahlende Einkommensteuer auf die Hinzurechnungsbeträge in den einzelnen Jahren, wenn unterstellt wird, daß er neben den Hinzurechnungsbeträgen keine weiteren Einkünfte hat? Aus Vereinfachungsgründen soll durchgehend mit einem Einkommensteuersatz von 50 % gerechnet werden. Auf die Berücksichtigung von abzugsfähigen Beträgen soll der Übersichtlichkeit halber verzichtet werden, so daß der anzusetzende Hinzurechnungsbetrag gleichzeitig das zu versteuernde Einkommen darstellt.

2. Welche Änderungen ergäben sich, wenn Müller im Jahre 1987 die Steueranrechnung nach § 12 AStG gewählt hätte und 50 000 DM abzuziehende Steuern nach § 10 Abs. 1 AStG zu berücksichtigen wären?

3. Wie sähe die Einkommensteuerzahllast in den einzelnen Jahren aus, wenn statt eines Hinzurechnungsbetrages von 100 000 DM im Jahre 1985 ein Verlust bei den passiven Einkünften von 250 000 DM entstanden wäre. Ansonsten soll die Fragestellung wie unter 1. gelten.

Antwort

1. Für Müller ergibt sich folgende Einkommensteuerzahllast:

1985	50 000 DM
1986	0 DM
1987	75 000 DM
1988	20 000 DM
1989	40 000 DM
1990	0 DM

2. Für 1987 ergibt sich eine Einkommensteuerzahllast von 50 000 DM.

3. Lediglich für 1989 ergibt sich eine Einkommensteuerzahllast von 10 000 DM.

Begründung

1. Nach § 11 Abs. 1 AStG ist der Hinzurechnungsbetrag um Gewinnanteile zu kürzen, die der unbeschränkt Steuerpflichtige in dem Kalenderjahr oder Wirtschaftsjahr, in dem der Hinzurechnungsbetrag nach § 10 Abs. 2 AStG anzusetzen ist, von der ausländischen Gesellschaft bezieht.

Müller hat im Jahre 1990 eine Dividende von brutto 250 000 DM erhalten. Diese Dividende unterliegt bei ihm als Einkünfte aus Kapitalvermögen nach § 20 Abs. 1 Nr. 1 EStG der Einkommensbesteuerung. Die einbehaltene Kapitalertragsteuer ist nach den Regelungen in § 34 c Abs. 1 EStG anrechenbar.

Der Hinzurechnungsbetrag nach § 10 AStG für 1990 i. H. v. 100 000 DM ist um die Bruttodividende zu kürzen. Nach Saldierung des Hinzurechnungsbetrages mit der Ausschüttung verbleibt ein sog. Ausschüttungsüberschuß von 150 000 DM. Hierzu bestimmt § 11 Abs. 2 AStG, daß bei Überschuß der Gewinnanteile über die Hinzurechnungsbeträge ein Betrag in Höhe der Einkommen- oder Körperschaftsteuer und der Gewerbesteuer zu erstatten ist, die für die vorangegangenen vier Kalenderjahre oder Wirtschaftsjahre auf Hinzurechnungsbeträge bis zur Höhe des übersteigenden Betrags entrichtet und noch nicht erstattet worden sind.

Dies bedeutet, daß der Ausschüttungsüberschuß 1990 i. H. v. 150 000 DM zunächst mit dem Hinzurechnungsbetrag von 1986 zu verrechnen ist. Eine Verrechnung mit dem Hinzurechnungsbetrag 1985 scheidet aus, da 1985 nicht in den vierjährigen Rücktragszeitraum fällt. Im einzelnen ergeben sich folgende Rückträge und unter Berücksichtigung der Erstattungsbeträge auf die Hinzurechnungsbeträge festzusetzende Einkommensteuer:

Jahr	**Hinzurechnungsbetrag (alt)**	**verrechenbarer Ausschüttungsüberschuß**	**Saldo**	**Einkommensteuer auf Hinzurechnungsbetrag (50 %)**
1985	100 000 DM	—	100 000 DM	50 000 DM
1986	50 000 DM	50 000 DM	0 DM	0 DM
1987	250 000 DM	100 000 DM	150 000 DM	75 000 DM
1988	40 000 DM	—	40 000 DM	20 000 DM
1989	80 000 DM	—	80 000 DM	40 000 DM
1990	100 000 DM	100 000 DM	0 DM	0 DM

Entgegen der in Tz. 11.2.3. des BMF-Schreibens vom 11. 7. 1974 (BStBl 1974 I S. 442) vertretenen Auffassung, ist die sich durch die Verrechnung des Ausschüttungsüberschusses ergebende Einkommensteuererstattung in der Weise zu ermitteln, daß die auf das zu versteuernde Einkommen entfallende Steuer einschließlich des Hinzurechnungsbetrages der Einkommensteuer gegenübergestellt wird, die sich ergibt, wenn der Hinzurechnungsbetrag um den verrechenbaren Ausschüttungsüberschuß gekürzt wird (vgl. BFH v. 10. 3. 1982, BStBl 1983 II, S. 14).

2. Falls Müller im Jahre 1987 bei seiner Einkommensteuerveranlagung die Steueranrechnung nach § 12 AStG gewählt hat, ist der Hinzurechnungsbetrag um den anrechenbaren Steuerbetrag zu erhöhen. Als Hinzurechnungsbetrag ergäbe sich mithin ein Betrag von:

Hinzurechnungsbetrag nach § 10 Abs. 1 AStG	250 000 DM
anrechenbare Steuer	50 000 DM
Hinzurechnungsbetrag i. S. v. § 12 AStG	300 000 DM

Die hierauf entfallende Steuer beliefe sich bei einem Einkommensteuersatz von 50 % auf 150 000 DM. Unter Anrechnung der ausländischen Steuer ergäbe sich eine Einkommensteuer auf den Hinzurechnungsbetrag von 100 000 DM. Wird nun der nach § 11 Abs. 2 AStG zu verrechnende Ausschüttungsüberschuß im Jahre 1987 berücksichtigt, so vertreten Flick-Wassermeyer-Becker (Kommentar zum AStG, Rz. 37 c zu § 11) die Auffassung, daß der Steuerinländer an sein einmal nach § 12 AStG ausgeübtes Wahlrecht auf Anrechnung der ausländischen Steuer gebunden sei. Danach ergäbe sich für die Berücksichtigung des Ausschüttungsüberschusses folgende Berechnung:

Hinzurechnungsbetrag	300 000 DM
Ausschüttungsüberschuß	./. 100 000 DM
verbleibender Hinzurechnungsbetrag	200 000 DM
Einkommensteuer darauf	100 000 DM

Weiterhin ist zu prüfen, ob die ausländische Steuer von 50 000 DM nach § 34 c Abs. 1 EStG angerechnet werden kann. Diese Voraussetzungen liegen hier vor, so daß sich eine Einkommensteuer von 50 000 DM ergibt, was zu einem Erstattungsbetrag von 50 000 DM führt, da zunächst 100 000 DM Einkommensteuer auf den Hinzurechnungsbetrag festgesetzt wurden.

3. Nach § 10 Abs. 3 AStG können Verluste, die bei Einkünften entstanden sind, für die die ausländische Gesellschaft Zwischengesellschaft ist, in entsprechender Anwendung des § 10 d EStG abgezogen werden. Dies bedeutet, daß der Verlust des Jahres 1985 von 250 000 DM im Rahmen des Verlustvortrages zunächst einmal mit den Hinzurechnungsbeträgen der Jahre 1986 und 1987 zu saldieren ist. Erst dann erfolgt die Berücksichtigung des verrechenbaren Ausschüttungsüberschusses nach § 11 Abs. 2 AStG. Im einzelnen ergibt sich folgendes:

Jahr	Hinzurechnungsbetrag (alt)	Verlustvortrag	verrechenbarer Ausschüttungsüberschuß	Saldo	Einkommensteuer auf Hinzurechnungsbetrag (50 %)
	DM	DM	DM	DM	DM
1985	./. 250 000	—	—	—	—
1986	50 000	50 000	—	0	0
1987	250 000	200 000	50 000	0	0
1988	40 000	—	40 000	0	0
1989	80 000	—	60 000	20 000	10 000
1990	100 000	—	100 000	0	0

Fall 76

Hinzurechnungsbetrag – Verdeckte Gewinnausschüttung – Verkauf von Anteilen an Zwischengesellschaften

AStG § 11 Abs. 1–3; EStG §§ 17, 20 Abs. 1 Nr. 1, § 34; BStBl 1974 I S. 442

Sachverhalt

Hänschen Klein aus Essen ist zu 100 % an einer ausländischen Zwischengesellschaft in einem Niedrigsteuerland beteiligt. Ein Doppelbesteuerungsabkommen mit diesem Land existiert nicht. Das Wirtschaftsjahr der Gesellschaft entspricht dem Kalenderjahr. Klein hält die Beteiligung seit 10 Jahren in seinem Privatvermögen. Folgende Hinzurechnungsbeträge waren zu berücksichtigen:

1987	400 000 DM
1988	700 000 DM
1989	100 000 DM
1990	50 000 DM

Im Jahre 1987 erzielt Klein aus seinem inländischen Gewerbebetrieb einen Verlust von 500 000 DM und 1988 einen ebenso hohen Gewinn. 1989 half die ausländische Gesellschaft Klein aus einem finanziellen Liquiditätsengpaß, indem sie ihm unverzinsliche Darlehen zur Verfügung stellte. Einem fremden Dritten wären hierfür 500 000 DM Zinsen in Rechnung gestellt worden.

Da Klein sich immer schon über die Zugriffsbesteuerung geärgert hatte, verkauft er seine Beteiligung an der Zwischengesellschaft im Jahre 1990 und erzielt dabei einen Veräußerungsgewinn von 600 000 DM. Ansonsten sind keine weiteren inländischen Einkünfte zu berücksichtigen. Ein Verlustrücktrag ist in 1987 mangels positivem Gesamtbetrag der Einkünfte in den Vorjahren nicht möglich. Es soll ein Steuersatz von 50 % angenommen werden. Absetzbare Beträge werden aus Vereinfachungsgründen nicht berücksichtigt.

Frage

1. Welche einkommensteuerlichen Auswirkungen haben die Einkünfte aus der Beteiligung und deren Verkauf?
2. Wie wäre der Fall zu beurteilen, wenn Klein an der ausländischen Gesellschaft lediglich zu 20 % beteiligt gewesen wäre, diese aber durch weitere inländische Gesellschafter nach wie vor als Zwischengesellschaft einzustufen wäre?

Antwort

1. Die nicht berechneten Zinsen stellen eine verdeckte Gewinnausschüttung dar und sind i. H. v. 500 000 DM als Einkünfte aus Kapitalvermögen nach § 20 Abs. 1 Nr. 1 EStG zu erfassen. Der Ausschüttungsüberschuß des Jahres 1989 von 400 000 DM wird mit dem Hinzurechnungsbetrag 1987 verrechnet und führt im Jahre 1988 zu einer Einkommensteuererstattung von 200 000 DM. Der Veräußerungsgewinn aus der Beteiligung unterliegt der Einkommensbesteuerung nach § 17 EStG und führt unter Berücksichtigung von § 34 EStG zu einer Steuer von 150 000 DM.

   Im Jahre 1990 führt der Hinzurechnungsbetrag zu einer Einkommensteuer von 25 000 DM; die Veräußerung der Anteile zieht eine Steuererstattung von 150 000 DM nach sich. Unter Anwendung der Vereinfachungsregel nach Tz. 11.3.2 des BMF-Schreibens vom 11. 7. 1974 (BStBl 1974 I S. 442) ergibt sich aus der Hinzurechnung im Jahre 1990 keine Versteuerung; die Einkommensteuererstattung nach dem Verkauf der Anteile beträgt 137 500 DM.

2. Die Veräußerung der Beteiligung unterliegt nicht der Besteuerung nach § 17 EStG und zieht dementsprechend auch keine Steuererstattungen für die Vorjahre nach sich.

Begründung

1. Durch die Zurverfügungstellung des unverzinslichen Darlehns gewährt die Gesellschaft ihrem Gesellschafter Klein einen Vorteil, den sie einem fremden Dritten nicht einräumen würde. Diese Vorteilsgewährung erfüllt den Tatbestand der verdeckten Gewinnausschüttung. Der Zinsvorteil ist bei Klein im Jahre 1989 als Einkünfte aus Kapitalvermögen nach § 20 Abs. 1 Nr. 1 EStG i. H. v. 500 000 DM zu versteuern.

Die verdeckte Gewinnausschüttung i. H. v. 500 000 DM führt, da sie als Gewinnanteil nach § 11 Abs. 1 AStG gilt, im Jahre 1989 zu einer Kürzung des Hinzurechnungsbetrages von 100 000 DM. Der überschießende Betrag von 400 000 DM ist als Ausschüttungsüberschuß nach § 11 Abs. 2 AStG innerhalb des Vierjahreszeitraums rückzutragen. Eine Rücktragung und Verrechnung des Ausschüttungsüberschusses mit dem Hinzurechnungsbetrag im Jahre 1987 von 400 000 DM zieht keine Steuererstattung nach sich, da unter Berücksichtigung des Verlustes aus dem inländischen Gewerbebetrieb von 500 000 DM lediglich ein vortragsfähiger Verlust von 100 000 DM für 1987 anzusetzen war. Hierzu bestimmt Tz. 11.2.5 des BMF-Schreibens vom 11. 7. 1974, daß bei Kürzung eines Verlustvortrages in einem Jahr durch den Ansatz eines Hinzurechnungsbetrages auf besonderen Antrag der Erstattung die Steuer des Folgejahres zugrundegelegt werden kann, für das sich die Minderung des Verlustvortrages steuerlich ausgewirkt hat. Dies bedeutet, daß der Hinzurechnungsbetrag im Jahre 1987 die steuerliche Verlustvortragsmöglichkeit nach 1988 um 400 000 DM eingeschränkt hat. Wird nun dieser Hinzurechnungsbetrag mit dem Ausschüttungsüberschuß 1989 von 400 000 DM verrechnet, so führt dies zu einer Steuererstattung des Jahres 1988 von 200 000 DM.

Die Veräußerung der Beteiligung unterliegt der Einkommensbesteuerung nach §§ 17, 34 EStG mit dem halben Steuersatz. Dementsprechend ergibt sich eine Einkommensteuerschuld auf den Veräußerungsgewinn von 150 000 DM (600 000 DM × 25 %).

Wird die Beteiligung veräußert, so ist eine Verrechnung des Ausschüttungsüberschusses – wie bei § 11 Abs. 2 AStG beschrieben – zulässig, allerdings mit der Einschränkung, daß die Erstattung nicht den auf den Veräußerungsgewinn entfallenden Einkommens- oder Körperschaftsteuer- und den Gewerbesteuerbetrag überschreiten darf (§ 11 Abs. 3 AStG). Nach Tz. 11.3.2 des BMF-Schreibens vom 11. 7. 1974 sind bei der Veräußerung zwei Berechnungsmethoden zugelassen, die bei unterschiedlichen Steuersätzen zu verschiedenen Ergebnissen führen können.

Methode 1

Bisher versteuert:

Hinzurechnungsbeträge 1988	700 000 DM	ESt: 350 000 DM
Hinzurechnungsbetrag 1990	50 000 DM	ESt: 25 000 DM
Steuern auf den Veräußerungsgewinn	150 000 DM (Erstattungshöchstgrenze)	
Gesamtsteuerbelastung aus Hinzurechnungsbeträgen		375 000 DM
Steuererstattung wegen Veräußerung		·/· 150 000 DM
verbleibende Steuerbelastung		225 000 DM

Methode 2

Kürzung des Veräußerungsgewinns von 600 000 DM um den Hinzurechnungsbetrag 1990 von 50 000 DM ergibt: 550 000 DM

Steuern auf den gekürzten Veräußerungsgewinn
(550 000 DM × 25 % =) 137 500 DM (Erstattungshöchstgrenze)

Unter Berücksichtigung der auf den Hinzurechnungsbetrag 1988 gezahlten Einkommensteuer von 350 000 DM, ergibt sich bei dieser Methode, da für 1990 kein Hinzurechnungsbetrag mehr zu erfassen ist, unter Anrechnung des Erstattungsbetrages von 137 500 DM eine Gesamtsteuerbelastung von 212 500 DM.

Es wird erkennbar, daß die als Vereinfachung zugelassene Methode 2 zu günstigeren Ergebnissen führen kann. Dies ist vor allen Dingen der Fall, wenn Steuersätze bei normaler Versteuerung und bei der Versteuerung von Veräußerungsgewinnen wie hier differieren.

2. In § 11 Abs. 3 AStG ist bestimmt, daß die nach Maßgabe des § 11 Abs. 2 AStG zu erstattenden Beträge die auf den Veräußerungsgewinn zu zahlende Steuer nicht überschreiten dürfen. Hieraus folgt, daß im Falle der Nichtversteuerung des Veräußerungsgewinns sich auch keine Erstattungen ergeben.

Klein ist mit 20 % nicht wesentlich i. S. v. § 17 EStG an der Zwischengesellschaft beteiligt. Die Veräußerung führt damit nicht zu einem steuerpflichtigen Gewinn im Inland. Dementsprechend erfolgt auch keine Steuererstattung für Vorjahre. Dessen ungeachtet muß Klein den Hinzurechnungsbetrag des Jahres 1990 i. H. v. 50 000 DM der inländischen Versteuerung unterwerfen.

Fall 77

Schachteldividenden im Außensteuergesetz

AStG § 8 Abs. 1, Abs. 2, § 13; DBA-Frankreich Art. 20 Abs. 1 b

Sachverhalt

Die Helmut Müller GmbH ist zu 100 % an der schweizerischen Zwischengesellschaft Eko GmbH mit Sitz in Bern beteiligt. Diese Gesellschaft hat eine reine Holdingfunktion und hält wiederum sämtliche Anteile an der in Paris ansässigen Agriculture S.A., die ausschließlich aktive Einkünfte i. S. v. § 8 Abs. 1 Nr. 1–6 AStG bezieht. Die französische Gesellschaft schüttet 100 000 DM im Jahre 1989 an die schweizerische Gesellschaft aus, die den bezogenen Gewinnanteil thesauriert. Sämtliche Gesellschaften haben das Kalenderjahr als Wirtschaftsjahr.

Frage

1. Ist der Gewinnanteil von 100 000 DM im Rahmen der Zugriffsbesteuerung dem zu versteuernden Einkommen der Helmut Müller GmbH hinzuzurechnen?
2. Welche Auswirkungen ergäben sich für die Helmut Müller GmbH, wenn die Enkelgesellschaft ihren Sitz in Köln hätte?

Antwort

1. Der sich nach § 10 AStG an sich ergebende Hinzurechnungsbetrag kann bei der Helmut Müller GmbH nach § 13 Abs. 1 Nr. 1 a AStG außer Ansatz bleiben.
2. Der von der schweizerischen Eko GmbH bezogene Gewinnanteil von 100 000 DM ist nach § 13 Abs. 2 AStG in voller Höhe vom Hinzurechnungsbetrag auszunehmen.

Begründung

1. Die von der schweizerischen Zwischengesellschaft bezogenen Beteiligungserträge sind grundsätzlich als passive Einkünfte anzusehen, da sie nicht im Katalog der aktiven Einkünfte nach § 8 Abs. 1 Nr. 1–6 AStG enthalten sind. Ausgenommen von dieser Regelung sind lediglich die sog. Landes- und Funktionsholding nach § 8 Abs. 2 AStG (vgl. Fall 72).

Eine Landesholding ist im vorliegenden Fall nicht gegeben, da die Enkelgesellschaft ihren Sitz nicht in dem Staat hat, in dem auch die Zwischengesellschaft ansässig ist. Auch für die Annahme einer Funktionsholding ergeben sich keine Anhaltspunkte, da diese lediglich dann gegeben wäre, wenn die Zwischengesellschaft die Beteiligung an der Enkelgesellschaft im Zusammenhang mit eigenen unter § 8 Abs. 1 Nr. 1–6 AStG fallenden Aktivitäten halten würde.

Würde die Vorschrift des § 13 AStG nicht existieren, so würden die von als Holdinggesellschaften geführten Zwischengesellschaften vereinnahmten Dividenden unter die Zugriffsbesteuerung fallen, obwohl die Enkelgesellschaften aktive Einkünfte erzielt haben. Dieses negative Ergebnis sollte vermieden werden, zumal es in Einzelfällen wirtschaftlich notwendig ist, zwischen die deutsche Muttergesellschaft und die aktive ausländische Enkelgesellschaft eine Zwischenholding zu schalten.

Nach § 13 AStG sind unter bestimmten Voraussetzungen, die Dividendeneinkünfte der Zwischengesellschaft von der Hinzurechnungsbesteuerung bei der deutschen Muttergesellschaft ausgenommen. Folgende Voraussetzungen müssen im einzelnen nach § 13 Abs. 1 Nr. 1 a AStG gegeben sein:

- Es muß sich um einen dreistufigen Unternehmensaufbau mit Muttergesellschaft im Inland, Tochter- und Enkelgesellschaft im Ausland handeln.
- Die Enkelgesellschaft muß aktive Einkünfte nach § 8 Abs. 1 Nr. 1–6 AStG beziehen.
- Die Gewinnanteile müßten, falls die inländische Muttergesellschaft sie direkt von ihrer ausländischen Enkelgesellschaft bezogen hätte, von der Körperschaftsteuer befreit sein.

Sämtliche Voraussetzungen liegen hier vor. Falls die Helmut Müller GmbH die Dividenden direkt von ihrer französischen Enkelgesellschaft bezogen hätte, wären diese nach dem im deutsch-französischen Doppelbesteuerungsabkommen enthaltenen Schachtelprivileg von der inländischen Körperschaftsteuer nach Art. 20 Abs. 1 b befreit. Daher sind die Gewinnanteile, die die schweizerische Zwischengesellschaft bezogen hat, nach § 13 Abs. 1 Nr. 1 a AStG von der Hinzurechnungsbesteuerung ausgenommen.

2. Nach § 13 Abs. 2 AStG sind Gewinnanteile, die die ausländische Zwischengesellschaft von einer **unbeschränkt steuerpflichtigen** Kapitalgesellschaft bezieht, von der Hinzurechnung bei der inländischen Muttergesellschaft befreit, wenn folgende Voraussetzungen gegeben sind:

- Die inländische Muttergesellschaft muß eine unbeschränkt steuerpflichtige Körperschaft, Personenvereinigung oder Vermögensmasse sein.
- Die inländische Muttergesellschaft muß zu mindestens 10 % an der inländischen Enkelgesellschaft mittelbar beteiligt sein.
- Die Beteiligung muß mindestens zwölf Monate vor dem Ende des Veranlagungszeitraums bestehen.

Sämtliche Voraussetzungen sind hier gegeben, so daß die Ausschüttung der in Köln an die in Bern ansässige Gesellschaft in voller Höhe von der Hinzurechnung auszunehmen ist.

Fall 78

Nachgeschaltete Zwischengesellschaften

AStG § 10 Abs. 5, § 14; DBA-Dänemark Art. 19 Abs. 3

Sachverhalt

Herbert Abs wohnt in Köln und hält 55 % der Anteile an der Holland B.V. mit Sitz in Rotterdam. Neben ihm sind nur noch Ausländer beteiligt. Die Holland B.V. hält 50 % der in einem Niedrigsteuerland ansässigen Steuerspar Kapitalgesellschaft. Die Bundesrepublik Deutschland hat mit dem betreffenden Niedrigsteuerland kein Doppelbesteuerungsabkommen abgeschlossen. Ebenfalls zu 50 % ist die in Kopenhagen ansässige Danske AS an der Steuerspar Kapitalgesellschaft beteiligt. Die AS selbst wird zu 80 % von der Service GmbH mit Sitz in Düsseldorf gehalten. Die restlichen 20 % sind in dänischem Beteiligungsbesitz. Die Steuerspar Kapitalgesellschaft hat nur passive Einkünfte erzielt. Ausschüttungen wurden nicht vorgenommen.

Frage

1. Ergeben sich für Herbert Abs oder die Service GmbH aus ihrem mittelbaren Engagement in der Steuerspar Kapitalgesellschaft steuerliche Folgen im Rahmen der Zugriffsbesteuerung?
2. Welche steuerliche Beurteilung ergäbe sich, wenn Herbert Abs nur 40 % der Anteile an der Holland B.V. halten würde und die Bundesrepublik Deutschland mit dem Sitzstaat der Steuerspar Kapitalgesellschaft ein Doppelbesteuerungsabkommen mit Schachtelprivileg und ohne Produktivitätsvorbehalt abgeschlossen hätte?

Antwort

1. Sowohl für Herbert Abs als auch für die Service GmbH ergibt sich eine Zurechnung der Einkünfte der Steuerspar Kapitalgesellschaft im Rahmen von § 14 Abs. 1 AStG.
2. Weder für Herbert Abs noch für die Service GmbH ergibt sich eine Zugriffsbesteuerung.

Begründung

1. Die Vorschrift des § 14 AStG stellt sicher, daß Zwischeneinkünfte auch dann in der Hinzurechnungsbesteuerung erfaßt werden, wenn sie nicht unmittelbar von der ausländischen Gesellschaft, an der der unbeschränkt Steuerpflichtige beteiligt ist, sondern von einer dieser nachgeschalteten ausländischen Gesellschaft erzielt werden. Ohne die Vorschrift des § 14 AStG hätten die Bestimmungen der §§ 7 ff AStG leicht unterlaufen werden können, da in ihnen nur die direkte Beteiligung eines Steuerinländers an einer ausländischen Zwischengesellschaft behandelt wird.

In § 14 Abs. 1 AStG ist bestimmt, daß die Zwischeneinkünfte einer nachgeschalteten Zwischengesellschaft im Wege der sog. **übertragenden Zurechnung** der ausländischen Obergesellschaft hinzugerechnet werden. Die Hinzurechnung bei der ausländischen Obergesellschaft findet zu dem Teil statt, zu dem sie am Nennkapital der Untergesellschaft beteiligt ist. Für die Anwendung von § 14 AStG ist es notwendig, daß an der Ober- und der Untergesellschaft unbeschränkt Steuerpflichtige oder Personen i. S. v. § 2 AStG zu mehr als 50 % mittel- oder unmittelbar beteiligt sind, d. h. diese Gesellschaften beherrschen.

Im vorliegenden Fall wird die Steuerspar Kapitalgesellschaft von Inländern beherrscht. Zwar beträgt die mittelbare Beteiligung von Herbert Abs über die Holland B.V. nur 27,5 % (55 % × 50 % = 27,5 %), jedoch ist für die Beantwortung der Frage nach inländischer Beherrschung der mittelbare Anteil der Service GmbH ebenfalls zu berücksichtigen. Dieser beläuft sich auf 40 % (80 % × 50 % = 40 %). Damit beträgt der mittelbare Anteil unbeschränkt Steuerpflichtiger an der Steuerspar Kapitalgesellschaft 67,5 %. Die Steuerspar Kapitalgesellschaft wird mithin inländisch beherrscht.

Entsprechend der Regelung in § 14 Abs. 1 AStG werden den ausländischen Obergesellschaften, nämlich der Holland B.V. und der Danske AS die Einkünfte der Steuerspar Kapitalgesellschaft im Wege der übertragenden Zurechnung entsprechend ihrer Beteiligungsquote zugeordnet, mithin jeweils 50 %. Von der Frage der Zuordnung der Einkünfte der nachgeschalteten Zwischengesellschaft nach § 14 Abs. 1 AStG ist die Frage zu trennen, ob auch tatsächlich eine Hinzurechnung bei den inländischen Gesellschaftern erfolgt. Diese Frage ist allein nach §§ 7 ff AStG zu entscheiden. Da laut Sachverhalt nicht erkennbar ist, daß die Steuerspar Kapitalgesellschaft eine Funktionsholding i. S. v. § 8 Abs. 2 Nr. 2 AStG ist, werden

Herbert Abs und der Service GmbH die Einkünfte der Steuerspar Kapitalgesellschaft entsprechend ihrer mittelbaren Beteiligungsquote zugerechnet.

2. Wie unter 1. ausgeführt ist Voraussetzung für die Erfassung der Einkünfte nachgeschalteter Zwischengesellschaften, daß sowohl die ausländische Obergesellschaft als auch die Untergesellschaft inländisch beherrscht werden. Zwar beträgt die mittelbare Beteiligung von Inländern an der Steuerspar Kapitalgesellschaft 60 % (40 % × 50 % + 80 % × 50 % = 60 %), jedoch wird die Obergesellschaft, die Holland B.V. nicht inländisch beherrscht, da Herbert Abs als einziger Inländer lediglich 40 % der Anteile hält. Eine anteilige Erfassung der Einkünfte der Steuerspar Kapitalgesellschaft bei Herbert Abs im Rahmen der Zugriffsbesteuerung entfällt mithin.

Für die Service GmbH sind die Voraussetzungen der inländischen Beherrschung sowohl auf der Ebene der ausländischen Obergesellschaft, der Danske AS (80 %) als auch bei der nachgeschalteten Zwischengesellschaft – wobei hier wiederum sämtliche Beteiligungen zur Errechnung der mittelbaren Beteiligungsquote zusammenzurechnen sind (40 % × 50 % + 80 % × 50 % = 60 %) – gegeben. Allerdings muß hier § 10 Abs. 5 AStG beachtet werden. Danach sind auf den Hinzurechnungsbetrag die Bestimmungen der Abkommen zur Vermeidung der Doppelbesteuerung entsprechend anzuwenden, die man hätte anwenden müssen, wenn der Hinzurechnungsbetrag tatsächlich auch ausgeschüttet worden wäre. Fraglich könnte in diesem Zusammenhang sein, welches Doppelbesteuerungsabkommen anzuwenden ist, das mit der ausländischen Obergesellschaft oder das mit der nachgeschalteten Zwischengesellschaft. Da mit den meisten Nationen Doppelbesteuerungsabkommen mit internationalem Schachtelprivileg abgeschlossen worden sind, könnte, würde nur auf die ausländische Obergesellschaft abgestellt, die Hinzurechnungsbesteuerung der Einkünfte der nachgeschachtelten Zwischengesellschaft dadurch vermieden werden, daß eine Kapitalgesellschaft in einem Land mit internationalem Schachtelprivileg vorgeschaltet würde. Diese Steuervermeidungsmöglichkeit hat der Gesetzgeber mit der Einfügung des § 14 Abs. 4 AStG im Jahre 1980 zunichte gemacht. Danach kommt es für die Anwendung des § 10 Abs. 5 AStG nicht nur auf die Verhältnisse des Inländers zur ausländischen Obergesellschaft an. Darüber hinaus können die Bestimmungen der Doppelbesteuerungsabkommen nach § 10 Abs. 5 AStG nur dann angewandt werden, wenn sie auch bei direkter Beteiligung des Steuerpflichtigen Inländers an der Untergesellschaft, bei der die Einkünfte entstanden sind, anzuwenden wären.

Im Doppelbesteuerungsabkommen mit Dänemark ist in Art. 19 Abs. 3 das internationale Schachtelprivileg geregelt. Ebenso ist in dem Doppelbesteuerungsabkommen mit dem Sitzstaat der Steuerspar Kapitalgesellschaft ein Schachtelprivileg ohne Produktionsvorbehalt – d. h. es bezieht sich auch auf passive Einkünfte – vereinbart. Dementsprechend entfällt für die Service GmbH eine Hinzurechnungsbesteuerung nach § 10 Abs. 5 i. V. m. § 14 Abs. 4 AStG.

Teil IX: Doppelbesteuerungsabkommen

Einführung

Begriff und Bedeutung des OECD-Musterabkommens, Aufbau eines Doppelbesteuerungsabkommens und Prüfungstechnik

Das Problem einer Doppelbesteuerung tritt immer dann auf, wenn ein grenzüberschreitender Sachverhalt vorliegt. Regelmäßig geschieht das in der Weise, daß in einem Staat ein Sachverhalt verwirklicht wird, z. B. Einkünfte erzielt werden, der nach den Steuergesetzen dieses Staates steuerpflichtig ist. Das Steuersubjekt, dem dieser Sachverhalt steuerlich zuzurechnen ist, ist jedoch in einem anderen Staat ansässig. Dieser sog. Ansässigkeitsstaat nimmt häufig eine Besteuerung des Welteinkommens, d. h. des Einkommens unter Einschluß der in dem anderen Staat erzielten Einkünfte, für sich in Anspruch. Dadurch werden die in dem anderen Staat erzielten Einkünfte zweimal besteuert.

Beispiele

Die Bundesrepublik erfaßt für natürliche Personen, die in der Bundesrepublik ihren Wohnsitz oder gewöhnlichen Aufenthalt haben, gem. § 1 Abs. 1 EStG deren Welteinkommen. Zu diesem steuerpflichtigen Welteinkommen gehören auch Dividenden aus einer schweizer AG. Die Schweiz als Quellenstaat besteuert diese Einkünfte ebenfalls.

Eine Person mit Wohnsitz in der Schweiz erzielt Dividenden aus einer AG mit Sitz in der Bundesrepublik. Die Dividendeneinkünfte werden von der Schweiz infolge ihrer Besteuerung des Welteinkommens bei der Besteuerung erfaßt. In der Bundesrepublik ist die in der Schweiz ansässige Person mit diesen Dividendeneinkünften gem. § 1 Abs. 4 i.V.m. § 49 Abs. 1 Nr. 5 EStG beschränkt einkommensteuerpflichtig. Die Einkommensbesteuerung erfolgt dadurch, daß die Quelle, d. h. der Dividendenschuldner, die Steuer von dem Dividendenbetrag einzubehalten und an den Fiskus abzuführen hat (§§ 44 Abs. 1 Satz 3, 43 Abs. 1 Nr. 1 EStG).

Zur Vermeidung oder Verringerung der so entstehenden mehrfachen Besteuerung bieten sich zwei Wege an:

- einseitige Regelungen eines Staates in seinen nationalen Steuergesetzen,
- ein Vertrag zwischen den beteiligten Staaten, in dem geregelt wird, welcher Staat welche Tatbestände besteuern darf.

Einen derartigen Vertrag zur Vermeidung einer Doppelbesteuerung (kurz: Doppelbesteuerungsabkommen oder DBA) auf dem Gebiet der Einkommens- oder Vermögensbesteuerung hat die Bundesrepublik gegenwärtig mit 61 Staaten geschlossen; darunter befinden sich fast alle europäischen Industrieländer, USA, Kanada, Australien und Japan. Daneben bestehen gegenwärtig fünf Abkommen betreffend die Erbschaftsteuer[1], sowie acht Sonderabkommen für den Bereich Schiffahrt und Luftfahrt.[2]

Grundlage aller von der Bundesrepublik nach 1977 geschlossenen DBA auf dem Gebiet der Einkommens- und Vermögensbesteuerung war ein von der **O**rganisation for **E**conomic **C**ooperation and **D**evelopment vorgelegtes Musterabkommen (OECD-Muster DBA; im folgenden: DBA '77).[3] Soweit DBAs vor 1977 abgeschlossen worden waren, sind sie fast vollständig durch Revisionsabkommen dem DBA '77 angepaßt worden. Daher entsprechen fast alle von der Bundesrepublik abgeschlossenen DBAs folgendem Aufbauschema:[4]

Abschn. I	Geltungsbereich des Abkommens	Art. 1, 2, 28
Abschn. II	Definitionen	Art. 3–5
Abschn. III	Besteuerung des Einkommens	Art. 6–21
Abschn. IV	Besteuerung des Vermögens	Art. 22
Abschn. V	Methoden zur Vermeidung der Doppelbesteuerung	Art. 23
Abschn. VI	Besondere Bestimmungen	Art. 24–27, 28
Abschn VII	Schlußbestimmungen	Art. 29 u. 30

In einem DBA wird geregelt, ob einer Vertragspartei das Besteuerungsrecht für bestimmte Einkünfte oder Vermögensbestandteile zusteht oder im Hinblick auf den gleichfalls bestehenden Besteuerungsanspruch des Vertragspartners untergeht bzw. eingeschränkt ist. Durch ein DBA werden in keinem Falle neue nationale Steuertatbestände geschaffen. Diese können sich ausschließlich aus den nationalen Steuergesetzen ergeben. Daher sind internationale Steuersachverhalte stets wie folgt zu prüfen:

---

1 Vgl. hierzu Teil VI (Erbschaftsteuer), Fall 57.

2 Vgl. zum Stand 1. Januar 1991: BMF-Schreiben vom 2. Januar 1991 – IV C 5 – S 1300 – 286/90, BStBl 1991 I S. 9 ff.

3 Abdruck des OECD-Musterabkommens siehe Anhang.

4 Die Art.-Angaben beziehen sich auf das DBA '77.

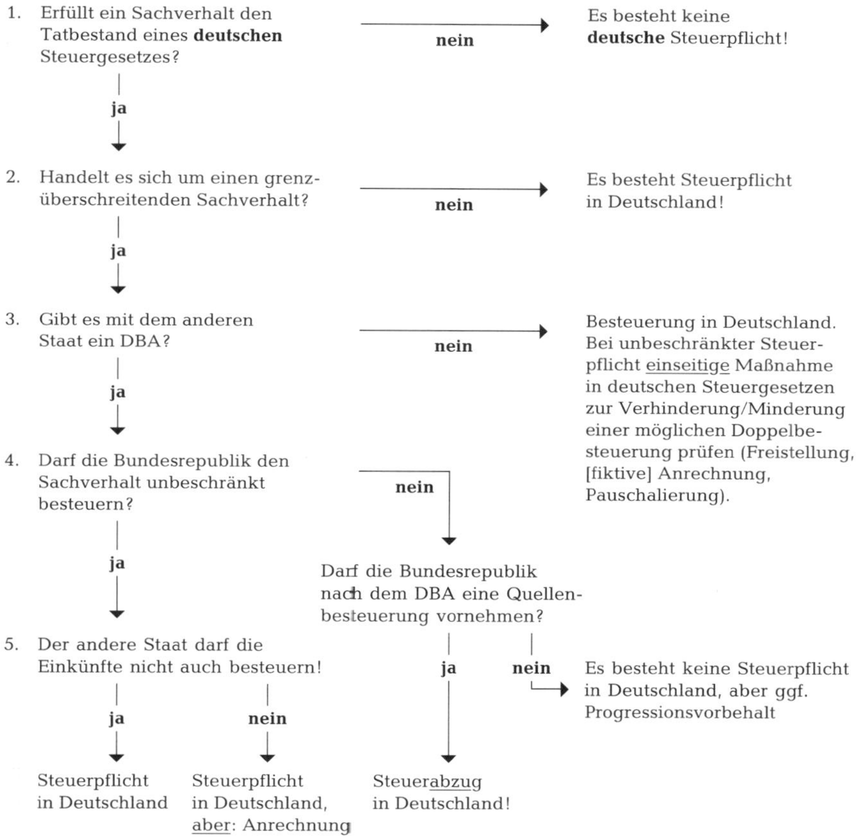

Fall 79

Methoden zur Vermeidung[1] der Doppelbesteuerung – Abschließende Regelung in einer Verteilungsnorm

Sachverhalt

Arno Abel ist 30 Jahre alt, ledig und kinderlos. Er lebt seit seiner Geburt in Hamburg und ist damit in der Bundesrepublik ansässig i. S. d. Art. 4 DBA '77. Er hat 1990 aus einem Staat, mit dem die Bundesrepublik ein DBA

1 Wenn im folgenden der (ungenaue) Begriff „Vermeidung" verwendet wird, ist stets „Verhinderung, Beseitigung oder Verminderung" gemeint.

geschlossen hat, das dem DBA '77 entspricht[2], Einkünfte in Höhe von umgerechnet 50 000 DM erzielt. Diese Einkünfte waren sowohl nach den Vorschriften des DBA-Staates als auch nach den Steuergesetzen der Bundesrepublik in den jeweiligen Ländern steuerpflichtig. Die Summe der übrigen Einkünfte in der Bundesrepublik beträgt 45 000 DM. Bei der Ermittlung des zu versteuernden Einkommens sind lediglich Sonderausgaben von 5000 DM zu berücksichtigen.

Nach der einschlägigen Verteilungsnorm in dem zwischen der Bundesrepublik und dem anderen Staat geschlossenen DBA können die Einkünfte, die Abel aus dem DBA-Staat bezogen hat „nur in dem Staat besteuert werden, in dem die Person ansässig ist".

Frage

Wie hoch ist die festzusetzende deutsche Einkommensteuer für 1990?

Antwort

Die festzusetzende deutsche Einkommensteuer 1990 beträgt 26 208 DM.

Begründung

Abel hat in 1990 in Höhe von 95 000 DM Einkünfte erzielt, die nach dem deutschen EStG in der Bundesrepublik einkommensteuerpflichtig sind. Fraglich ist, ob die Bundesrepublik das Besteuerungsrecht für die aus dem DBA-Staat bezogenen Einkünfte hat. Da Abel die Einkünfte aus einem Staat bezogen hat, mit dem die Bundesrepublik ein DBA abgeschlossen hat, ist diese Prüfung nach Maßgabe dieses DBAs vorzunehmen. Nach dem Sachverhalt fallen die fraglichen Einkünfte unter eine Verteilungsnorm[3], nach der die fraglichen Einkünfte nur in dem Staat besteuert werden dürfen, in dem die Person, der die Einkünfte zuzurechnen sind, **ansässig** ist. Abel ist in der Bundesrepublik ansässig. Daher dürfen die fraglichen Einkünfte nur in der Bundesrepublik besteuert werden, nicht jedoch in dem anderen Staat, obwohl die Einkünfte von Abel auch unter die nationalen Steuergesetze dieses Staates subsumierbar sind. Die nach Maßgabe der jeweiligen nationalen Steuergesetze sonst entstehende Doppelbesteuerung der Einkünfte ist damit vermieden.

Die deutsche Einkommensteuer für 1990 beträgt somit:

Summe der Einkünfte	95 000 DM
Abzugsbeträge	./. 5 000 DM
zu versteuerndes Einkommen	90 000 DM
Einkommensteuer darauf	26 208 DM

---

2 Im folgenden DBA-Staat.

3 Als Verteilungsnormen werden die Art. eines DBA bezeichnet, in denen die Aufteilung des Besteuerungsrechts zwischen den Vertragsstaaten geregelt ist (im DBA '77: III. und IV. Abschnitt, Art. 6 bis 22).

Fall 80

Methoden zur Vermeidung der Doppelbesteuerung – Freistellung oder Anrechnung

DBA 1977 Art. 4 Abs. 1, Art. 23 A und B; EStG § 12 Nr. 3, § 32 b Abs. 1 Nr. 2, § 34 c Abs. 1 Satz 1; EStR Abschn. 185, 212 d; VStG § 11 Abs. 1; VStR Abschn. 124

Sachverhalt

Wie Fall 79, aber die Einkünfte „können in dem anderen Staat besteuert werden".

Herr Abel hat in dem DBA-Staat umgerechnet 7500 DM an Steuern gezahlt, die der deutschen Einkommensteuer entsprechen.

Frage

1. Wie hoch ist die für Abel festzusetzende deutsche Einkommensteuer, wenn das DBA
   a) die Freistellungsmethode
   b) die Anrechnungsmethode

   vorsieht?
2. Was ändert sich, wenn die ausländische Steuer umgerechnet 20 000 DM beträgt?
3. Läßt sich anhand der gefundenen Ergebnisse eine Regel erkennen, welche der beiden Methoden zur Vermeidung einer Doppelbesteuerung für den Stpfl. günstiger ist?

Antwort

1. Die festzusetzende deutsche Einkommensteuer beträgt
   a) 11 640 DM,
   b) 18 708 DM.
2. Die festzusetzende deutsche Einkommensteuer beträgt
   a) 11 640 DM,
   b) 12 414 DM.
3. Die Freistellungsmethode ist günstiger oder führt doch zumindest zum gleichen Ergebnis wie die Anrechnungsmethode.

Begründung

1. a) Die ausländischen Einkünfte des Abel erfüllen nach dem Sachverhalt die tatbestandsmäßigen Voraussetzungen für eine Besteuerung in Deutschland. Da die Einkünfte aus einem DBA-Staat stammen, ist zu prüfen, ob nach dem DBA '77 die Bundesrepublik diese Einkünfte auch besteuern darf. Nach der einschlägigen Verteilungsnorm in dem DBA '77 können die Einkünfte in dem **anderen** Staat besteuert werden. Diese Wortwahl in einem DBA ist stets im Sinne von „... können **auch** ..." zu interpretieren. Dabei ist der „andere Staat" im Sinne dieser Bestimmungen stets der Vertragsstaat, der nicht der Ansässigkeitsstaat i. S. d. Art. 4 DBA '77 ist. Die dadurch auftretende Doppelbesteuerung wird nach Maßgabe der Vorschrift des Art. 23 A oder B DBA '77 vermieden.

Abel hat nur in der Bundesrepublik einen Wohnsitz und ist laut Sachverhalt damit in der Bundesrepublik ansässig i. S. d. Art. 4 DBA '77. Soweit seine Einkünfte in dem DBA-Staat besteuert werden können, sind sie gem. Art. 23 A Abs. 1 DBA '77 in der Bundesrepublik von der Besteuerung auszunehmen. Allerdings ist die Bundesrepublik nach Art. 23 A Abs. 3 DBA '77 berechtigt, diese Einkünfte bei der Berechnung der Steuer für die übrigen Einkünfte zu berücksichtigen (Freistellung mit Progressionsvorbehalt). Einzelheiten betreffend die Durchführung der Freistellung und des Progressionsvorbehalts sind in dem DBA '77 nicht enthalten. Insoweit ist auf nationales Recht, insbesondere auf § 32 b Abs. 1 Nr. 2 EStG zurückzugreifen. Die Höhe der zu berücksichtigenden ausländischen Steuer ist ebenfalls nach den Vorschriften des deutschen Steuerrechts zu ermitteln (Abschn. 185 Abs. 1 Satz 5 EStR). Daher darf die ausländische Einkommensteuer bei der Ermittlung der maßgeblichen Einkünfte nicht abgezogen werden (§ 12 Nr. 3 EStG).

Die deutsche Einkommensteuer berechnet sich somit wie folgt:

inländische Einkünfte	45 000 DM	45 000 DM
ausländische Einkünfte	50 000 DM	
	95 000 DM	
Abzugsbeträge	./. 5 000 DM	./. 5 000 DM
zu versteuerndes Einkommen	90 000 DM	40 000 DM
angerundet auf TES	89 964 DM	39 960 DM
Einkommensteuer darauf	26 208 DM	
durchschnittl. Steuersatz (bezogen auf das auf die Tabelleneingangsstufe abgerundete zvE)	29,1316 %	
endgültige ESt		11 640 DM

1. b) Abweichend vom Fall 1 a) wird die Doppelbesteuerung in dieser Abwandlung gem. Art. 23 B Abs. 1 DBA '77 dadurch vermieden, daß bei der Besteuerung in der Bundesrepublik die von Abel in dem DAB-Staat gezahlte Steuer auf die deutsche Einkommensteuer angerechnet wird. Die Anrechnung setzt nach dem DBA '77 im einzelnen voraus, daß

- eine in der Bundesrepublik ansässige Person Einkünfte bezieht,
- die in dem DBA-Staat besteuert werden **können** und

– für die die Person in dem DBA-Staat als Steuerschulder Steuern gezahlt hat, die

– der deutschen Einkommensteuer entsprechen.

Da nach dem Sachverhalt Abel in dem DBA-Staat Einkünfte bezogen hat, für die er dort eine der deutschen Einkommensteuer entsprechende Steuer i. H. v. 7500 DM gezahlt hat, ist dieser Betrag auf die deutsche Einkommensteuer anzurechnen. Die Steuerschuld für 1990 berechnet sich somit wie folgt:

Summe der Einkünfte	95 000 DM
Abzugsbeträge	⁒ 5 000 DM
zu versteuerndes Einkommen	90 000 DM
Einkommensteuer darauf	26 208 DM
anrechenbare ausländische Steuer	7 500 DM
deutsche Einkommensteuerschuld	18 708 DM

2. a) Die Höhe der für die ausländischen Einkünfte in dem DBA-Staat gezahlten Steuern hat bei Anwendung der Freistellungsmethode grundsätzlich keine Auswirkung auf die Steuerberechnung im Ansässigkeitsstaat. Somit kommt die Freistellung auch zur Anwendung, wenn in dem DBA-Staat keine Steuern gezahlt worden sind. Zu beachten ist jedoch, daß einige deutsche DBA eine sog. „subjekt-to-tax-clause" enthalten.[4] Danach wird die Freistellung davon abhängig gemacht, daß die Einkünfte in dem DBA-Staat auch **tatsächlich** besteuert werden.

2. b) Die Voraussetzungen für die Anrechnung der ausländischen Steuern liegen dem Grunde nach vor.[5] Fraglich ist jedoch, ob die im DBA-Staat gezahlten Steuern in der vollen Höhe von 20 000 DM angerechnet werden können.

Eine uneingeschränkte Anrechnung ausländischer Steuern könnte dazu führen, daß der gesamte Steueranspruch des Ansässigkeitsstaats auf 0 DM reduziert wird. Damit würde der Ansässigkeitsstaat faktisch das Besteuerungsrecht auch für die inländischen Einkünfte verlieren. Aus diesem Grund sieht Art. 23 B Abs. 1 Satz 2 DBA '77 vor, daß der anzurechnende Betrag nicht höher sein darf als der Betrag der inländischen Steuer, der anteilig auf die ausländischen Einkünfte entfällt. Soweit das DBA keine Regelung für die Ermittlung des Anrechnungshöchstbetrages enthält, ist auf innerstaatliches Recht zurückzugreifen.[6] Deshalb gilt für die Ermittlung des Höchstbetrages § 34 c Abs. 1 Satz 2 EStG i. V. m. Abschn. 212 d EStR (bzw. § 11 Abs. 1 VStG i. V. m. Abschn. 124 VStR).

---

4 Vgl. z. B. DBA-Kanada Art. 23 Abs. 3; DBA-Neuseeland Art. 23 Nr. 3 Satz 1 b.

5 Siehe Begründung zu 1 b.

6 Vogel, DBA-Kommentar, Art. 23 Anm. 184.

Der anzurechnende Höchstbetrag errechnet sich vorliegend wie folgt:

$$\text{tarifliche deutsche ESt} \times \frac{\text{ausländische Einkünfte}}{\text{Gesamtbetrag der Einkünfte}}$$

$$= 26\,208 \text{ DM}^{7} \times \frac{50\,000 \text{ DM}}{95\,000 \text{ DM}} = 13\,794 \text{ DM}$$

Die endgültige deutsche Einkommensteuer beträgt somit:

tarifliche ESt		26 208 DM
tatsächlich gezahlte ausländische Steuern	20 000 DM	
davon anrechenbar:	./. 13 794 DM	13 794 DM
deutsche ESt-Schuld		12 414 DM
effektive Doppelbesteuerung	6 206 DM	

3. Die Freistellungsmethode hat – vorbehaltlich der Progressionswirkung – stets den Effekt, daß die ausländischen Einkünfte auf der Grundlage des ausländischen Steuersatzes mit ertragsabhängigen Steuern belastet werden. Hingegen führt die Anrechnungsmethode zunächst einmal dazu, daß der Steuersatz auf das Niveau des Ansässigkeitsstaates geschleust wird. Die Anrechnung wird jedoch maximal auf die Höhe des Steuersatzes des Ansässigkeitsstaates beschränkt. Ausgehend von den obigen Ergebnissen lassen sich die unterschiedlichen Auswirkungen wie folgt zahlenmäßig darstellen:

	Steuersatz im DBA-Staat ist **niedriger** (s. Frage Nr. 1)	**höher** (s. Frage Nr. 2)
Freistellungsmethode		
deutsche ESt	11 640 DM	11 640 DM
ausländische Steuer	7 500 DM	20 000 DM
Steuer gesamt	19 140 DM	31 640 DM
Anrechnungsmethode		
deutsche ESt	18 708 DM	12 414 DM
ausländische Steuer	7 500 DM	20 000 DM
Steuer gesamt	26 208 DM	32 414 DM
Steuervorteil bei der Freistellungsmethode	7 068 DM	774 DM

7 Siehe Begründung zu 1 b.

Fall 81

Methoden zur Vermeidung der Doppelbesteuerung – Verluste aus DBA-Staaten

DBA 1977 Art. 23 A und B; EStG § 2 a

Sachverhalt

Zwischen A-Staat und B-Staat ist ein Abkommen zur Vermeidung der Doppelbesteuerung geschlossen worden, das dem DBA '77 entspricht. Der in A-Staat ansässige Bruno Bach erzielt in seinem Heimatstaat in 1990 steuerpflichtige Einkünfte in Höhe von 110 000 DM. Aus B-Staat erwirtschaftet er einen Verlust in Höhe von 20 000 DM. Steuern muß er demzufolge in B-Staat nicht zahlen. Die in A-Staat bei der Ermittlung der Einkommensteuer berücksichtigungsfähigen Abzugsbeträge belaufen sich auf 10 000 DM. Der Steuersatz in A-Staat beträgt 30 %.

Frage

1. Wie hoch ist die für 1990 von Bruno Bach in A-Staat zu zahlende Einkommensteuer, wenn das zwischen A-Staat und B-Staat geschlossene DBA
   a) die Freistellungsmethode,
   b) die Anrechnungsmethode

   vorsieht?
2. Wie ist die Rechtslage, wenn A-Staat die Bundesrepublik wäre und die Verluste aus einer gewerblichen Betriebsstätte in dem DBA-Staat stammen, die der Herstellung von Latex-Produkten dient? Welche Folgen ergeben sich im Falle der Freistellungsmethode im Jahre 1991, wenn Bach in diesem Jahr aus der Betriebsstätte einen Gewinn von 50 000 DM erzielt und das zu versteuernde Einkommen ohne Berücksichtigung des Betriebsstättengewinns 100 000 DM beträgt?

Antwort

1. Im Falle der Freistellungsmethode beträgt die Einkommensteuer 24 000 DM, wenn der Ansässigkeitsstaat die Berücksichtigung des Betriebsstättenverlustes zuläßt, sonst 30 000 DM. Bei der Anrechnungsmethode beträgt die Steuer 24 000 DM.
2. Die ESt im Jahre 1990 beträgt bei Anwendung der Freistellungsmethode 21 977 DM, wenn Bach einen Antrag auf Verlustberücksichtigung gestellt hat, sonst 30 743 DM. Kommt die Anrechnungsmethode zur

Anwendung, beträgt die Einkommensteuer 21 977 DM. Im Jahre 1991 beträgt die ESt 40 751 DM, wenn der Antrag auf Verlustberücksichtigung gestellt wurde, sonst 30 743 DM.

Begründung

1. a) Herr Bach unterliegt in A-Staat zunächst mit seinen aus diesem Staat bezogenen Einkünften in Höhe von 110 000 DM der Besteuerung. Fraglich ist, ob die Verluste aus B-Staat bei der Steuerberechnung zu berücksichtigen sind, obwohl die positiven Einkünfte freigestellt wären (lt. Sachverhalt gilt die Freistellungsmethode!). Nach unserer Ansicht läßt sich aus dem Wortlaut des DBA '77 nichts für ein Verbot der Verlustberücksichtigung herleiten. Auch aus dem Sinn und Zweck eines DBA folgt das nicht: Das DBA soll verhindern, daß Einkünfte mehrfach mit Steuern belastet werden. Genau diese Situation besteht in Verlustfällen aber gerade nicht. Deshalb ist die Behandlung dieses Problems der nationalen Steuergesetzgebung vorbehalten. Dementsprechend ist die Rechtslage in den einzelnen Staaten auch durchaus unterschiedlich. So werden beispielsweise in Frankreich Verluste nicht berücksichtigt, wenn und soweit positive Einkünfte der gleichen Art freigestellt sind.[8] Hingegen lassen die Niederlande als Ansässigkeitsstaat die Verlustberücksichtigung zu. Daraus kann jedoch im Ergebnis eine doppelte Verlustberücksichtigung resultieren, nämlich dann, wenn der Verlust sich im Quellenstaat über einen Rück- oder Vortrag ebenfalls steuermindernd auswirkt. Deshalb halten sich die Niederlande in ihren DBAs die Möglichkeit offen, spätere positive Einkünfte in Höhe der früheren Verluste zu besteuern, auch wenn nach dem DBA das Besteuerungsrecht grundsätzlich dem DBA-Staat zusteht.[9]

Abhängig davon, ob A-Staat als Ansässigkeitsstaat den Verlustabzug zuläßt, errechnet sich die Einkommensteuerschuld von Herrn Bach wie folgt:

	Verlustberücksichtigung im Ansässigkeitsstaat	
	nein	**ja**
Einkünfte	110 000 DM	110 000 DM
Verlust aus B-Staat	–	⁒ 20 000 DM
Abzugsbeträge	⁒ 10 000 DM	⁒ 10 000 DM
zu versteuerndes Einkommen	100 000 DM	80 000 DM
ESt	30 000 DM	24 000 DM

1. b) Die Anrechnungsmethode geht von der Überlegung aus, daß der Ansässigkeitsstaat zunächst einmal das Welteinkommen erfaßt und besteuert. Zu diesem Welteinkommen gehören aber auch die Verluste aus

8 Vgl. Vogel, Art. 23 Anm. 72 und 73.

9 DBA-Niederlande Art. 20 Abs. 3 Satz 1 2. Halbsatz; die gleiche Intention hat § 2a Abs. 3 Satz 3 EStG.

einem ausländischen Staat. Soweit allerdings aufgrund der nationalen Steuergesetze bestimmte Verlustarten grundsätzlich nicht berücksichtigt werden,[10] ändert sich daran auch nichts durch ein DBA. Die Einkommensteuer für Bruno Bach berechnet sich somit wie folgt:

positive inländische Einkünfte	110 000 DM
ausländische Verluste	⁒ 20 000 DM
Welteinkommen	90 000 DM
Abzugsbeträge	⁒ 10 000 DM
zu versteuerndes Einkommen	80 000 DM
ESt (30 %)	24 000 DM

2. a) Da Bruno Bach in der Bundesrepublik ansässig ist, stellt sich die Frage, ob nach der deutschen Steuergesetzgebung Verluste berücksichtigt werden können, die aus einem Staat stammen, mit dem ein DBA besteht, das die Freistellungsmethode vorsieht.

Wie oben[11] dargestellt, kann diese Frage nicht in dem DBA geregelt sein. Der deutsche Steuergesetzgeber hat aber in § 2 a Abs. 1 und 2 EStG die Berücksichtigung von bestimmten ausländischen Verlusten ausgeschlossen und zwar unabhängig davon, ob sie aus einem DBA-Staat oder aus einem sonstigen Staat stammen. Wenn die Verluste aber aus einer in einem DBA-Staat belegenen Betriebsstätte herrühren, ist es grundsätzlich auf Antrag des Stpfl. möglich, die Verluste zu berücksichtigen (§ 2 a Abs. 3 EStG[12]). Der berücksichtigte Verlustbetrag ist jedoch bei der Einkommensteuerveranlagung späterer Jahre zum Gesamtbetrag der Einkünfte wieder hinzuzurechnen, soweit aus der ausländischen Betriebsstätte positive Einkünfte erzielt werden.[13]

Unabhängig vom Problem der Auswirkung des § 2 a EStG auf die Steuerbemessungsgrundlage stellt sich die Frage nach der Auswirkung der Vorschrift auf den Steuersatz. Der BFH hat in seiner bisherigen – allerdings zur Rechtslage vor Inkrafttreten des § 2 a EStG in 1983 – ergangenen Rechtsprechung[14] entschieden, daß die ausländischen Verluste bei der Ermittlung des Steuersatzes zu berücksichtigen sind **(negativer Progressionsvorbehalt).** Diese Rechtsprechung hat der BFH im Hinblick auf § 2 a EStG mit Urteil vom 17. Oktober 1990[15] geändert. Danach dürfen sich ausländische Verluste auch nicht auf den Steuersatz auswirken.

---

10 Vgl. z. B. § 15 a EStG.
11 Siehe Begründung zu 1 a.
12 Bis 1989: § 2 AIG.
13 Vgl. zu den Einzelheiten Teil I (Einkommensteuer), Fall 5.
14 BFH vom 25. Mai 1970, BStBl 1970 II S. 660, 661 f.
15 IR 181/87, BStBl 1991 II S. 136.

Je nachdem, ob Bruno Bach den Antrag auf Verlustberücksichtigung gem. § 2 a Abs. 3 EStG gestellt hat, berechnet sich seine Einkommensteuer für 1990 wie folgt:

	Antrag gem. § 2 a Abs. 3 EStG	
	ja	**nein**
inländische Einkünfte	110 000 DM	110 000 DM
ausländische Einkünfte	⁒ 20 000 DM	—
abzuziehende Beträge	⁒ 10 000 DM	⁒ 10 000 DM
zu versteuerndes Einkommen	80 000 DM	100 000 DM
ESt	21 977 DM	30 743 DM

Je nachdem, ob Herr Bach 1990 den Antrag auf Verlustberücksichtigung gestellt hat oder nicht, berechnet sich seine Einkommensteuer für 1991 wie folgt:

	Antrag gem. § 2 a Abs. 3 EStG	
	ja	**nein**
zu versteuerndes Einkommen ohne ausländischen Gewinn	100 000 DM	100 000 DM
von dem nach DBA in der Bundesrepublik grundsätzlich steuerfreien Betriebsstättengewinn i. H. v. 50 000 DM bei der deutschen Einkommensbesteuerung gem. § 2 a Abs. 3 Satz 3 EStG zu berücksichtigen	20 000 DM	—
endgültiges zu versteuerndes Einkommen	120 000 DM	100 000 DM
ESt darauf	40 751 DM	30 743 DM

Die Gesamtbelastung für beide Jahre errechnet sich somit wie folgt:

	Antrag gem. § 2 a Abs. 3 EStG	
	ja	**nein**
ESt 1990	21 977 DM	30 743 DM
ESt 1991	40 751 DM	30 743 DM
ESt gesamt	62 728 DM	61 486 DM

Im Hinblick auf die unterschiedlichen Progressionseffekte kann es somit bei natürlichen Personen im Einzelfall günstiger sein, auf die Beantragung der Berücksichtigung von Verlusten aus einer ausländischen Betriebsstätte zu verzichten.

2. b) Wenn in dem einschlägigen DBA die Anrechnungsmethode vorgesehen ist, wird die Besteuerung des Welteinkommens durch die Bundesrepublik zunächst nicht berührt. Daher fließen in die deutsche Steuerberechnung sämtliche Einkünfte ein, die ein Stpfl. weltweit bezieht, mithin auch die Verluste als negative Einkünfte. Soweit diese negativen Einkünfte aus dem Ausland stammen, ist die Einschränkung der Verlustberücksichtigung nach § 2 a Abs. 1 und 2 EStG zu beachten. Danach sind bei der auch in Steuerfällen mit grenzüberschreitenden Sachverhalten stets zunächst gebotenen Subsumierung des Sachverhalts unter die nationalen Steuergesetze bestimmte Verluste von der Berücksichtigung ausgeschlossen. Damit wird noch einmal deutlich, daß es sich bei § 2 a Abs. 1 und 2 EStG gar nicht um ein DBA-Problem handelt, sondern allein um eine Frage bundesdeutscher Steuergesetzgebung.

Vorliegend stammen die Verluste jedoch aus einer aktiven ausländischen Betriebsstätte. Deshalb sind sie gem. § 2 a Abs. 2 EStG bei der Ermittlung des zu versteuernden Einkommens nicht ausgeschlossen.[16]

Die Einkommensteuer von Bach für **1990** berechnet sich somit wie folgt:

steuerpflichtige positive Einkünfte	110 000 DM
Verlust aus der ausländischen Betriebsstätte	./. 20 000 DM
abzuziehende Beträge	./. 10 000 DM
zu versteuerndes Einkommen	80 000 DM
ESt	21 977 DM

Fall 82

Methoden zur Vermeidung der Doppelbesteuerung – Anrechnung fiktiver Steuern

DBA-Brasilien Art. 11 Abs. 1 und 4, Art. 24 Abs. 2 und 3

Sachverhalt

Christoph Camper ist ledig und kinderlos. Er lebt seit 15 Jahren in Hannover. In 1990 bezieht er Zinseinnahmen aus einer brasilianischen DM-Auslandsanleihe in Höhe von 10 000 DM. Da der brasilianische Staat Anreize für ausländische Kapitalanleger schaffen will, verzichtet er bei Personen, die nicht in Brasilien ansässig sind, auf eine Versteuerung der Zinseinnahmen. Unter Berücksichtigung der Zinseinnahmen aus Brasilien beträgt das zu versteuernde Einkommen von Camper in 1990 100 000 DM.

Frage

Wie hoch ist die deutsche Einkommensteuerschuld des Camper in 1990?

Antwort

Die deutsche Einkommensteuerschuld des Camper für 1990 beträgt 28 743 DM.

---

16 Vgl. wegen der Einzelheiten zu § 2 a EStG Teil I (Einkommensteuer), Fall 5.

Begründung

Die Zinsen aus den brasilianischen Auslandsanleihen gehören zu den Kapitaleinkünften des Camper i. S. d. § 20 Abs. 1 Nr. 7 EStG. Nach Art. 11 Abs. 1 DBA-Brasilien können die Zinsen auch in der Bundesrepublik besteuert werden. Nach Art. 24 Abs. 2 Satz 1 DBA-Brasilien wird eine mögliche Doppelbesteuerung dadurch vermieden, daß die Bundesrepublik als Ansässigkeitsstaat die in Brasilien für die aus Brasilien stammenden Einkünfte gezahlte Steuer auf die deutsche Einkommensteuer anrechnet.

Die Anrechnungsmethode führt, wie bereits dargelegt,[17] dazu, daß die Steuern für die ausländischen Einkünfte auf das deutsche Einkommensteuerniveau geschleust werden. Damit geht aber der von dem Vertragsstaat durch dessen Steuergesetzgebung angestrebte Investitionsanreiz verloren.

Um dieses Ergebnis zu vermeiden, sehen etliche deutsche DBAs vornehmlich mit Entwicklungsländern[18] vor, daß nicht nur die tatsächlich gezahlte Steuer, die ggf. 0 DM beträgt, sondern mindestens eine fiktive Steuer angerechnet wird. Gem. Art. 24 Abs. 3 lit. b DBA-Brasilien beträgt die fiktive Steuer im vorliegenden Fall 20 % der Zinsen, mithin 2000 DM.

Ausgehend davon berechnet sich die deutsche Einkommensteuerschuld des Camper für 1990 wie folgt:

zu versteuerndes Einkommen		100 000 DM
ESt darauf		30 743 DM
anrechenbare fiktive brasilianische Quellensteuer	./.	2 000 DM
deutsche ESt 1990		28 743 DM

Fall 83

Ansässigkeit

DBA 1977 Art. 3 Abs. 2, 4, 25; DBA-Japan Art. 4 Abs. 1; AO § 9

Sachverhalt

Die alleinstehende Staatsangehörige von A-Staat Doris Dahl arbeitet für zwei Tochterfirmen einer Gesellschaft mit Sitz in A-Staat. Die Tochterfirmen haben ihren Sitz in B-Staat bzw. C-Staat. Da Frau Dahl sich wegen ihrer beruflichen Tätigkeit in beiden Staaten etwa gleich lange aufhält, hat sie in beiden Staaten eine Wohnung und ist damit in beiden Staaten unbe-

17 Siehe Fall 80.

18 Vgl. die Übersicht bei Vogel, Art. 23 Anm. 190.

schränkt steuerpflichtig i. S. d. jeweiligen nationalen Steuergesetze der beiden Staaten. Beide Staaten haben eine Regelung, die § 9 AO entspricht. Frau Dahl unterhält in beiden Staaten ein Bankkonto. Über weitere nennenswerte Vermögenswerte verfügt sie nicht. Die verwandtschaftlichen Beziehungen von Frau Dahl beschränken sich auf einige wenige Verwandte, die zudem alle in A-Staat leben. Ansonsten verteilen sich ihre Freunde und Bekannte gleichmäßig auf B-Staat und C-Staat.

Frage

1. In welchem Staat ist Frau Dahl ansässig?
2. Wie ist die Rechtslage, wenn B-Staat die Bundesrepublik und C-Staat Japan wäre?

Antwort

In beiden Fällen ist die Frage der Ansässigkeit von den beiden Staaten im Wege eines Verständigungsverfahrens zu klären.

Begründung

1. Frau Dahl unterhält sowohl in B-Staat als auch in C-Staat eine Wohnung aufgrund derer sie in beiden Staaten unbeschränkt[19] steuerpflichtig ist. Damit ist sie in beiden Staaten ansässig i. S. d. Art. 4 Abs. 1 Satz 1 DBA '77.

In den Fällen, in denen eine Person nach Art. 4 Abs. 1 DBA '77 in beiden Vertragsstaaten ansässig ist, fingiert die Kollisionsregel des Art. 4 Abs. 2 DBA '77 (sog. tie-breaker-clause) als Ergebnis einer Stufenprüfung den Ansässigkeitsstaat und legt dadurch den Vorrang des Besteuerungsrechts dieses Staates fest:

1. Die Person gilt in dem Staat als ansässig, in dem sie über eine ständige Wohnstätte verfügt (Art. 4 Abs. 2 lit. a 1. Halbsatz DBA '77). Frau Dahl hat indes in beiden Staaten eine Wohnstätte.
2. Deshalb gilt sie in dem Staat als ansässig, zu dem sie die engeren persönlichen und wirtschaftlichen Beziehungen unterhält (Art. 4 Abs. 2 lit. a 2. Halbsatz DBA '77). Soweit ihre Verwandten in A-Staat und damit in keinem der beteiligten Vertragsstaaten leben, spielen sie für die Abgrenzung selbst dann keine Rolle, wenn Frau Dahl intensive persönliche Beziehungen zu ihnen pflegt. Über persönliche Beziehungen verfügt Frau Dahl im Hinblick auf ihren Bekanntenkreis. Dieser ist jedoch

19 Der Ausdruck „steuerpflichtig" in Art. 4 Abs. 1 Satz 1 DBA '77 ist im Sinne von **un**beschränkt steuerpflichtig zu interpretieren, arg. e. Art. 4 Abs. 1 Satz 2 DBA '77, vgl. auch Vogel, Art. 4 Anm. 24.

gleichmäßig auf B-Staat und C-Staat verteilt. Auch ihre wirtschaftlichen Beziehungen sind über ihre Wohnungen und Bankkonten gleichmäßig zu B-Staat und C-Staat ausgeprägt.

3. Da die Ansässigkeit von Frau Dahl somit auch nicht über den Mittelpunkt ihrer persönlichen oder wirtschaftlichen Lebensinteressen bestimmt werden kann, kommt es auf den gewöhnlichen Aufenthalt an (Art. 4 Abs. 2 lit. b DBA '77). In Ermangelung einer eigenen Definition des Begriffs „gewöhnlicher Aufenthalt" im DBA '77 ist gem. Art. 3 Abs. 2 DBA '77 auf innerstaatliches Recht zurückzugreifen.[20] Gem. den § 9 Satz 1 AO entsprechenden nationalen Steuergesetzen von B-Staat und C-Staat hat jemand seinen gewöhnlichen Aufenthalt dort, wo er sich unter Umständen aufhält, die erkennen lassen, daß er an diesem Ort oder in diesem Gebiet nicht nur vorübergehend verweilt. Frau Dahl verweilt aber sowohl in B-Staat als auch in C-Staat nicht nur vorübergehend. Sie hat deshalb ihren gewöhnlichen Aufenthalt in beiden Staaten.

4. Wenn die Ansässigkeit auch nicht nach dem gewöhnlichen Aufenthalt bestimmt werden kann, gilt eine Person in dem Vertragsstaat als ansässig, dessen Staatsangehörige sie ist (Art. 4 Abs. 2 lit. c DBA '77). Frau Dahl hat aber nicht die Staatsangehörigkeit eines der beiden Staaten B-Staat oder C-Staat. Deshalb haben im Ergebnis die beiden Vertragsstaaten die Frage der Ansässigkeit von Frau Dahl im gegenseitigen Einvernehmen zu regeln, Art. 4 Abs. 2 lit. d DBA '77. Für die Durchführung des Verfahrens zur Erzielung des Einvernehmens über die Ansässigkeit gelten die Bestimmungen des Verständigungsverfahrens gem. Art. 25 DBA '77. Danach muß Frau Dahl innerhalb von drei Jahren die Herbeiführung eines Verständigungsverfahrens bei der Finanzverwaltung eines der beteiligten Staaten beantragen. Hierbei ergibt sich eine Schwierigkeit: Grundsätzlich kann man einen Antrag auf Durchführung eines Verständigungsverfahrens nur in dem Staat stellen, in dem man abkommensberechtigt ist. Das setzt aber die Ansässigkeit in diesem Staat voraus (Art. 1 DBA '77). Genau die soll durch das Verständigungsverfahren aber festgestellt werden. Um einen Antragsteller in dieser Situation nicht rechtlos zu stellen, muß er nach unserer Ansicht die Wahl haben, in welchem Staat er den Antrag stellt. Die zuständige Behörde des Staates, in dem der Antrag gestellt worden ist, wird dann erforderlichenfalls die Rechtslage durch Verständigung mit der zuständigen Behörde des anderen Staates regeln.

2. Das DBA-Japan knüpft in Art. 4 Abs. 1 ebenso wie das DBA '77 zunächst daran an, ob unbeschränkte Steuerpflicht und damit Ansässigkeit in nur einem der beteiligten Staaten gegeben ist. Das kann bei Frau Dahl – wie auch im Ausgangsfall – nicht festgestellt werden. Im Gegensatz zu dem

20 Vgl. Vogel, Art. 4 Anm. 77.

DBA '77 sieht das DBA-Japan im zweiten Schritt sogleich gem. Art. 4 Abs. 2 die Durchführung eines Verständigungsverfahrens vor.[21] Im Rahmen des Verständigungsverfahrens wird in der Praxis dann aber doch auf die Prüfungskriterien des Art. 4 Abs. 2 DBA '77 abgestellt.[22]

Im Ergebnis ändert sich daher nichts, verglichen mit dem Ausgangsfall.

Fall 84

Verteilungsnormen – Einkünfte aus unbeweglichem Vermögen

DBA 1977 Art. 6, 11, 13 Abs. 1; DBA-Australien Art. 5 Abs. 2, Art. 7 Abs. 1, Art. 22 Abs. 2; DBA-Niederlande Art. 4 Abs. 3, Art. 20 Abs. 2

Sachverhalt

Dem in A-Staat ansässigen Ernst Ebbers gehört ein in einem DBA-Staat belegenes Grundstück. Es wird wie folgt genutzt:

(a) Das Grundstück gehört zum Privatvermögen von Ebbers und wird zu Lagerzwecken vermietet;

(b) das Grundstück wird land- und forstwirtschaftlich genutzt;

(c) das Grundstück gehört zu einer Betriebsstätte des Ebbers in A-Staat; es wird zeitweilig an Unternehmen im DBA-Staat zu Lagerzwecken vermietet;

(d) auf dem Grundstück lastet eine Sicherheitsgrundschuld zugunsten einer Großbank für ein Darlehn, das die Gläubigerin einem Freund von Ebbers gewährt hat. Der Freund zahlt Ebbers eine Vergütung für die Zurverfügungstellung der Sicherheit;

(e) das Grundstück dient zur Besicherung eines Hypothekendarlehns, das Frank Faber Ebbers gewährt hat. Faber ist in dem gleichen Staat wie Ebbers ansässig. Er erhält Zinszahlungen für das Darlehn von Ebbers;

(f) das Grundstück wird veräußert; dabei erzielt Herr Ebbers einen Veräußerungsgewinn.

Frage

1. Welcher Staat hat das Besteuerungsrecht für die Einkünfte des Ebbers aus der Nutzung (a) – (d) bzw. aus der Veräußerung (f) des Grundstücks?
2. Welcher Staat hat das Besteuerungsrecht für die Zinseinnahmen von Faber (e)?

---

21 Ähnliche Regelungen gibt es in mehreren deutschen DBAs.

22 Vgl. Vogel, Art. 4 Anm. 87.

3. Was ändert sich in den Fällen b) und e), wenn Ebbers und Faber in der Bundesrepublik ansässig sind und das Grundstück

   a) im Fall (b) in Australien belegen ist,
   b) im Fall (e) in den Niederlanden belegen ist?

Antwort

1. Die Einkünfte können in dem Belegenheitsstaat des Grundstücks besteuert werden. Daneben kommt auch eine Besteuerung im Ansässigkeitsstaat A-Staat nach Maßgabe der Steuergesetzes von A-Staat in Betracht. Die Doppelbesteuerung wird durch Anwendung der Freistellungs- oder Anrechnungsmethode im Ansässigkeitsstaat vermieden.
2. Die Zinseinnahmen können von A-Staat besteuert werden. Dem DBA-Staat steht das Recht zu, eine Quellenbesteuerung vorzunehmen.
3. Im Unterfall a können die Einkünfte in Australien besteuert werden. In der Bundesrepublik sind sie unter Progressionsvorbehalt freigestellt. Im Unterfall b können die Zinseinkünfte in den Niederlanden besteuert werden. In der Bundesrepublik sind die Einkünfte freigestellt.

Begründung

1. Die Zuweisung des Besteuerungsrechts für Einkünfte aus unbeweglichem Vermögen ist in Art. 6 DBA '77 geregelt. Danach steht das Besteuerungsrecht grundsätzlich dem Staat zu, in dessen Hoheitsgebiet das Grundstück belegen ist (Belegenheitsstaat). Da Art. 6 DBA '77 keine ausschließliche Zuweisung des Besteuerungsrechts vornimmt (können!), ist jedoch noch nichts über die Besteuerung im Ansässigkeitsstaat ausgesagt. Dort sind die Einkünfte je nach Ausgestaltung des DBAs entweder (ggf. unter Progressionsvorbehalt) von der Besteuerung freigestellt worden, oder es wird die im Belegenheitsstaat gezahlte Steuer angerechnet.

Zu den Einkünften aus unbeweglichem Vermögen gehören gem. Art. 6 Abs. 3 DBA '77 alle Einkünfte aus der unmittelbaren Nutzung, der Vermietung oder Verpachtung sowie jede andere Art der Nutzung des Vermögens. Was zum unbeweglichen Vermögen gehört, richtet sich nach dem nationalen Recht des Belegenheitsstaates. Zu dem unbeweglichen Vermögen gehört jedoch überall ein unbebautes Grundstück.

Zu den Unterfällen (a)–(d): Bei diesen Fallgruppen handelt es sich stets um eine Form der unmittelbaren Nutzung des Grundstücks. Für die Nutzung durch Vermietung (Fallgruppe a und c) ist dieses in Art. 6 Abs. 3 DBA '77 ausdrücklich klargestellt. Für die land- und forstwirtschaftliche Nutzung (Fallgruppe b) folgt das aus dem Klammerzusatz in Art. 6 Abs. 1 DBA '77. In den Fällen a–d steht ggf. neben dem Ansässigkeitsstaat somit auch dem

Belegenheitsstaat ein Besteuerungsrecht zu. Soweit das Grundstück zu einer Betriebsstätte des Ebbers gehört (Unterfall c), wird insoweit der ansonsten bestehende Betriebsstättenvorbehalt[23] ausgesetzt.

Zu dem Unterfall f): Gewinne aus der Veräußerung eines Grundstücks werden durch Art. 6 DBA '77 nicht erfaßt. Das ist auch systemgerecht, da es sich dabei nicht um einen Gewinn aus der Nutzung sondern aus der Verwertung des Grundstücks handelt. Allerdings knüpft Art. 13 DBA '77 wegen der Veräußerungsgewinne daran an, welchem Staat das Besteuerungsrecht für die laufenden Einkünfte aus der veräußerten Quelle zustünden. Daher können auch die Veräußerungsgewinne im Belegenheitsstaat besteuert werden.

2. Zwar stellt auch die hypothekarische Absicherung eines Darlehns eine Grundstücksnutzung dar. Jedoch fließen die Einnahmen – anders als im Unterfall d) – nicht (un)mittelbar aus dieser Nutzung, sondern aus dem Darlehnsvertrag und damit aus einem anderen Rechtsgrund. Deshalb werden die Zinsen aus hypothekarisch (oder allgemein: grundpfandrechtlich) gesicherten Darlehn nicht durch Art. 6 DBA '77 erfaßt.[24] Die Zuweisung des Besteuerungsrechts für die Zinseinkünfte erfolgt vielmehr durch Art. 11 DBA'77. Deshalb werden sie grundsätzlich im Ansässigkeitsstaat A-Staat besteuert (Art. 11 Abs. 1 DBA '77). Allerdings darf B-Staat eine (beschränkte) Quellenbesteuerung vornehmen (Art. 11 Abs. 2 DBA '77).

3. a) Im DBA-Australien (Art. 5 Abs. 2 lit. g) werden die land- und forstwirtschaftlich genutzten Flächen mit in die Betriebsstättendefinition einbezogen.[25] Die Zuweisung des Besteuerungsrechts erfolgt demzufolge durch Art. 7 Abs. 1 Satz 2 DBA-Australien. Danach können die Gewinne in Australien besteuert werden. In der Bundesrepublik sind die Einkünfte gem. Art. 22 Abs. 2 lit. a DBA-Australien unter Progressionsvorbehalt freigestellt.

3. b) Abweichend von der Regelung in dem DBA '77 bezieht DBA-Niederlande in Art. 4 Abs. 3 Zinsen aus grundpfandrechtlich gesicherten Darlehn in die Regelung über die Besteuerung des unbeweglichen Vermögens mit ein.[26] Danach steht den Niederlanden das Recht zur Besteuerung dieser Zinseinkünfte zu. In der Bundesrepublik sind die Einkünfte von der Besteuerung gem. Art. 20 Abs. 2 DBA-Niederlande freigestellt.

23 Vgl. DBA '77 Art. 10 Abs. 4, Art. 11 Abs. 4, Art. 12 Abs. 3.

24 Vgl. Vogel, Art. 6 Anm. 36 und Art. 11 Anm. 59.

25 Vgl. auch z. B. DBA-Singapur, Art. 5 Abs. 2 lit. f.

26 Vgl. auch DBA-Ägypten, Art. 6 Abs. 2 Satz 2 a. E.; DBA-Norwegen, Art. 3 Abs. 3; DBA-Österreich, Art. 3 Abs. 3.

Fall 85

Verteilungsnormen – Unternehmensgewinne (I)

DBA 1977 Art. 5 Abs. 1, 2 und 4, Art. 7 Abs. 1

Sachverhalt

Die Chemolin GmbH mit Sitz in Frankfurt ist auf die Herstellung bestimmter chemischer Produkte spezialisiert. Da nur sie über das notwendige Know-How für die Herstellung dieser Produkte verfügt, tätigt die Gesellschaft auch im großen Umfang Auslandsgeschäfte. Im Jahre 1990 treffen sich die Geschäftsführer der Chemolin GmbH in einem DBA-Staat mit den gesetzlichen Vertretern der in dem DBA-Staat ansässigen X-Gesellschaft. Die Parteien schließen einen Liefervertrag ab. Aus der Durchführung dieses Vertrages erzielt die Chemolin GmbH in dem DBA-Staat einen Gewinn von 1 000 000 DM.

Frage

1. Steht das Besteuerungsrecht für diesen Gewinn dem DBA-Staat oder der Bundesrepublik zu?
2. Was würde sich ändern, wenn die GmbH in dem DBA-Staat ein Büro unterhalten würde? Dieses Büro wirbt in dem DBA-Staat für die Produkte der Chemolin GmbH und stellt erste Geschäftskontakte her. Die Vertragsverhandlungen werden unmittelbar durch die Chemolin GmbH selbst geführt.

Antwort

1. Das Besteuerungsrecht für den Gewinn, den die Chemolin GmbH aus dem Vertrag mit der X-Gesellschaft in dem DBA-Staat erzielt, steht ausschließlich der Bundesrepublik zu.
2. Das Besteuerungsrecht steht wie im Ausgangsfall ausschließlich der Bundesrepublik zu.

Begründung

1. Der Gewinn, den die Chemolin GmbH aufgrund des Liefergeschäfts mit der X-Gesellschaft in dem DBA-Staat erzielt, gehört zu den Gewinnen aus Gewerbebetrieb gem. § 8 Abs. 1 KStG i. V. m. § 15 Abs. 1 Nr. 1 EStG. Da die Gewinne jedoch durch ein Auslandsgeschäft erzielt worden sind, ist zu prüfen, welchem Staat das Besteuerungsrecht hierfür zusteht: dem Quellenstaat oder dem Ansässigkeitsstaat.

Gewinne aus Gewerbebetrieb gehören zu den Unternehmensgewinnen i. S. d. Art. 7 Abs. 1 DBA '77. Gem. Art. 7 Abs. 1 Satz 1 DBA '77 können Unternehmensgewinne nur in dem Staat besteuert werden, in dem das Unternehmen seinen Sitz hat, es sei denn, das Unternehmen übt seine Tätigkeit durch eine in dem anderen Staat belegene Betriebsstätte aus.

Ihren Sitz hat die Chemolin GmbH in der Bundesrepublik. Fraglich ist somit, ob die Chemolin GmbH ihre Gewinne in dem DBA-Staat durch eine dort belegene Betriebsstätte erzielt. Der Begriff „Betriebsstätte" ist in Art. 5 DBA '77 definiert. Dabei enthält Abs. 1 die grundlegende Definition und die Abs. 2 bis 7 nähere Ausgestaltungen dazu, wodurch z. B. eine Betriebsstätte begründet wird (Absätze 2, 3, 5), bzw. nicht begründet wird, obwohl nach der Definition des Abs. 1 eigentlich eine Betriebsstätte vorläge (Absätze 4, 6, 7).

Nach Art. 5 Abs. 1 DBA '77 ist eine Betriebsstätte eine feste Geschäftseinrichtung, durch die die Tätigkeit des Unternehmens ganz oder teilweise ausgeübt wird. Eine „Geschäftseinrichtung" ist eine Gesamtheit von dem Betrieb dienenden Sachen, wobei darunter sowohl Räumlichkeiten als auch andere Sachen fallen, die dem Unternehmen dienen.[27]

Im Ausgangsfall unterhält die Chemolin GmbH in dem DBA-Staat keine dem Unternehmen dienenden Sachen oder Räume, mithin keine Geschäftseinrichtung. Auch liegen keine Anhaltspunkte für das Bestehen einer Betriebsstätte der Chemolin GmbH in dem DBA-Staat aus sonstigen Gründen vor. Daher steht das Besteuerungsrecht für die aus dem DBA-Staat erzielten Gewinne der Bundesrepublik zu.

2. Die Geschäftsanbahnung erfolgt über ein Büro der Chemolin GmbH in dem DBA-Staat. Deshalb steht das Besteuerungsrecht für den Gewinn gem. Art. 7 Abs. 1 DBA '77 dem DBA-Staat zu, wenn das Büro eine Betriebsstätte darstellt und der Gewinn dieser Betriebsstätte zuzurechnen ist.

Das Büro setzt sich aus Räumlichkeiten und der Büroeinrichtung zusammen und stellt somit eine feste Geschäftseinrichtung dar, die dem Unternehmen der Chemolin GmbH dient. Deshalb liegt nach dem Wortlaut des Art. 5 Abs. 1 DBA '77 eine Betriebsstätte vor. Dieses Ergebnis wird durch die beispielhafte Aufzählung in Art. 5 Abs. 2 DBA '77 gestützt: nach lit. c stellt eine Geschäftsstelle eine Betriebsstätte dar. Unter Geschäftsstellen sind nämlich Büros und andere Verwaltungseinrichtungen zu verstehen, wobei es nicht darauf ankommt, ob sie mit einer besonderen Selbständigkeit oder internen Organisation ausgerüstet sind.[28]

Wenn somit das Vorliegen einer Betriebsstätte i. S. d. Art. 5 Abs. 1 und 2 DBA '77 festgestellt ist, muß in einem zweiten Schritt geprüft werden, ob

---

27 Vogel, Art. 5 Anm. 23.
28 Vogel, Art. 5 Anm. 53.

nicht Art. 5 Abs. 4 DBA '77 einschlägig ist und deshalb trotz Erfüllung der Voraussetzungen des Art. 5 Abs. 1 und 2 DBA '77 keine Betriebsstätte besteht. Gem. Art. 5 Abs. 4 lit. e DBA '77 besteht keine Betriebsstätte, wenn die Geschäftsstelle ausschließlich zu dem Zweck unterhalten wird, für das Unternehmen andere Tätigkeiten auszuüben, die vorbereitender Art sind oder eine Hilfstätigkeit darstellen. Dieser Ausnahmetatbestand ist erfüllt, wenn zwei Voraussetzungen gegeben sind:[29]

- die Tätigkeit der Geschäftsstelle muß **vorbereitender** Art oder eine **Hilfstätigkeit** sein,
- die Tätigkeit muß (ausschließlich) **für das Unternehmen** erbracht werden.

Die Werbung für die Produkte der Chemolin GmbH und die Anbahnung erster Geschäftskontakte dient der Vorbereitung der Geschäftstätigkeit der GmbH und ist damit eine vorbereitende Tätigkeit für das Unternehmen im Sinne des Art. 5 Abs. 4 lit. e DBA '77. Damit wird durch die Geschäftseinrichtung, die nur den Charakter eines Verbindungsbüros (Liaisonoffice) hat, keine Betriebsstätte der Chemolin GmbH begründet. Aus diesem Grund steht das Besteuerungsrecht für die Gewinne aus dem durch das Verbindungsbüro angebahnten Geschäft mit der X-Gesellschaft der Bundesrepublik zu.

Fall 86

Verteilungsnormen – Unternehmensgewinne (II)

DBA 1977 Art. 5 Abs. 1, 2, 4, Art. 7 Abs. 1–3, Art. 13 Abs. 2

Sachverhalt

Wie Fall 85 Frage Nr. 2, jedoch steht die Chemolin GmbH mit mehreren Unternehmen in dem DBA-Staat in Geschäftsbeziehung. Die Vertragsverhandlungen werden stets von dem Leiter des Büros in dem DBA-Staat geführt. Wenn die Verträge unterschriftsreif ausgehandelt worden sind, treffen sich die Parteien in Frankfurt. Dort werden die Verträge auf Seiten der Chemolin GmbH durch den Geschäftsführer der GmbH unterzeichnet.

Die Aufwendungen für das Büro, insbesondere die Miet- und Gehaltszahlungen werden unmittelbar durch die Chemolin GmbH von Frankfurt aus geleistet.

29 Vgl. Vogel, Art. 5 Anm. 115, 116.

Frage

1. Löst das Büro eine Besteuerung in dem DBA-Staat aus?
2. Wie ist der der Betriebsstätte zuzurechnende Gewinn zu ermitteln?
3. Im Zuge einer Rationalisierungsmaßnahme schließt die Chemolin GmbH ihr Büro in dem DBA-Staat. Die Einrichtungsgegenstände werden mit Gewinn veräußert. Welchem Staat steht das Besteuerungsrecht für diese Gewinne zu?

Antwort

1. Soweit im Hinblick auf die Vertragsabschlüsse in dem DBA-Staat dem Büro Einkünfte zuzurechnen sind, können diese gem. Art. 7 Abs. 1 Satz 2 DBA '77 in dem DBA-Staat besteuert werden.
2. Der Gewinn der Betriebsstätte ist grundsätzlich auf der Grundlage der direkten Methode zu ermitteln. Dabei sind die der Betriebsstätte zuzuordnenden Aufwendungen bei dieser gewinnmindernd zu berücksichtigen.
3. Die Veräußerungsgewinne können in dem DBA-Staat besteuert werden.

Begründung

1. Wie im Ausgangsfall gehören die aus den Auslandsgeschäften erzielten Gewinne zu den Einkünften aus Gewerbebetrieb i. S. d. § 15 Abs. 1 Nr. 1 EStG und damit zu den Unternehmensgewinnen i. S. d. Art. 7 Abs. 1 DBA '77. Daher steht der Bundesrepublik als Sitzstaat der Chemolin GmbH das Besteuerungsrecht auch im Hinblick auf die insoweit der Geschäftsstelle in dem DBA-Staat zurechenbaren Einkünfte zu, es sei denn, das Büro ist als Betriebsstätte der Chemolin GmbH anzusehen.

Wie im Fall 85 dargelegt, erfüllt die Geschäftseinrichtung die Voraussetzungen des Art. 5 Abs. 1, 2 lit. e DBA '77. Fraglich ist somit, ob auch bei Vorliegen einer Tätigkeit wie in diesem Fall die Geschäftseinrichtung noch als Verbindungsbüro angesehen werden kann, das dann gem. Art. 5 Abs. 4 lit. e DBA '77 nicht als Betriebsstätte gilt. Bei der Tätigkeit des Büros handelt es sich um eine solche für das Unternehmen der Chemolin GmbH, da es seine Tätigkeit ausschließlich für die GmbH ausübt. Fraglich ist, ob die Aktivitäten noch als vorbereitende oder Hilfstätigkeiten eingestuft werden können. Das wäre der Fall, wenn die Tätigkeit im Hinblick auf die sonstige Arbeit des Unternehmens ohne oder nur von ganz untergeordneter Bedeutung wäre.[30] Die eigentliche Arbeit des Unternehmens besteht in der Herstellung chemischer Produkte. Jedoch ist es wesentlich, daß die Chemolin

30 Siehe FN 29.

GmbH die Produkte auch verkaufen kann. Die Vertragsverhandlungs- und Abschlußtätigkeiten gehören daher zu den wesentlichen Arbeiten der GmbH. Zwar werden die Verträge formal nicht durch das Büro geschlossen, da die Unterzeichnung durch die Vertretungsorgane der GmbH in Frankfurt erfolgt. Jedoch werden die entscheidenden Vorarbeiten durch das Büro erbracht. Wie der formale Akt der Unterzeichnung vorgenommen wird, dürfte daneben nach unserer Ansicht von zweitrangiger Bedeutung sein.[31] Deshalb werden durch die Tätigkeit des Büros die Grenzen einer nur vorbereitenden oder Hilfstätigkeit überschritten. Damit handelt es sich bei dem Büro in dem DBA-Staat nicht um ein Verbindungsbüro, sondern um eine Betriebsstätte der GmbH. Soweit im Hinblick auf die Vertragsabschlüsse in dem DBA-Staat der Betriebsstätte Einkünfte zuzurechnen sind, können diese somit gem. Art. 7 Abs. 1 Satz 2 DBA '77 in dem DBA-Staat besteuert werden.

2. Gem. Art. 7 Abs. 2 DBA '77 sind der Betriebsstätte die Gewinne zuzurechnen, die sie erzielt hätte, wenn sie die gleiche oder eine ähnliche Tätigkeit unter gleichen oder ähnlichen Bedingungen als selbständiges Unternehmen ausgeübt hätte. Diese Bestimmung enthält die Grundregel für die Gewinnabgrenzung zwischen Stammhaus und Betriebsstätte. Danach hat die Gewinnabgrenzung wie zwischen fremden Dritten zu erfolgen (dealing-at-arm's-length-clause). Weitere Einzelheiten regeln die Absätze 3 und 4. Grundsätzlich bestehen für die Gewinnabgrenzung zwei Möglichkeiten: die direkte Methode und die indirekte Methode. Bei der direkten Methode werden die Gewinne der Betriebsstätte aufgrund ihrer eigenen Buchführung ermittelt. Bei der indirekten Methode wird in einem ersten Schritt der Gewinn des Gesamtunternehmens ermittelt. In einem zweiten Schritt wird dieser Gesamtgewinn dann nach einem bestimmten Schlüssel (z. B. zurechenbare Umsätze, anteilige Arbeitslöhne, Betriebsvermögen) zwischen Stammhaus und Betriebsstätte aufgeteilt. Aus Art. 7 Abs. 4 DBA '77 folgt, daß grundsätzlich der direkten Methode der Vorzug zu geben ist. Daher ist es auch konsequent, Aufwendungen, die der Betriebsstätte zuzuordnen sind, bei dieser gewinnmindernd zu berücksichtigen. Insofern hat der dieses regelnde Abs. 3 wohl eher eine klarstellende Funktion. Bei der Ermittlung des Gewinns der Betriebsstätte der Chemolin GmbH sind daher die auf die Betriebsstätte entfallenden Mietaufwendungen und die Gehälter gewinnmindernd zu berücksichtigen. Sollte eine entsprechende Gewinnminderung bereits beim Stammhaus vorgenommen worden sein, ist diese rückgängig zu machen.

3. Die Behandlung von Gewinnen, die durch die Veräußerung von beweglichen Wirtschaftsgütern entstehen, die zum Vermögen einer Betriebsstätte gehören, die ein Unternehmen in dem anderen Vertragsstaat unterhält, ist

---

31 So auch Kumpf, Die Besteuerung inländischer Betriebsstätten von Steuerausländern, S. 72.

in Art. 13 Abs. 2 DBA '77 geregelt. Danach erstreckt sich das Besteuerungsrecht des Betriebsstättenstaates auch auf die Veräußerungsgewinne. Daher steht dem DBA-Staat neben dem Recht der Besteuerung des laufenden Gewinns auch das Recht zur Besteuerung des Veräußerungsgewinns zu.

Fall 87

Verteilungsnormen – Unternehmensgewinne (III) – Verbundene Unternehmen

DBA 1977 Art. 3 Abs. 1, Art. 5 Abs. 5–7, Art. 7 Abs. 1

Sachverhalt

Zunächst wie Fall 86. Im Gegensatz zu Fall 86 unterhält die Chemolin GmbH in dem DBA-Staat aber kein Büro. Sie ist jedoch zu 100 % am Kapital der EuroTrans Corp. mit Sitz in dem DBA-Staat beteiligt. Gegenstand dieser Tochtergesellschaft ist die Durchführung von Transporten aller Art in Südeuropa. Nebenbei wirbt die Tochtergesellschaft für die Chemolin GmbH. Deshalb wird sie öfter von Unternehmen, die Interesse an den Chemolin-Produkten haben, angesprochen. Etwaige sich daraus ergebende Vertragsverhandlungen führt die Tochtergesellschaft im Namen der Chemolin GmbH bis hin zum Abschluß der Verträge.

Frage

Steht dem DBA-Staat im Hinblick auf die Gewinne, die die Chemolin GmbH in dem DBA-Staat infolge der Tätigkeit der Tochtergesellschaft erwirtschaftet, ein Besteuerungsrecht zu?

Antwort

Der DBA-Staat darf die Gewinne der Chemolin GmbH besteuern, soweit sie der Tochtergesellschaft zuzurechnen sind.

Begründung

Die infolge der Durchführung der Verträge erzielten Gewinne stellen nach deutschem Steuerrecht Einkünfte aus Gewerbebetrieb i. S. d. § 15 Abs. 1 EStG dar. Sie gehören damit zu den Unternehmensgewinnen i. S. d. Art. 7 Abs. 1 DBA '77. Danach steht das Besteuerungsrecht für die Gewinne in vollem Umfang der Bundesrepublik als Sitzstaat der Chemolin GmbH zu, es sei denn, sie wären teilweise der Tochtergesellschaft in dem DBA-Staat als Betriebsstätte der Chemolin GmbH zuzurechnen.

Art. 5 Abs. 7 DBA '77 stellt klar, daß allein durch ein Beherrschungsverhältnis eine Betriebsstätte weder des herrschenden noch des beherrschten Unternehmens begründet wird. Daraus folgt, daß auch im Bereich verbundener Unternehmen Betriebsstätten zwar möglich sind, die Voraussetzungen sich aber nach den allgemeinen Abgrenzungskriterien der Abs. 2 bis 6 richten.

Nach Art. 5 Abs. 5 DBA '77 begründet eine Person, die in einem DBA-Staat für ein Unternehmen des anderes Staates

- tätig ist,
- die Vollmacht hat, für das Unternehmen in dem DBA-Staat Verträge zu schließen und
- diese Vollmacht auch ausübt,

eine Betriebsstätte des Unternehmens in dem DBA-Staat, es sei denn,

- die Tätigkeit der Person beschränkt sich auf Tätigkeiten i. S. d. Art. 5 Abs. 4 DBA '77, oder
- bei der Person handelt es sich um einen unabhängigen Vertreter i. S. d. Art. 5 Abs. 6 DBA '77.

Die Tochtergesellschaft ist gem. Art. 3 Abs. 1 b DBA '77 eine Person i. S. d. Art. 5 Abs. 5 DBA '77. Sie ist durch die Werbetätigkeit und die Durchführung der Vertragsverhandlungen für die Chemolin GmbH in dem DBA-Staat tätig und schließt dort in Ausübung einer Vollmacht für die Chemolin GmbH Verträge ab. Bei dieser Art Tätigkeit handelt es sich – wie bereits in Fall 86 dargestellt – nicht nur um eine bloß vorbereitende oder Hilfstätigkeit für die Chemolin GmbH. Auch die übrigen Negativvoraussetzungen des Art. 5 Abs. 4 DBA '77 sind nicht erfüllt. Damit handelt es sich bei der Tochtergesellschaft um eine Betriebsstätte der Chemolin GmbH, es sei denn, sie handelte wie ein unabhängiger Vertreter i. S. d. Art. 5 Abs. 6 DBA '77. Voraussetzung[32] dafür ist, daß die Tochtergesellschaft

- von der Chemolin GmbH rechtlich und wirtschaftlich unabhängig ist und
- sich ihre Tätigkeit für die Chemolin GmbH im Rahmen ihrer eigenen ordentlichen Geschäftstätigkeit hält.

Ein Vertreter ist rechtlich abhängig, wenn er weisungsgebunden und persönlich abhängig in dem Sinne ist, daß dem vertretenen Unternehmen ein umfassendes Direktionsrecht zusteht. Zwar mag die Tochtergesellschaft insbesondere im Hinblick auf die Durchführung oder den Inhalt der Vertragsverhandlungen weisungsgebunden sein. Für ein umfassendes Direktionsrecht sind jedoch keine Anhaltspunkte gegeben.

Die Tätigkeit der Tochtergesellschaft für die Chemolin GmbH muß sich aber im Rahmen ihrer ordentlichen Geschäftstätigkeit halten. Was zum

---

32 Vgl. zum folgenden Vogel, Art. 5 Anm. 168 ff.

Rahmen einer ordentlichen Geschäftstätigkeit gehört, ist jeweils für den konkreten Einzelfall zu bestimmen, wobei der Ausgangspunkt der Prüfung der von dem Zivilrecht vorgegebene Tätigkeitsbereich des Vertreters ist. Der zivilrechtlich vorgegebene Tätigkeitsbereich läßt sich bei juristischen Personen durch den gesellschaftsvertraglich bestimmten Gegenstand des Unternehmens bestimmen. Danach gehört die Vermittlung von Vertragsabschlüssen für Dritte nicht zum Gegenstand des Unternehmens einer Transportgesellschaft. Eine derartige Ausdehnung des Tätigkeitsbereichs ist wohl auch nicht mehr branchenüblich. Damit wird die Tochtergesellschaft mit ihrer Vertragsabschlußtätigkeit für die Chemolin GmbH nicht im Rahmen ihres ordentlichen Geschäftsbetriebs tätig. Sie begründet deshalb durch diese Tätigkeit eine Betriebsstätte der Chemolin GmbH. Für die dieser Betriebsstätte zuzuordnenden Einkünfte hat der DBA-Staat damit das Besteuerungsrecht.

Fall 88

Verteilungsnormen – Unternehmensgewinne (IV)

DBA 1977 Art. 5, 7 und 9

Sachverhalt

Sachverhalt zunächst wie im Fall 87, allerdings mit der Abwandlung, daß die Tochtergesellschaft kein Transportunternehmen betreibt, sondern einen eigenen Handel mit chemischen Produkten sowie die Vermittlung derartiger Verkäufe. Die Tochtergesellschaft verlangt allgemein für ihre Vermittlungsbemühungen eine Provision von 4 % des Auftragsvolumens des ersten Jahres. Soweit die Gesellschaft Geschäfte für ihre Muttergesellschaft, die Chemolin GmbH, vermittelt, erhält sie wegen des Gesellschaftsverhältnisses nur eine Provision i. H. v. 3 %. Die Tochtergesellschaft hat in 1990 Provisionserlöse in Höhe von umgerechnet 3 000 000 DM erzielt. Darin sind Provisionseinnahmen von der Muttergesellschaft in Höhe von umgerechnet 750 000 DM enthalten.

Frage

1. Welchem Staat steht das Besteuerungsrecht für die Gewinne zu, die die Chemolin GmbH aufgrund der Durchführung der von der Tochtergesellschaft vermittelten Aufträge erwirtschaftet?
2. Welchem Staat steht das Besteuerungsrecht für die Gewinne der Tochtergesellschaft zu. Welche Besonderheit ist im Hinblick auf die Provisionszahlungen der Chemolin GmbH zu beachten?

Antwort

1. Das Besteuerungsrecht für die Gewinne der Chemolin GmbH stehen ausschließlich der Bundesrepublik zu.

2. Die Gewinne der Tochtergesellschaft können ausschließlich in dem DBA-Staat besteuert werden. Allerdings können die Provisionseinkünfte von der Muttergesellschaft auf ein marktübliches Niveau angehoben werden. In der Bundesrepublik hat dann eine Gewinnkorrektur nach unten zu erfolgen.

Begründung

1. Die Gewinne der Chemolin GmbH gehören zu den Unternehmensgewinnen, für die gem. Art. 7 Abs. 1 DBA '77 die Bundesrepublik als Sitzstaat das ausschließliche Besteuerungsrecht zusteht, soweit die Gewinne nicht der Tochtergesellschaft als Betriebsstätte zuzurechnen sind.

Die Tätigkeit der Tochtergesellschaft begründet über Art. 5 Abs. 1 und 2 DBA '77 zunächst einmal keine Betriebsstätte der Chemolin GmbH. Die Tochtergesellschaft könnte jedoch in ihrer Eigenschaft als Vertreter gem. Art. 5 Abs. 5 DBA '77 eine Betriebsstätte der Chemolin GmbH begründen. Die Tochtergesellschaft wird in dem DBA-Staat für die Chemolin GmbH tätig und schließt auch in dem DBA-Staat in Ausübung einer Vollmacht Verträge für die deutsche GmbH ab. Da die Negativvoraussetzungen des Art. 5 Abs. 4 DBA '77 nicht eingreifen, kommt es für die Frage der Zurechnung darauf an, ob die Tochtergesellschaft als unabhängige Vertreterin im Rahmen ihrer ordentlichen Geschäftstätigkeit handelt. Wie bereits in Fall 87 dargelegt, ist die Tochtergesellschaft als unabhängiger Vertreter anzusehen. Im Gegensatz zu Fall 87 gehört hier aber die Vermittlungs- und Vertragsverhandlungstätigkeit zum Gegenstand des Unternehmens der Tochtergesellschaft. Damit handelt sie im Rahmen ihrer ordentlichen Geschäftstätigkeit und stellt deshalb keine Betriebsstätte der Chemolin GmbH dar. Das Besteuerungsrecht für die Gewinne der GmbH stehen daher ausschließlich der Bundesrepublik zu.

2. Die Tochtergesellschaft ist ein Unternehmen, das in dem DBA-Staat ansässig ist. Anhaltpunkt dafür, daß sie Betriebsstätten unterhält, liegen nicht vor. Aus diesem Grunde können ihre Gewinne ausschließlich in dem DBA-Staat besteuert werden.

Die Tochtergesellschaft erzielt für ihre Tätigkeit für die Chemolin GmbH auf der Grundlage der getroffenen Provisionsvereinbarung Erlöse i. H. v. 750 000 DM. Von fremden Dritten hätte die Tochtergesellschaft für die gleichen Leistungen 1 000 000 DM erhalten. Durch die Vereinbarung werden somit Gewinne aus dem DBA-Staat in die Bundesrepublik verlagert und damit der Besteuerung durch den DBA-Staat entzogen. Deshalb ist fraglich, in welcher Höhe der DBA-Staat die Gewinne besteuern darf: in Höhe der tatsächlich erzielten oder in Höhe der fiktiv erzielbaren.

Art. 9 Abs. 1 DBA '77 läßt eine Gewinnkorrektur auf den sonst erzielbaren Gewinn unter folgenden Voraussetzungen zu:

1. Ein Unternehmen eines Vertragsstaates ist ein verbundenes Unternehmen eines in dem anderen Vertragsstaat ansässigen Unternehmens;

2. die beiden Unternehmen sind in ihren kaufmännischen und/oder finanziellen Beziehungen an vereinbarte oder auferlegte Bedingungen gebunden, die von denen abweichen, die unabhängige Unternehmen miteinander vereinbart hätten;

3. die Voraussetzung 1. ist ursächlich für Nr. 2;

4. ohne die vereinbarten oder auferlegten Bedingungen hätte das benachteiligte Unternehmen einen höheren Gewinn erzielt.

Zu beachten ist zunächst, daß Art. 9 Abs. 1 DBA '77 keine Rechtsgrundlage für eine Gewinnberichtigung ist. Die Vorschrift läßt lediglich unter den dort genannten Voraussetzungen eine Gewinnkorrektur nach Maßgabe der nationalen Steuergesetze zu. Allerdings sehen fast alle nationalen Steuergesetze diese Möglichkeit vor. In der Bundesrepublik ist insoweit § 1 AStG einschlägig.[33]

Der Begriff „verbundenes Unternehmen" ist in Art. 9 Abs. 1 lit. a und lit. b DBA '77 definiert. Danach liegen verbundene Unternehmen auch vor, wenn ein Unternehmen eines Vertragsstaates am Kapital eines Unternehmens mit Sitz in dem anderen Vertragsstaat beteiligt ist, wobei Art. 9 Abs. 1 DBA '77 eine Mindestbeteiligung nicht vorsieht.[34] Die Chemolin GmbH hält 100 % der Gesellschaftsanteile an der Tochtergesellschaft. Damit handelt es sich bei den Gesellschaften um verbundene Unternehmen.

Dadurch, daß die Tochtergesellschaft für ihre Leistungen an ihre Muttergesellschaft eine niedrigere Provision erhält, könnten die beiden Unternehmen in ihren kaufmännischen Beziehungen an vereinbarte Bedingungen gebunden sein, die von denen abweichen, die unabhängige Unternehmen miteinander vereinbart hätten. In diesem Bereich liegen die eigentlichen praktischen Schwierigkeiten, da der erforderliche Vergleich oft nur schwer anzustellen ist. Hintergrund der Regelung ist die Überlegung, daß sich auch verbundene Unternehmen im Wettbewerb wie fremde Dritte verhalten sollten (dealing-at-arm's-length). Für die Prüfung, ob die Beziehungen zwischen verbundenen Unternehmen dieser Anforderung gerecht werden, wurden gewisse international anerkannte Standardmethoden entwickelt:[35]

33 Vgl. zu § 1 AStG im einzelnen Teil VIII (Außensteuergesetz), Fall 61.

34 Zu beachten ist aber, daß nach § 1 Abs. 2 Nr. 1 AStG mindestens eine 25 %ige Beteiligung erforderlich ist.

35 Vgl. hierzu auch Tz. 2.2 des BMF-Schreibens betreffend Grundsätze für die Prüfung der Einkunftsabgrenzung bei international verbundenen Unternehmen vom 23. Februar 1983, BStBl 1983 I S. 218 ff.

Preisvergleichsmethode (comparable uncontrolled price method)

Bei dieser Methode wird auf den Marktpreis für die erbrachten Leistungen abgestellt. Das kann entweder dadurch erfolgen, daß untersucht wird, welche Preise fremde Dritte, nicht verbundene Unternehmen miteinander vereinbaren (äußerer Preisvergleich) oder dadurch, daß untersucht wird, welche Preise das konkrete Unternehmen mit einem fremden Dritten für eine vergleichbare Leistung vereinbart (innerer Preisvergleich).

Wiederverkaufs-/Absatzpreismethode (resale price method)

Diese Methode setzt Leistungsketten voraus: eines der verbundenen Unternehmen (2. Glied) bezieht Leistungen von einem anderen (1. Glied) und erbringt Leistungen seinerseits an einen unabhängigen Dritten (3. Glied). Ausgangspunkt der Prüfung ist der von dem Dritten gezahlte Preis. Dieser wird um die branchenüblichen Aufschläge korrigiert, um den marktüblichen Einstandspreis für das 2. Glied zu ermitteln.

Kostenaufschlagsmethode (cost plus method)

Ausgangspunkt dieser Methode sind die durch eine Leistung entstandenen Kosten. Auf diese Kosten wird ein üblicher Aufschlag vorgenommen (mark up). Der so ermittelte Preis gilt als marktüblich.

Zwischen diesen Methoden gibt es grundsätzlich kein Rangverhältnis. Es ist jedoch zu berücksichtigen, daß sich die Preisvergleichsmethode ausschließlich am Markt orientiert, während die Wiederverkaufs – und die Kostenaufschlagsmethode „branchenübliche" Kalkulationsfaktoren und damit gewisse Unwägbarkeiten beinhalten. Daher ist der Preisvergleichsmethode soweit möglich der Vorzug zu geben.

Ist aufgrund einer dieser Methoden festgestellt worden, daß die vereinbarten Verrechnungspreise nicht marktüblich sind, ist in einem zweiten Schritt zu prüfen, ob die Abweichungen durch andere wirtschaftliche oder rechtliche Vor- oder Nachteile kompensiert werden.[36]

Im vorliegenden Fall führt die Durchführung eines inneren Preisvergleichs zu dem Ergebnis, daß die zwischen der Chemolin GmbH und ihrer Tochtergesellschaft vereinbarten Preise zu Lasten der Tochtergesellschaft vom Marktpreis abweichen. Ein wirtschaftlicher oder rechtlicher Vorteil, der diesen Nachteil kompensieren könnte, ist nicht ersichtlich. Nach dem Sachverhalt ist das Gesellschaftsverhältnis auch ursächlich für die Abweichung. Da die Einnahmen der Tochtergesellschaft ohne die Vereinbarung um 250 000 DM höher wären, kann die Bemessungsgrundlage für die Besteuerung der Tochtergesellschaft um diesen Betrag erhöht werden, wenn und soweit eine derartige Gewinnkorrektur nach Maßgabe der Vorschriften des DBA-Staates möglich ist.

---

36 Gem. Tz. 2.3 der Verwaltungsgrundsätze (siehe FN 35) muß allerdings ein innerer Zusammenhang bestehen.

Im Gegenzug ist gem. Art. 9 Abs. 2 DBA '77 der Gewinn der Chemolin GmbH um 250 000 DM zu mindern. Diese Minderung ist erforderlichenfalls im Wege eines Verständigungsverfahrens nach Art. 25 DBA '77 herbeizuführen. Das Berichtigungsverfahren richtet sich nach innerstaatlichem Recht. In der Bundesrepublik sind insoweit insbesondere die §§ 172 bis 174 AO einschlägig.

Fall 89

Verteilungsnormen – Unternehmensgewinne (V)

DBA '77 Art. 7 und 11; EStG § 15 Abs. 1 Nr. 2; FinMin NRW, Erlaß v. 1. 12. 1986 – S 1301 – USA 60 – V C 1

Sachverhalt

Wolfgang Yess aus Köln ist Gesellschafter einer in einem DBA-Land ansässigen Personengesellschaft. Das mit diesem Land abgeschlossene DBA entspricht in vollem Umfang dem Musterabkommen. Wolfgang Yess hat der Personengesellschaft ein Darlehn gegeben, welches die Gesellschaft angemessen verzinst. Der DBA-Staat behandelt nach seinem innerstaatlichen Recht die Zinsen tatsächlich als Zinsen und läßt sie bei der Personengesellschaft zum Abzug zu.

Frage

Welches Problem kann sich bei der Zuordnung des Besteuerungsrechts ergeben?

Antwort

Dadurch, daß die Zinsen nach innerstaatlichem deutschen Recht als gewerbliche Einkünfte nach § 15 Abs. 1 Nr. 2 EStG zu qualifizieren sind, könnte sich ein sog. Qualifikationskonflikt ergeben.

Begründung

Nach den Regelungen des deutschen Einkommensteuerrechts zählen die von einer Personengesellschaft an ihren Gesellschafter gezahlten Zinsen für die Überlassung von Darlehen zu den Sonderbetriebseinnahmen und damit zu den gewerblichen Einkünften nach § 15 Abs. 1 Nr. 2 EStG. Die von der Gesellschaft an den Gesellschafter gezahlten Zinsen sind damit auf der Ebene der Personengesellschaft nicht abzugsfähig und werden bei der Gewinnverteilung dem Gesellschafter als Gewinnvorab zugerechnet.

Als gewerbliche Einkünfte fallen die Sonderbetriebseinnahmen unter die Unternehmensgewinne i. S. d. Art. 7 DBA '77. Daher steht für derartige Gewinne gem. Art. 7 Abs. 1 Satz 1 DBA '77 dem Sitzstaat das Besteuerungsrecht zu.

Aus der Sicht des DBA-Staates werden lt. Sachverhalt die Vergütungen für das Darlehen als Zinsen behandelt und bei der Personengesellschaft als Betriebsausgabe zugelassen.

Damit ergibt sich folgende Situation: In dem DBA-Staat mindern die Zinszahlungen den Gewinn der Personengesellschaft. Die Zinseinnahmen können wegen Art. 11 Abs. 1 DBA '77 im Ansässigkeitsstaat der Gesellschaft nicht besteuert werden. In der Bundesrepublik werden die Zinseinnahmen als Sonderbetriebseinnahmen wegen Art. 7 Abs. 1 Satz 1 DBA '77 ebenfalls nicht besteuert.

Als Folge der unterschiedlichen Qualifizierung der Zinseinkünfte (Qualifikationskonflikt) entstünde somit eine Besteuerungslücke.

Um derartige Besteuerungslücken zu schließen, stellt sich die deutsche Finanzverwaltung in dem oben zitierten Erlaß auf den Standpunkt, daß für die Art der zu beurteilenden Zinseinkünfte stets die Qualifikation im Quellenstaat maßgeblich sei. Dieser Qualifikation hätte sich der Wohnsitzstaat bei Anwendung des Abkommens anzuschließen. Zwar bleiben die Zinseinnahmen in der Bundesrepublik nach dieser Auffassung Einkünfte aus Gewerbebetrieb, sie sind allerdings nicht wie „normale" gewerbliche Einkünfte nach der Vorschrift des Art. 7 DBA '77 von der deutschen Besteuerung freigestellt. Erhebt der DBA-Staat auf die gezahlten Zinsen eine Quellensteuer, so kann diese auf die deutsche Einkommensteuer angerechnet werden. Diese Auffassung der Finanzverwaltung ist in der Literatur auf erhebliche Kritik gestoßen.[36a]

Fall 90

Verteilungsnormen – Internationale Luftfahrt

DBA 1977 Art. 3 Abs. 1, Art. 8 Abs. 1, Art. 13 Abs. 3

Sachverhalt

Die in München ansässige ProAir AG unterhält Fluglinien in den X-Staat, mit dem die Bundesrepublik ein DBA '77 geschlossen hat. Alle unternehmerischen Entscheidungen werden von dem Vorstand in München getroffen. In X-Staat unterhält die ProAir AG ein Büro, das für den Abschluß der Beförderungsverträge in dem DBA-Staat zuständig ist. Auf die Tätigkeit des Büros geht 10 % der Flugumsätze zurück.

36a BFH v. 27. 2. 1991 – I R 15/89 FR 1991 S. 325 ff.

Frage

1. Welchem Staat steht das Besteuerungsrecht für die von der ProAir AG erzielten Gewinne zu?
2. Anläßlich einer Änderung der Flugrouten schließt die ProAir AG ihr Büro in dem DBA-Staat. Die dem Büro zuzuordnenden Flugzeuge werden mit Gewinn veräußert. Welcher Staat darf die Veräußerungsgewinne besteuern?

Antwort

1. Das Recht zur Besteuerung der Gewinne der AG steht ausschließlich und im vollen Umfang der Bundesrepublik zu.
2. Auch der Veräußerungsgewinn kann nur in der Bundesrepublik besteuert werden.

Begründung

1. Nach Art. 8 Abs. 1 DBA'77 können Gewinne, die eine in einem Vertragsstaat ansässige Person aus dem Betrieb von Luftfahrzeugen (oder Seeschiffen) im internationalen Verkehr erzielt, nur in dem Staat besteuert werden, in dem sich der Ort der tatsächlichen Geschäftsleitung befindet.

Die ProAir AG ist als Gesellschaft eine Person i. S. d. Art. 3 Abs. 1, 8 Abs. 1 DBA '77. Sie ist mit ihrer Fluglinie in den DBA-Staat im internationalen Verkehr i. S. d. Art. 3 Abs. 1 lit. d DBA '77 tätig. Daher hat gem. Art. 8 Abs. 1 DBA '77 der Staat das ausschließliche Besteuerungsrecht für die durch den Betrieb der Luftfahrzeuge erzielten Gewinne der ProAir AG, in dem sich ihr Ort der tatsächlichen Geschäftsleitung befindet. Der Ort der Geschäftsleitung ist dort, wo die geschäftsleitenden Anordnungen getroffen werden. Wo die Anordnungen ausgeführt werden, ist dagegen unerheblich.[37] Nach dem Sachverhalt werden die geschäftsleitenden Anordnungen in München getroffen. Daher befindet sich der Ort der tatsächlichen Geschäftsleitung in Deutschland. Deshalb steht der Bundesrepublik das ausschließliche Besteuerungsrecht für die Gewinne der AG zu. Dabei ist es unerheblich, daß die AG über eine Betriebsstätte in dem DBA-Staat verfügt, der Gewinne zugeordnet werden können. Etwas anderes würde nur gelten, wenn die Betriebsstätte selber die für ihren Bereich erforderlichen geschäftsleitenden Anordnungen treffen würde.

2. Anders als im Falle der Veräußerung von Wirtschaftsgütern einer Betriebsstätte sieht Art. 13 Abs. 3 DBA '77 vor, daß Gewinne aus der Veräußerung von Luftfahrzeugen, die im internationalen Verkehr betrieben wurden, wie die laufenden Gewinne auch ausschließlich in dem Staat

37 Vgl. Vogel, Art. 8 Anm. 105.

besteuert werden, in dem sich der Ort der tatsächlichen Geschäftsleitung des Unternehmens befindet. Dieser Ort befindet sich in der Bundesrepublik. Damit steht Deutschland auch das ausschließliche Besteuerungsrecht für die Veräußerungsgewinne zu.

Fall 91

Verteilungsnormen – Dividendeneinkünfte natürlicher Personen

DBA 1977 Art. 10 Abs. 1–3

Sachverhalt

Der in Hannover wohnhafte Gerhard Gabler ist mit 10 % am Nominalkapital einer Kapitalgesellschaft (X-Gesellschaft) mit Sitz in einem DBA-Staat beteiligt. Die X-Gesellschaft beschließt in 1991 eine Gewinnausschüttung für das Jahr 1990 vorzunehmen. Die Gewinnausschüttung ist nach den Steuergesetzen des DBA-Staates den Dividenden gleichgestellt. Außerdem ist die X-Gesellschaft nach den nationalen Vorschriften des DBA-Staates verpflichtet, von der Gewinnausschüttung eine Kapitalertragsteuer von 25 % einzubehalten. Nach Abzug dieser Steuer überweist die X-Gesellschaft Herrn Gabler umgerechnet 7500 DM.

Frage

1. Welcher Staat hat das Besteuerungsrecht für die auf Gabler entfallenden Einkünfte?
2. Wie wird die Besteuerung durchgeführt?

Antwort

1. Das Besteuerungsrecht für die Dividenden steht der Bundesrepublik zu. Allerdings ist der Sitzstaat der ausschüttenden Gesellschaft berechtigt, eine Quellensteuer in Höhe von 15 % zu erheben.
2. Die Quellensteuer wird bis zur Höhe von 15 % auf die deutsche Einkommensteuer angerechnet. In Höhe von 10 % muß Gabler eine Erstattung im Quellenstaat beantragen.

Begründung

1. Die Einkünfte aus der Gewinnausschüttung der X-Gesellschaft gehören zu den Kapitaleinkünften des Gabler i. S. d. § 20 Abs. 1 Nr. 1 EStG. Sie stellen daher nach Maßgabe des deutschen Einkommensteuerrechts steuerpflichtige Einkünfte dar. Fraglich ist, ob der Bundesrepublik auch das Besteuerungsrecht für diese Einkünfte zusteht. Nach Art. 10 Abs. 1 DBA '77 können Dividenden, die eine in einem Vertragsstaat ansässige Gesellschaft an eine in dem anderen Vertragsstaat ansässige Person zahlt, in dem anderen Staat (d. h. dem Ansässigkeitsstaat des Zahlungsempfängers) besteuert werden.

Dividenden sind nach Art. 10 Abs. 3 DBA '77 Einkünfte aus Aktien, Genußrechten, Kuxen, Gründeranteilen oder aus anderen Rechten – ausgenommen Forderungen – mit Gewinnbeteiligung, sowie aus sonstigen Gewinnanteilen stammende Einkünfte, die nach dem Recht des Staates, in dem die ausschüttende Gesellschaft ansässig ist, Einkünften aus Aktien steuerlich gleichgestellt sind. Nach dem Sachverhalt sind die Gewinnausschüttungen der X-Gesellschaft nach den Vorschriften des X-Staates den Einkünften aus Aktien gleichgestellt. Sie stellen daher Dividenden i. S. d. Art. 10 Abs. 3 DBA '77 dar.

Nach Art. 10 Abs. 1 DBA '77 hat der Ansässigkeitsstaat des Dividendenempfängers das Recht, die Dividenden zu besteuern. Gabler ist nur in der Bundesrepublik wohnhaft. Er ist damit in Deutschland ansässig i. S. d. DBA-Bestimmungen. Damit dürfen seine Dividendeneinkünfte in der Bundesrepublik besteuert werden.

Nach den nationalen Steuergesetzen des DBA-Staates hat eine Gesellschaft im Falle einer Gewinnausschüttung im Wege des Steuerabzugs eine Kapitalertragsteuer i. H. v. 25 % einzubehalten. Grundsätzlich steht dem Staat, in dem die auszahlende Gesellschaft ansässig ist, nach Art. 10 Abs. 2 DBA '77 auch das Recht zu, die Gewinnausschüttung nach Maßgabe der nationalen Steuergesetze des Sitzstaates zu besteuern. Dieses Besteuerungsrecht ist aber in den Fällen, in denen Dividenden an den Nutzungsberechtigten gezahlt werden, durch Art. 10 Abs. 2 DBA '77 beschränkt: ist der Dividendenempfänger nicht eine Gesellschaft, die mindestens über 25 % des Kapitals der die Dividende zahlenden Gesellschaft verfügt, so darf die Steuer in dem Staat, in dem die auszahlende Gesellschaft ansässig ist, höchstens 15 % der Bruttodividende betragen (Art. 10 Abs. 2 lit. b DBA '77). Nutzungsberechtigter ist dabei derjenige, der über die Hingabe des Kapitals oder des Wirtschaftsgutes zur Nutzung oder über die Verwendung der Nutzungen oder ggf. über beides entscheiden kann.[38] Über die Hingabe des Kapitals kann Gabler als Anteilseigner entscheiden. Damit ist er Nutzungsberechtigter. Deshalb darf die vom DBA-Staat zu erhebende Steuer auf die Gewinnausschüttung 15 % der Dividende nicht übersteigen.

2. Nach Abzug der Kapitalertragsteuer sind Gabler 7500 DM zugeflossen. Da die Kapitalertragsteuer eine Form der Einkommensteuer ist, darf sie gem. § 12 Nr. 3 EStG bei der Ermittlung des Einkommens nicht abgezogen

38 Vgl. Vogel, vor Art. 10–12 Anm. 9.

werden. Deshalb sind bei der deutschen Einkommensbesteuerung von Gabler 10 000 DM als Einnahmen zu erfassen. Damit werden die Einkünfte im Ergebnis zweimal besteuert: einmal im Rahmen der deutschen Einkommensbesteuerung und zum weiteren im Wege des Steuerabzugs vom Quellenstaat. Diese Doppelbesteuerung wird dadurch vermindert, daß die Bundesrepublik die im Quellenstaat einbehaltene Steuer bei der deutschen Einkommensbesteuerung anrechnet.[39] Zu beachten ist aber, daß die Steuer nur insoweit angerechnet wird, als die von dem ausländischen Staat einbehaltene Steuer keinem Ermäßigungsanspruch mehr unterliegt (Abschn. 212 c Satz 3 EStR). Dabei ist von Bedeutung, daß der DBA-Staat nach dem DBA '77 eine Quellensteuer von nur 15 % einbehalten darf. Daher ist der DBA-Staat verpflichtet, die zuviel einbehaltene Kapitalertragsteuer zu erstatten. Das Erstattungsverfahren richtet sich dabei nach den innerstaatlichen Vorschriften des Quellenstaates; es ist i. d. R. antragsabhängig ausgestaltet. Nur die verbleibende Quellensteuer kann nach Maßgabe der Vorschriften des Wohnsitzstaates des Dividendenempfängers auf dessen Einkommensteuer angerechnet werden.

Fall 92

Verteilungsnormen – Dividendeneinkünfte juristischer Personen, Schachtelbeteiligung

DBA 1977 Art. 10

Sachverhalt

Die Büromaschinen Gesellschaft hat ihren Sitz in X-Staat. Sie produziert Büromaschinen und Computer. Am Nennkapital dieser Gesellschaft ist seit November 1990 die Büroeinrichtungsgesellschaft mit Sitz in Y-Staat nach dem Recht des X-Staates unmittelbar zu 20 % beteiligt. Bei beiden Gesellschaften handelt es sich nach dem Recht der beiden Staaten um juristische Personen. Im Februar 1991 nimmt die Büromaschinen Gesellschaft eine Dividendenausschüttung für das Jahr 1990 vor. Nach den nationalen Steuergesetzen des X-Staates ist von derartigen Ausschüttungen eine Kapitalertragsteuer in Höhe von 25 % einzubehalten. Nach Abzug dieser Steuer überweist die Büromaschinen Gesellschaft der Büroeinrichtungsgesellschaft den ihrem Kapitalanteil entsprechenden Gewinnanteil von umgerechnet 75 000 DM.

39 Vgl. zum Anrechnungsverfahren Fall 80.

Frage

1. Wie ist der Sachverhalt steuerlich zu beurteilen, wenn zwischen X-Staat und Y-Staat ein dem DBA '77 entsprechendes DBA besteht?
2. Wie wäre die Rechtslage, wenn die Büroeinrichtungsgesellschaft eine GmbH mit Sitz in Darmstadt ist?

Antwort

1. Die Dividenden können in dem Y-Staat besteuert werden. Der X-Staat ist berechtigt, eine Quellensteuer von 15 % einzubehalten. Die Quellensteuer ist bis zur Höhe von 15 % auf die Steuer des Y-Staates anzurechnen.
2. Der X-Staat ist wie im Ausgangsfall berechtigt, eine Quellenbesteuerung vorzunehmen. In der Bundesrepublik ist die Dividende steuerfrei.

Begründung

1. Gem. Art. 10 Abs. 1 DBA '77 kann die von der in X-Staat ansässigen Büromaschinen Gesellschaft an ihre Muttergesellschaft gezahlte Dividende im Y-Staat nach Maßgabe dessen steuerrechtlicher Vorschriften besteuert werden, da die Büroeinrichtungsgesellschaft in Y-Staat als dem anderen Staat ansässig ist und da die Gesellschaft gem. Art. 3 Abs. 1 lit. b DBA '77 eine Person i. S. d. Art. 10 Abs. 1 DBA '77 ist.

Als Sitzstaat der die Dividenden zahlenden Büromaschinen Gesellschaft ist der X-Staat aber – soweit seine Steuergesetze dieses vorsehen – berechtigt, von den Dividenden eine Quellensteuer einzubehalten. Diese Quellensteuer darf gem. Art. 10 Abs. 2 lit. b DBA '77 grundsätzlich 15 % der Bruttodividende nicht übersteigen. Ausnahmsweise darf die Quellensteuer nach Art. 10 Abs. 2 lit. a DBA '77 5 % der Bruttodividende nicht übersteigen, wenn

- der Nutzungsbereichtigte eine Gesellschaft (jedoch keine Personengesellschaft) ist, die
- unmittelbar über mindestens 25 % des Kapitals der die Dividenden zahlenden Gesellschaft verfügt.

Nach dem Sachverhalt handelt es sich bei der Büroeinrichtungsgesellschaft um eine juristische Person mithin um eine Gesellschaft, die keine Personengesellschaft ist.

Das Tatbestandsmerkmal „unmittelbar" ist im DBA '77 nicht definiert. Gem. Art. 3 Abs. 2 DBA '77 ist es daher durch Rückgriff auf nationales Recht auszulegen. Da die Büromaschinen Gesellschaft ihren Sitz in X-Staat hat, ist für die Auslegung des Begriffs auf das Recht dieses Staates abzustellen. Nach dem Sachverhalt liegt nach dem Recht des X-Staates eine unmittelbare Beteiligung vor.

Schließlich muß die Beteiligung mindestens 25 % betragen. Die Büroeinrichtungsgesellschaft hält aber nur 20 % der Anteile am Nennkapital der Büromaschinen Gesellschaft. Daher liegen die Voraussetzungen für eine Schachtelbeteiligung nach Art. 10 Abs. 2 lit. a DBA '77 nicht vor. Somit darf die Quellensteuer 15 % der Bruttodividende betragen.

Der Differenzbetrag zwischen der tatsächlich einbehaltenen Kapitalertragsteuer von 25 % und der höchstzulässigen von 15 % ist von X-Staat als Quellenstaat nach Maßgabe seiner Verfahrensvorschriften zu erstatten. Die verbleibende Quellensteuer von 15 % ist von Y-Staat als Ansässigkeitsstaat des Dividendenempfängers gemäß seinen steuerrechtlichen Vorschriften bis zur Höhe von 15 % auf die Einkommensteuerschuld der Büroeinrichtungsgesellschaft anzurechnen.

2. Abweichend von dem DBA '77 sieht das deutsche Körperschaftsteuerrecht in § 26 Abs. 7 KStG vor, daß unabhängig von der im DBA festgelegten Mindestbeteiligung Gewinnanteile, die von einer ausländischen Tochtergesellschaft ausgeschüttet werden und nach dem DBA unter der Voraussetzung einer Mindestbeteiligung steuerfrei sind, schon dann steuerfrei sind, wenn die Beteiligung mindestens 10 % beträgt. Durch diese nationale Steuergesetzgebung der Bundesrepublik wird selbstverständlich nicht das Recht des DBA-Staates berührt, eine Quellensteuer von 15 % einzubehalten, wenn die Beteiligung weniger als 25 % aber mindestens 10 % beträgt, da durch eine bundesdeutsche Steuerbestimmung nicht mit Wirkung für den Vertragspartner eine Vereinbarung des DBA geändert werden kann. Der X-Staat kann daher wie im Ausgangsfall die Dividende mit höchstens 15 % Quellensteuer belasten. Dabei ist jedoch zu beachten, daß in einigen deutschen Abkommen die Vertragspartner die Schachtelvergünstigung davon abhängig machen, daß es sich bei der in ihrem Staat ansässigen Tochtergesellschaft um eine Gesellschaft handelt, die ihre Einkünfte aus aktiver Tätigkeit[40] bezieht.[41]

Die Abweichungen ergeben sich bei der Besteuerung in der Bundesrepublik. Nach den meisten von Deutschland geschlossenen DBAs sind Schachteldividenden in der Bundesrepublik steuerfrei. Dabei ist zu beachten, daß nach § 26 Abs. 7 KStG abweichend von dem DBA eine Schachtelbeteiligung bereits vorliegt, wenn die Beteiligung lediglich 10 % beträgt. Eine derartige Abweichung von der Völkerrechtsnorm DBA ist unbedenklich, da sie sich lediglich auf innerstaatliches Recht auswirkt. Die Regelung wirkt wie ein einseitiger Verzicht auf ein nach dem DBA grundsätzlich bestehendes Besteuerungsrecht. In den Regelungsgehalt des Abkommens selber wird dadurch nicht eingegriffen. Die von der Büromaschinen Gesellschaft an die Büroeinrichtungs GmbH gezahlte Dividende ist unter diesen Voraussetzungen in der Bundesrepublik steuerfrei.

---

40 Vgl. zu diesem Begriff Teil V (Vermögensteuer), Fall 53.

41 Vgl. z. B. Protokoll zum DBA-Brasilien Nr. 8 und 9.

Fall 93

Verteilungsnormen – Dividenden, Bundesrepublik als Quellenstaat, Suspensionsklausel

DBA-Großbritannien Art. VI Abs. 1, 2, 4; EStG §§ 43, 43 a, 44

Sachverhalt

Alleinige Gesellschafterin der Büroeinrichtungs GmbH in Deutschland ist die Furniture and Equipment Ltd, London. Die Gesellschafterin beschließt folgende Gewinnausschüttung in Höhe von 100 000 DM:

a) in 1989 für 1988; die Ausschüttung erfolgt noch in 1989.

b) in 1989 für 1988; die Ausschüttung erfolgte in 1990.

Frage

1. In welcher Höhe wird die Büroeinrichtungs GmbH Kapitalertragsteuer einbehalten?
2. Wie hoch ist die endgültige Besteuerung der Ausschüttung durch die Bundesrepublik?

Antwort

1. Die Kapitalertragsteuer, die von der Büroeinrichtungs GmbH einzubehalten ist, beträgt 25 000 DM.
2. Im Falle a beträgt die endgültige deutsche Quellensteuer 20 000 DM und im Falle b 15 000 DM.

Begründung

1. Gem. § 43 Abs. 1 Nr. 1 EStG wird bei inländischen Kapitalerträgen i. S. d. § 20 Abs. 1 Nr. 1 EStG die Einkommensteuer durch Abzug vom Kapitalertrag (Kapitalertragsteuer) erhoben. Zu den Kapitalerträgen i. S. d. § 20 Abs. 1 Nr. 1 EStG gehören die Gewinnanteile aus Anteilen an einer Kapitalgesellschaft mit beschränkter Haftung. Diese Gewinnanteile sind inländische Kapitalerträge, wenn der Schuldner seinen Sitz im Inland hat (§ 43 Abs. 3 EStG). Der Kapitalertragsteuerabzug ist in dem Zeitpunkt, in dem die Kapitalerträge dem Gläubiger zufließen, durch den Schuldner der Kapitalerträge für Rechnung des Gläubigers vorzunehmen (§ 44 Abs. 1 Satz 2 und 3 EStG).

Schuldner der Gewinnausschüttung ist im vorliegenden Fall die Büroeinrichtungs GmbH. Da sie ihren Sitz im Inland hat, sind Gewinnanteile aus Anteilen an dieser Gesellschaft inländische Kapitalerträge. Daher hat die

Büroeinrichtungs GmbH für Rechnung des Steuerschuldners, der Gesellschafterin (§ 44 Abs. 1 Satz 1 EStG), die Kapitalertragsteuer einzubehalten und bis zum 10. des auf die Auszahlung folgenden Monats an das für sie zuständige Finanzamt abzuführen (§ 44 Abs. 1 Satz 4 EStG). Die Steuer beträgt gem. § 43 a Abs. 1 Nr. 1 EStG 25 % des Kapitalertrages, mithin 25 000 DM.

2. Das Quellenbesteuerungsrecht der Bundesrepublik könnte durch das DBA-Großbritannien eingeschränkt sein. Gem. Art. VI Abs. 4 DBA-Großbritannien gehören Gewinnanteile aus Anteilen an einer deutschen GmbH zu den Dividenden i. S. d. DBA. Derartige Dividenden darf der Quellenstaat grundsätzlich mit einer Quellensteuer von 15 % belegen (Art. VI Abs. 1 DBA-Großbritannien). Hat die Tochtergesellschaft ihren Sitz in der Bundesrepublik, so darf Deutschland eine Quellensteuer von bis zu 20 % einbehalten, wenn

- der englischen Muttergesellschaft mindestens 25 % der stimmberechtigten Anteile an der deutschen Tochtergesellschaft unmittelbar oder mittelbar gehören (Schachtelbeteiligung) und
- der Körperschaftsteuersatz in der Bundesrepublik für ausgeschüttete Gewinne wenigstens 20 %-Punkte jedoch höchstens 28 %-Punkte niedriger ist, als der Körperschaftsteuersatz für thesaurierte Gewinne (Suspensionsklausel),[42] vgl. Art. VI Abs. 2 DBA-Großbritannien.

Der (wenig überzeugende) Grund für diese Regelungen, die das eigentliche Ziel, Schachtelbeteiligungen zu begünstigen, in ihr Gegenteil verkehren, lag in der Vergangenheit im wesentlichen darin, daß reine Inlandsbeteiligungen anderenfalls im Vergleich zu grenzüberschreitenden Gesellschaftsverhältnissen schlechter gestellt seien.[43]

Die Furniture and Equipment Ltd. hält mindestens 25 % der Anteile an der Büroeinrichtungs GmbH. Außerdem betrug der Unterschied zwischen dem deutschen Ausschüttungs- und Thesaurierungssteuersatz bis einschließlich 1989 genau 20 %. Daher durfte die Bundesrepublik im Falle a die Gewinnausschüttung der GmbH für 1988 mit einer endgültigen Quellensteuer von 20 % belegen. Die Differenz von 5 %-Punkten ist der Gläubigerin auf ihren Antrag hin zu erstatten. Für die Durchführung des Erstattungsverfahrens ist gem. § 5 Abs. 1 Nr. 2 FVG das Bundesamt für Finanzen zuständig.

Mit der Absenkung des Körperschaftsteuersatzes für thesaurierte Gewinne auf 50 % liegen ab dem 1. Januar 1990 die Voraussetzungen der Suspensionsklausel nicht mehr vor. Daher beträgt der endgültige Quellensteuersatz der Bundesrepublik für Gewinnausschüttungen auf Schachtelbeteiligungen seit diesem Zeitpunkt nur noch 15 %.[44] Entscheidend für die Höhe

42 Derartige Suspensionsklauseln finden sich in den meisten deutschen DBAs.

43 Vgl. hierzu und zur Kritik an dieser Argumentation Vogel, Art. 10 Anm. 114 bis 116 m. w. N.

44 Die Tendenz geht zumindest für Europa und USA zu Quellensteuersätzen bei Schachtelbeteiligungen von 5 % ab 1992.

des Quellensteuersatzes ist dabei der Zeitpunkt des Abfließens der Dividende. Auf den Zeitpunkt des Gewinnausschüttungsbeschlusses oder auf das Jahr, für das die Ausschüttung vorgenommen wird, kommt es daneben nicht an. Da die Büroeinrichtungs GmbH die Dividendenauszahlung erst nach dem 31. Dezember 1989 vornimmt, beträgt der endgültige Quellensteuersatz 15 %. Der Differenzbetrag i. H. v. 10 %-Punkten wird der Furniture and Equipment Ltd. auf ihren Antrag vom Bundesamt für Finanzen erstattet.

Fall 94

Verteilungsnormen – Dividenden und Betriebsstättenvorbehalt

DBA 1977 Art. 10 Abs. 4

Sachverhalt

Die Büroeinrichtungs GmbH mit Sitz in der Bundesrepublik ist alleinige Gesellschafterin der Büromaschinen Gesellschaft mit Sitz in einem DBA-Staat. In dem gleichen Staat unterhält die GmbH eine Betriebsstätte i. S. d. Art. 5 DBA '77. Da die Tochtergesellschaft sehr profitabel ist, will die GmbH die Erträge aus dieser Beteiligung auf Dauer zur Finanzierung der Aktivitäten der Betriebsstätte nutzen.

Frage

Welchem Staat steht das Besteuerungsrecht für die Dividenden aus der Büromaschinen Gesellschaft zu?

Antwort

Die Dividendeneinkünfte können in dem DBA-Staat besteuert werden.

Begründung

Beteiligungserträge, die eine in der Bundesrepublik ansässige GmbH aus Anteilen an anderen Gesellschaften bezieht, gehören gem. § 20 Abs. 3 i.V. m. § 15 Abs. 1 Nr. 1 EStG zu den Einkünften aus Gewerbebetrieb.

Fraglich ist, ob der Bundesrepublik im vorliegenden Fall das Besteuerungsrecht für die Erträge zusteht. Die Beteiligungserträge gehören gem. Art. 10 Abs. 4 DBA '77 zu den Dividenden i. S. d. Art. 10 DBA '77. Nach Art. 10 Abs. 1 DBA '77 können Dividenden in dem Vertragsstaat besteuert werden, in dem der Gläubiger der Dividenden ansässig ist. Unabhängig von der wirtschaftlichen Zuordnung ist die Büroeinrichtungs GmbH als alleinige

Gesellschafterin Gläubigerin der Beteiligungserträge. Danach könnten die Dividenden im Rahmen der gewerblichen Einkünfte der Büroeinrichtungs GmbH in der Bundesrepublik besteuert werden.

Etwas anders könnte insoweit jedoch gem. Art. 10 Abs. 4 DBA '77 gelten. Bezieht danach der in einem Vertragsstaat ansässige Nutzungsberechtigte Dividenden aus einem anderen Vertragsstaat und übt er dort zugleich eine gewerbliche Tätigkeit durch eine Betriebsstätte (oder eine selbständige Arbeit durch eine feste Einrichtung) aus, wobei die Beteiligung, für die die Dividenden gezahlt werden, der Betriebsstätte (festen Einrichtung) tatsächlich gehören, so richtet sich die Zuweisung des Besteuerungsrechts für diese Erträge nicht nach Art. 10 DBA '77 sondern nach Art. 7 bzw. 14 DBA '77. Nach Art. 7 Abs. 1 (bzw. Art. 14 Abs. 1) DBA '77 können Gewinne, die ein Unternehmen durch eine in dem anderen Staat belegene Betriebsstätte (feste Einrichtung) erzielt, in dem Staat der Betriebsstätte (festen Einrichtung) besteuert werden.[45]

Problematisch ist in den Fällen, in denen das Vorliegen der Betriebsstätte (festen Einrichtung) festgestellt ist, die Frage, ob die Beteiligung der Betriebsstätte (festen Einrichtung) tatsächlich **gehört.** Eine Betriebsstätte (feste Einrichtung) ist keine rechtlich selbständige Einheit. Rechtsträger ist vielmehr das Unternehmen. Deshalb kann „gehören" i. S. d. Art. 10 Abs. 4 DBA '77 nicht die Bedeutung von „rechtlich gehören" haben. Es kommt vielmehr auf die wirtschaftliche Zugehörigkeit an.[46] Dabei dürfte u. E. eine dauernde Verstärkung der finanziellen Ausstattung einer Betriebsstätte (festen Einrichtung) in diesem Sinne ausreichend sein.

Somit gehören die Dividendenerträge aus der in dem DBA-Staat ansässigen Büromaschinen Gesellschaft zu der ebenfalls in dem DBA-Staat belegenen Betriebsstätte der Büroeinrichtungs GmbH. Sie können deshalb zusammen mit den übrigen Betriebsstättengewinnen gem. Art. 7 Abs. 1 Satz 2 DBA '77 in dem DBA-Staat besteuert werden.

Fall 95

Verteilungsnormen – Zinsen

DBA 1977 Art. 11

Sachverhalt

Die Büroeinrichtungs GmbH mit Sitz in der Bundesrepublik hat ihrer in einem DBA-Staat ansässigen 100 %igen Tochtergesellschaft, der Büromaschinen Gesellschaft, ein verzinsliches Darlehn gewährt.

45 Vgl. dazu im einzelnen Fälle 85 bis 88.
46 Vgl. Vogel, vor Art. 10–12 Anm. 25.

Frage

1. Wie ist das Besteuerungsrecht bezüglich der Zinsen auf die beiden Vertragsstaaten verteilt?
2. Was würde sich ändern, wenn die Darlehnsforderung wirtschaftlich nicht der Büroeinrichtungs GmbH sondern einer Betriebsstätte zuzurechnen wäre, die die Büroeinrichtungs GmbH in dem Staat unterhält, in dem auch die Tochtergesellschaft ansässig ist?
3. Wie ist die Rechtslage, wenn die Büromaschinen GmbH wegen des Gesellschaftsverhältnisses statt marktüblicher 8 % für das Darlehn 11 % Zinsen erhält?

Antwort

1. Die Zinsen können in der Bundesrepublik besteuert werden. Dem Quellenstaat steht ein Quellenbesteuerungsrecht in Höhe von 10 % zu. Die in dem DBA-Staat gezahlten Steuern auf die Zinsen werden in der Bundesrepublik auf die Körperschaftsteuerschuld der Büroeinrichtungs GmbH angerechnet.
2. Die Zinsen können in dem DBA-Staat besteuert werden.
3. Grundsätzlich wie 1., aber soweit überhöhte Zinsen gezahlt werden, können sie als Dividenden behandelt werden.

Begründung

1. Die Zinsen gehören gem. §§ 20 Abs. 3, 15 Abs. 1 Nr. 1 EStG zu den gewerblichen Einkünften der Büroeinrichtungs GmbH. Fraglich ist, ob der Bundesrepublik für diese Einkünfte das Besteuerungsrecht zusteht. Darlehnszinsen sind Einkünfte aus Forderungen, die als solche gem. Art. 11 Abs. 3 DBA '77 Zinsen i. S. d. Art. 11 DBA '77 darstellen.[47]

Gem. Art. 11 Abs. 1 DBA '77 können Zinsen, die aus einem Vertragsstaat (Quellenstaat) stammen und an eine im anderen Vertragsstaat ansässige Person gezahlt werden, in diesem anderen Staat besteuert werden. Damit hat die Bundesrepublik das Recht, die Zinseinnahmen aus dem anderen Vertragsstaat einer Besteuerung zu unterwerfen.

Allerdings darf auch der Quellenstaat gem. Art. 11 Abs. 2 DBA '77 die Zinseinnahmen besteuern. Soweit der Empfänger der Zinsen der Nutzungsberechtigte ist, darf die Steuer jedoch höchstens 10 % der Zinsen betragen, Art. 11 Abs. 2 Satz 2 DBA '77. Daher darf auch der Staat, in dem die Büromaschinen Gesellschaft ansässig ist, die Zinseinnahmen der Büroeinrich-

---

47 Die Regelung, die das DBA '77 für die Zinsen vorsieht, entspricht in weiten Zügen der Regelung hinsichtlich der Dividenden in Art. 10 DBA '77. Wegen der Einzelheiten vgl. daher auch Fälle 91 bis 94.

tungs GmbH besteuern. In der Regel wird dieses im Wege des Steuerabzugs erfolgen. Die so auftretende Doppelbesteuerung wird dadurch vermieden, daß die Bundesrepublik als Ansässigkeitsstaat des Zinsgläubigers die von dem anderen Vertragsstaat erhobene Steuer auf die Körperschaftsteuerschuld der Büroeinrichtungs GmbH anrechnet.

2. Wie bei den Dividenden steht auch im Falle von Zinseinnahmen das Besteuerungsrecht des Gläubigerstaates unter dem Betriebsstättenvorbehalt.[48] Bezieht somit ein

- in einem Vertragsstaat ansässiger Nutzungsberechtigter
- Zinsen aus dem anderen Vertragsstaat,
- wobei er in dem anderen Vertragsstaat zugleich eine gewerbliche Tätigkeit durch eine Betriebsstätte (oder eine selbständige Arbeit durch eine feste Einrichtung) ausübt und
- gehört die Forderung, für die die Zinsen gezahlt werden, zu der Betriebsstätte (oder der festen Einrichtung),

so erfolgt die Zuweisung des Besteuerungsrechts durch Art. 7 (Art. 14) DBA '77 und nicht durch Art. 11 DBA '77.

Entsprechend den zu den Dividenden[49] gemachten Ausführungen steht somit auch für die Zinsen gem. Art. 7 Abs. 1 Satz 2 DBA '77 abweichend von Art. 11 Abs. 1 DBA dem Betriebsstättenstaat das Besteuerungsrecht für die Zinseinnahmen zu.

3. Gem. Art. 11 Abs. 6 DBA '77 ist Art. 11 auf Zinsen insoweit nicht anzuwenden, als zwischen Schuldner und Nutzungsberechtigtem besondere Beziehungen bestehen, deretwegen die vereinbarten Zinsen von den Zinsen abweichen, die die Parteien ohne die besonderen Beziehungen vereinbart hätten.[50]

Gesellschaftsrechtliche Beherrschungs- und Einwirkungsmöglichkeiten sind regelmäßig besondere Beziehungen i. S. d. Art. 11 Abs. 6 DBA '77. Nach dem Sachverhalt wäre ohne diese Beziehungen lediglich 8 % Verzinsung zwischen den Parteien vereinbart worden. Nur bezüglich dieser 8 % ist Art. 11 DBA '77 für die Zuweisung des Besteuerungsrechts einschlägig. Die darüber hinausgehenden 3 % stellen keine Zinsen im Sinne des Art. 11 DBA '77 dar. Die Zuweisung erfolgt insoweit vielmehr nach Maßgabe der sonstigen DBA-Regelungen. Vorliegend handelt es sich um verdeckte Gewinnausschüttungen. Deshalb ist dafür Art. 10 DBA '77 einschlägig.[51]

---

48 Vgl. insoweit Fall 94.

49 Vgl. insoweit Fall 94.

50 Die meisten deutschen DBAs haben eine entsprechende Regelung; wichtige Ausnahmen sind z. B. Dänemark, Frankreich, Niederlande, Norwegen.

51 Wegen der sich daraus ergebenden Rechtsfolgen vgl. Fälle 91 bis 94.

Fall 96

Verteilungsnormen – Lizenzgebühren

DBA 1977 Art. 12; DBA-Frankreich Art. 15; EStG § 50 d; EStDV § 73 h

Sachverhalt

Die in einem DBA-Staat ansässige Gesellschaft hält 100 % der Anteile an einer GmbH mit Sitz in der Bundesrepublik. Die deutsche Gesellschaft produziert HiFi-Geräte für den deutschen Markt. Sie nutzt dafür ein Patent ihrer Muttergesellschaft. Für das Recht, das Patent nutzen zu dürfen, zahlt die deutsche GmbH ihrer Muttergesellschaft eine Gebühr.

Frage

1. Welchem Staat steht das Besteuerungsrecht für die von der GmbH gezahlten Gebühren zu?
2. Wie sieht das Besteuerungsverfahren in der Bundesrepublik aus, wenn der Patentgeber eine Gesellschaft wäre, die in Frankreich ansässig ist?

Antwort

1. Die Gebühren können nur in dem DBA-Staat besteuert werden.
2. Die deutsche Gesellschaft darf die Lizenzgebühren zu 100 % an ihre Muttergesellschaft auszahlen. Eine Besteuerung in der Bundesrepublik erfolgt nicht.

Begründung

1. Eine Gebühr für das Recht zur Nutzung eines Patents stellt eine Lizenzgebühr i. S. d. Art. 12 Abs. 2 DBA '77 dar.[52] Derartige Lizenzgebühren dürfen gem. Art. 12 Abs. 1 DBA '77 nur in dem Vertragsstaat besteuert werden, in dem der Lizenzgeber ansässig ist, wenn

- sie aus einem Vertragsstaat stammen,
- an eine in dem anderen Vertragsstaat ansässige (Art. 4 DBA '77) Person (Art. 3 DBA '77) gezahlt werden und
- der Zahlungsempfänger der Nutzungsberechtigte ist.

---

52 Die Regelung betreffend Lizenzgebühren entspricht systematisch weitestgehend der Regelung betreffend die Zinsen. Dies gilt insbesondere im Hinblick auf den Betriebsstättenvorbehalt (Art. 12 Abs. 3 DBA '77) sowie auf die Folge unangemessener Vergütungen (Art. 12 Abs. 4 DBA '77). Beide Regelungen sind deshalb in einigen deutschen DBAs auch zusammengefaßt. Wegen der Einzelheiten vgl. auch Fall 94.

Nutzungsberechtigter ist derjenige, der über die Hingabe des Wirtschaftsgutes – hier also die Nutzung des Patents – entscheiden kann.[53] Im vorliegenden Fall ist das die in dem DBA-Staat ansässige Muttergesellschaft. Somit steht nach Art. 12 Abs. 1 DBA '77 **(nur!)** dem DBA-Staat das **alleinige** Besteuerungsrecht zu.

Anmerkung: Zu beachten ist jedoch, daß einige von der Bundesrepublik geschlossenen DBAs abweichend vom DBA '77 dem Quellenstaat ein Quellenbesteuerungsrecht zwischen 5 % (z. B. DBA-Spanien, Art. 12 Abs. 2) und 15 % (z. B. DBA-Brasilien, Art. 12 Abs. 2) zugesteht. Die DBAs mit Argentinien (Art. 12 Abs. 2 1. Halbsatz) und Indien (Art. VIII A Abs. 2 Satz 1) erlauben als Grundsatz sogar ein unbeschränktes Besteuerungsrecht des Quellenstaates. Die DBAs mit den meisten europäischen Ländern und den USA folgen insoweit aber dem DBA '77.

2. Die französische Gesellschaft ist mit den Einnahmen, die sie für die Überlassung der Patente zur Nutzung von ihrer deutschen Tochtergesellschaft erhält, in der Bundesrepublik gem. §§ 1 Abs. 4, 49 Abs. 1 Nr. 9 EStG beschränkt steuerpflichtig. Gem. § 50 a Abs. 4 Nr. 3 EStG wird die Einkommensteuer in Höhe von 25 % der Einnahmen im Wege des Steuerabzugs erhoben (§ 50 a Abs. 4 Satz 2 EStG).

Fraglich ist jedoch, ob die Bundesrepublik nach dem DBA-Frankreich überhaupt das Recht hat, die Lizenzeinnahmen zu besteuern. Nach Art. 15 Abs. 1 DBA-Frankreich werden Vergütungen für die Benutzung von Patenten **nur** in dem Vertragsstaat besteuert, in dem der Bezugsberechtigte (Nutzungsberechtigte) ansässig ist. Bezugsberechtigt ist der Patentgeber, d. h. die französische Gesellschaft. Damit steht Frankreich das alleinige Besteuerungsrecht zu.

Insoweit ist jedoch zu beachten, daß nach dem Wortlaut des § 50 d EStG (bzw. der Vorgängervorschrift des § 73 h EStDV) der Schuldner gleichwohl zum Steuerabzug verpflichtet ist, es sei denn, das Bundesamt für Finanzen erteilt zuvor auf Antrag eine Bescheinigung, nach der wegen des DBA der Steuerabzug unterbleiben kann. Demzufolge verlangt die deutsche Finanzverwaltung auch in all den Fällen, in denen nach einem DBA das Besteuerungsrecht vorbehaltlos und ausschließlich dem anderen Vertragsstaat zugewiesen ist, die vorherige Einholung einer solchen Freistellungsbescheinigung. Anderenfalls sei der Steuerabzug vorzunehmen. Der Gläubiger müsse anschließend eine Erstattung der einbehaltenen Quellensteuer beim Bundesamt für Finanzen beantragen. Dieser Rechtsauffassung ist der BFH aber bereits im Jahre 1986 mit zwei Entscheidungen entgegengetreten.[54] Danach darf in all den Fällen, in denen die Bundesrepublik im DBA vorbe-

---

53 Vogel, vor Art. 10–12, Anm. 9.

54 Urteile vom 22. Oktober 1986, BStBl 1987 II S. 172 f. und S. 253 (255).

haltlos auf ihr Besteuerungsrecht verzichtet hat, die steuerfreie Auszahlung nicht von irgendwelchen bundesdeutschen Formerfordernissen abhängig gemacht werden, für die es im DBA keine Grundlage gibt.[55]

Die deutsche GmbH ist daher berechtigt, die Lizenzgebühren in voller Höhe an ihre französische Muttergesellschaft auszuzahlen. Zu einem Steuerabzug ist sie nicht verpflichtet.

Fall 97

Verteilungsnormen – Gewinne aus der Veräußerung von sonstigem Vermögen[56]

DBA 1977 Art. 14 Abs. 4; DBA-Mauritius Art. 13 Abs. 3, 4, Art. 24 Abs. 2; AStG § 6 Abs. 1

Sachverhalt

Gerhard Gabler lebt seit fünf Jahren in der Bundesrepublik. Anfang 1989 erwirbt er 30 % der Anteile an einer Kapitalgesellschaft mit Sitz in einem DBA-Staat. Herr Gabler hält diese Anteile im Privatvermögen. Bei der Veräußerung des Anteilspakets in 1990 erzielt Gabler einen erheblichen Veräußerungsgewinn.

Frage

1. Welchem Staat steht das Besteuerungsrecht für den durch die Veräußerung der gesamten Beteiligung entstandenen Gewinn zu?
2. Was ändert sich, wenn die Kapitalgesellschaft ihren Sitz in der Bundesrepublik hat und Herr Gabler unmittelbar nach dem Erwerb der Beteiligung nach Mauritius auswandert?

Antwort

1. Der Veräußerungsgewinn kann nur in der Bundesrepublik besteuert werden.
2. Der Veräußerungsgewinn kann in der Bundesrepublik und in Mauritius besteuert werden. In Mauritius erhält Gabler eine Gutschrift im Hinblick auf die in der Bundesrepublik gezahlte Steuer.

---

55 Das ist z. B. der Fall in den DBAs mit Frankreich, Schweden und USA.

56 Wegen der Behandlung von Veräußerungsgewinnen siehe auch Fall 84 (unbewegliches Vermögen), Fall 86 (Betriebsstättenvermögen) und Fall 90 (Veräußerung von Seeschiffen und Luftfahrzeugen).

Begründung

1. Gem. Art. 13 Abs. 4 DBA '77 können Gewinne aus der Veräußerung von Wirtschaftsgütern, die nicht unter die Absätze 1 bis 3 fallen, ausschließlich in dem Vertragsstaat besteuert werden, in dem der Veräußerer ansässig ist. Gabler ist in der Bundesrepublik ansässig i. S. d. Art. 4 DBA '77. Der von ihm erzielte Veräußerungsgewinn kann daher nur in der Bundesrepublik besteuert werden.

2. Nach seinem Wegzug aus der Bundesrepublik endet die unbeschränkte deutsche Steuerpflicht von Gabler. Jedoch unterliegt er mit dem Veräußerungsgewinn der beschränkten Einkommensteuerpflicht gem. §§ 1 Abs. 4, 49 Abs. 1 Nr. 2 e EStG.

Fraglich ist jedoch, ob der Bundesrepublik nach dem DBA-Mauritius das Besteuerungsrecht für den Veräußerungsgewinn zusteht. Das DBA-Mauritius enthält bezüglich der Veräußerung sonstigen Vermögens mit Art. 13 Abs. 4 eine Regelung, die der Regelung des Art. 13 Abs. 4 DBA '77 entspricht. Danach stünde das Besteuerungsrecht ausschließlich Mauritius zu. Zu beachten ist jedoch, daß in dem DBA-Mauritius mit Art. 13 Abs. 3 eine spezielle Regelung für Gewinn aus der Veräußerung von Anteilen an einer Kapitalgesellschaft mit Sitz in dem anderen Vertragsstaat enthalten ist. Danach **können** die Gewinne in dem Sitzstaat der Gesellschaft besteuert werden.[57] Somit darf der Veräußerungsgewinn des Gabler (auch) in der Bundesrepublik besteuert werden.

Gem. Art. 24 Abs. 2 lit. b DBA-Mauritius erhält Herr Gabler in Mauritius eine Steuergutschrift für die in der Bundesrepublik für den Veräußerungsgewinn gezahlte Steuer.

Hinweis: Die Wegzugsbesteuerung gem. § 6 Abs. 1 AStG kommt hier nicht zum Tragen, da Herr Gabler vor seinem Wegzug in der Bundesrepublik nicht mindestens 10 Jahre unbeschränkt einkommensteuerpflichtig gewesen ist.

Fall 98

Verteilungsnormen – Selbständige Arbeit

DBA 1977 Art. 14

Sachverhalt

Linda Laabs lebt und arbeitet als selbständige Architektin schon seit Jahren in Köln. Im Jahre 1990 übernimmt sie die Planung eines Bauvorhabens in

57 Vergleichbare Regelungen enthalten z. B. die DBAs mit Kanada (Art. 13 Abs. 4) und der Schweiz (Art. 13 Abs. 4).

einem DBA-Staat. Die Entwürfe fertigt sie unter Einsatz ihrer Mitarbeiter in ihrem Kölner Büro. Für die Durchführung des Auftrags erhält Frau Laabs von ihrem in dem DBA-Staat ansässigen Auftraggeber ein Honorar.

Frage

1. Welchem Staat steht das Besteuerungsrecht für die Honorareinkünfte zu?
2. Was würde sich ändern, wenn Frau Laabs speziell für die Durchführung dieses einen Auftrags in dem DBA-Staat für drei Monate ein Büro anmietet und dort die ganzen Entwürfe erstellt?

Antwort

1. Die Honorareinnahmen können nur in der Bundesrepublik besteuert werden.
2. Das Büro stellt keine feste Einrichtung dar. Deshalb steht auch in der Abwandlung der Bundesrepublik das ausschließliche Besteuerungsrecht zu.

Begründung

1. Frau Laabs erzielt mit ihrer Tätigkeit als Architektin Einkünfte aus selbständiger Arbeit i. S. d. § 18 Abs. 1 Nr. 1 EStG. Fraglich ist, ob der Bundesrepublik das Besteuerungsrecht für diese Einkünfte zusteht. Die selbständig ausgeübte Tätigkeit als Architekt gehört zu den freien Berufen i. S. d. Art. 14 Abs. 2 DBA '77. Gem. Art. 14 Abs. 1 Satz 1 DBA '77 können Einkünfte, die eine in einem Vertragsstaat ansässige Person aus einem freien Beruf bezieht, **ausschließlich** im Ansässigkeitsstaat des Freiberuflers besteuert werden. Etwas anderes gilt nur dann, wenn dem Freiberufler für die Ausübung seiner Tätigkeit in dem anderen Staat eine feste Einrichtung zur Verfügung steht.

Frau Laabs arbeitet ausschließlich von ihrem Büro in Köln aus. Eine feste Einrichtung in dem DBA-Staat zur Ausübung ihrer Tätigkeit unterhält sie nicht. Damit steht dem Ansässigkeitsstaat Bundesrepublik das ausschließliche Besteuerungsrecht für die Honorareinnahmen zu, die Frau Laabs aus dem DBA-Staat bezieht.[58]

2. Das Besteuerungsrecht für die Honorareinnahmen ist dem DBA-Staat zugewiesen, wenn Frau Laabs mit der Anmietung des Büros in diesem Staat eine feste Einrichtung unterhält und dieser Einrichtung die Einkünfte zugeordnet werden können. Der Begriff der „festen Einrichtung" ist im

58 In einigen von der Bundesrepublik geschlossenen DBAs werden die Einkünfte aus selbständiger und unselbständiger Arbeit zusammengefaßt und insgesamt der sog. „183-Tage-Regelung" unterstellt (vgl. zu den Rechtsfolgen Fall 102).

DBA '77 nicht definiert. Allgemein wird die feste Einrichtung jedoch als Betriebsstätte des Freiberuflers angesehen. Sie hat damit folgende Voraussetzungen:

- Es besteht eine Gesamtheit von Sachen,
- die der freiberuflichen Tätigkeit dient,
- dem Selbständigen gewöhnlich zur Verfügung steht und
- auf Dauer angelegt ist.

Das Büro stellt eine Gesamtheit von Sachen dar. Solange Frau Laabs die Büroräume angemietet hat, stehen sie ihr auch zur Verfügung. Es ist aber nicht auf eine gewisse Dauer angelegt, da es nur dazu dienen soll, diesen einen Auftrag durchzuführen, der von Frau Laabs innerhalb von drei Monaten abgewickelt wird. Damit stellt das Büro keine feste Einrichtung von Frau Laabs in dem DBA-Staat dar. Deshalb bleibt es auch hinsichtlich der aus dem DBA-Staat bezogenen Honorareinnahmen bei der Grundregel, daß diese Einkünfte ausschließlich in der Bundesrepublik besteuert werden können.[59]

Fall 99

Verteilungsnormen – Selbständige Arbeit, unselbständige Arbeit, Altersversorgung und Aufsichtsratsvergütungen

DBA 1977 Art. 14, 15, 16, 18

Sachverhalt

Die in der Bundesrepublik ansässige Helga Haack ist 65 Jahre alt. Sie ist bis zum 31. Dezember 1990 in leitender Position in einer Konzernobergesellschaft tätig gewesen, die ihren Sitz in einem DBA-Staat hat. Im Hinblick auf ihre bisherige Tätigkeit erhält Frau Haack eine betriebliche Altersversorgung. Darüber hinaus ist sie Mitglied des Aufsichtsrats der Obergesellschaft. Für diese Tätigkeit erhält sie eine Vergütung. Alle Zahlungen werden von der Obergesellschaft geleistet.

Frage

Welchem Staat steht das Besteuerungsrecht für die Einkünfte von Frau Haack zu?

---

59 Einige deutsche DBAs stellen für die Frage des Besteuerungsrechts (auch) auf die Dauer der Tätigkeit ab. Daneben kommt es dann regelmäßig auf das Vorliegen einer festen Einrichtung nicht mehr an.

Antwort

Die Aufsichtsratsvergütungen können in dem DBA-Staat besteuert werden. Das Besteuerungsrecht in der Bundesrepublik hängt davon ab, ob in dem konkreten DBA die Freistellungs- oder Anrechnungsmethode vorgesehen ist. Die Bezüge aus der Altersversorgung können allein in der Bundesrepublik besteuert werden.

Begründung

Die Vergütung, die Frau Haack für ihre Tätigkeit als Mitglied im Aufsichtsrat erhält, gehört zu den einkommensteuerpflichtigen Einkünften i. S. d. § 18 Abs. 1 Nr. 3 a. E. EStG und somit zu den Einkünften aus selbständiger Arbeit. Die betriebliche Altersversorgung ist als Ruhegeldzahlung i. S. d. § 19 Abs. 1 Nr. 2 EStG anzusehen.

Fraglich ist, ob nach Maßgabe des DBA '77 der Bundesrepublik auch das Besteuerungsrecht für diese Einkünfte zusteht.

Obwohl Bezüge für die Tätigkeit als **Aufsichtsratsmitglied** im deutschen Steuerrecht zu den Einkünften aus selbständiger Arbeit gehören, fallen derartige Vergütungen nicht unter die Regelung des Art. 14 DBA '77. Vielmehr trifft Art. 16 DBA '77 insoweit eine Spezialregelung.[60] Danach **können** die Vergütungen im Sitzstaat der Gesellschaft besteuert werden. Die Besteuerung in der Bundesrepublik als dem Staat, in dem Frau Haack ansässig ist, hängt damit davon ab, ob das einschlägige DBA die Freistellungs- oder die Anrechnungsmethode vorsieht.

Die betriebliche **Altersversorgung** gehört zu den Ruhegeldern i. S. d. Art. 18 DBA '77. Diese Bestimmung ist lex specialis zu Art. 15 DBA '77, in dem nur das Besteuerungsrecht für Einkünfte aus aktiver unselbständiger Arbeit geregelt ist. Nach Art. 18 DBA '77 darf die Besteuerung derartiger Einkünfte **nur** in dem Staat erfolgen, in dem der Zahlungsempfänger ansässig ist.[61] Somit dürfen die Versorgungsbezüge von Frau Haack allein in der Bundesrepublik besteuert werden.

60 Zu beachten ist aber, daß einige deutsche DBAs die Aufsichtsratsvergütungen in die Regelungen über die Einkünfte aus Arbeit mit einbezieht, vgl. z. B. DBA-Indien Art. XII Abs. 1, DBA-Pakistan Art. XI Abs. 1, DBA-USA '66 Art. X.

61 Dieser Regelung folgen die meisten deutschen DBAs, insbesondere fast alle europäischen, sowie die Abkommen mit Japan und den USA. Vereinzelte Abkommen sehen hingegen ein Quellenbesteuerungsrecht vor.

Fall 100

Verteilungsnormen – Öffentlicher Dienst

DBA 1977 Art. 15, 19

Sachverhalt

Der deutsche Ingolf Ibert ist Botschafter der Bundesrepublik in einem DBA-Staat. Zu seinem Botschaftspersonal gehört der in dem DBA-Staat ansässige Joseph Jablonka. Jablonka ist ein Staatsangehöriger des DBA-Staates. Die Vergütungen für beide Personen werden von der Bundesrepublik Deutschland gezahlt.

Frage

1. Welchem Staat steht das Besteuerungsrecht für die Einkünfte zu?
2. Was ändert sich, wenn die beiden Personen in den Ruhestand treten, eine Pension aus der Bundesrepublik beziehen, jedoch weiterhin ihren Wohnsitz in dem DBA-Staat beibehalten?

Antwort

1. Das Gehalt von Ibert kann nur in der Bundesrepublik und das von Jablonka nur in dem DBA-Staat besteuert werden.
2. Für die Ruhegehälter ergibt sich die gleiche Rechtsfolge.

Begründung

1. Ibert ist gem. § 1 Abs. 2 Satz 1 EStG unbeschränkt einkommensteuerpflichtig. Seine Vergütung gehört zu den Einkünften aus nichtselbständiger Arbeit i. S. d. § 19 Abs. 1 Nr. 1 EStG. Da Jablonka dagegen in der Bundesrepublik nicht unbeschränkt einkommensteuerpflichtig ist, unterliegt sein Gehalt der beschränkten Einkommensteuerpflicht gem. §§ 1 Abs. 4, 49 Abs. 1 Nr. 4 EStG.

Fraglich ist, ob der Bundesrepublik für die Einkünfte von Ibert und Jablonka das Besteuerungsrecht zusteht. Grundsätzlich erfolgt die Zuweisung des Besteuerungsrechts für die Einkünfte aus unselbständiger Arbeit durch Art. 15 DBA '77. Dieser Vorschrift geht jedoch u. a. Art. 19 DBA '77 als lex specialis vor. Nach Art. 19 Abs. 1 lit. a DBA '77 können Vergütungen, die von einem Vertragsstaat an eine natürliche Person für Dienste gezahlt werden, die diese Person diesem Staat leistet, ausschließlich von diesem Staat besteuert werden. Ibert steht im Dienst der Bundesrepublik. Für diese Tätigkeit erhält er auch von Deutschland seine Vergütung. Daher hat die Bundesrepublik gem. Art. 19 Abs. 1 lit. a DBA '77 das ausschließliche Besteuerungsrecht für diese Einkünfte.

Nach dem Wortlaut des Art. 19 Abs. 1 lit. a DBA '77 gilt dies auch für das Gehalt, das Jablonka bezieht. Insoweit ist jedoch Art. 19 Abs. 1 lit. b DBA '77 zu berücksichtigen. Danach können Vergütungen **nur** von dem Staat besteuert werden, in dem der Empfänger ansässig ist, wenn

- der Tätigkeitsort in dem Ansässigkeitsstaat des Zahlungsempfängers ist und
- der Empfänger ein Staatsbürger dieses Tätigkeitsstaates ist.

Diese Voraussetzungen liegen regelmäßig bei einheimischem Botschaftspersonal vor. Zu diesem Personenkreis zählt auch Jablonka. Die Vergütungen, die er von der Bundesrepublik bezieht, dürfen daher ausschließlich von dem DBA-Staat besteuert werden.

2. Nach Abs. 2 des Art. 19 DBA '77 setzt sich die durch Art. 19 Abs. 1 DBA '77 für Bezüge aus aktiver Tätigkeit getroffene Regelung über die Zuweisung des Besteuerungsrechts bei der Regelung über die Zuweisung des Besteuerungsrechts für Ruhegehälter fort. Daher darf die Pension von Ibert ausschließlich in der Bundesrepublik und die von Jablonka ausschließlich in dem DBA-Staat besteuert werden.

Fall 101

Verteilungsnormen – Unselbständige Arbeit (Grundfall)

DBA 1977 Art. 15

Sachverhalt

Eine Gesellschaft mit Sitz in einem DBA-Staat hat ein Verbindungsbüro in der Bundesrepublik. Leiter dieses Büros ist Klaus Kabbert, der seinen Wohnsitz seit Jahren in Stuttgart hat. Das Gehalt von Herrn Kabbert wird von der Gesellschaft unmittelbar auf sein deutsches Bankkonto überwiesen.

Frage

Können die Einkünfte von Herrn Kabbert in der Bundesrepublik besteuert werden, obwohl sich die Gehaltsaufwendungen in dem DBA-Staat steuermindernd auswirken?

Antwort

Die Einkünfte von Herrn Kabbert können in der Bundesrepublik besteuert werden.

Begründung

Herr Kabbert ist in der Bundesrepublik gem. § 1 Abs. 1 EStG unbeschränkt einkommensteuerpflichtig. Deshalb gehört sein Gehalt, das er von der ausländischen Gesellschaft bezieht, zu den Einkünften aus nichtselbständiger Arbeit i. S. d. § 19 Abs. 1 Nr. 1 EStG.

Fraglich ist, ob der Bundesrepublik das Besteuerungsrecht für diese Einkünfte zusteht. Gem. Art. 15 Abs. 1 Satz 1 DBA '77 können Gehälter, Löhne und ähnliche Vergütungen, die eine in einem Vertragsstaat ansässige Person aus unselbständiger Arbeit bezieht, ausschließlich in diesem Staat besteuert werden, es sei denn, die Arbeit wird in dem anderen Staat ausgeübt. Art. 15 DBA '77 geht also zunächst davon aus, daß der Ansässigkeitsstaat das Besteuerungsrecht für die Einkünfte aus unselbständiger Arbeit haben soll (Art. 15 Abs. 1 Satz 1 1. Halbsatz DBA '77). Etwas anderes gilt jedoch dann, wenn die Tätigkeit nicht in dem Ansässigkeitsstaat des Arbeitnehmers, sondern in dem anderen Staat (Tätigkeitsstaat) ausgeübt wird; in diesem Fall steht das Besteuerungsrecht grundsätzlich dem Tätigkeitsstaat zu, Art. 15 Abs. 1 Satz 1 2. Halbsatz DBA '77. Fällt aber der Ansässigkeitsstaat und der Tätigkeitsstaat zusammen, so bleibt es stets bei der Grundregel, daß der Ansässigkeitsstaat die Einkünfte besteuern darf und zwar unabhängig davon, zu wessen Lasten der Arbeitslohn gezahlt wurde.

Damit kann das von der ausländischen Gesellschaft an Herrn Kabbert gezahlte Gehalt nur in der Bundesrepublik besteuert werden.

Fall 102

Verteilungsnormen – Unselbständige Arbeit, „183-Tage-Regelung" (Ausgangsfall)

DBA 1977 Art. 15

Sachverhalt

Der in einem DBA-Staat wohnhafte und nach den dortigen steuerrechtlichen Vorschriften unbeschränkt steuerpflichtige Marius van Maag wird von seinem Arbeitgeber, einer Gesellschaft mit Sitz in einem DBA-Staat, für die Durchführung einer umfangreichen Montagearbeit in die Bundesrepublik gesandt. Er reist am Morgen des 2. Januar 1991 in die Bundesrepublik ein. Über die Ostertage nimmt Herr van Maag vom 25. März bis zum 7. April Urlaub. Während dieser Zeit kehrt er zu seiner Familie zurück, die in dem DBA-Staat in einem eigenen Einfamilienhaus wohnt. Vom 1. Mai bis zum 10. Mai unterbricht er seine Arbeiten in der Bundesrepublik, da er dringend für anderweitige Tätigkeiten bei seinem Arbeitgeber benötigt wird. Die Montagearbeiten werden am 10. Juli 1991 fertiggestellt. Da Herr van Maag Freunde in der Bundesrepublik hat, entschließt er sich vor seiner Ausreise noch zu einem Kurzbesuch bei ihnen. Am Abend des 14. Juli 1991 verläßt er die Bundesrepublik wieder. Für seine Tätigkeit in der Bundesrepublik erhält Herr van Maag von seinem Arbeitgeber ein Gehalt, das wie bisher auf sein privates Bankkonto am Wohnsitz seiner Familie überwiesen wird.

Frage

Können die Einkünfte, die Herr van Maag in der Zeit vom 2. Januar bis zum 14. Juli 1991 von seinem Arbeitgeber in dem DBA-Staat bezieht, in der Bundesrepublik besteuert werden?

Antwort

Die fraglichen Einkünfte können in der Bundesrepublik besteuert werden.

Begründung

Herr van Maag hält sich für einen zusammenhängenden Zeitraum von etwas mehr als sechs Monaten in der Bundesrepublik auf. Dabei ist die Unterbrechung durch den Osterurlaub unbeachtlich. Deshalb hat er in 1991 seinen gewöhnlichen Aufenthalt in der Bundesrepublik begründet (§ 9 Satz 1 und 2 AO). Er ist damit gem. § 1 Abs. 1 EStG unbeschränkt einkommensteuerpflichtig. Die Bezüge, die er von seinem Arbeitgeber für die Montagetätigkeit erhält, stellen deshalb Einkünfte aus nichtselbständiger Arbeit i. S. d. § 19 Abs. 1 Nr. 1 EStG dar.

Fraglich ist, ob der Bundesrepublik das Besteuerungsrecht für diese Einkünfte zusteht. Gem. Art. 15 Abs. 1 Satz 1 DBA '77 können Vergütungen für unselbständige Arbeit nur in dem Staat besteuert werden, in dem der Empfänger ansässig ist, es sei denn, er übt seine Tätigkeit in dem anderen Staat (Tätigkeitsstaat) aus. Ansässig ist eine Person gem. Art. 4 Abs. 1 DBA '77 in dem Staat, in dem sie nach dessen Vorschriften unbeschränkt steuerpflichtig ist.[62] Herr van Maag ist nach den obigen Ausführungen und dem Sachverhalt sowohl in dem DBA-Staat als auch in der Bundesrepublik unbeschränkt steuerpflichtig und damit ansässig i. S. d. Art. 4 Abs. 1 DBA '77. Deshalb ist die Ansässigkeit anhand der „tie-breaker-clause" des Art. 4 Abs. 2 DBA '77 zu bestimmen. Die Familie von Herrn van Maag lebt in dem DBA-Staat. Dort liegt mit dem Immobilienbesitz und dem Bankkonto auch sein wirtschaftlicher Schwerpunkt. Somit liegt der Mittelpunkt seiner Lebensinteressen in dem DBA-Staat. Er gilt deshalb gem. Art. 4 Abs. 2 lit. a DBA '77 in diesem Staat als ansässig. Gem. Art. 15 Abs. 1 Satz 1 1. Halbsatz

62 Vgl. hierzu im einzelnen Fall 83.

DBA '77 stünde damit dem DBA-Staat als Ansässigkeitsstaat das ausschließliche Besteuerungsrecht zu. Da jedoch der Tätigkeitsstaat und der Ansässigkeitsstaat während der Montagetätigkeit von Herrn van Maag auseinanderfallen, können seine Bezüge gem. Art. 15 Abs. 1 Satz 1 2. Halbsatz, Satz 2 DBA '77 abweichend von diesem Grundsatz in dem Tätigkeitsstaat, mithin in der Bundesrepublik besteuert werden.

Die Ausnahme „Besteuerung im Tätigkeitsstaat" gilt ausnahmsweise jedoch nicht, wenn die Voraussetzungen für eine Besteuerung im Ansässigkeitsstaat nach der sog. „183-Tage-Regelung" eingreifen. In diesen Fällen fällt das Besteuerungsrecht an den Ansässigkeitsstaat zurück. Diese Voraussetzungen liegen vor, wenn

– sich der Empfänger der Bezüge in dem anderen Staat (Tätigkeitsstaat) nicht länger als 183 Tage während des betreffenden Steuerjahres aufhält

  und

– die Vergütung von oder für einen Arbeitgeber gezahlt wird, der nicht in dem anderen Staat (Tätigkeitsstaat) ansässig ist

  und

– die Vergütungen nicht von einer Betriebsstätte oder einer festen Einrichtung getragen werden, die der Arbeitgeber in dem anderen Staat (Tätigkeitsstaat) hat.

Für die Berechnung des 183-Tage-Zeitraums ist auf das Steuerjahr[63] des Tätigkeitsstaates abzustellen.[64] Bei der Berechnung werden übliche Wochenendheimfahrten, kurze Erkrankungen (bis zu 14 Tagen) und Urlaub mit einbezogen, wenn sie den Aufenthalt im Tätigkeitsstaat lediglich unterbrechen. Hingegen zählen betrieblich bedingte Unterbrechungen nicht mit. Streitig ist die Frage, wie lange sich der Arbeitnehmer am Tage der An- und Abreise in dem Tätigkeitsstaat aufhalten muß, damit diese Tage mitgezählt werden können. Insoweit wird teilweise vertreten, daß jeder Tag mit einer Anwesenheitsdauer von mindestens 8 Stunden mitzuzählen ist. Die deutsche Finanzverwaltung zählt den An- und Abreisetag grundsätzlich mit.[65]

Herr van Maag ist am 2. Januar 1991 in die Bundesrepublik eingereist und hat sie am 14. Juli wieder endgültig verlassen. Das sind insgesamt 194 Tage. Die Urlaubstage und die Besuchstage bei den Freunden werden mitgezählt, nicht hingegen die betrieblich bedingte Rückkehr von 10 Tagen zu seinem Arbeitgeber in dem DBA-Staat. Somit hat sich Herr van Maag an 184 Tagen in der Bundesrepublik aufgehalten. Damit ist die erste der drei Voraussetzungen des Art. 15 Abs. 2 DBA '77 nicht erfüllt. Um einen Rückfall des Besteuerungsrechts ausschließlich auf den Ansässigkeitsstaat des

63 Vogel, Art. 15 Anm. 25.

64 Vom Kalenderjahr abweichende Steuerjahre haben z. B. Australien (1. 7. – 30. 6.), Großbritannien (6. 4. – 5. 4.), Neuseeland (1. 4. – 31. 3.).

65 Vgl. dazu Vogel, Art. 15 Anm. 22.

Arbeitnehmers zu bewirken, müssen die Voraussetzungen aber kumulativ vorliegen. Deshalb bleibt es bei der Ausnahme, daß die Einkünfte im Tätigkeitsstaat besteuert werden können. Somit darf die Bundesrepublik die Vergütung von Herrn van Maag besteuern.

Fall 103

Verteilungsnormen – Unselbständige Arbeit, „183-Tage-Regelung" (Abwandlung)

DBA 1977 Art. 15; DBA-Frankreich Art. 13

Sachverhalt

Zunächst wie Fall 102. Jedoch verläßt Herr van Maag die Bundesrepublik bereits am 13. Juli 1991.

1. Das Gehalt wird zunächst von seinem Arbeitgeber in dem DBA-Staat gezahlt. Die Montagetätigkeit steht jedoch im Zusammenhang mit dem Geschäftsbetrieb einer Tochtergesellschaft des Arbeitgebers, die ihren Sitz in der Bundesrepublik hat. Für diese Tochtergesellschaft und nach deren Weisungen führt Herr van Maag die Montagetätigkeit durch. Deshalb belastet sein Arbeitgeber die Tochtergesellschaft mit dem Gehalt.
2. Der Arbeitgeber hat in der Bundesrepublik zwar keine Tochtergesellschaft. Er unterhält jedoch eine Betriebsstätte in der Bundesrepublik, der das Gehalt zuzuordnen ist. Deshalb belastet er es an die Betriebsstätte weiter.

3. a) Der Arbeitgeber ist eine Gesellschaft, die ihren Sitz weder im Ansässigkeitsstaat von Herrn van Maag noch in dem Tätigkeitsstaat, sondern in einem Drittstaat hat. Der Arbeitgeber trägt die Vergütung endgültig.

3. b) Wie 3. a), aber Herr van Maag ist in Frankreich ansässig.

Frage

Dürfen die Einkünfte, die Herr van Maag für seine Tätigkeit in der Bundesrepublik erhält, in Deutschland besteuert werden?

Antwort

In den Varianten 1, 2 und 3 b können die Vergütungen in der Bundesrepublik besteuert werden. In der Variante 3 a steht das Besteuerungsrecht ausschließlich dem DBA-Staat zu.

Begründung

Herr van Maag erzielt mit seiner Tätigkeit in der Bundesrepublik als unbeschränkt Steuerpflichtiger Einkünfte aus nichtselbständiger Arbeit i. S. d. § 19 Abs. 1 Nr. 1 EStG. Fraglich ist jeweils, ob der Bundesrepublik gem. Art. 15 DBA '77 das Besteuerungsrecht zusteht. Bei Einkünften aus unselbständiger Arbeit hat grundsätzlich der Ansässigkeitsstaat das ausschließliche Besteuerungsrecht. Fallen Ansässigkeitsstaat und Tätigkeitsstaat aber auseinander, so hat der Tätigkeitsstaat das Besteuerungsrecht, es sei denn, die Voraussetzungen des Art. 15 Abs. 2 DBA '77 („183-Tage-Regelung"[66]) liegen vor.

Der Tätigkeitsstaat Bundesrepublik und der Ansässigkeitsstaat (DBA-Staat) fallen auseinander. Somit hat die Bundesrepublik das Besteuerungsrecht, wenn nicht die „183-Tage-Regelung" eingreift.

Die erste Voraussetzung ist in allen drei Alternativen erfüllt, da Herr van Maag sich genau 183 Tage und damit nicht mehr als 183 Tage in dem Tätigkeitsstaat Bundesrepublik aufhält.

Zu 1.: Das Gehalt von Herrn van Maag zahlt sein Arbeitgeber in dem DBA-Staat aus. Da dieser nicht in dem anderen Staat (dem Tätigkeitsstaat Bundesrepublik) ansässig ist, wäre auch die zweite Voraussetzung des Art. 15 Abs. 2 DBA '77 erfüllt. Insoweit ist aber zu beachten, daß es für Art. 15 Abs. 2 DBA '77 nicht auf den formalen Akt der Auszahlung oder einen formellen Arbeitgeberbegriff ankommt, sondern darauf, wer die Vergütung wirtschaftlich trägt.[67] Hinter dieser Regelung steht der Gedanke, daß im Prinzip der Staat den Arbeitslohn besteuern soll, in dem sich auch der Gehaltsaufwand beim Arbeitgeber steuermindernd auswirkt.

Infolge der Rückbelastung trägt im Ergebnis wirtschaftlich die Tochtergesellschaft den Gehaltsaufwand. Da diese Gesellschaft in der Bundesrepublik als Tätigkeitsstaat ansässig ist, liegt die Voraussetzung des Art. 15 Abs. 2 lit. b DBA '77 nicht vor. Daher können die Einkünfte in der Bundesrepublik besteuert werden.

Zu 2.: In dieser Abwandlung trägt Herrn van Maags Vergütung für die Montagetätigkeit in der Bundesrepublik wirtschaftlich im Ergebnis die Betriebsstätte des Arbeitgebers in dem Tätigkeitsstaat.[68] Deshalb liegt die Voraussetzung des Art. 15 Abs. 2 lit. c DBA '77 nicht vor. Somit kann die Vergütung im Tätigkeitsstaat Bundesrepublik besteuert werden.

Zu 3. a): Die Vergütung für Herrn van Maag wird zu Lasten eines Arbeitgebers gezahlt, der weder in dem Ansässigkeitsstaat noch in dem Tätigkeitsstaat des Arbeitnehmers ansässig ist. Damit liegen sämtliche Voraus-

---

66 Dieser Ausdruck ist ungenau, weil es nicht nur auf die Anwesenheitsdauer ankommt. Der Begriff hat sich aber durchgesetzt.

67 Vgl. BFH vom 21. 8. 1985, BStBl 1986 II S. 4 ff.

68 Die Begründung für diese Voraussetzung ist die gleiche wie für Art. 15 Abs. 2 lit. b DBA '77.

setzungen für einen Rückfall des Besteuerungsrechts auf den Ansässigkeitsstaat gem. Art. 15 Abs. 2 DBA '77 vor. Damit dürfen die Bezüge, die Herr van Maag für seine Montagetätigkeit in der Bundesrepublik bezieht, ausschließlich in dem DBA-Staat besteuert werden.

Zu 3. b): In der Abwandlung ist Herr van Maag in Frankreich ansässig. Damit richtet sich die Zuweisung des Besteuerungsrechts nach dem zwischen Frankreich und Deutschland geschlossenen DBA (DBA-Frankreich). Die Einkünfte aus unselbständiger Arbeit sind Gegenstand der Regelung des Art. 13 DBA-Frankreich. Die „183-Tage-Regelung" findet sich in Art. 13 Abs. 4 DBA-Frankreich. Sie entspricht vordergründig der Regelung des Art. 13 Abs. 2 DBA '77, jedoch mit einer wichtigen Ausnahme: Für den Rückfall des Besteuerungsrechtes kommt es nicht darauf an, daß die Vergütung zu Lasten eines Arbeitgebers gezahlt wird, der nicht im anderen Staat (Tätigkeitsstaat) ansässig ist, sondern darauf, daß auch der Arbeitgeber im Ansässigkeitsstaat des Arbeitnehmers ansässig ist.[69] Daran scheitert es in der vorliegenden Abwandlung. Somit können in dieser Variante die Einkünfte in der Bundesrepublik besteuert werden.

Fall 104

Verteilungsnormen – Unselbständige Arbeit, Splitemployment

DBA 1977 Art. 15; DBA-Niederlande Art. 10

Sachverhalt

Der in Tübingen wohnhafte Norbert Naatmann ist ledig und hat keine Kinder. Er ist leitender Mitarbeiter der Konzernobergesellschaft eines europäischen Konzerns. Für seine Tätigkeit erhält er in 1991 eine Vergütung von 180 000 DM. Die Vergütung wird von der deutschen Konzernobergesellschaft gezahlt. Im Rahmen seiner Tätigkeit arbeitet Herr Naatmann in 1991 zwei Monate für eine niederländische Tochtergesellschaft. Dazu hält er sich für diesen Zeitraum am Sitz der Tochtergesellschaft in Arnheim auf. Die nach dem deutschen Einkommensteuerrecht zur Ermittlung des zu versteuernden Einkommens abzugsfähigen Beträge belaufen sich auf 10 000 DM.

Frage

1. Wie hoch ist die deutsche Einkommensteuerschuld des Herrn Naatmann für 1991?

69 Eine vergleichbare Regelung findet sich u. a. in den DBAs mit Norwegen, Österreich und Schweden.

2. Wie ließe sich der Sachverhalt im Hinblick auf die Regelung des Art. 10 DBA-Niederlande für Herrn Naatmann günstiger gestalten?

Antwort

1. Die deutsche Einkommensteuerschuld beträgt 67 253 DM.
2. Es sollte untersucht werden, die Besteuerung des Gehalts von Herrn Naatmann auf zwei Länder zu verteilen, um so insgesamt über die Progressionswirkung in den Genuß von Steuervorteilen zu gelangen.

Begründung

1. Herr Naatmann ist gem. § 1 Abs. 1 EStG in der Bundesrepublik unbeschränkt einkommensteuerpflichtig. Deshalb stellen die Vergütungen, die er für seine Arbeit für den Konzern erhält, Einkünfte aus nichtselbständiger Tätigkeit i. S. d. § 19 Abs. 1 Nr. 1 EStG dar.

Fraglich ist, ob die Bundesrepublik die Vergütung auch insoweit besteuern darf, als sie für die Tätigkeit gezahlt wird, die Herr Naatmann für die niederländische Tochtergesellschaft in Arnheim ausübt. Insoweit richtet sich die Zuweisung des Besteuerungsrechts nach Art. 10 DBA-Niederlande. Der Ansässigkeitsstaat (Bundesrepublik) und der Tätigkeitsstaat (Niederlande) fallen hier auseinander. Deshalb dürfen die Einkünfte in den Niederlanden besteuert werden, es sei denn, die Voraussetzungen der „183-Tage-Regelung" des Art. 10 Abs. 2 DBA-Niederlande liegen vor: Herr Naatmann hält sich weniger als 183 Tage im Tätigkeitsstaat auf. Seine Vergütung wird auch nicht zu Lasten eines Arbeitsgebers oder einer Betriebsstätte seines Arbeitgebers im Tätigkeitsstaat gezahlt. Damit liegen die Voraussetzungen für den Rückfall des Besteuerungsrechts an den Ansässigkeitsstaat Bundesrepublik vor. Deshalb kann auch der Teil der Vergütung, den Herr Naatmann für seine Tätigkeit für die niederländische Tochtergesellschaft in den Niederlanden erhält, ausschließlich von der Bundesrepublik besteuert werden. Damit berechnet sich die deutsche Einkommensteuer wie folgt:

Einkünfte aus nichtselbständiger Arbeit	180 000 DM
Abzüge	./. 10 000 DM
zu versteuerndes Einkommen	170 000 DM
Einkommensteuer darauf	67 253 DM

2. Ausgangspunkt der Überlegung, wie der Sachverhalt für Herrn Naatmann günstiger gestaltet werden kann, ist die Feststellung, daß es wegen der Progressionswirkung in der Regel günstiger ist, zwei unabhängig voneinander und daher niedrigere Einkommen versteuern zu müssen, als ein hohes. Fraglich ist somit, ob es erreicht werden kann, daß ein Teil des Einkommens statt von der Bundesrepublik von den Niederlanden besteuert wird. In diesem Zusammenhang kommt der „183-Tage-Regelung“ eine entscheidende Bedeutung zu. Fällt der Ansässigkeitsstaat und der Tätigkeitsstaat auseinander, so dürfen die Gehälter nur dann ausschließlich vom Ansässigkeitsstaat besteuert werden, wenn alle Voraussetzungen der „183-Tage-Regelung“ vorliegen. Daran scheitert es aber auch bereits bei einer nur kurzfristigen Tätigkeit in einem anderen Staat als dem Ansässigkeitsstaat, wenn der Arbeitnehmer für diese Tätigkeit von einem Arbeitgeber im Tätigkeitsstaat vergütet wird. Ausgehend von dieser Erkenntnis bietet es sich an, die Tätigkeit von Herrn Naatmann für die ausländische Gesellschaft auf der Grundlage einer eigenen Vertragsbeziehung zu der ausländischen Gesellschaft auszuüben und für diese Tätigkeit auch von der ausländischen Gesellschaft unmittelbar oder mittelbar im Wege der Kostenrückbelastung vergütet zu werden.

Bei einer derartigen Ausgestaltung des Arbeitsverhältnisses errechnet sich die **deutsche** Einkommensteuer wie folgt:

Einkünfte aus nichtselbständiger Arbeit	180 000 DM	180 000 DM
davon nach DBA in Deutschland steuerfrei	—	⁒ 30 000 DM
sonstige Abzüge	⁒ 10 000 DM	⁒ 10 000 DM
	170 000 DM	140 000 DM
abgerundet auf Tabelleneingangsstufe	169 992 DM	
ESt darauf	67 253 DM	
durchschnittlicher Steuersatz	39,5624 %	
abgerundet auf Tabelleneingangsstufe		139 968 DM
ESt (39,5624 % =)		55 374 DM

Die deutsche Einkommensteuerersparnis errechnet sich somit wie folgt:

ESt ohne Splitemployment	67 253 DM
ESt mit Splitemployment	55 374 DM
Steuerersparnis	11 879 DM

Dabei handelt es sich jedoch noch nicht um eine endgültige Steuerersparnis, da Herr Naatmann mit seiner Vergütung von 30 000 DM, die er für seine Tätigkeit für die niederländische Tochtergesellschaft erhält, in den Niederlanden steuerpflichtig ist. Um den Vorteil aber vollständig zu kompensieren, müßte der Steuersatz für Einkünfte in den Niederlanden in Höhe von umgerechnet 30 000 DM zumindest 39,5624 % betragen. Davon kann aber bei Einkünften von 30 000 DM nicht ausgegangen werden.

Hinweis: Dieses Modell des sog. Splitemployments steht natürlich unter dem Vorbehalt, daß der Ansässigkeitsstaat die Einkünfte, die der Tätigkeitsstaat besteuern kann, seinerseits von der Besteuerung freistellt. In Fällen der Anrechnungsmethode geht der Vorteil wegen der Einbeziehung der ausländischen Einkünfte in die deutsche Besteuerung verloren.[70] Bei der Vorteilhaftigkeitsanalyse ist weiterhin zu beachten, daß dem Mitarbeiter gegebenenfalls zusätzliche Aufwendungen dadurch entstehen, daß er im Tätigkeitsstaat eine Steuererklärung abzugeben hat (in der Bundesrepublik würde ein solcher zusätzlicher Aufwand nicht entstehen, da die Einkommensteuer mit Lohnsteuerabzug abgegolten ist, § 50 Abs. 5 Satz 1 EStG).

Fall 105

Verteilungsnormen – Einkünfte aus unselbständiger Arbeit; Studenten und Gastlehrer

DBA 1977 Art. 20; DBA-Frankreich Art. 16

Sachverhalt

Der deutsche Student Otto Ort ist in Aachen wohnhaft. Dort studiert er an der TU Informatik. Am 1. Januar 1991 geht er für ein Jahr in einen DBA-Staat, um dort bei einer großen Computerfirma ein Praktikum zu absolvieren. Er erhält während dieser Zeit zur Bestreitung seines Lebensunterhaltes ein Stipendium aus der Bundesrepublik.

Ein Professor, der an einem Lehrstuhl an einer Universität in einem DBA-Staat, in dem er auch ansässig ist, tätig ist, kommt im Rahmen eines Hochschullehreraustauschprogramms für ein Jahr in die Bundesrepublik. Dort wirkt er als Gastprofessor an der TU Aachen. Seine Familie bleibt während dieser Zeit in dem DBA-Staat, so daß er dort weiterhin ansässig bleibt.

Frage

1. Dürfen die jeweiligen Gastländer die Einkünfte des Studenten aus dem Stipendium bzw. die Bezüge des Professors besteuern?
2. Wie wäre es, wenn der Professor in Frankreich ansässig wäre?

Antwort

1. Das Stipendium darf in dem Gastland nicht besteuert werden, wohl aber das Gehalt des Professors.
2. Wäre der Professor in Frankreich ansässig, könnten seine Bezüge ausschließlich in Frankreich besteuert werden.

---

70 Vgl. dazu Fall 80.

Begründung

1. Wenn das Stipendium nach den Vorschriften des DBA-Staates, in dem Herr Ort sein Praktikum ableistet, unter einen einkommensteuerpflichtigen Tatbestand subsumierbar ist, muß geprüft werden, ob der DBA-Staat auch das Besteuerungsrecht für derartige Einkünfte hat.

Das DBA '77 sieht für diese Zahlungen in Art. 20 eine spezielle Regelung vor. Danach darf der Ausbildungsstaat Bezüge nicht besteuern, die

- für Unterhalt, Studium oder Ausbildung
- aus Quellen außerhalb des Ausbildungsstaates
- von einem Studenten, Praktikanten oder Lehrling bezogen werden,
- der sich im Ausbildungsstaat ausschließlich zum Studium oder zur Ausbildung aufhält und
- in dem anderen Staat ansässig ist oder bis unmittelbar vor der Einreise in den Ausbildungsstaat ansässig war.

Zu beachten ist also insbesondere, daß die Ausbildung Hauptzweck des Aufenthaltes im Ausbildungsstaat sein muß. Wenn der Auszubildende zum Zwecke der Ausbildung seinen Ansässigkeitsstaat gewechselt hat, ist immer das DBA maßgebend, das der Ausbildungsstaat mit dem Staat der letzten Ansässigkeit vor der Reise in den Ausbildungsstaat geschlossen hat. Das wird durch das Merkmal „unmittelbar" klargestellt.

Herr Ort erfüllt die obigen Voraussetzungen, da der Hauptzweck seines Aufenthalts in dem DBA-Staat die Ausbildung ist. Deshalb darf der Ausbildungsstaat sein Stipendium nicht besteuern.

Der Professor begründet mit seinem einjährigen Aufenthalt in der Bundesrepublik dort seinen gewöhnlichen Aufenthalt i. S. d. § 9 AO und wird damit unbeschränkt einkommensteuerpflichtig. Seine Bezüge stellen daher Einkünfte aus nichtselbständiger Arbeit i. S. d. § 19 Abs. 1 Nr. 1 EStG dar.

Fraglich ist, ob die Bundesrepublik das Besteuerungsrecht für diese Einkünfte hat. Nach Art. 15 DBA '77 ist das der Fall: Der Tätigkeitsstaat Bundesrepublik weicht vom Ansässigkeitsstaat (DBA-Staat) ab. Da die Rückfallvoraussetzungen des Art. 15 Abs. 2 DBA '77 schon im Hinblick auf die Verweildauer nicht erfüllt sind, können die Bezüge im Tätigkeitsstaat, mithin der Bundesrepublik besteuert werden.

2. Wenn der Professor in Frankreich ansässig wäre, erfolgte die Zuweisung des Besteuerungsrechts durch das DBA-Frankreich. Dieses DBA enthält in Art. 16 eine Sonderregelung für Gastlehrertätigkeiten.[71] Danach dürfen Bezüge, die ein Hochschullehrer oder Lehrer für eine Lehrtätigkeit bis zu

71 Vergleichbare Regelungen gibt es in vielen deutschen DBAs, z. B. Belgien, Brasilien, Großbritannien, Luxemburg, Niederlande, USA.

zwei Jahren an einer Universität, Hochschule, Schule oder anderen Lehranstalt in dem anderen Staat erhält, nur vom Ansässigkeitsstaat besteuert werden.

Da der Professor nach dem Sachverhalt auch während seiner Lehrtätigkeit in der Bundesrepublik in Frankreich ansässig bleibt, steht Frankreich auch das alleinige Besteuerungsrecht für die Einkünfte zu.

Fall 106

Verteilungsnormen – Künstler und Sportler

DBA 1977 Art. 17

Sachverhalt

Der in der Bundesrepublik wohnhafte und ansässige Profigolfer Rudolf Roland gewinnt ein in einem DBA-Staat ausgerichtetes Golfturnier.

Frage

Welchem Staat steht das Besteuerungsrecht für die Siegesprämie zu?

Antwort

Die Siegesprämie kann in dem DBA-Staat besteuert werden; das Besteuerungsrecht der Bundesrepublik ist von der in dem DBA gewählten Methode der Vermeidung der Doppelbesteuerung abhängig.

Begründung

Herr Roland ist in der Bundesrepublik wohnhaft und damit unbeschränkt einkommensteuerpflichtig. Seine Einkünfte, die er durch seinen Profisport erzielt, stellen Einkünfte aus Gewerbebetrieb i. S. d. § 15 Abs. 1 Nr. 1 EStG dar.

Fraglich ist, ob die Bundesrepublik auch die Siegesprämie von dem Golfturnier in dem DBA-Staat besteuern darf. Die Zuweisung des Besteuerungsrechts für Einkünfte von Künstlern und Sportlern erfolgt ungeachtet der Tatsache, ob nach nationalem Recht Einkünfte aus selbständiger oder unselbständiger Arbeit oder aus Gewerbebetrieb vorliegen, durch Art. 17 Abs. 1 DBA '77. Danach dürfen die Einkünfte im Tätigkeitsstaat besteuert werden. Damit hat der DBA-Staat, in dem das Turnier ausgetragen wurde, das Recht, die Siegesprämie von Herrn Roland zu besteuern.

Die Beantwortung der Frage, ob die Bundesrepublik als Ansässigkeitsstaat die Siegesprämie ebenfalls besteuern darf, hängt davon ab, ob das konkrete DBA die Freistellungs- oder Anrechnungsmethode vorsieht.

Fall 107

Verteilungsnormen – Andere Einkünfte

DBA 1977 Art. 21

Sachverhalt

Siegrid Sauer ist aufgrund ihres Wohnsitzes in der Bundesrepublik unbeschränkt einkommensteuerpflichtig und ansässig. Im Jahr 1991 verbringt sie ihren Sommerurlaub in einem DBA-Staat. Dort nahm sie an einer Lotterieausspielung teil und erzielte einen Gewinn. Nach den steuerlichen Vorschriften des DBA-Staates unterliegen Lotteriegewinne der Einkommensbesteuerung.

Frage

In welchem der beiden Staaten darf der Lotteriegewinn besteuert werden?

Antwort

Bei Anwendung des DBA '77 wird der Lotteriegewinn gar nicht besteuert. Falls das konkrete DBA jedoch eine subject-to-tax-clause enthält, darf der DBA-Staat den Gewinn besteuern.

Begründung

Der Lotteriegewinn ist nach den Vorschriften des DBA-Staates dort steuerpflichtig. Fraglich ist jedoch, ob der DBA-Staat nach Maßgabe des DBA '77 auch das Recht zur Besteuerung des Gewinns hat. Der Lotteriegewinn fällt unter keine der speziellen Verteilungsnormen der Art. 6 bis 20 DBA '77. Damit kommt der Auffangtatbestand des Art. 21 Abs. 1 DBA '77 zur Anwendung. Nach Art. 21 Abs. 1 DBA '77 können derartige sonstige Einkünfte ohne Rücksicht auf ihre Herkunft nur im Ansässigkeitsstaat besteuert werden. Damit ist dem DBA-Staat das Recht zur Besteuerung des Gewinns verwehrt.

Da der Lotteriegewinn nach den nationalen Vorschriften des Ansässigkeitsstaates Bundesrepublik nicht steuerbar ist, wird der Gewinn im Ergebnis gar nicht besteuert. Zu beachten ist jedoch, daß nach einigen von der Bundesrepublik geschlossenen DBAs die ausschließliche Zuweisung des Besteuerungsrechts zum Ansässigkeitsstaat unter dem Vorbehalt steht, daß die Einkünfte in diesem Staat auch tatsächlich besteuert werden (subject-to-tax-clause).[72] Läge ein derartiges DBA vor, so könnte der DBA-Staat den Lotteriegewinn von Frau Sauer besteuern.

---

72 Siehe Fall 80.

Fall 108

Verteilungsnormen – Vermögensteuer[73] – Vermögen

DBA 1977 Art. 22

Sachverhalt

Die in der Bundesrepublik unbeschränkt vermögensteuerpflichtige und ansässige Trude Traum ist vierzig Jahre alt. Ihr gehört seit Jahren ein Mehrfamilienhaus in einem DBA-Staat. Das Haus ist vermietet. Das Gebäude hat einen gemeinen Wert von 1 000 000 DM. Im Verlaufe des Jahres 1991 veräußert Frau Traum das Gebäude. Den Veräußerungserlös von 1 000 000 DM legt sie auf Festgeldkonten bei einer Bank in dem DBA-Staat an. Weiteres Vermögen ist nicht vorhanden.

Frage

Wie hoch ist die Vermögensteuer von Frau Traum für 1990 und 1991, wenn das DBA mit dem DBA-Staat die Freistellungsmethode vorsieht?

Antwort

Für 1990 entsteht keine Vermögensteuerpflicht. Die Vermögensteuer für 1991 beträgt 4595 DM.

Begründung

Frau Traum ist unbeschränkt vermögensteuerpflichtig i. S. d. § 1 Abs. 1 Nr. 1 VStG. Damit erstreckt sich die Vermögensteuerpflicht auf ihr Gesamtvermögen (§ 1 Abs. 3 Satz 1 VStG). Zu diesem Gesamtvermögen gehört sowohl das Mietwohngrundstück (§ 68 Abs. 1 Nr. 1, § 75 Abs. 1 Nr. 1 BewG) als auch das Bankguthaben auf dem Festgeldkonto gem. § 110 Abs. 1 Nr. 2 BewG.

Fraglich ist jedoch, ob der Bundesrepublik auch das Besteuerungsrecht für dieses Vermögen zusteht. Die Regelung betreffend die Zuweisung des Besteuerungsrechts für das Vermögen enthält Art. 22 DBA '77. Bei dem Mietwohngrundstück handelt es sich um unbewegliches Vermögen i. S. d. Art. 22 Abs. 1 DBA '77). Damit kann das Vermögen in dem DBA-Staat besteuert werden. Da das DBA zwischen der Bundesrepublik und dem DBA-Staat die Freistellungsmethode vorsieht, hat Deutschland als Ansässigkeitsstaat dieses Vermögen von der Besteuerung auszunehmen (Art. 23 A Abs. 1 DBA '77).

---

73 Siehe auch Teil V (Vermögensteuer), Fall 48.

Anders ist die Rechtslage beim Kapitalvermögen. Dieser Vermögenstyp ist in Art. 22 Abs. 1 bis 3 DBA '77 nicht aufgeführt. Somit fällt er unter die Generalklausel des Art. 22 Abs. 4 DBA '77. Danach steht das Besteuerungsrecht für derartiges Vermögen ausschließlich dem Ansässigkeitsstaat zu.

Daraus ergeben sich folgende Vermögensteuerberechnungen für 1990 und 1991:

1990	
Steuerpflichtiges Vermögen	0 DM
VSt	0 DM
1991	
Kapitalvermögen	1 000 000 DM
Freibeträge gem. § 110 Abs. 1 Nr. 2 Satz 2 und Abs. 2 VStG	./. 11 000 DM
Rohvermögen = Gesamtvermögen, § 4 VStG	989 000 DM
Freibetrag gem. § 6 Abs. 1 VStG	./. 70 000 DM
	919 000 DM
VSt (0,5 % gem. § 10 VStG)	4 595 DM

OECD-Musterabkommen 1977
zur Vermeidung der Doppelbesteuerung auf dem Gebiet der Steuern vom Einkommen und vom Vermögen

ABSCHNITT I. Geltungsbereich des Abkommens

Art. 1 Persönlicher Geltungsbereich

Dieses Abkommen gilt für Personen, die in einem Vertragsstaat oder in beiden Vertragsstaaten ansässig sind.

Art. 2 Unter das Abkommen fallende Steuern

1. Dieses Abkommen gilt, ohne Rücksicht auf die Art der Erhebung, für Steuern vom Einkommen und vom Vermögen, die für Rechnung eines Vertragsstaats oder seiner Gebietskörperschaften erhoben werden.

2. Als Steuern vom Einkommen und vom Vermögen gelten alle Steuern, die vom Gesamteinkommen, vom Gesamtvermögen oder von Teilen des Einkommens oder des Vermögens erhoben werden, einschließlich der Steuern vom Gewinn aus der Veräußerung beweglichen oder unbeweglichen Vermögens, der Lohnsummensteuern sowie der Steuern vom Vermögenszuwachs.

3. Zu den bestehenden Steuern, für die das Abkommen gilt, gehören insbesondere

a) (in Staat A): ...

b) (in Staat B): ...

4. Das Abkommen gilt auch für alle Steuern gleicher oder im wesentlichen ähnlicher Art, die nach der Unterzeichnung des Abkommens neben den bestehenden Steuern oder an deren Stelle erhoben werden. Die zuständigen Behörden der Vertragsstaaten teilen einander am Ende eines jeden Jahres die in ihren Steuergesetzen eingetretenen Änderungen mit.

ABSCHNITT II. Begriffsbestimmungen

Art. 3 Allgemeine Begriffsbestimmungen

1. Im Sinne dieses Abkommens, wenn der Zusammenhang nichts anderes erfordert,

a) umfaßt der Ausdruck „Person“ natürliche Personen, Gesellschaften und alle anderen Personenvereinigungen;

b) bedeutet der Ausdruck „Gesellschaft" juristische Personen oder Rechtsträger, die für die Besteuerung wie juristische Personen behandelt werden;

c) bedeuten die Ausdrücke „Unternehmen eines Vertragsstaats" und „Unternehmen des anderen Vertragsstaats", je nachdem, ein Unternehmen, das von einer in einem Vertragsstaat ansässigen Person betrieben wird;

d) bedeutet der Ausdruck „internationaler Verkehr" jede Beförderung mit einem Seeschiff oder Luftfahrzeug, das von einem Unternehmen mit tatsächlicher Geschäftsleitung in einem Vertragsstaat betrieben wird, es sei denn, das Seeschiff oder Luftfahrzeug wird ausschließlich zwischen Orten im anderen Vertragsstaat betrieben;

e) bedeutet der Ausdruck „zuständige Behörde"
   i) (in Staat A): ...
   ii) (in Staat B): ...

2. Bei der Anwendung des Abkommens durch einen Vertragsstaat hat, wenn der Zusammenhang nichts anderes erfordert, jeder im Abkommen nicht definierte Ausdruck die Bedeutung, die ihm nach dem Recht dieses Staates über die Steuern zukommt, für die das Abkommen gilt.

Art. 4 Ansässige Person

1. Im Sinne dieses Abkommens bedeutet der Ausdruck „eine in einem Vertragsstaat ansässige Person" eine Person, die nach dem Recht dieses Staates dort auf Grund ihres Wohnsitzes, ihres ständigen Aufenthalts, des Ortes ihrer Geschäftsleitung oder eines anderen ähnlichen Merkmals steuerpflichtig ist. Der Ausdruck umfaßt jedoch nicht eine Person, die in diesem Staat nur mit Einkünften aus Quellen in diesem Staat oder mit in diesem Staat gelegenem Vermögen steuerpflichtig ist.

2. Ist nach Absatz 1 eine natürliche Person in beiden Vertragsstaaten ansässig, so gilt folgendes:

a) Die Person gilt als in dem Staat ansässig, in dem sie über eine ständige Wohnstätte verfügt; verfügt sie in beiden Staaten über eine ständige Wohnstätte, so gilt sie als in dem Staat ansässig, zu dem sie die engeren persönlichen und wirtschaftlichen Beziehungen hat (Mittelpunkt der Lebensinteressen);

b) kann nicht bestimmt werden, in welchem Staat die Person den Mittelpunkt ihrer Lebensinteressen hat, oder verfügt sie in keinem der Staaten über eine ständige Wohnstätte, so gilt sie als in dem Staat ansässig, in dem sie ihren gewöhnlichen Aufenthalt hat;

c) hat die Person ihren gewöhnlichen Aufenthalt in beiden Staaten oder in keinem der Staaten, so gilt sie als in dem Staat ansässig, dessen Staatsangehöriger sie ist;

d) ist die Person Staatsangehöriger beider Staaten oder keines der Staaten, so regeln die zuständigen Behörden der Vertragsstaaten die Frage in gegenseitigem Einvernehmen.

3. Ist nach Absatz 1 eine andere als eine natürliche Person in beiden Vertragsstaaten ansässig, so gilt sie als in dem Staat ansässig, in dem sich der Ort ihrer tatsächlichen Geschäftsleitung befindet.

Art. 5 Betriebstätte

1. Im Sinne dieses Abkommens bedeutet der Ausdruck „Betriebstätte" eine feste Geschäftseinrichtung, durch die die Tätigkeit eines Unternehmens ganz oder teilweise ausgeübt wird.

2. Der Ausdruck „Betriebstätte" umfaßt insbesondere:
a) einen Ort der Leitung,
b) eine Zweigniederlassung,
c) eine Geschäftsstelle,
d) eine Fabrikationsstätte,
e) eine Werkstätte und
f) ein Bergwerk, ein Öl- oder Gasvorkommen, einen Steinbruch oder eine andere Stätte der Ausbeutung von Bodenschätzen.

3. Eine Bauausführung oder Montage ist nur dann eine Betriebstätte, wenn ihre Dauer zwölf Monate überschreitet.

4. Ungeachtet der vorstehenden Bestimmungen dieses Artikels gelten nicht als Betriebstätten:
a) Einrichtungen, die ausschließlich zur Lagerung, Ausstellung oder Auslieferung von Gütern oder Waren des Unternehmens benutzt werden;
b) Bestände von Gütern oder Waren des Unternehmens, die ausschließlich zur Lagerung, Ausstellung oder Auslieferung unterhalten werden;
c) Bestände von Gütern oder Waren des Unternehmens, die ausschließlich zu dem Zweck unterhalten werden, durch ein anderes Unternehmen bearbeitet oder verarbeitet zu werden;
d) eine feste Geschäftseinrichtung, die ausschließlich zu dem Zweck unterhalten wird, für das Unternehmen Güter oder Waren einzukaufen oder Informationen zu beschaffen;
e) eine feste Geschäftseinrichtung, die ausschließlich zu dem Zweck unterhalten wird, für das Unternehmen andere Tätigkeiten auszuüben, die vorbereitender Art sind oder eine Hilfstätigkeit darstellen;
f) eine feste Geschäftseinrichtung, die ausschließlich zu dem Zweck unterhalten wird, mehrere der unter den Buchstaben a bis e genannten Tätigkeiten auszuüben, vorausgesetzt, daß die sich daraus ergebende Gesamttätigkeit der festen Geschäftseinrichtung vorbereitender Art ist oder eine Hilfstätigkeit darstellt.

5. Ist eine Person – mit Ausnahme eines unabhängigen Vertreters im Sinne des Absatzes 6 – für ein Unternehmen tätig und besitzt sie in einem Vertragsstaat die Vollmacht, im Namen des Unternehmens Verträge abzuschließen, und übt sie die Vollmacht dort ge-

wöhnlich aus, so wird das Unternehmen ungeachtet der Absätze 1 und 2 so behandelt, als habe es in diesem Staat für alle von der Person für das Unternehmen ausgeübten Tätigkeiten eine Betriebstätte, es sei denn, diese Tätigkeiten beschränken sich auf die in Absatz 4 genannten Tätigkeiten, die, würden sie durch eine feste Geschäftseinrichtung ausgeübt, diese Einrichtung nach dem genannten Absatz nicht zu einer Betriebstätte machen.

6. Ein Unternehmen wird nicht schon deshalb so behandelt, als habe es eine Betriebstätte in einem Vertragsstaat, weil es dort seine Tätigkeit durch einen Makler, Kommissionär oder einen anderen unabhängigen Vertreter ausübt, sofern diese Personen im Rahmen ihrer ordentlichen Geschäftstätigkeit handeln.

7. Allein dadurch, daß eine in einem Vertragsstaat ansässige Gesellschaft eine Gesellschaft beherrscht oder von einer Gesellschaft beherrscht wird, die im anderen Vertragsstaat ansässig ist oder dort (entweder durch eine Betriebstätte oder auf andere Weise) ihre Tätigkeit ausübt, wird keine der beiden Gesellschaften zur Betriebstätte der anderen.

ABSCHNITT III. Besteuerung des Einkommens

Art. 6 Einkünfte aus unbeweglichem Vermögen

1. Einkünfte, die eine in einem Vertragsstaat ansässige Person aus unbeweglichem Vermögen (einschließlich der Einkünfte aus land- und forstwirtschaftlichen Betrieben) bezieht, das im anderen Vertragsstaat liegt, können im anderen Staat besteuert werden.

2. Der Ausdruck „unbewegliches Vermögen" hat die Bedeutung, die ihm nach dem Recht des Vertragsstaats zukommt, in dem das Vermögen liegt. Der Ausdruck umfaßt in jedem Fall das Zubehör zum unbeweglichen Vermögen, das lebende und tote Inventar land- und forstwirtschaftlicher Betriebe, die Rechte, für die die Vorschriften des Privatrechts über Grundstücke gelten, Nutzungsrechte an unbeweglichem Vermögen sowie Rechte auf veränderliche oder feste Vergütungen für die Ausbeutung oder das Recht auf Ausbeutung von Mineralvorkommen, Quellen und anderen Bodenschätzen; Schiffe und Luftfahrzeuge gelten nicht als unbewegliches Vermögen.

3. Absatz 1 gilt für Einkünfte aus der unmittelbaren Nutzung, der Vermietung oder Verpachtung sowie jeder anderen Art der Nutzung unbeweglichen Vermögens.

4. Die Absätze 1 und 3 gelten auch für Einkünfte aus unbeweglichem Vermögen eines Unternehmens und für Einkünfte aus unbeweglichem Vermögen, das der Ausübung einer selbständigen Arbeit dient.

Art. 7 Unternehmensgewinne

1. Gewinne eines Unternehmens eines Vertragsstaats können nur in diesem Staat besteuert werden, es sei denn, das Unternehmen übt seine Tätigkeit im anderen Vertragsstaat durch eine dort gelegene Betriebstätte aus. Übt das Unternehmen seine Tätigkeit auf diese Weise aus, so können die Gewinne des Unternehmens im anderen Staat besteuert werden, jedoch nur insoweit, als sie dieser Betriebstätte zugerechnet werden können.

2. Übt ein Unternehmen eines Vertragsstaats seine Tätigkeit im anderen Vertragsstaat durch eine dort gelegene Betriebstätte aus, so werden vorbehaltlich des Absatzes 3 in jedem Vertragsstaat dieser Betriebstätte die Gewinne zugerechnet, die sie hätte erzielen können, wenn sie eine gleiche oder ähnliche Tätigkeit unter gleichen oder ähnlichen Bedingungen als selbständiges Unternehmen ausgeübt hätte und im Verkehr mit dem Unternehmen, dessen Betriebstätte sie ist, völlig unabhängig gewesen wäre.

3. Bei der Ermittlung der Gewinne einer Betriebstätte werden die für diese Betriebstätte entstandenen Aufwendungen, einschließlich der Geschäftsführungs- und allgemeinen Verwaltungskosten, zum Abzug zugelassen, gleichgültig, ob sie in dem Staat, in dem die Betriebstätte liegt, oder anderswo entstanden sind.

4. Soweit es in einem Vertragsstaat üblich ist, die einer Betriebstätte zuzurechnenden Gewinne durch Aufteilung der Gesamtgewinne des Unternehmens auf seine einzelnen Teile zu ermitteln, schließt Absatz 2 nicht aus, daß dieser Vertragsstaat die zu besteuernden Gewinne nach der üblichen Aufteilung ermittelt; die gewählte Gewinnaufteilung muß jedoch derart sein, daß das Ergebnis mit den Grundsätzen dieses Artikels übereinstimmt.

5. Auf Grund des bloßen Einkaufs von Gütern oder Waren für das Unternehmen wird einer Betriebstätte kein Gewinn zugerechnet.

6. Bei der Anwendung der vorstehenden Absätze sind die der Betriebstätte zuzurechnenden Gewinne jedes Jahr auf dieselbe Art zu ermitteln, es sei denn, daß ausreichende Gründe dafür bestehen, anders zu verfahren.

7. Gehören zu den Gewinnen Einkünfte, die in anderen Artikeln dieses Abkommens behandelt werden, so werden die Bestimmungen jener Artikel durch die Bestimmungen dieses Artikels nicht berührt.

Art. 8 Seeschiffahrt, Binnenschiffahrt und Luftfahrt

1. Gewinne aus dem Betrieb von Seeschiffen oder Luftfahrzeugen im internationalen Verkehr können nur in dem Vertragsstaat besteuert werden, in dem sich der Ort der tatsächlichen Geschäftsleitung des Unternehmens befindet.

2. Gewinne aus dem Betrieb von Schiffen, die der Binnenschiffahrt dienen, können nur in dem Vertragsstaat besteuert werden, in dem sich der Ort der tatsächlichen Geschäftsleitung des Unternehmens befindet.

3. Befindet sich der Ort der tatsächlichen Geschäftsleitung eines Unternehmens der See- oder Binnenschiffahrt an Bord eines Schiffes, so gilt er als in dem Vertragsstaat gelegen, in dem der Heimathafen des Schiffes liegt, oder, wenn kein Heimathafen vorhanden ist, in dem Vertragsstaat, in dem die Person ansässig ist, die das Schiff betreibt.

4. Absatz 1 gilt auch für Gewinne aus der Beteiligung an einem Pool, einer Betriebsgemeinschaft oder einer internationalen Betriebsstelle.

Art. 9 Verbundene Unternehmen

1. Wenn

a) ein Unternehmen eines Vertragsstaats unmittelbar oder mittelbar an der Geschäftsleitung, der Kontrolle oder dem Kapital eines Unternehmens des anderen Vertragsstaats beteiligt ist oder

b) dieselben Personen unmittelbar oder mittelbar an der Geschäftsleitung, der Kontrolle oder dem Kapital eines Unternehmens eines Vertragsstaats und eines Unternehmens des anderen Vertragsstaats beteiligt sind

und in diesen Fällen die beiden Unternehmen in ihren kaufmännischen oder finanziellen Beziehungen an vereinbarte oder auferlegte Bedingungen gebunden sind, die von denen abweichen, die unabhängige Unternehmen miteinander vereinbaren würden, so dürfen die Gewinne, die eines der Unternehmen ohne diese Bedingungen erzielt hätte, wegen dieser Bedingungen aber nicht erzielt hat, den Gewinnen dieses Unternehmens zugerechnet und entsprechend besteuert werden.

2. Werden in einem Vertragsstaat den Gewinnen eines Unternehmens dieses Staates Gewinne zugerechnet – und entsprechend besteuert –, mit denen ein Unternehmen des anderen Vertragsstaats in diesem Staat besteuert worden ist, und handelt es sich bei den zugerechneten Gewinnen um solche, die das Unternehmen des erstgenannten Staates erzielt hätte, wenn die zwischen den beiden Unternehmen vereinbarten Bedingungen die gleichen gewesen wären, die unabhängige Unternehmen miteinander vereinbaren würden, so nimmt der andere Staat eine entsprechende Änderung der dort von diesen Gewinnen erhobenen Steuer vor. Bei dieser Änderung sind die übrigen Bestimmungen dieses Abkommens zu berücksichtigen; erforderlichenfalls werden die zuständigen Behörden der Vertragsstaaten einander konsultieren.

Art. 10 Dividenden

1. Dividenden, die eine in einem Vertragsstaat ansässige Gesellschaft an eine im anderen Vertragsstaat ansässige Person zahlt, können im anderen Staat besteuert werden.

2. Diese Dividenden können jedoch auch in dem Vertragsstaat, in dem die die Dividenden zahlende Gesellschaft ansässig ist, nach dem Recht dieses Staates besteuert werden; die Steuer darf aber, wenn

der Empfänger der Dividenden der Nutzungsberechtigte ist, nicht übersteigen:

a) 5 vom Hundert des Bruttobetrages der Dividenden, wenn der Nutzungsberechtigte eine Gesellschaft (jedoch keine Personengesellschaft) ist, die unmittelbar über mindestens 25 vom Hundert des Kapitals der die Dividenden zahlenden Gesellschaft verfügt;

b) 15 vom Hundert des Bruttobetrages der Dividenden in allen anderen Fällen.

Die zuständigen Behörden der Vertragsstaaten regeln in gegenseitigem Einvernehmen, wie diese Begrenzungsbestimmungen durchzuführen sind.

Dieser Absatz berührt nicht die Besteuerung der Gesellschaft in bezug auf die Gewinne, aus denen die Dividenden gezahlt werden.

3. Der in diesem Artikel verwendete Ausdruck „Dividenden" bedeutet Einkünfte aus Aktien, Genußaktien oder Genußscheinen, Kuxen, Gründeranteilen oder anderen Rechten – ausgenommen Forderungen – mit Gewinnbeteiligung sowie aus sonstigen Gesellschaftsanteilen stammende Einkünfte, die nach dem Recht des Staates, in dem die ausschüttende Gesellschaft ansässig ist, den Einkünften aus Aktien steuerlich gleichgestellt sind.

4. Die Absätze 1 und 2 sind nicht anzuwenden, wenn der in einem Vertragsstaat ansässige Nutzungsberechtigte im anderen Vertragsstaat, in dem die die Dividenden zahlende Gesellschaft ansässig ist, eine gewerbliche Tätigkeit durch eine dort gelegene Betriebstätte oder eine selbständige Arbeit durch eine dort gelegene feste Einrichtung ausübt und die Beteiligung, für die die Dividenden gezahlt werden, tatsächlich zu dieser Betriebstätte oder festen Einrichtung gehört. In diesem Fall ist Artikel 7 beziehungsweise Artikel 14 anzuwenden.

5. Bezieht eine in einem Vertragsstaat ansässige Gesellschaft Gewinne oder Einkünfte aus dem anderen Vertragsstaat, so darf dieser andere Staat weder die von der Gesellschaft gezahlten Dividenden besteuern, es sei denn, daß diese Dividenden an eine im anderen Staat ansässige Person gezahlt werden oder daß die Beteiligung, für die die Dividenden gezahlt werden, tatsächlich zu einer im anderen Staat gelegenen Betriebstätte oder festen Einrichtung gehört, noch Gewinne der Gesellschaft einer Steuer für nichtausgeschüttete Gewinne unterwerfen, selbst wenn die gezahlten Dividenden oder die nichtausgeschütteten Gewinne ganz oder teilweise aus im anderen Staat erzielten Gewinnen oder Einkünften bestehen.

Art. 11 Zinsen

1. Zinsen, die aus einem Vertragsstaat stammen und an eine im anderen Vertragsstaat ansässige Person gezahlt werden, können im anderen Staat besteuert werden.

2. Diese Zinsen können jedoch auch in dem Vertragsstaat, aus dem sie stammen, nach dem Recht dieses Staates besteuert werden;

die Steuer darf aber, wenn der Empfänger der Zinsen der Nutzungsberechtigte ist, 10 vom Hundert des Bruttobetrages der Zinsen nicht übersteigen. Die zuständigen Behörden der Vertragsstaaten regeln in gegenseitigem Einvernehmen, wie diese Begrenzungsbestimmung durchzuführen ist.

3. Der in diesem Artikel verwendete Ausdruck „Zinsen" bedeutet Einkünfte aus Forderungen jeder Art, auch wenn die Forderungen durch Pfandrechte an Grundstücken gesichert oder mit einer Beteiligung am Gewinn des Schuldners ausgestattet sind, und insbesondere Einkünfte aus öffentlichen Anleihen und aus Obligationen einschließlich der damit verbundenen Aufgelder und der Gewinne aus Losanleihen. Zuschläge für verspätete Zahlung gelten nicht als Zinsen im Sinne dieses Artikels.

4. Die Absätze 1 und 2 sind nicht anzuwenden, wenn der in einem Vertragsstaat ansässige Nutzungsberechtigte im anderen Vertragsstaat, aus dem die Zinsen stammen, eine gewerbliche Tätigkeit durch eine dort gelegene Betriebstätte oder eine selbständige Arbeit durch eine dort gelegene feste Einrichtung ausübt und die Forderung, für die die Zinsen gezahlt werden, tatsächlich zu dieser Betriebstätte oder festen Einrichtung gehört. In diesem Fall ist Artikel 7 beziehungsweise Artikel 14 anzuwenden.

5. Zinsen gelten dann als aus einem Vertragsstaat stammend, wenn der Schuldner dieser Staat selbst, eine seiner Gebietskörperschaften oder eine in einem Staat ansässige Person ist. Hat aber der Schuldner der Zinsen, ohne Rücksicht darauf, ob er in einem Vertragsstaat ansässig ist oder nicht, in einem Vertragsstaat eine Betriebstätte oder eine feste Einrichtung und ist die Schuld, für die die Zinsen gezahlt werden, für Zwecke der Betriebstätte oder der festen Einrichtung eingegangen worden und trägt die Betriebstätte oder die feste Einrichtung die Zinsen, so gelten die Zinsen als aus dem Staat stammend, in dem die Betriebstätte oder die feste Einrichtung liegt.

6. Bestehen zwischen dem Schuldner und dem Nutzungsberechtigten oder zwischen jedem von ihnen und einem Dritten besondere Beziehungen und übersteigen deshalb die Zinsen, gemessen an der zugrunde liegenden Forderung, den Betrag, den Schuldner und Nutzungsberechtigter ohne diese Beziehungen vereinbart hätten, so wird dieser Artikel nur auf den letzten Betrag angewendet. In diesem Fall kann der übersteigende Betrag nach dem Recht eines jeden Vertragsstaats und unter Berücksichtigung der anderen Bestimmungen dieses Abkommens besteuert werden.

Art. 12 Lizenzgebühren

1. Lizenzgebühren, die aus einem Vertragsstaat stammen und an eine im anderen Vertragsstaat ansässige Person gezahlt werden, können, wenn diese Person der Nutzungsberechtigte ist, nur im anderen Staat besteuert werden.

2. Der in diesem Artikel verwendete Ausdruck „Lizengebühren" bedeutet Vergütungen jeder Art, die für die Benutzung oder

für das Recht auf Benutzung von Urheberrechten an literarischen, künstlerischen oder wissenschaftlichen Werken, einschließlich kinematographischer Filme, von Patenten, Marken, Mustern oder Modellen, Plänen, geheimen Formeln oder Verfahren oder für die Benutzung oder das Recht auf Benutzung gewerblicher, kaufmännischer oder wissenschaftlicher Ausrüstungen oder für die Mitteilung gewerblicher, kaufmännischer oder wissenschaftlicher Erfahrungen gezahlt werden.

3. Absatz 1 ist nicht anzuwenden, wenn der in einem Vertragsstaat ansässige Nutzungsberechtigte im anderen Vertragsstaat, aus dem die Lizenzgebühren stammen, eine gewerbliche Tätigkeit durch eine dort gelegene Betriebstätte oder eine selbständige Arbeit durch eine dort gelegene feste Einrichtung ausübt und die Rechte oder Vermögenswerte, für die die Lizenzgebühren gezahlt werden, tatsächlich zu dieser Betriebstätte oder festen Einrichtung gehören. In diesem Fall ist Artikel 7 beziehungsweise Artikel 14 anzuwenden.

4. Bestehen zwischen dem Schuldner und dem Nutzungsberechtigten oder zwischen jedem von ihnen und einem Dritten besondere Beziehungen und übersteigen deshalb die Lizengebühren, gemessen an der zugrunde liegenden Leistung, den Betrag, den Schuldner und Nutzungsberechtigter ohne diese Beziehungen vereinbart hätten, so wird dieser Artikel nur auf den letzteren Betrag angewendet. In diesem Fall kann der übersteigende Betrag nach dem Recht eines jeden Vertragsstaats und unter Berücksichtigung der anderen Bestimmungen dieses Abkommens besteuert werden.

Art. 13 Gewinne aus der Veräußerung von Vermögen

1. Gewinne, die eine in einem Vertragsstaat ansässige Person aus der Veräußerung unbeweglichen Vermögens im Sinne des Artikels 6 bezieht, das im anderen Vertragsstaat liegt, können im anderen Staat besteuert werden.

2. Gewinne aus der Veräußerung beweglichen Vermögens, das Betriebsvermögen einer Betriebstätte ist, die ein Unternehmen eines Vertragsstaats im anderen Vertragssstaat hat, oder das zu einer festen Einrichtung gehört, die einer in einem Vertragsstaat ansässigen Person für die Ausübung einer selbständigen Arbeit im anderen Vertragsstaat zur Verfügung steht, einschließlich derartiger Gewinne, die bei der Veräußerung einer solchen Betriebstätte (allein oder mit dem übrigen Unternehmen) oder eine solchen festen Einrichtung erzielt werden, können im anderen Staat besteuert werden.

3. Gewinne aus der Veräußerung von Seeschiffen oder Luftfahrzeugen, die im internationalen Verkehr betrieben werden, von Schiffen, die der Binnenschiffahrt dienen, und von beweglichem Vermögen, das dem Betrieb dieser Schiffe oder Luftfahrzeuge dient, können nur in dem Vertragsstaat besteuert werden, in dem sich der Ort der tatsächlichen Geschäftsleitung des Unternehmens befindet.

4. Gewinne aus der Veräußerung des in den Absätzen 1, 2 und 3 nicht genannten Vermögens können nur in dem Vertragsstaat besteuert werden, in dem der Veräußerer ansässig ist.

Art. 14 Selbständige Arbeit

1. Einkünfte, die eine in einem Vertragsstaat ansässige Person aus einem freien Beruf oder aus sonstiger selbständiger Tätigkeit bezieht, können nur in diesem Staat besteuert werden, es sei denn, daß der Person im anderen Vertragsstaat für die Ausübung ihrer Tätigkeit gewöhnlich eine feste Einrichtung zur Verfügung steht. Steht ihr eine solche feste Einrichtung zur Verfügung, so können die Einkünfte im anderen Staat besteuert werden, jedoch nur insoweit, als sie dieser festen Einrichtung zugerechnet werden können.

2. Der Ausdruck „freier Beruf" umfaßt insbesondere die selbständig ausgeübte wissenschaftliche, literarische, künstlerische, erzieherische oder unterrichtende Tätigkeit sowie die selbständige Tätigkeit der Ärzte, Rechtsanwälte, Ingenieure, Architekten, Zahnärzte und Buchsachverständigen.

Art. 15 Unselbständige Arbeit

1. Vorbehaltlich der Artikel 16, 18 und 19 können Gehälter, Löhne und ähnliche Vergütungen, die eine in einem Vertragsstaat ansässige Person aus unselbständiger Arbeit bezieht, nur in diesem Staat besteuert werden, es sei denn, die Arbeit wird im anderen Vertragsstaat ausgeübt. Wird die Arbeit dort ausgeübt, so können die dafür bezogenen Vergütungen im anderen Staat besteuert werden.

2. Ungeachtet des Absatzes 1 können Vergütungen, die eine in einem Vertragsstaat ansässige Person für eine im anderen Vertragsstaat ausgeübte unselbständige Arbeit bezieht, nur im erstgenannten Staat besteuert werden, wenn

a) der Empfänger sich im anderen Staat insgesamt nicht länger als 183 Tage während des betreffenden Steuerjahres aufhält und
b) die Vergütungen von einem Arbeitgeber oder für einen Arbeitgeber gezahlt werden, der nicht im anderen Staat ansässig ist, und
c) die Vergütungen nicht von einer Betriebstätte oder einer festen Einrichtung getragen werden, die der Arbeitgeber im anderen Staat hat.

3. Ungeachtet der vorstehenden Bestimmungen dieses Artikels können Vergütungen für unselbständige Arbeit, die an Bord eines Seeschiffes oder Luftfahrzeuges, das im internationalen Verkehr betrieben wird, oder an Bord eines Schiffes, das der Binnenschiffahrt dient, ausgeübt wird, in dem Vertragsstaat besteuert werden, in dem sich der Ort der tatsächlichen Geschäftsleitung des Unternehmens befindet.

Art. 16 Aufsichtsrats- und Verwaltungsvergütungen

Aufsichtsrats- und Verwaltungsratsvergütungen und ähnliche Zahlungen, die eine in einem Vertragsstaat ansässige Person in ihrer Eigenschaft als Mitglied des Aufsichts- oder Verwaltungsrats einer Gesellschaft bezieht, die im anderen Vertragsstaat ansässig ist, können im anderen Staat besteuert werden.

Art. 17 Künstler und Sportler

1. Ungeachtet der Artikel 14 und 15 können Einkünfte, die eine in einem Vertragsstaat ansässige Person als Künstler, wie Bühnen-, Film-, Rundfunk- und Fernsehkünstler sowie Musiker, oder als Sportler aus ihrer im anderen Vertragsstaat persönlich ausgeübten Tätigkeit bezieht, im anderen Staat besteuert werden.

2. Fließen Einkünfte aus einer von einem Künstler oder Sportler in dieser Eigenschaft persönlich ausgeübten Tätigkeit nicht dem Künstler oder Sportler selbst, sondern einer anderen Person zu, so können diese Einkünfte ungeachtet der Artikel 7, 14 und 15 in dem Vertragsstaat besteuert werden, in dem der Künstler oder Sportler seine Tätigkeit ausübt.

Art. 18 Ruhegehälter

Vorbehaltlich des Artikels 19 Absatz 2 können Ruhegehälter und ähnliche Vergütungen, die einer in einem Vertragsstaat ansässigen Person für frühere unselbständige Arbeit gezahlt werden, nur in diesem Staat besteuert werden.

Art. 19 Öffentlicher Dienst

1. a) Vergütungen, ausgenommen Ruhegelder, die von einem Vertragsstaat oder einer seiner Gebietskörperschaften an eine natürliche Person für die diesem Staat oder der Gebietskörperschaft geleisteten Dienste gezahlt werden, können nur in diesem Staat besteuert werden.

   b) Diese Vergütungen können jedoch nur im anderen Vertragsstaat besteuert werden, wenn die Dienste in diesem Staat geleistet werden und die natürliche Person in diesem Staat ansässig ist und
      i) ein Staatsangehöriger dieses Staates ist oder
      ii) nicht ausschließlich deshalb in diesem Staat ansässig geworden ist, um die Dienste zu leisten.

2. a) Ruhegehälter, die von einem Vertragsstaat oder einer seiner Gebietskörperschaften oder aus einem von diesem Staat oder der Gebietskörperschaft errichteten Sondervermögen an eine natürliche Person für die diesem Staat oder der Gebietskörperschaft geleisteten Dienste gezahlt werden, können nur in diesem Staat besteuert werden.

   b) Diese Ruhegehälter können jedoch nur im anderen Vertragsstaat besteuert werden, wenn die natürliche Person in diesem Staat ansässig ist und ein Staatsangehöriger dieses Staates ist.

3. Auf Vergütungen und Ruhegehälter für Dienstleistungen, die im Zusammenhang mit einer gewerblichen Tätigkeit eines Vertragsstaats oder einer seiner Gebietskörperschaften erbracht werden, sind die Artikel 15, 16 und 18 anzuwenden.

Art. 20 Studenten

Zahlungen, die ein Student, Praktikant oder Lehrling, der sich in einem Vertragsstaat ausschließlich zum Studium oder zur Ausbildung aufhält und der im anderen Vertragsstaat ansässig ist oder dort unmittelbar vor der Einreise in den erstgenannten Staat ansässig war, für seinen Unterhalt, sein Studium oder seine Ausbildung erhält, dürfen im erstgenannten Staat nicht besteuert werden, sofern diese Zahlungen aus Quellen außerhalb dieses Staates stammen.

Art. 21 Andere Einkünfte

1. Einkünfte einer in einem Vertragsstaat ansässigen Person, die in den vorstehenden Artikeln nicht behandelt wurden, können ohne Rücksicht auf ihre Herkunft nur in diesem Staat besteuert werden.

2. Absatz 1 ist auf andere Einkünfte als solche aus unbeweglichem Vermögen im Sinne des Artikels 6 Absatz 2 nicht anzuwenden, wenn der in einem Vertragsstaat ansässige Empfänger im anderen Vertragsstaat eine gewerbliche Tätigkeit durch eine dort gelegene Betriebstätte oder eine selbständige Arbeit durch eine dort gelegene feste Einrichtung ausübt und die Rechte oder Vermögenswerte, für die die Einkünfte gezahlt werden, tatsächlich zu dieser Betriebstätte oder festen Einrichtung gehören. In diesem Fall ist Artikel 7 beziehungsweise Artikel 14 anzuwenden.

ABSCHNITT IV. Besteuerung des Vermögens

Art. 22 Vermögen

1. Unbewegliches Vermögen im Sinne des Artikels 6, das einer in einem Vertragsstaat ansässigen Person gehört und im anderen Vertragsstaat liegt, kann im anderen Staat besteuert werden.

2. Bewegliches Vermögen, das Betriebsvermögen einer Betriebstätte ist, die ein Unternehmen eines Vertragsstaates im anderen Vertragsstaat hat, oder das zu einer festen Einrichtung gehört, die einer in einem Vertragsstaat ansässigen Person für die Ausübung einer selbständigen Arbeit im anderen Vertragsstaat zur Verfügung steht, kann im anderen Staat besteuert werden.

3. Seeschiffe und Luftfahrzeuge, die im internationalen Verkehr betrieben werden, und Schiffe, die der Binnenschiffahrt dienen, sowie bewegliches Vermögen, das dem Betrieb dieser Schiffe oder

Luftfahrzeuge dient, können nur in dem Vertragsstaat besteuert werden, in dem sich der Ort der tatsächlichen Geschäftsleitung des Unternehmens befindet.

4. Alle anderen Vermögensteile einer in einem Vertragsstaat ansässigen Person können nur in diesem Staat besteuert werden.

ABSCHNITT V. Methoden zur Vermeidung der Doppelbesteuerung

Art. 23 A Befreiungsmethode

1. Bezieht eine in einem Vertragsstaat ansässige Person Einkünfte oder hat sie Vermögen und können diese Einkünfte oder dieses Vermögen nach diesem Abkommen im anderen Vertragsstaat besteuert werden, so nimmt der erstgenannte Staat vorbehaltlich der Absätze 2 und 3 diese Einkünfte oder dieses Vermögen von der Besteuerung aus.

2. Bezieht eine in einem Vertragsstaat ansässige Person Einkünfte, die nach den Artikeln 10 und 11 im anderen Vertragsstaat besteuert werden können, so rechnet der erstgenannte Staat auf die vom Einkommen dieser Person zu erhebende Steuer den Betrag an, der der im anderen Staat gezahlten Steuer entspricht. Der anzurechnende Betrag darf jedoch den Teil der vor der Anrechnung ermittelten Steuer nicht übersteigen, der auf die aus dem anderen Staat bezogenen Einkünfte entfällt.

3. Einkünfte oder Vermögen einer in einem Vertragsstaat ansässigen Person, die nach dem Abkommen von der Besteuerung in diesem Staat auszunehmen sind, können gleichwohl in diesem Staat bei der Festsetzung der Steuer für das übrige Einkommen oder Vermögen der Person einbezogen werden.

Art. 23 B Anrechnungsmethode

1. Bezieht eine in einem Vertragsstaat ansässige Person Einkünfte oder hat sie Vermögen und können diese Einkünfte oder dieses Vermögen nach diesem Abkommen im anderen Vertragsstaat besteuert werden, so rechnet der erstgenannte Staat

a) auf die vom Einkommen dieser Person zu erhebende Steuer den Betrag an, der der im anderen Staat gezahlten Steuer vom Einkommen entspricht;

b) auf die vom Vermögen dieser Person zu erhebende Steuer den Betrag an, der der im anderen Staat gezahlten Steuer vom Vermögen entspricht.

Der anzurechnende Betrag darf jedoch in beiden Fällen den Teil der vor der Anrechnung ermittelten Steuer vom Einkommen oder vom

Vermögen nicht übersteigen, der auf die Einkünfte, die im anderen Staat besteuert werden können oder auf das Vermögen, das dort besteuert werden kann, entfällt.

2. Einkünfte oder Vermögen einer in einem Vertragsstaat ansässigen Person, die nach dem Abkommen von der Besteuerung in diesem Staat auszunehmen sind, können gleichwohl in diesem Staat bei der Festsetzung der Steuer für das übrige Einkommen oder Vermögen der Person einbezogen werden.

ABSCHNITT VI. Besondere Bestimmungen

Art. 24 Gleichbehandlung

1. Staatsangehörige eines Vertragsstaats dürfen im anderen Vertragsstaat keiner Besteuerung oder damit zusammenhängenden Verpflichtung unterworfen werden, die anders oder belastender ist als die Besteuerung und die damit zusammenhängenden Verpflichtungen, denen Staatsangehörige des anderen Staates unter gleichen Verhältnissen unterworfen sind oder unterworfen werden können. Diese Bestimmung gilt ungeachtet des Artikels 1 auch für Personen, die in keinem Vertragsstaat ansässig sind.

2. Der Ausdruck „Staatsangehörige" bedeutet
a) natürliche Personen, die die Staatsangehörigkeit eines Vertragsstaats besitzen;
b) juristische Personen, Personengesellschaften und andere Personenvereinigungen, die nach dem in einem Vertragsstaat geltenden Recht errichtet worden sind.

3. Staatenlose, die in einem Vertragsstaat ansässig sind, dürfen in keinem Vertragsstaat einer Besteuerung oder damit zusammenhängenden Verpflichtung unterworfen werden, die anders oder belastender ist als die Besteuerung und die damit zusammenhängenden Verpflichtungen, denen Staatsangehörige des betreffenden Staates unter gleichen Verhältnissen unterworfen sind oder unterworfen werden können.

4. Die Besteuerung einer Betriebstätte, die ein Unternehmen eines Vertragsstaats im anderen Vertragsstaat hat, darf im anderen Staat nicht ungünstiger sein als die Besteuerung von Unternehmen des anderen Staates, die die gleiche Tätigkeit ausüben. Diese Bestimmung ist nicht so auszulegen, als verpflichte sie einen Vertragsstaat, den im anderen Vertragsstaat ansässigen Personen Steuerfreibeträge, -vergünstigungen und -ermäßigungen auf Grund des Personenstandes oder der Familienlasten zu gewähren, die er seinen ansässigen Personen gewährt.

5. Sofern nicht Artikel 9 Absatz 1, Artikel 11 Absatz 6 oder Artikel 12 Absatz 4 anzuwenden ist, sind Zinsen, Lizenzgebühren und andere Entgelte, die ein Unternehmen eines Vertragsstaats an eine im anderen Vertragsstaat ansässige Person zahlt, bei der Ermittlung der steuerpflichtigen Gewinne dieses Unternehmens unter den glei-

chen Bedingungen wie Zahlungen an eine im erstgenannten Staat ansässige Person zum Abzug zuzulassen. Dementsprechend sind Schulden, die ein Unternehmen eines Vertragsstaats gegenüber einer im anderen Vertragsstaat ansässigen Person hat, bei der Ermittlung des steuerpflichtigen Vermögens dieses Unternehmens unter den gleichen Bedingungen wie Schulden gegenüber einer im erstgenannten Staat ansässigen Person zum Abzug zuzulassen.

6. Unternehmen eines Vertragsstaats, deren Kapital ganz oder teilweise unmittelbar oder mittelbar einer im anderen Vertragsstaat ansässigen Person oder mehreren solchen Personen gehört oder ihrer Kontrolle unterliegt, dürfen im erstgenannten Staat keiner Besteuerung oder damit zusammenhängenden Verpflichtung unterworfen werden, die anders oder belastender ist als die Besteuerung und die damit zusammenhängenden Verpflichtungen, denen andere ähnliche Unternehmen des erstgenannten Staates unterworfen sind oder unterworfen werden können.

7. Dieser Artikel gilt ungeachtet des Artikels 2 für Steuern jeder Art und Bezeichnung.

Art. 25 Verständigungsverfahren

1. Ist eine Person der Auffassung, daß Maßnahmen eines Vertragsstaats oder beider Vertragsstaaten für sie zu einer Besteuerung führen oder führen werden, die diesem Abkommen nicht entspricht, so kann sie unbeschadet der nach dem innerstaatlichen Recht dieser Staaten vorgesehenen Rechtsmittel ihren Fall der zuständigen Behörde des Vertragsstaats, in dem sie ansässig ist, oder, sofern ihr Fall von Artikel 24 Absatz 1 erfaßt wird, der zuständigen Behörde des Vertragsstaats unterbreiten, dessen Staatsangehöriger sie ist. Der Fall muß innerhalb von drei Jahren nach der ersten Mitteilung der Maßnahme unterbreitet werden, die zu einer dem Abkommen nicht entsprechenden Besteuerung führt.

2. Hält die zuständige Behörde die Einwendung für begründet und ist sie selbst nicht in der Lage, eine befriedigende Lösung herbeizuführen, so wird sie sich bemühen, den Fall durch Verständigung mit der zuständigen Behörde des anderen Vertragsstaats so zu regeln, daß eine dem Abkommen nicht entsprechende Besteuerung vermieden wird. Die Verständigungsregelung ist ungeachtet der Fristen des innerstaatlichen Rechts der Vertragsstaaten durchzuführen.

3. Die zuständigen Behörden der Vertragsstaaten werden sich bemühen, Schwierigkeiten oder Zweifel, die bei der Auslegung oder Anwendung des Abkommens entstehen, in gegenseitigem Einvernehmen zu beseitigen. Sie können auch gemeinsam darüber beraten, wie eine Doppelbesteuerung in Fällen vermieden werden kann, die im Abkommen nicht behandelt sind.

4. Die zuständigen Behörden der Vertragsstaaten können zur Herbeiführung einer Einigung im Sinne der vorstehenden Absätze

unmittelbar miteinander verkehren. Erscheint ein mündlicher Meinungsaustausch für die Herbeiführung der Einigung zweckmäßig, so kann ein solcher Meinungsaustausch in einer Kommission durchgeführt werden, die aus Vertretern der zuständigen Behörden der Vertragsstaaten besteht.

Art. 26 Informationsaustausch

1. Die zuständigen Behörden der Vertragsstaaten tauschen die Informationen aus, die zur Durchführung dieses Abkommens oder des innerstaatlichen Rechts der Vertragsstaaten betreffend die unter das Abkommen fallenden Steuern erforderlich sind, soweit die diesem Recht entsprechende Besteuerung nicht dem Abkommen widerspricht. Der Informationsaustausch ist durch Artikel 1 nicht eingeschränkt. Alle Informationen, die ein Vertragsstaat erhalten hat, sind ebenso geheimzuhalten wie die auf Grund des innerstaatlichen Rechts dieses Staates beschafften Informationen und dürfen nur den Personen oder Behörden (einschließlich der Gerichte und der Verwaltungsbehörden) zugänglich gemacht werden, die mit der Veranlagung oder Erhebung, der Vollstreckung oder Strafverfolgung oder mit der Entscheidung von Rechtsmitteln hinsichtlich der unter das Abkommen fallenden Steuern befaßt sind. Diese Personen oder Behörden dürfen die Informationen nur für diese Zwecke verwenden. Sie dürfen die Informationen in einem öffentlichen Gerichtsverfahren oder in einer Gerichtsentscheidung offenlegen.

2. Absatz 1 ist nicht so auszulegen, als verpflichte er einen Vertragsstaat,

a) Verwaltungsmaßnahmen durchzuführen, die von den Gesetzen und der Verwaltungspraxis dieses oder des anderen Vertragsstaats abweichen;
b) Informationen zu erteilen, die nach den Gesetzen oder im üblichen Verwaltungsverfahren dieses oder des anderen Vertragsstaats nicht beschafft werden können;
c) Informationen zu erteilen, die ein Handels-, Industrie-, Gewerbe- oder Berufsgeheimnis oder ein Geschäftsverfahren preisgeben würden oder deren Erteilung der öffentlichen Ordnung widerspräche.

Art. 27 Diplomaten und Konsularbeamte

Dieses Abkommen berührt nicht die steuerlichen Vorrechte, die den Diplomaten und Konsularbeamten nach den allgemeinen Regeln des Völkerrechts oder auf Grund besonderer Übereinkünfte zustehen.

Art. 28 Ausdehnung des räumlichen Geltungsbereichs

1. Dieses Abkommen kann entweder als Ganzes oder mit den erforderlichen Änderungen [auf jeden Teil des Hoheitsgebiets (des Staates A) oder (des Staates B), der ausdrücklich von der Anwendung des Abkommens ausgeschlossen ist, oder] auf jeden anderen Staat oder jedes andere Hoheitsgebiet ausgedehnt werden, dessen

internationale Beziehungen von (Staat A) oder von (Staat B) wahrgenommen werden und in dem Steuern erhoben werden, die im wesentlichen den Steuern ähnlich sind, für die das Abkommen gilt. Eine solche Ausdehnung wird von dem Zeitpunkt an und mit den Änderungen und Bedingungen, einschließlich der Bedingungen für die Beendigung, wirksam, die zwischen den Vertragsstaaten durch auf diplomatischem Weg auszutauschende Noten oder auf andere, den Verfassungen dieser Staaten entsprechende Weise vereinbart werden.

2. Haben die beiden Vertragsstaaten nichts anderes vereinbart, so wird mit der Kündigung durch einen Vertragsstaat nach Artikel 30 die Anwendung des Abkommens in der in jenem Artikel vorgesehenen Weise auch [für jeden Teil des Hoheitsgebiets (des Staates A) oder (des Staates B) oder] für Staaten oder Hoheitsgebiete beendet, auf die das Abkommen nach diesem Artikel ausgedehnt worden ist.

ABSCHNITT VII. Schlußbestimmungen

Art. 29 Inkrafttreten

1. Dieses Abkommen bedarf der Ratifikation; die Ratifikationsurkunden werden so bald wie möglich in .... ausgetauscht.

2. Das Abkommen tritt mit dem Austausch der Ratifikationsurkunden in Kraft, und seine Bestimmungen finden Anwendung
a) (in Staat A): ...
b) (in Staat B): ...

Art. 30 Kündigung

Dieses Abkommen bleibt in Kraft, solange es nicht von einem Vertragsstaat gekündigt wird. Jeder Vertragsstaat kann nach dem Jahr ... das Abkommen auf diplomatischem Weg unter Einhaltung einer Frist von mindestens sechs Monaten zum Ende eines Kalenderjahres kündigen. In diesem Fall findet das Abkommen nicht mehr Anwendung
a) (in Staat A): ...
b) (in Staat B): ...

Schlußklausel

Anmerkung: Die Schlußklausel über die Unterzeichnung richtet sich nach den verfassungsrechtlichen Verfahren der beiden Vertragsstaaten.

Abkürzungsverzeichnis

A/B	Aktiebolaget (Aktiengesellschaft nach schwedischem Recht)
Abs.	Absatz
Abschn.	Abschnitt
a. E.	am Ende
AIG	Auslandsinvestitionsgesetz
Anm.	Anmerkung
AO	Abgabenordnung
arg. e.	argumentum ex
Art.	Artikel
A/S	Aktieselskapet (Aktiengesellschaft nach dänischem Recht)
AStG	Außensteuergesetz
BdF	Bundesminister der Finanzen
BewG	Bewertungsgesetz
BFH	Bundesfinanzhof
BGBl	Bundesgesetzblatt
BMF	Bundesministerium der Finanzen
BStBl	Bundessteuerblatt
BV	Besloten Vennootschap (Kapitalgesellschaft mit beschränkter Haftung nach niederländischem Recht)
BVerfG	Bundesverfassungsgericht
bzw.	beziehungsweise
DB	Der Betrieb
DBA	Doppelbesteuerungsabkommen
DBA '77	OECD-Musterabkommen von 1977
DBA-Staat	Staat, mit dem ein DBA entsprechend dem DBA '77 besteht
ErbStG	Erbschaft- und Schenkungsteuergesetz
ESt	Einkommensteuer
EStDV	Einkommensteuer-Durchführungsverordnung
EStG	Einkommensteuergesetz
EStR	Einkommensteuerrichtlinien
FinMin	Finanzministerium
FN	Fußnote
FVG	Finanzverwaltungsgesetz
gem.	gemäß
GewStG	Gewerbesteuergesetz
GewStR	Gewerbesteuerrichtlinien
GG	Grundgesetz
ggf.	gegebenenfalls
GrEStG	Grunderwerbsteuergesetz
HB	Höchstbetrag
hfl	Niederländischer Gulden
Inc	Incorporation (Kapitalgesellschaft im englischen und im US-amerikanischen Rechtsraum)
i. d. R.	in der Regel
i. H. v.	in Höhe von
i. S. d.	im Sinne des
i. V. m.	in Verbindung mit
KStG	Körperschaftsteuergesetz
KStR	Körperschaftsteuerrichtlinien
lit.	litera (Untergliederungspunkt im Gesetz)
lt.	laut
Ltd.	Limited (englische Kapitalgesellschaft mit beschränkter Haftung)
m. w. N.	mit weiteren Nachweisen
Nr.	Numero
NRW	Nordrhein-Westfalen
OECD	Organization for Economic Cooperation and Development
RGBl	Reichsgesetzblatt
Rz	Randziffer
SA	Société Anonyme (Aktiengesellschaft nach französischem Recht)
S.	Seite
sfr	Schweizer Franken
s. o.	siehe oben
sog.	sogenannt
StÄndG	Steueränderungsgesetz
StEntlG	Steuerentlastungsgesetz
Stpfl.	Steuerpflichtiger
TES	Tabelleneingangsstufe
Tz.	Textziffer
u. a.	unter anderem
UStDV	Umsatzsteuer-Durchführungsverordnung
UStG	Umsatzsteuergesetz
UStR	Umsatzsteuerrichtlinien
UmwStG	Umwandlungsteuergesetz
vgl.	vergleiche
VStG	Vermögensteuergesetz
VStR	Vermögensteuerrichtlinien

Stichwortverzeichnis